文
景

Horizon

社科新知 文艺新潮

历史的游荡者

李硕 著

上海人民出版社

目　录

前言　试验的残次品

大约在 2016 年，曾有编辑朋友问我：是否考虑把单篇文章结集出书？我将当时已有的若干论文汇总起来，发现它们的主题过于分散、芜杂，涉及好几个学科领域或专业方向：上古史、中古史、文学史、边疆民族史、法制史，甚至考古，连归纳出一个书名都很困难。那位朋友也是这种感觉，于是编个集子的想法便搁置了。

直到 2023 年 2 月，我突发急病，中断了在巴基斯坦的背包旅行。回国之后，经过半个多月住院检测，会诊结果是已无手术可能，存活期不超过一个月。

当时我想，在已经出版的几部专著之外，那些散落的或者未曾刊发的文章，还可以汇总成一本书。再看一遍这些论文的题目，感受却和七年前大不相同：一个学人，怎么能在二十余年的时间里，写出领域跨度这么大，甚至风马牛不相及的一堆文章？简直是行为艺术啊！

也许，人之将死，看到的风景会有很大不同。这是我的幸运。如果我不死（或者做死的准备），这些文字也许在很长时间内都不会被放置在一起。

更幸运的是，借助传统和现代的医学手段，后面几个月里，我的症状逐渐减轻，在胸前插着塑料管引流胆汁的情况下，还有体能完成文稿整理。

于是有了这本书。它收入的，是我从2005年以来写作的若干篇学术论文，有些论文的构思时间，始于20世纪末我还读本科时。部分论文尚未刊发过。另外，凡在我已出版的书中使用过的，不再收入本文集。

这些文章跨度太大，所以有必要向读者解释一下，我当初为什么会萌生这个想法，以及在文章背后，我曾经有更多的研究和写作计划。我把这些解释写成了导读，放在每篇（或每组）论文的前面，并用不同的字体表示区别。这些导读可能比论文本身更有趣味，也更开放，包含着更多的可能性。

那些导读文章，基本介绍了我对每个题目、领域萌生想法的过程，以及论文何时写作等等，涵盖了我从本科时代至今二十多年。所以这里就不再做流水账编年史式的罗列，只从“方法”上聊聊，我为何能想到这些问题，并写出它们。

我在中学时就喜欢看书，想搞点关于人的“研究”，当然，那时看书条件太有限，只能是县城少年的自娱自乐。到1996年考大学，填报志愿，我想考北京大学的历史学系或社会学系，但不巧，那年北大在河北省的招生目录里，这两个系都没有，斟酌一下，我觉得中文系离这两个专业还算近一点儿，于是就进了中文系。

开学报到几天之后，老师告诉我们：北大搞了个“文科综合试验班”，文史哲三个系的课程都要学，这三个系的新生都可以报名。于是，我报名后参加了个小考试，好像有一段古文断句翻译，再写一篇作文。然后就进了文科试验班。

北大办文科试验班，我们是第三届，前两届都是保送生。到这第三届，有二十名保送的，还有十名是高考入学之后又考进去的。

后来听说，办文科试验班的创意来自季羡林先生。他说，现行的学科体制是模仿苏联而来，专业分得太细了，导致学生们知识面都比较窄，当了学者也只能搞很窄的学问。所以应该“打通文史哲”，号称要培养通才或“国学大师”，所以这个班也俗称“大师班”。

大学时候，时而遇到有人拿“大师班”打趣，或者羡慕。我解嘲说：大师都是基因突变出来的，几十年几百年出一个，怎么能像孵鸡一样，一窝孵出三十个？

文史哲三个系联合开课，其实也只是把三个系各自最基础的课程，像卤水拼盘一样放到课程表里，开课的老师们也不知道怎么培养所谓大师，和之前开课都是一样的讲法。

而对我来说，因为早早接触文史哲这几个学科，就觉得它们真没太明显的界限，基本都是一回事儿，还有其他跟人相关的“社会科学”，都没有实质性的樊篱。因为研究作为社会人的人（而不是医学眼里作为生物活体的人），关注点、切入点都很接近。后来我做过文字记者，还曾用非虚构方式记录旅行，甚至尝试拍摄纪录片，其实都是对人、对人群的观察和记录。

简单说，从文科试验班开始，就“学杂了”。

我写的文字里面，可能缺少关于哲学方面的，其实当初的哲学课程对我有很直接的影响，甚至和我后来的表达方式有关，就是用尽量日常的语言，清晰简洁写出一件事、一个人，不习惯讲理论、讲道理、讲应该如何如何，把思考和发挥的空间留给读者。这还涉及西方哲学两千多年的历程。

西方哲学大都很抽象，制造和使用很生僻的术语，这风格也影响了有些周边学科，像文学理论、影视学，乃至人类学、社会学中，都有些学者喜欢用很专业的词汇，模仿西文句式写很长的句子，好像不这样就显得不够学术。但对西方哲学的历程多了解一些就会知道，到 20 世纪他们也有反思，出现了“语言哲学”，专门研究那些佶屈聱牙的学术“大词”能不能有效传达信息。这方面影响我最深的，是所谓“维特根斯坦后期哲学”，它的大意是：讨论和人有关的问题时，那些由少数人人为定义、制造出来的“概念”，生命周期短，也容易产生歧义，反倒是日常语言中使用越多的词汇，才越有生命力，传达意义越准确。想明白了这个道理，我写东西就尽量使用日常语言，不使用太生僻的学术词汇，而且尽量做个案的研究，用事例说明问题。

在本科的时候，我曾经想过什么算是“打通”。跨学科的通，是一个维度，此外还应该有一个，就是“通古今之变”，对历史和现实都要有点了解。陈寅恪书中常有“深思好学识古通今”之说，可能也是此意。

我关注的学术问题跨度有点大，可能有人会不理解，我到底是怎么找到“问题意识”的？我自己的感受是，我都是在读“第一手材料”的过程中发现问题的。这也是本科时代所受教育的影响。

本科时，有些老师会在课堂上讲自己最近出的书，鼓励学生们去读。我们的班主任，中文系的钱志熙先生，有时到我们学生宿舍去坐坐聊聊，给我们一点指导。看到有同学在读本校老师的著作，钱先生说："你们现在是本科阶段，还不应该读这个，应该读原典，读第一手的东西，把基础打好。"国学班的原典，就是四书五经、史书文献、经史子集等。当然，还有其他人类文明中的原典，如《圣经》和希腊哲学对话录，等等。

钱先生这个告诫对我影响非常深。而且，人类文明积累起来的原典已经足够多，一个学人一辈子也不可能穷尽，这是个终身学习的过程。

不同的研究者，对原典的把握程度、解读侧重点都有所不同，所以写出来的第二手研究著作，都有各自的优缺点。晚辈学人必须有自己的主见，在理解原典的基础上，借鉴参考前人的二手著作，才能形成扎实可靠的想法和知识体系。如果没有对原典的直观理解，只读二手研究，很容易产生"误读"，甚至以讹传讹，再写出来的东西就属于"三手"，除了引注的来源汇编，基本无价值了。

当然，很多人可能会说：原典都问世几百上千年了，无数人研究过，我再读也读不出新想法，甚至读不进去，只能看现在大佬们流行谈什么，这有什么办法？

我的感受是，人都要结合自己的阅历、认知去读书。每个人都有自己独特的成长经历和阅历，每一代人也都有自己时代的新生活、新环境，这些亲身积累，都是我们阅读古籍原典的新“视角”，就像看一座山，“远近高低各不同”，人所处的位置变了，视角变了，自然就能看到不一样的景象。这就是文史之学能够常新的根源。

所以，关键就是自信一点，从自己已有的积累，找到新的观察视角。对二手著作，都要用批评的思维去审视。

关于这些治学的经验，严耕望先生《治史三书》有更全面深入的论述，我就不多重复了。当然，严耕望先生治学的方式和我很不一样，他思维严谨而专注，偏重史料的整理编排，作品的资料性比较强，治学铺开的摊子也是不大不小，基本限定在一个领域之内。我思维比较发散，容易产生各个方向的联想，所以会在很多不同的领域发现自己感兴趣的问题。这是每个人风格的不同，不必强求一致，或者争论孰高孰低。我在本书中写的那些导读文字，也是解释我何以会想到那些问题，只要解释清楚，别人也容易理解。

要首先掌握“第一手”的知识，不仅适用于治史，也包括分析现实问题。比如对边地人群的观察认知，只听城市精英（如当地学者、官员）的描述，就属于二手知识；如果能跟老乡们交上朋友，到他们家住一住，过过日子，会有不一样的发现。这并不意味着精英们的总结不正确，而是应该两者对照才会更深更全面。这些调研方法，其实前人已经有过很经典的总结文章，这里不多说。总之，“一手”素材是理解“二手”作品的基础，也是判断“二手”“三手”知识价值高低的坐标系。

文史哲被称为人文学科，不算是科学，因为结论都很难验证真假。关于历史，现代人不可能穿越回去看看，而关于现实的论断，也是言人人殊，莫衷一是，并没有统一的标准。那么，如何衡量作品水平、价值的高低呢？我想过很多，但一直没形成答案，所以这里也不多涉及。

最后提醒一点，就是我前面谈的这些治学心得，从现实角度而言并不实惠，要想在现在的学术圈里找工作、发论文、拿课题、评职称、分房子，还不能太凭自己兴趣来，该尊重的规则和潜规则都要尊重。这方面我只能提供教训，没有经验。如果追逐自己的兴趣，就要有被冷落、靠边站的准备，这世界没有两全其美的事情。我这里收入的论文，很多都没发表过，或者发表了也没变现出课题经费等实际利益，因为领域跨度太大，哪个圈子都不是，没空去拜码头、参与利益分配的排队。从这角度讲，季老“打通”的创意也算不成功，水土不服，或者说时代变了。

病中力衰，诸事潦草，书中各篇论文，我多数没有精力重新审读修订一遍，这种工作别人也很难代劳，所以会存在很多错漏之处，希望读者用质疑和批判的眼光去看这部“二手”作品集子。

大陆旅程无尽

对我来说，欧文·拉铁摩尔的学术，是个永远难以穷尽的矿藏，而利用这里挖掘出的矿石可以熔铸成何种艺术品，我尚未找到答案。

借助游历中国边疆地区的心得，我写过三篇关于拉铁摩尔学术的论文，都没有刊发过；也写过很多网文游记，其中只有极少数变成了图书。借助拉铁摩尔的方法，对于“内亚”世界的古今变迁，整个亚欧大陆农耕与游牧文化区的互动历程，都有太多内容值得发掘和记录。当我盘点一下毕生治学的所得，感到唯独在这个领域，我没能做的还有太多，悬置的问题也还有太多。

即便如此，还是先对我游历生涯的最初几年做个最简单回顾，再谈谈拉铁摩尔学术所能提供的借鉴前景。

这本书不好懂

在 2012 年，三十五岁之前，我几乎从未深度感受过中国的边疆地区。在那之前，我也曾在冀北草原旅游，或在内蒙古草原小镇暑假实习，但都不算深度感受——标准就是，没有独自在农民或牧民的家里投宿过。

而在2012年里，我游历了西藏的拉萨、新疆的乌鲁木齐、甘青川三省交界的安多（属于藏语的安多方言区）。到那时，我才意识到“西部”和我出生长大的东部居然如此不同，也开始稍能读懂拉铁摩尔的代表作《中国的亚洲内陆边疆》(中文版)。

在尚未亲身体验中国的内陆边疆，没有对“内陆亚洲”形成直观、感性的认识时，我根本不可能理解《中国的亚洲内陆边疆》这本书。就像没喝过牛奶或骆驼奶的人，无论听别人如何描述，也无法真正想象牛奶或骆驼奶的味道。

那是还没摸过智能手机的时代。2013年，我到新疆大学工作，之后第一个寒假，仍是重游甘青川三省交界处的小镇，在老朋友的冬牧场上过年，看新年里牧村的种种盛况。

2014年暑假，硕士同门张金城兄组织了一次小型活动：约集我和牛曲阳等几位同窗，乘一辆面包车同游河西走廊东段，看山丹军马场草原，穿过祁连山扁都口，登上高原牧区。那几天的行程，我们游历范围并不算太大，只涉足了祁连山内外很有限的几处地域，但见到的自然地貌风光、人文（族群）的多样性，已经引起了太多惊叹。

当汽车行驶在绿色的大山河谷、橙黄的油菜花原野间，我们在车内聊起：以往，我们只习惯河西走廊、青藏高原这种相对单一的地理、人文区位概念。但如果把祁连山放在中心，则又是一幅完全不同的图景。山地有密林和游牧草甸，也有河谷容纳零星的农村和小城镇；而祁连山的外围更加多样，如半荒漠的、点缀着繁荣绿洲的河西走廊，高度荒旱的西北山地及戈壁，适宜游牧的高海拔草原……祁连山内外生活的各种人群，语言、宗教呈现出异常多彩的光谱（甚至有突厥语族的撒拉语、裕固语、哈萨克语），且又有各种相互的影响、同化、借鉴。如果能有一部全景式描绘这些的《大祁连》，别管是图书还是纪录片，都能让人浮想联翩。

事实上，第二年真出现了一部很火的纪录片——《河西走廊》。至于难度系数更高的《大祁连》，可能还要等若干年。

面包车同游的终点，仍在河西走廊。分开之后，我独自游逛，先是重新进入祁连山，在天堂镇、贵德县等农业河谷地区，那时初次发现，从农村出发，循着溪流向上走十来公里，就会进入山间草场，农业和牧业原来可以如此接近，一个家庭也可以同时经营农业和牧业，这有点颠覆我以前的生活经验；然后，又坐长途车进入高原牧区，历经青海果洛州、四川阿坝州、甘肃甘南州，第三度抵达三省交界处小镇，结识了一位年近七十的老喇嘛，和他相约，有缘同游新疆；经过以“西道堂”闻名、回汉藏杂居的临潭县，最终抵达以农业河谷为主的卓尼县，和一位考驾照的年轻喇嘛结伴，到他家乡和寺院居住——康多乡及岔巴村，第一次见识犹如挂在陡直山体上的小路。山体周边高陡，顶部却又平坦，散布着田园农舍，和其他山顶的村落隔深涧相望，自高处俯瞰群山，犹如一簇簇奇异的蘑菇……

2014 年夏的浪游结束之后，我先抵达兰州，张金城为我转达了极为贵重的礼物：请林鹄兄帮忙复印的若干本拉铁摩尔英文著作，其中部头最大的是《边疆史研究论文集》（*Studies in Frontier*

History: Collected Papers, 1928—1958）。

此后的每个寒暑假，我都在新疆或藏族地区的漫游中度过，如2015年初的寒假游历南疆，事后写过一个游记，并出版成《从大漠绿洲到玉石山谷》一书（香港中和出版有限公司，2017年）。2015年的暑假，陪同老喇嘛师徒一起周游新疆。在下半年，我通读完了手头的几部拉铁摩尔英文著作，写了三篇相关论文，但时间有限，代价是没能完成关于2015年暑假的游记。

数量、密度和体量

21世纪的第二个十年里，可能因为中国西部的新闻事件一度较多，使得中国学界重新关注拉铁摩尔的边疆学术研究，由此产生了一些论文和著作。进入第三个十年后，这阵拉铁摩尔热潮似乎已经过去了。而在我看来，既有的拉铁摩尔研究层次还比较浅，多是拿他著作中一些简单的地理概念做文章，而仅从“边疆”还不足以概括拉氏的学术，它本质上是一种多角度、综合性研究人类社会的方法，更接近人类社会的“总体史”。

谈论拉铁摩尔的学术，首先需要澄清一些基本概念。比如，拉铁摩尔的研究对象是什么？人们最容易想到的关键词，应当是“边疆”和“内亚”，这是在《中国的亚洲内陆边疆》书名中出现过的词汇。不过认真追究起来，这两个词似乎又都有那么一点“言不尽意”。

先说“边疆”，它意味着先要有一个“中心”，中心的外围部分才构成边疆。近来有批评意见说，“边疆”默认长城内侧的传统汉地是中心，而长城外侧（游牧文化主导的）广大地区处于次要、从属地位，自带传统的以汉文化为中心的歧视意味。不过，在拉铁摩尔的著作里，不仅汉文化是中心，比如欧洲—罗马文化也是亚欧大陆的一个中心，也伴随着和边疆“蛮族”地区的互动问题。

如果暂且搁置道德评判，从历史认知的角度，我认为，“中心”与“边疆”的划分方式有其实际意义。

我们对历史的认知，很大程度上来源于史书文献，而贡献史书文献数量最多的，都是人口最为密集的、以农业生活方式为基础的地区。只有在人口密度、总量都达到一定规模的“社会”里，才能产生足够复杂的社会分工，保障有人专门从事发明和传承文字、管理和记录社会事务，等等。所以我们会发现，从古埃及、两河流域、印度河流域这些最为古老的文明开始，所有产生了文字、细密分工的社会，都建立在发达的农业经济基础之上。

从太阳能转化利用的方式来看，单位面积的农田比牧场提供的食物、供养的人口，数量要多数十倍、上百倍。这是农业和牧业的天然区别，完全由地理环境决定（当然，近现代的技术进步能在一定程度上克服地理环境的限制，但也仅仅是“一定程度”）。

而且，只有体量足够大的农业社会，才能利用文字书写技术，尽可能多地记录、传承书面知识及各种实用信息，使社会分工更加完善，最终进入工业时代和现代社会。在自行发展出工业革命的西欧之外，那些较早引进工业革命成果，实现成功追赶的地区，也都属于发达的农业文化区。

在这些变革中，游牧地区一直处于劣势，因为缺乏人口规模—密集度优势。当然，工业革命也部分改变了农业的分布范围。借助从灌溉到育种等现代农业技术，有些传统上只适合牧业的地区也可以转为农业生产，聚集起较大规模的人口，从而具备继续工业化、信息化的条件。

在历史时期的亚欧大陆上，几个农业文明中心地区所占面积并不算太大，它们之间，多被广袤且地广人稀的游牧文化区隔开（也有极少数情况是被险峻的丛林山地隔开，如西南横断山系）。几个农业文明核心区之间的交流，如丝绸之路贸易，佛教从印度向汉地传播，都要经过游牧族主导地区。某些突然崛起的游牧帝国，能够占领和统治几个农业文明核心区，如蒙古帝国一度统治两河流域、伊朗高原、俄罗斯地区。这些农业文明核心区之间，能实现直接交流（包括征服）的情况较少。

只有到近代大航海时代，才出现了一个显著变革：沿海的各农业文明核心区被裹挟到了新兴的全球市场之中，这可能是旧大陆各农业文明区第一次直接而普遍的连通。之后，则是沿海农业（工业）文明区对内陆游牧地区的渗透和征服。

以上是我对拉铁摩尔习用的“边疆”一词的简单梳理。结论就是：“边疆”与“中心”这对传统概念背后，隐藏的是两种“社会”的区别。一种是农业社会，它在亚欧大陆的总面积中只占一小部分，但人口密度较高，且人口总量较大，产业分工较细致，比较容易进入（原生或习得的）工业化和现代化；另一种是游牧社会，它人口密度较低，但占据的地域面积可以很大，其内部可以包含若干个小范围的宜农地理单元（绿洲或河谷），但产业分工的细密程度仍低于大型的、较纯粹的农业社会。

农牧业跷跷板

农业和牧业的区别比较明显，而另一方面，农业文明核心区也存在“小大之辨”。

四千年前，游牧族尚未崛起，在古埃及、两河流域、印度河流域，都出现了较早的农业文明中心。但在此后的一千多年里，马匹驯养技术传遍了亚欧大陆，使游牧族的生产力、战斗力得到直接提升，相比之下，埃及（尼罗河绿洲）、两河流域、波斯（里海南岸的宜农地区）都显得相对“弱小”了，它们很难有抗拒游牧族的体量，只能充当游牧族胜利者享受奢华生活的乐园（或被更大的农业帝国吞并，如罗马帝国统治埃及）。

在被各种游牧族轮番入主的上千年里，这些稍小的农业文明核心区能够维持住一些文明成果，如文字，但已经丧失了产业分工继续发展的机会。印度河流域更特殊一点，伴随着稍晚的恒河流域的农业开发，印度河流域成了北印度农业区的西部边疆缓冲地带。

而另一方面，在更加广袤的游牧文化区，还星罗棋布点缀着更多（单个体量也更小）的宜农地区，如沙漠戈壁中的农业绿洲，山林或者高原上的农业河谷。它们和游牧世界密不可分。

比起埃及、两河流域、波斯，那些更小的农业地区，也更缺乏抗衡游牧族的能力，它们只能为游牧统治者提供农产品、手工业产品和冬季宅邸。游牧统治者会被农业城镇的安逸生活吸引，长期定居在这里，逐渐丧失战斗力，最终被新兴的游牧征服者取代。比起纯粹的游牧草原—荒漠，农业河谷和绿洲更容易成长出小型政权，但它的经济、文化永远是和游牧族混合的，不会出现太细密的社会分工。这一幕从青藏高原边缘的诸多小型河谷，一直绵延到南疆乃至中亚的众多绿洲。

比较特殊的是河西走廊，它本来是被游牧地带包围的小型农业区。但由于紧邻庞大的汉地农业区，河西走廊被纳入了大型农耕文明圈，并成为中原伸向西域的狭长“走廊”。

可以做一个假设——如果，河西走廊距离秦王朝的疆域更远一些，不那么容易受到大型农耕文明区的影响，它的农业绿洲将变成游牧族征服者的生活中心，征服者可能来自北侧的干旱荒漠，也可能来自南侧的祁连山草原。这些绿洲也不再会被看作东西走向的“走廊”，而是若干条河流分别灌溉的富裕农区。这些河流贯通了祁连山地、山前绿洲和荒漠草原，构成了便于游牧族迁徙的另一种廊道。

农业王朝为守卫河西走廊而修筑了长城，如果没有农业王朝的阻隔，蒙古草原对青藏高原的控制与同化会更加显著。比如，在一直努力守卫长城防线的明代，蒙古部落横穿河西走廊、向青藏高原的迁徙从未消失。到清代，由于王朝能稳定控制蒙古各部，向青藏高原的渗透之潮才基本终结。

当游牧社会与农耕社会发生大规模战争时，那些被游牧区包围的小型农业区，往往是农业社会军队优先占领的目标。比如在汉武帝时期，汉军从匈奴手中占领了河西走廊，以及河套的宜农地区，汉朝进而向西，与匈奴争夺塔里木盆地诸农业绿洲的控制权。这都出于“断匈奴右臂”和保护陇西与川西的战略目的。之后的唐代、清代，都是在和北方草原对手（突厥、准噶尔）鏖战的背景之下，才把统治范围延伸到环塔里木诸绿洲。

“小农区”往往也是游牧统治者学习管理农业地区的起点。成吉思汗崛起于纯粹的游牧草原，当他攻占塔里木盆地的农业绿洲后，才获得了从事书写、记账的人才，并用绿洲地区的回鹘文字母来记录蒙古语。

再如，中亚的农业绿洲，伊朗、阿富汗高原上的农业河谷，都被牧民的荒漠和山地包围。从更广范围上看，这一地区又是大型农区和牧区的过渡地带。从北方草原（连成一体的南俄—哈萨克—蒙古大草原）南下的游牧征服者，会在中亚绿洲、阿富汗河谷发生某些改变。当他们进入印度河流域时，已经不再是对农区一无所知的“生番”，而是经受了小型农区地带的熏陶和软化。

所以，印度西北部虽然常受来自北方的游牧者的攻击、征服，但这些游牧入侵者造成的破坏烈度，要比华北地区低得多。中国汉地和北印度都是较大型的农业文明区，但面临的游牧者对手很不相同。

再说远一点。其实农业社会也存在“纯粹”程度的区别。比如，秦汉以后，欧洲农业社会中的畜牧业比例一直高于中国汉地，“纯粹”程度要低一些，人口密度也相对低。这肯定对中欧历史走向产生过影响。不过，目前的学术研究可能尚未触及这个层面。

拉铁摩尔曾指出，在古代的各农耕文明中，中国汉地的精耕细作农业具有明显特色，如灌溉工程、粪肥的运用。汉地传统农业需要投入大量人工，在较小的地块上实现尽可能高的产量，这与汉地人口密度较高、农田相对较少有关，是农业社会内卷化的典范。另外，笔者想补充一点就是，不仅是灌溉农业，在旱作的雨养农业中，汉人农民也大量使用锄耕来保墒、除草，尽量提高单产，这在世界范围内几乎是独创，不同于其他地区旱作农业常见的广种薄收模式。具体可参见齐如山的《华北的农村》《华北民食考》。

拉铁摩尔另一个常用的概念是内亚（Inner Asia），它是从地理范畴上对“边疆”的概括。内亚的基本范围是，起自中国东北，向西南延伸，包括了内外蒙古、西藏、甘肃、新疆（几乎整个“胡焕庸线”以西地区），乃至中亚五国、南俄草原、印度和巴基斯坦的西北部地区，终止于阿富汗。它的地理特征是干旱、多山与高海拔，不太适宜农业，人口稀少且不临海，它的周边则是亚欧大陆上临海的、人口稠密的各农业文明中心。

在我看来，拉氏的内亚概念和其边疆概念基本重合，但也可以做一点更严格的“挑剔”：低人口密度的游牧地区未必只存在于亚洲内陆。受季风带影响，有些沿海地区也会缺少降雨，难以发展农业，只适宜荒漠游牧者，如伊朗、巴基斯坦、阿富汗交界处的俾路支地区，环波斯湾、红海及阿拉伯地区的多数沿海地带，向西一直延伸到北非海岸。

当然，面对复杂的现实，任何术语概念都会有削足适履的意味。对于拉氏的“边疆”和“内亚”，我有时也称之为“西部”，因为现在的东北地区已经和百年前大不一样，成了人口较密集、文化较单一的地区，借助地理学家胡焕庸总结人口分布的“胡焕庸线”，现代中国的东部与西部，可以说代表着自然环境、人口密度与人文的明显区别。

山地更特殊吗?

术语概念的边界困境还有一个表现，就是在农耕文明、游牧文明的二元划分之外，还有兼容两种经济形态，甚至包括狩猎、渔猎、采集的高度复合经济形态。拉铁摩尔在讨论东北地区历史的时候，已经指出东北山林居民的复合经济特征。这种居民对农业、畜牧业生活都比较熟悉，当他们进入大草原，可以变成纯粹的游牧民，当他们进入宜农的汉地，也能很快适应纯农区的生活。

以往较少有学者关注“山地文明”在历史中的作用，即使有，也往往是受“逃避统治的艺术”影响，强调山地人群远离强势国家机器、自带桃花源属性的一面。但还要看到另一方面，历史上很多能够主宰草原甚至一统草原与汉地的强大王朝，都出自复合经济形态的山地。比较明显的例子是，出自白山黑水的女真人建立了金朝、清朝。

另外，蒙古人早期有“走出大山”的口传记忆，显示了他们的东北山地祖源；鲜卑人出自东北山林，有些占领了匈奴人西迁之后的大草原，有些在汉边地区以从事农业为主，后来入主中原建立政权。甚至匈奴人崛起之前，也生活在东北地区，因为《史记·匈奴列传》中记载，乌桓王挖掘了匈奴单于的祖坟，说明单于家族早期出自东北地区。

前面已谈及，荒漠包围的绿洲、群山包围的山谷，都是游牧大区中的小型农业区。不过细分起来，这两种小农区的角色又有所不同。

绿洲缺乏天险，对来自荒漠的游牧者几乎没有抵抗力；但山地小农区的独立性更强一些，因为很多山地地形坎坷，交通远比荒漠困难，复杂地形也使山地农业居民能更从容地对付外敌，所以山地农区对于周边游牧族的独立性，会高于绿洲农区。从川边羌寨绵延到高加索山地，山林农区都常见高耸的石砌碉楼，它们是农区居民抵抗游牧族袭掠的工事。在人口规模类似的绿洲，则极少见此类防御设施。

山谷的这种闭塞和独立性，使它能保存本地独特的语言、宗教、服饰等等文化元素，可以说，群山褶皱之中，是人类文化最为多元的保鲜柜，而地形平坦的大草原、大戈壁，则缺少类似避风港，很容易被征服者席卷一空，全盘同化。所以，从大山里会不停走出各种小族群，迅速壮大成匈奴、鲜卑、女真、蒙古等等，根源就是山地的独特储藏室作用。这里不只是逃避帝国统治的桃花源，更是强大帝国的基因库。

在基本由游牧与农耕文明互动形成的人类古代史中，如何看待山地的特点？这个问题我还没找到答案。目前想到的是，山地的险阻程度也不相同，西南横断山系可能隔绝程度较高，导致这里的人群“走出来”的较少；东北山地险阻程度较低，不过在传统时代，东北平原也密布丛林，且有大量湿地沼泽“水泡子”，这些地理差异可能也对各自族群的历史有影响。

为什么汉人不能游牧？

还可以讨论一下中国的汉地农区与游牧社会的历史关系。

在汉人统治的王朝，北方边界都比较固定，汉长城和明长城分布范围高度接近（宋这种武力不振的王朝，连汉长城边界都难以抵达）。而汉人王朝向南方的统治却一直在稳定地推进，长江流域（华中、华东）在汉唐间得到充分开发，人口数量大增；之后是岭南、云贵地区。拉铁摩尔已经注意到了中国南北边疆这种显著不同，其背后的原因也显而易见：北方的长城线，是（传统时代）农牧业的自然分界线，这是降水量和温度（积温）决定的，所以两千年间的长城防线一直变化不大；中国南方的降水、温度都比较适合农业，唯一的限制是山林、湿地地貌，但地貌条件可以逐渐改变，随着汉人南下移民的增多，长江流域、岭南、西南地区山林被砍伐，开发出的农地增加，汉文化圈向南扩展的趋势也一直持续。

以上是《中国的亚洲内陆边疆》提供的解答。但它背后还有新的问题：为什么汉人只能从事农业，而不能到长城以北去经营游牧业？

自汉代以降，直到近代，一直有零星的汉人移民进入草原乃至西域，但他们都被当地人同化，失去汉人的文化特征，徒留下“李陵后裔”的附会传说与近代的口述记忆（比如从河西去往阿拉善牧区并被同化的逃荒者）。为何在传统时代，离开汉地的汉人就不再是汉人？

或者说，当汉地王朝的军事力量可以压倒北方草原时（如汉武帝后期对匈奴的攻势，明朝初期对蒙古草原的征伐），汉人为何不能占领草原从事游牧？

做个比较，似乎更能看出汉文化的这个短板。俄罗斯边地有“哥萨克”人群，他们本是逃避地主奴役的农奴，在草原边疆安家立足，农牧业兼营，仍能保持俄语和东正教信仰，成为俄罗斯帝国向各个方向扩展的前锋，包括西伯利亚的荒原和密林，南俄与哈萨克大草原。他们还被沙俄政府招安，入伍充当骑兵。再如，经由海路扩张的西欧殖民者，也经常有零散定居者深入新大陆、非洲，人们最熟悉的形象可能是美国西部的大篷车“拓荒者”和牛仔，其实西欧各国的殖民者都有类似人群。他们长期脱离母国的文化氛围，但语言、宗教都不会被当地人同化。

也许，欧洲人的“技术优势”能提供部分答案，但并非全部。在16世纪，晚明的戚继光时代，汉人已经学会了来自西洋的火药枪炮技术（这种技术到拿破仑战争时期仍未发生质变），此后，使用“火铳”的猎户频频出现在中国司法档案乃至话本小说里，但火枪并未改变长城线的生态。

我的思考是，传统的汉人社会、汉文化，是建立在一定人口密度基础上的，一旦人口密度低于某个范围，汉人社会、汉文化将难以维持。这种现象背后，可能至少有两个层面的原因。

第一个层面，是汉人社会的权力组织形式：皇权下的文官政府管理社会，而非世袭的封建制贵族管理社会。

在古代物质条件下维持文官管理制度，必须以一定的人口密度为基础。我和施展教授讨论过这个问题，施展的解释是：文官制度需要征收赋税来供养官员和军队，但粮食的陆地运输有距离限制，超出一定范围，运输成本会超出运输的粮食本身，税收的收益小于成本，导致文官政府体系无法维持。而在世袭的“封建制”规则下，上级领主索取的未必是粮食，而是战争服务等力役形式，所以受地理的限制较小。

第二个层面，是文化（意识形态）的原因：传统王朝的官方意识形态的代表是儒家文化，特点是世俗性、非宗教，本质是士大夫精英文化，绝大部分的普通民众很难理解，也因此缺乏自组织的思想资源。一旦离开官府的统治—保护范围，汉人民众无法建立可以自我管理的民间组织，只能接受其他文化—宗教的同化。

宗教从来不是传统社会的文化根基，汉地基层社会也缺乏由宗教维系的民间组织。传统社会的管理形式是自上而下的；与文官政治伴生的，是以儒家“六经”（后又增加为“四书五经”）为基础的士大夫文化。儒家典籍形成于世袭政治时期——西周到春秋，和战国以后的社会严重脱节，文化精英对它只能有部分了解（另一部分则是误读）。

因过于古奥和精致，儒家典籍在社会上的影响力，完全靠文官政府的各种措施来保障。汉人一旦离开文官体制的统治范围，会缺少民间组织资源，无法像欧洲殖民者那样形成小型自治社区。

我曾与社会学家陈家建教授交流上述问题，他长期观察西南、长江流域和岭南的汉人社会，对历史上中国南部边疆的拓展有独到的见解。陈家建兄认为，汉人社会向南方的历史扩张，可以归纳成“大圈生小圈”的模式：整个华北—黄淮—长江中下游平原，内部缺少天险阻隔，是一个比较天然的地理单元，也是汉人农耕文化最古老、最大的单元，是“大圈”。

这个“大圈”充分发育之后，可以越过山脉丛林的阻隔，拓展出“小圈”，如西南的四川盆地、岭南的珠三角平原。

四川盆地、珠三角平原充分开发之后，还会向更南方跳跃式拓展，越过不宜居的山岭，在远方的宜农河谷开发出“小小圈”，如云贵（局部）地区汉式密集农业的发展。

另外，珠三角平原的体量远不如华北—黄淮—长江中下游平原的大圈，导致它的辐射拓展能力更低。历史上，珠三角平原辐射出了越南北部的汉化农耕区，但受珠三角平原体量的限制，汉文化势力无法在越南北部形成压倒性优势。

从上述特征看，汉文化区向南方的扩张力度，呈现递减趋势，只能是大圈生小圈，不会是大圈生大圈、小圈生大圈。这和传统的文官制度，和汉文化的传统意识形态有何种联系？背后还有很多问题值得深入研究，期待陈家建兄做出精彩的成果。

封建缔造大中国

还可以谈谈中国这个政治体疆域的历史延续性问题。

其实这本身是个伪问题，来源于西方学者习惯性地把“中国人”和“汉人”混为一谈。这就像把“美国人”和“(北美昂撒）白人”等同，把“印度人”和“印度教徒”等同一样。引车卖浆者流坊间闲聊可以这么说，因为他们不懂，但专业学者就不行了。西方学者这么干，有些是出于无知的混淆，也有些（主要是现在还在世的，以及未来的）是单纯的恶意。

历史上的中国，核心统治区往往是汉人地区，主要在长城防线以内，特征是较高的人口密度、精耕细作农业。自战国以来的汉地政治结构，都是皇权之下由科层制、多层级文官政府进行“编户齐民”式统治，长城防线、人口的增长（密集）、精细化农业，也都是从战国开始出现的。在人类的古代历史中，汉地的政治模式非常特殊，在世袭皇权之下，它排斥了封建贵族的世袭、割据式统治模式（当然也经历了一个过程，如从刘邦的分封诸侯到汉武帝削藩。再后来的魏晋士族、北朝隋唐高门，都是皇权政治下的“变态”产物，和真正封建贵族的距离还有很远）。

在其他的人类古文明里，从来都是“封建”因素压倒“官僚制”因素——我不认为这两个概念是一山不容二虎、有你没我的排斥关系，它们可以共生共处，所以还要考察它们占据的比例。这个封建制的特征，未必是如欧洲中世纪的 Feudalism 那套特定仪轨，其本质是贵族、王公对领地的世袭统治权力，同时他们可以承认更上级（皇帝、万王之王、大君等等不同称呼）的世袭统治权，以贡赋、劳役、军役等表示臣服与从属，但仍保有自己的世袭领地。不同等级的世袭权力的兼容并存，大政权下面可以有小政权，是广义“封建制”的本质。

现在学界流行“帝国”这个词，给它的定义是：包含各种不同文化族群的复合政治体。在传统时代，“封建制”是“帝国”权力体系最主要的构成方式，两者难以截然分开。

在跨文化和文化杂居地带，哪怕是体量较小的政权，也会明显地表现出多元“帝国”特色；而在相对广阔且文化同质的地带，政权的多元特色就不太明显，除非它扩张得非常大。这也是一种相对论的概念。

欧洲 17 世纪前半期的“三十年战争”，被认为是帝国和封建制衰微、民族国家兴起的开端，西欧从此走上一条与众不同的道路，并逐渐影响全世界。但我认为，并不存在纯粹的“民族国家”，任何人群都无限可分，也可以继续同化；从封建制帝国走向所谓现代民族国家，本质上是接受既成事实原则，而且大多数是战争的结果。

17 世纪之后，中国、西欧之外的地区，尚未走出封建制的社会结构，尤其在人口密度较低的地区，官僚制政府更难发育，封建贵族统治模式更加稳定。欧洲殖民政府也比较擅长利用殖民地原有的封建权力体系，降低统治成本。

那些和殖民政治相结合的封建贵族制度，一直可以延续到二战结束之后，部分被新兴独立国家的民主改革运动终结，还有一些披上了西式制度和“照顾少数族群”的外衣继续存在。我在游历北印度和巴基斯坦期间，对于听到的这方面的地方性知识感到很新奇，因为这是外界长期忽视、无视的领域，比如20世纪五六十年代，印度国大党政府在喜马拉雅地区剥夺当地封建领主、寺院世袭的特权，建立起现代官僚制政府，属于印度版本的“民主改革”。这些可能还没有太多学术研究著述，只存在于当地山民的记忆和讲述之中。

再插一句。现在有些中国学者对于英帝国的殖民统治方式很赞赏，认为充分尊重了本地族群的自治和文化传承。但从我在南亚的见闻来看，这套狡猾的统治方式保留甚至强化了原有的种姓身份隔阂，以及贫富高度分化、赤贫人口极多的社会结构，也保留了大量落后腐朽的习俗和习惯法。而作为反例，在经历过苏联统治、社会主义运动的中亚世界，社会的贫富均等程度、人群的受教育水平和世俗文明程度，要远远好于南亚。

传统、独特性这些概念，在现代文化人的语境里似乎都是正面的，但它们并不天然等同于多数人的美好和幸福，反而往往是自由、法制、人权的对立面。如果能看到真实的草根世界，许多书斋里的理论架构可能都站不住脚。

回到中国。在长城线以内，官僚制、编户齐民的治理方式显示了统一政治体的存在，不容易产生争议，但在长城线之外，以及西部、南部诸多没有长城的边疆地区，原住居民多数并非汉人。在很多西方学者眼里，这就不属于“中国”政治体了，由此提出为现实服务的命题：这些地区的现实动荡，必然是追求“独立建国”，必然有历史依据。

这种思维的漏洞在于，它把汉地的历史独特性当成了判断政治体的法理依据，而按照这种理论预设，除了汉地的“中国”之外，地球上几乎就没有第二个有历史法理依据的政治体了，因为没有第二个能达到汉地传统“编户齐民”统治程度的地方。

如果回到封建世袭制为主流的古代社会普遍游戏规则中，传统中国疆域直到现代的连续性，就显得很容易理解了。

中国历代王朝的都城往往都在汉地（即使是非汉人建立的王朝），它们对长城线以外或者非汉人为主的地区的统治权，主要表现为“封建制”权力结构。主要表现是：地方领主如王公、土司的世袭权力得到朝廷承认，而他们也必须为朝廷承担贡赋、军役等义务；地方领主家族内部发生纠纷时，要接受朝廷（或地方官府）的判决；他们遇到外敌威胁时，可以向朝廷请求军事援助。王朝出于边防安全的考虑，可以在世袭领主的辖区驻扎军队，并征收相关赋税。

拉铁摩尔最早论述过中国对边疆地区的封建制管理模式，他称之为“边疆封建制”，参见其《边疆史研究论文集》。这个论点一直没引起学界注意，几乎尚未见到对它的讨论，更不用说深化研究，颇为可惜。

在中国历史上，“边疆封建制”所能统治的区域经常变动循环，汉唐鼎盛期可以包含西域。但即使在武力不振的宋朝，这种统治原则也从未消失，在南方边疆仍有用封建制管理的当地势力。

从上述的标准来看，清代从乾隆时期开始在新疆的治理程度，甚至超过了“封建制”水平，已经加入了官僚制的诸多因素，这也远远超出了汉唐朝廷对西域绿洲诸地方政权的治理程度。

还有西方学者用“朝贡体系”来描述中国朝廷与周边非汉人小型政权的关系，这个概念侧重朝廷礼仪表象，及其遮蔽的互惠贸易本质；它也侧重描绘了传统中国政治架构与其他人类社会的不同，使传统中国到现代中国的疆域沿袭显得过于“特殊”，似乎缺少法理依据。

我认为，“朝贡”概念有意义，但如果只看到它而无视“封建”层面的政治关系，就走上歧路了。从中央朝廷的管制程度来看，“封建”政治关系要比“朝贡”关系管得更多、更紧密，比如中央驻军的权力，地方政权为中央提供军事服务的义务，以及中央对地方领主家族的管理权，等等。比如，清代康熙时期对西藏的管理，乾隆时期对新疆的管理，都远远超出“朝贡”关系的范畴（有些甚至超过“封建”关系范畴，见前文）。

而对于更加外围的地方政权，如清代的朝鲜、越南，以及更加遥远的南洋、外葱岭诸国，平时虽有礼仪性的例行朝拜上贡，但中央在这些地区没有驻军，也较少干预其统治家族内部事务，可以说，这种关系达不到“封建”的程度，用“朝贡”来描述比较恰当。但这种政治关系也在变化之中，比如，因为朝鲜发生的中日战争，因为越南发生的中法战争，中国朝廷都向当地派出了军队，如果战争中清廷一方胜利，它和朝鲜、越南政权的封建关系成分会加重，如果失败，则连“朝贡”的表面关系也难以维持了。

按照我的上述总结方法，传统中国的政治模式是三重的，从内到外，管治程度也从重到轻，依次是：编户齐民—边疆封建—礼仪朝贡。和较早的朝贡关系研究者描述的编户齐民—礼仪朝贡两重关系比起来，处于中间层级的“边疆封建”制度，更清晰地表明了中国政治体在时间和空间上的延续性，并且，和其他绝大多数人类社会（政治体）相比，中国也同步经历了从封建制到现代国家的过渡历程，人类社会共性的一面展现得更加明显。

近年来的部分思考就记录到这里。后面是三篇关于拉铁摩尔的论文，都写于2015年秋，也先做一个简短介绍。

《内亚与多维度历史》，主要谈拉铁摩尔学术的特点，对当代学术的启发和价值。本导读《大陆旅程无尽》也是此文在八年后的延伸。

《交汇点上的学术与人生》，主要总结拉铁摩尔个人生平经历与其学术的关系，特别是它代表的一个重要现象：人文社科界的最后一代大师，都是二战之前成长起来的；二战之后成长起来的学者，多是眼界狭窄、缺乏问题意识的职业“学术匠人”。不管历史有没有终结，属于天才时代的学术确实已经终结了，现在只有作为职业的学术。

《一桩后现代的史学文字狱》是针对罗威廉批驳拉铁摩尔文章的一篇“反批驳”。罗威廉这篇文章题为《欧文·拉铁摩尔，亚洲与比较史学》，在中国学界没什么影响，但作为21世纪学术史的一则个案，它很值得分析。

《一桩后现代的史学文字狱》主旨也延续了《交汇点上的学术与人生》，即平庸时代的人不仅做不出高明的学术，甚至也不再能理解什么是“高明”，这是罗威廉敢于叫板拉铁摩尔的大环境。其实，抛开时代差异不谈，仅从地域上说，拉铁摩尔见识过的那些自然山河与人群，罗威廉都没见识过，他只了解一些高度同质化的汉人社会留下的文字记录，和拉铁摩尔的眼界阅历无法相比，自然无法理解拉铁摩尔的学术。

另外，罗威廉此文表现出的狂悖，可能也是二战后美国人文学术的特色，就是不理解“大师”的意义，不懂得任何学术成果都建立在前人特别是“开风气”的学界伟人的积累之上，自以为找到一个什么新名目的“主义”，建立一个“后 ×× 学”，就可以平地推倒前人的一切成果。

我写作此文时，罗威廉的文章尚未译成中文，现在已经有了中文版，有心者可以觅到。上述三篇论文都写于 2015 年，对于此后出现的拉氏研究成果，我无暇再做增订补充，特此说明。

内亚与多维度历史

——对拉铁摩尔学术的解读

一、在内亚发现历史的连续性、整体感

1980 年代以来，拉铁摩尔逐渐回到中国学者的视野。拉氏的学术涉及面极广，富有创见的成果比比皆是，也留下了很多尚待研究的课题，短短一篇文章无法涵盖他的学术成就，本文仅讨论其依托内亚、审视中原的治学方法，并总结这种方法对今天学术界的借鉴意义。[1]

---

[1] 研究拉铁摩尔的中文学术论文，有代表性的有以下几篇：较早对拉铁摩尔的生平及学术观点进行全面介绍和分析的，是陈君静的《拉铁摩尔和他的中国问题研究》(《华东师范大学学报（哲学社会科学版）》1998 年第 2 期)，此文较早且较全面地介绍了拉氏的学术观点。对拉铁摩尔的英文著作及中译本进行过系统阅读、梳理的，是杨晔的硕士学位论文《试评拉铁摩尔的中国边疆史研究》(复旦大学 2008 年硕士学位论文)。此文的文献工作扎实，对于 20 世纪拉铁摩尔著作的中译情况介绍较全面，是目前中国学界对拉氏英文原著用力最深的，故本文省略了这部分叙述。对拉铁摩尔学说有比较独到见解的，当属张世明《拉铁摩尔及其相互边疆理论》(《史林》2011 年第 6 期)，该文对拉氏的研究方法、人生与学术的关系，以及拉氏与费正清的比较都非常有新意。本文即在这些研究的基础上讨论拉铁摩尔学术的特色与方法，以及它能为今天的学术界提供何种借鉴。

研究者多已论及，拉铁摩尔较早关注游牧文明的自身特点，并对历史上游牧与农耕文明的互动做出了精彩论述，他自己也身膺汉学家和蒙古学家双重身份。由此带来了一个问题：拉氏早年成长、生活在中国东部城市（上海、保定、天津）和西欧（瑞士、英国），本来熟悉的是农业文明以及从农业文明中发展起来的工业文明，但为何他的学术之路却是从游牧文明主导的内亚边疆开始的？什么因素使他弃商从学，专事研究内亚史地之学？

拉氏最初是作为地理学家进入学术界的，地理最能回答这个问题。和拉铁摩尔同时代，地理学家胡焕庸提出了中国人口分布的“瑷珲—腾冲线”（或称“胡焕庸线”“黑河—腾冲线”），这条线将中国划分为东南和西北两部分，东南部分的国土面积占中国总面积的 36%，人口却是总人口的 96%；这条线西北的国土面积占 64%，人口却只占 4%。时至今日，中国的经济水平、结构已经发生了根本性变化，但这个人口分布比例却一直保持稳定。[1]造成这个差异的根本原因是地理—气候因素，即东部地区的海拔、土壤、降水、光热条件适合农业发展，可以供养大量人口；西部地区则缺乏大范围的农业条件，农业区狭小而零散，干旱和高海拔地区只适合畜牧业，而畜牧业单位面积能供养的人口远远低于农业。

这只是书面上的数字论证，如果亲身在“胡焕庸线”的西侧

[1] 胡焕庸：《中国人口之分布》，《地理学报》1935 年第 2 期；张林：《“胡焕庸线”揭示的人口分布规律仍未被打破》，《科学时报》2010 年 1 月 20 日。

游历一番，会看到更多样化的风貌：干旱的蒙古、北疆草原，高海拔的青藏草原，干旱的荒山，植被丰茂的青山，分布在山间缓坡的草场，还有极为荒凉的沙漠、戈壁。在荒原、草原和山地分割包围之中，有绿洲和山谷的小规模农业区。如此差异巨大的地理环境中，人口总量很少，但语言、宗教、经济形态、生活方式却具有极大的多样性。这种人文多样性来自环境差异、地理交通阻隔，历史的延续性就表现在多样化的传统生活方式之中。反观东部地区，人口虽然很多，但经济形态、文化和民族特征却具有相当大的同质性，而且容易实现工业化和现代化，现代化又造成了和传统的疏离、脱节。

上述西部地区的特点，正是吸引拉铁摩尔投身学术、研究内亚的根本原因。他认为："世界上没有哪个地方的地理对人类的影响能像内亚那样引人注目"；"没有哪个省份像新疆一样具有人种和语言如此丰富的多元性"。[1]在1926—1927年的第一次内亚游历之后，他认为最可贵的收获是："一种对历史的连续性的感受，以及对那股曾横扫亚欧大陆并持续到我们今天的力量的感受。"[2]这个"力量"指游牧生活方式，而"历史的连续性"则是西部地区多样化的传统人文特色。而且这种多样化并不意味着绝对的封闭，政治与经济的各种联系仍贯通其间，如中央政权在边疆断断续续的

---

[1] Owen Lattimore, *Pivot of Asia: Sinkiang and the Inner Asian Frontiers of China and Russia*, New York: AMS Press Inc, 1975 reprinted,152, 182.

[2] Owen Lattimore, *High Tartary*, New York: Kodansha International, 1994 reprinted, "Preface", XXXVIII.

影响，活跃在西藏、新疆和汉地之间的各族商队，都进入了拉铁摩尔的观察视野。从此他逐个研究多姿多彩的内亚社会，对中国东北地区、蒙古地区、新疆都有研究专著，唯一没专门考察和研究的是藏族地区（但他从新疆去印度时曾途经拉达克，也算到过了边缘）。

除了内亚自然生态和人文的多样性，还有一点对研究者同样重要，就是内亚各种社会形态虽然都规模很小（人口少），但麻雀虽小，五脏俱全，更容易观察具有人类社会共性的规律。如拉铁摩尔在呼和浩特看到，一位过定居生活的蒙古人捕获了一只小黄羊并成功驯化。他由此联想，有些早期游牧文明可能是从定居农业发展出来的（拉氏认为游牧有多种起源，定居农业只是其中之一）。文明起源阶段早已湮没在茫昧的时空中，考古发掘提供的素材也零碎不堪，不借助这种人类学民族志式的亲身观察，很难产生明确而完整的观点。

借助内亚的“缩微版”社会，拉铁摩尔能够从整体上观察经济、政治、文化、环境等诸多因素的复杂互动，从而探寻更宏观层面的社会历史发展规律。笔者尝试归纳出他研究人类社会的几个关键要素（或者说变量）：（1）人类社会所处的自然环境；（2）经济形态—生活方式；（3）人口规模及密度；（4）社会权力结构；（5）技术手段，包括生产技术、交通技术、军事技术等等；（6）文化，尤其是宗教等意识形态。但与我们熟悉的唯物史观不同，拉铁摩尔并未做出一个甲决定乙、乙决定丙的顺序模型，而是关注不同个案中这些要素的相互影响。他在 1947 年发表的《中国历史地理的一个内亚取径》[1]一文，就以一个假设的内亚小型绿洲为例，来讨论多种变量因素的综合作用，并由此延伸到中国文明的起源与发展问题。下面就对此文做一简单介绍。

拉铁摩尔首先假设了一个被戈壁包围的、比较独立的内亚小型绿洲，讨论人类在其中发展的可能性：早期人群在这里过采集—狩猎生活，人数少而分散；但随着人口增长、可捕食或采集的动植物减少，人们转而从事种植作物、饲养牲畜。随着农业的发展、人口的增长和密集，这个绿洲社会可以采用一些新的技术手段来改造环境，如开挖灌渠和坎儿井等，进一步扩大农业产量。而伴随着新工程技术的应用，绿洲社会的权力结构也会发生变化，比如权力变得集中，以便集中人力开挖、维护渠道。新农业技术和人口增殖又可能给环境造成新的影响，如土地的盐碱化、灌渠的淤塞。面临这些新问题时，绿洲社会可能有不同的应对策略：或者向临近的适合发展农业的绿洲迁徙，将已有的农业技术、权力结构移植到新区域中；或者放弃农业转入游牧生活，随着灌溉需求的消失和人口密度变低，原来集中的权力关系重新变得松散……他还讨论了影响这个绿洲农业社会的另一个问题：与周边荒原上的游牧族的关系。绿洲农业起步阶段人口较少，难以抵御游牧族的攻击，可能会被劫掠、破坏，或者臣服于游牧族并缴纳贡赋；但如果绿洲农业能够发展到一定程度，人口比较多，能够

[1] Owen Lattimore, “An Inner Asian Approach to the Historical Geography of China”, *Studies in Frontier History: Collected Papers, 1928–1958*, 492–500. 此文首先在 1947 年的一个学术会议上被宣读。

完成城墙等军事设施，就能抵抗游牧族的侵袭，甚至迫使其臣服并向自己缴纳贡赋。

这些关于绿洲生命历程的描绘，使笔者联想到拉氏内亚考察游记中记载过的一些绿洲，比如1926年底他随商队抵达北疆巴里坤附近，在山前戈壁中经过两个极小的绿洲。一个叫“沙草泉”，曾有维吾尔族农庄，但因干旱和盐碱化已被废弃，长满了芦苇和芨芨草，栖息着大量野生黄羊。另一个叫“牛圈子湖”，只有两户人家，一户很富裕，有大量土地和牲畜，有自己的商贸驼队，另一户则很穷，只能世代给富户当佃农。这个小绿洲有自己的坎儿井灌溉系统，但老井已因盐碱化不能使用，正在开挖一系列新井。这种挖井工艺比较复杂，工人要从别的绿洲高价聘请，只有富户才承担得起。这个小绿洲周边还有几户蒙古牧民的毡房。[1]这种对绿洲形态的直接观察，是任何书本都无法取代的。

但《中国历史地理的一个内亚取径》并未停留在对绿洲发展历程本身的描述上，而是用这些现象类比（或者说构拟）了中原农业文明的产生和转型历程：在汾河、渭河下游和黄河南段，早期中国文明开始形成并扩张，或者兼并同质的农业社会，或分离出变成游牧民的人群。在农业区的扩张中，早期只能采用封建的政治形式（封邦建国），但随着人口密度的增加，逐渐在小范围内形成集权化，并随着兼并战争变成官僚制的统一帝国。同时随

[1] Owen Lattimore, *The Desert Road to Turkestan*, New York: Kodansha International, 1995 reprinted, 285–287.

着人口的增长和迁徙，长江流域的丛林被砍伐，人口和经济规模逐渐超越北方地区。而中原的经济、政治动荡又经常导致北方游牧族入主，自南向北运输粮食的大运河就是这种北方强势的体现……可见“绿洲模型”给拉铁摩尔带来了解读中国历史的灵感，使他获得了鸟瞰历史的大视野。

当然，拉氏并非简单比附内亚社会和中原社会的相同点，在内亚的映衬下，他更能发现中原文明的独特之处，这恰恰是身处中原的学者无法获得的观察视角，比如拉氏总结中原社会的两个特点。一是皇权专制下的官僚政治体系（当今学术界对此已经进行了比较充分的研究，但基本是传统政治史、制度史研究的发展，与拉氏没有学术传承关系；另外，由于没有内亚社会的参照对比，目前对中原皇权和官僚政治的特点、影响的总结仍不够深入）。二是劳动密集型的灌溉农业模式（这点尚未得到重视和充分研究）。限于篇幅，本文在这方面不做过多展开。

二、“多变量”的历史研究方法

拉铁摩尔观察人类社会时，自然环境、经济形态、人口规模及密度、技术手段等因素交互起作用，在某个历史阶段里可能有一项因素起作用较大，但没有只影响其他变量而自身不受任何影响的终极决定因素。比如自然环境固然是一切人类社会的起点，但人可以改变环境，环境也可以自己发生变化，这些都是拉氏讨论的重点。所以他展示的社会发展图像非常复杂，一个原因可能导致多个结果，一个结果也可能是多个原因的合力造成，整体的社会进化则是多重原因和多重结果的交织。

在《中国历史地理的一个内亚取径》问世十年前的1937年，拉铁摩尔的《中国长城的起源：一个理论与实践中的边疆概念》（此文后来基本被收入《中国的亚洲内陆边疆》第十四章《统一帝国与统一边疆——中国的长城》）[1]已经详细论述了中国文明的特点和发展历程，内容与上书并无二致。所以笔者怀疑，他写作《中国长城的起源》的灵感缘起就是绿洲模型的参照，只是十年后才阐明了其产生过程（在这十年间，拉氏并未到绿洲地区进行新的考察旅行）。《中国长城的起源》讨论的时段，是从战国末期到西汉初期，内容是中原和北方草原发生的社会变迁，如分析秦国和赵国的北方边境差异、两国对待北方民族的不同策略，由此导致了不同的军事制度和战争后果；秦国高度动员的军事体制不适应统一之后的和平局面，终于导致了王朝的崩溃；刘邦的阶级身份和地缘优势使其获得成功；秦帝国向北扩张，导致分散的游牧族逐渐汇聚成草原帝国；弓箭、骑马等技术对游牧族崛起的促进作用；西汉初期对匈奴政策的底线……所以此文可以看作拉氏综

[1] Owen Lattimore, “Origins of the Great Wall of China: A Frontier Concept in Theory and Practice”, *The Geographical Review*, XXXVII, No 4 (October 1937); *Studies in Frontier History: Collected Papers, 1928–1958*, 97–118. [美]拉铁摩尔：《中国的亚洲内陆边疆》，唐晓峰译，南京：江苏人民出版社，2010年，第295—322页。

合性、多变量研究的一个典型代表。此文有些具体观点可能有误（比如认为战国都是“封建”的，只有到秦朝统一才开始专制官僚帝国），但其创见更为可贵，提出的很多问题至今尚未得到秦汉史界的认真讨论。

拉铁摩尔这种多变量、高度综合性的历史研究方法的形成，既有其自身原因，也有学术史的背景。先来看其自身原因。首先，拉铁摩尔治学有明显的“经验主义”特点，[1]惯于从实地考察中寻找问题，使其避免了书斋“研究”的简单、空泛；其次，张世明已经指出，拉氏的与众不同，是“缺乏正规的学院教育经历，加之其思维往往呈发散性”，这种发散性思维很重要，使拉氏能关注众多变量，超越简单化、死板化的历史解释模式（和拉氏同时代的、有类似思维方式的中国学者，我们可以举出郭沫若和钱锺书）。

再来看学术史的因素。美国学者沃尔特·韦伯（Walter Prescott Webb, 1888—1963）专事研究美国西部史，他对美国西部“拓荒者”社会的研究，就是以注重技术、社会结构与文化、人文心理的互动关系见长。[2]拉氏论著极少引用沃尔特·韦伯，不过以沃尔特·韦伯在1930年代美国学术界的影响，拉氏应当对他的学术有所了解。或者退一步说，即使拉铁摩尔和沃尔特·韦伯二人未有任何交集，学术表现出某些共性也是正常的，因为他们都研究边

---

[1] 参见拉铁摩尔之子大卫·拉铁摩尔的前言。Owen Lattimore, *The Desert Road to Turkestan*, “Introduction by David Lattimore”, XXIII.

[2] 沃尔特·韦伯的代表作是《大平原》（1932年初版），可参 Walter Prescott Webb, *The Great Plains*, University of Nebraska Press, 1981 reprinted。

疆社会（美国和中国的西部边疆），而边疆社会地广人稀，是异种文化的冲突与融合之地，便于从中观察影响人类社会的各种因素。而且，和沃尔特·韦伯的研究对象——美国西部边疆相比，中国西部的自然和人文多样性要远远胜出，这是拉铁摩尔的得天独厚之处。

西部（内亚）研究具有古今贯通、跨越多种文化的整体感，除了“小型社会”的个案例证外，还因为西部人口总量少，且被分割成无数小地理和社会单元，每个“小单元”的史书文献也较少，能较容易地掌握，从而获得古今贯通的整体感（其实很多西部小社会单元未必有成文史书，要靠故老口传的“掌故”）。反观中原，因为历史文献浩如烟海无法穷尽，只能分成许多专业研究方向，或是按时段划分的断代史，或是按领域划分的专门史，研究者被迫“画地为牢”，在很窄范围的史料中寻找问题。这无形中限制了研究者的观察视角，很容易造成盲人摸象的尴尬。所以我们在断代史、专门史领域的研究著作里，很难看到拉铁摩尔式的、涉及人类社会各种变量的综合研究：最等而下之的研究是史料的分类排比，连最简单的因果关系都没有。稍微复杂一点的是“单一决定论”，即一个原因必然导致一个结果：经济史、军事史最常见的是技术决定论，某种兵器技术决定了战争胜负，或者某种经济手段带来了社会繁荣；政治史最常见的是“党争”解释方式，某种文化背景或出身的差异必然导致两党相争；思想史则要么是经济决定论、阶级决定论，要么是“独立发展”论，即认为思想只在自己的“内在理路”之内运行、进化，和其他社会因素都无关系。如果能借鉴拉铁摩尔，借鉴中国西部的历史与现实，研究者也许可以从无因果、单一因果的简单思维模式中解放出来，描绘出更真实、更全面的历史图景。[1]

当然，目前学界也有中原“区域史研究”的流派，但中原汉地各区域，在政治、经济、文化诸方面的独立性、独特性都较小，如果处理不当，目无全牛，这种“区域史研究”反倒会造成割裂与误解。

三、亲历考察：贯通历史学与博物学、人类学

拉铁摩尔不是一位书斋里的学者，他对内亚的研究是实地考察、历史文献与考古发现的结合，研究者多已论及此点。本文还想补充的是：拉氏的游历与研究背后，隐藏着西方博物学的传统；他的草根风格的游历方式，使他能发现其他学者未见的现实；他这种亲历体验式的研究方法不合历史学的正规门径，导致他在 20 世纪后半叶逐渐被学术界淡忘，而他的学说被重新重视，则是少数历史人类学家的“再发现”。

先来看博物学的影响。在 19 世纪之前，人类的知识总量积累尚不太多，一个人穷其一生尚有可能基本掌握，所以从古希腊到

---

[1] 笔者与林鹄合作的《马镫、中古骑兵战术转型与游牧族的中原化》一文，便是用多变量方法解读中原历史的一个初步尝试，载《学术月刊》2014 年第 7 期。

近代欧洲一直有“博物学”（natural history）的传统，亚里士多德和培根可作为代表人物。进入19世纪后，各学科的研究逐渐深入，但仍有人致力于贯通诸学科，或是为提高自身“修养”，或是力图构建一套涵盖人类总体发展历程的理论，大仲马《基督山伯爵》的主人公乃至马克思身上都带有这种痕迹。到20世纪前期，自然、社会各学科的分野已基本确定，地理学则是博物学的最后栖身之地：当时还有些交通不便、外界了解甚少的地区，要靠“探险家”的游记报道给世界，这种游记往往涵盖了自然地理、动植物、人种、语言、宗教、历史、艺术、经济贸易等诸多方面，从普尔热瓦尔斯基到斯文·赫定、斯坦因的考察游记，都有博物学的遗风（当代中亚探险史的研究还较少关注这一点）。当然，进入20世纪，这些考察已经有一定的学术专业定位，如斯坦因的考察注重地理测绘和考古发掘；斯文·赫定的最后一次大型内陆考察（1928年开始的中国—瑞典西北联合考察团）已经不是一个人的旅行，而是多国学者、多学科的联合行动，可以看作个人探险和博物学时代的句号了。

拉铁摩尔恰好赶上了“博物地理学”的最后一班车。他1926—1927年第一次内亚之旅的游记顺利出版，而且被欧洲多国的地理学会接受，拉氏由此跻身学术界。博物学视野使他能从宽广的、综合的视角观察内亚，将自然地理、人文历史融汇于一炉，并结合历史文献和考古成果，探寻内亚世界自古及今的发展历程。他此后对中国北部边疆的考察也都是这种风格。这也是他形成“多变量”社会历史研究法的重要原因。拉铁摩尔曾说过，他并未打算作为一名“博物学家”来研究内亚[1]——他当然知道，在他生活的1920年代，博物学已是明日黄花，但仍是每一个进入内亚的西方游历者绕不开的常识来源。从博物学角度看，他的新疆游记《高地鞑靼》(*High Tartary*)仍堪媲美探险界诸前辈。

而时至今日，学科划分已经空前细密，研究者的工作领域都极为狭窄，这对理工学科来说是一种必然，但对人文社会学科损害较大，因为失去了对人和人类社会、人所处的自然环境的宏观了解，很容易走入“缺乏常识”的死胡同和荒谬论证的自我循环。这种情况下，补一补“博物学”这门课，对于当代人文学者很有意义。[2]

再者，是拉铁摩尔“体验式”的独特观察方式。他没有任何种族和阶级身份的优越感，走向内亚完全是出于对陌生地域和文化的好奇心，能融入草根民众——商帮、牧人的日常生活，学习他们的语言，了解他们的心理世界。付出的代价除了人身危险，还有生活上的不便，比如和跳蚤、虱子的亲密接触。有些中国学者也曾有深入西部的机会，但没有拉氏这种草根情怀，所以也看不到拉氏亲历的诸多景象。比如学者顾颉刚曾在抗战初期游历洮岷、甘南的藏族地区，但他的游历还是传统士大夫式的“打秋风”，所到之处都是和县长、驻军团长等上流人士酒席酬酢，没有

---

[1] [日]矶野富士子整理：《蒋介石的美国顾问——欧文·拉铁摩尔回忆录》，吴心伯译，上海：复旦大学出版社，1996年，第15页。

[2] 刘华杰：《博物学应当在高等教育中站稳脚跟》，《中国社会科学报》2010年2月25日。

融入当地普通人生活的兴趣。[1]所以顾颉刚的史地之学更侧重政区沿革，没有拉氏对民族生活方式与自然环境的细致观察，也没有探讨社会总体变迁的宏大格局。

既然拉铁摩尔如此受益于内亚的游历考察，今天的学者也沿着他的路线走一走，是否就能做出和他比肩的成就？答案恐怕不那么乐观。首先是时代已经变化。在拉铁摩尔时代游历能提供给人的考验和收获，今天已经很难再现了。那时不仅没有现代的铁路、公路交通，而且政治分裂割据，兵匪横行，荒原里更有许多无法无天的“三不管”地带，全靠个人能力和知识应对。比如在拉氏的第一次新疆之行中，先被军阀部队抢去（所谓“征用”）了骆驼，在商业边城受到牙人掮客的蒙骗，雇用了一个当过土匪、自私卑鄙的驮夫，在远离法律、官府的戈壁商路上，他和驮夫决裂，靠其他驼队的帮助和商帮的“不成文习惯法”（这是英语的表述方式，中文用“江湖规矩”可能更贴切），终于惩治了这个驮夫败类。[2]这种游历生活不仅能融入式地观察传统内亚社会，也最切合中国古人“读万卷书，行万里路”之说，能使人洞明世事、练达人情，而这些要素都难以再现了。

拉铁摩尔这种亲历体验的研究方法，和人类学（民族学）的

[1] 顾颉刚：《西北考察日记》，中国人民政治协商会议甘肃省委员会文史资料研究委员会编：《甘肃文史资料选辑·第28辑》，兰州：甘肃人民出版社，1988年，第50—92页。

[2] Owen Lattimore, *The Desert Road to Turkestan*, “Introduction to the 1975 Edition”, 326-330.

田野民族志研究有何异同？这是一个颇有意趣的话题。拉氏完成第一次游历之后，曾在哈佛大学人类学系进行了一年的进修，但他只待了半年多时间，而且主要是写作《高地鞑靼》，所受的人类学训练应当比较有限。他毕生只有一篇论文《金部落：松花江下游的“鱼皮鞑子”》[1]比较接近规范的人类学研究方法。拉氏的研究范围兼跨多个学科，在《中国的亚洲内陆边疆》出版后，美国的历史学、地理学、社会学、国际政治学及亚洲研究领域都有学者撰写书评，[2]但人类学界一直保持沉默。

为何西方人类学界一直疏远拉铁摩尔？可能的原因是，在二战之前，欧美人类学的工作重点是美洲、非洲、南太平洋等尚未进入文明状态的“原始民族”，而内亚那些“有历史”的游牧族、绿洲文明未被纳入人类学研究范畴。二战之后，西方人类学已开始关注游牧族，但拉铁摩尔极少进行长期蹲点的民族志式研究方

[1] Owen Lattimore, “The Gold Tribe, ‘Fishskin Tatars’ of the Lower Sungari”, *Studies in Frontier History: Collected Papers, 1928–1958*, 339–402.

[2] 美国学者的这种书评文章多不加题目，所以这里仅列出其作者及刊物：P. M. Roxby, *International Affairs Review Supplement*, Vol. 19, No. 3/4 (Dec., 1940–Mar., 1941), 180–182; W. E. Ekblaw, *Economic Geography*, Vol. 16, No. 3 (Jul., 1940), 339–340; C. Martin Wilbur, *Pacific Affairs*, Vol. 13, No. 4 (Dec., 1940), 498–501; Harley Farnsworth MacNair and Frederick J. Teggart, *American Journal of Sociology*, Vol. 46, No. 3 (Nov., 1940), 390–393; F. D. Schultheis, *Political Science Quarterly*, Vol. 56, No. 1 (Mar., 1941), 143–144; H. F. Raup, *Pacific Historical Review*, Vol. 10, No. 1 (Mar., 1941), 92–94; John McGilvrey Maki, *The Pacific Northwest Quarterly*, Vol. 32, No. 4 (Oct., 1941), 467–469; P. M. Roxby, *The Geographical Journal*, Vol. 97, No. 1 (Jan., 1941), 59–61.

法，他的学术视角太宽广，总是试图涵盖更大的区域和时段，不愿在某个人类学个案或历史断代上投入太多精力。而欧美人类学和地理学不同，以深沟高垒的学术樊篱自傲，所以他的研究长期未受到人类学界的重视。和当年人类学界的疏离态度相对应，拉氏平生也极少声称自己的考察研究与人类学有关，只是在他晚年回顾自己的学术生涯时，曾有些打趣地言及，自己早年的旅行有点“田野工作”的意义（这个引号是他自己加的）。[1]

1950 年代之后，拉铁摩尔在西方学术界逐渐“冷却”，但就在他离世之际，西方人类学的正统研究模式也走到了山穷水尽的境地（传统民族生活方式基本被描述完了，或者相继进入现代化了），开始有人类学家关注拉铁摩尔的成就，把游牧族的人类学研究与史书文献、考古发现相结合，探讨中国北方游牧族的形成和发展历程，即以巴菲尔德《危险的边疆》、王明珂《游牧者的抉择》为代表的所谓“历史人类学”。[2] 这轮“历史人类学”的小繁荣，使拉铁摩尔的学术逐渐“复活”。但我们也要看到，“历史人类学”并非人类学主流，拉氏学术和正统人类学方法仍有较大差异：

---

[1] Owen Lattimore, *The Desert Road to Turkestan*, “Introduction to the 1975 Edition”, XXXII.

[2] [美]托马斯·巴菲尔德：《危险的边疆：游牧帝国与中国》，袁剑译，南京：江苏人民出版社，2011 年。此书英文版初版于 1992 年，拉铁摩尔去世三年之后。王明珂 1980 年代末在哈佛大学曾修习巴菲尔德的“游牧社会之人类学研究”，关于他和巴菲尔德学术受拉铁摩尔的影响，参见王明珂：《游牧者的抉择：面对汉帝国的北亚游牧部族》，桂林：广西师范大学出版社，2008 年，前言第 9 页。

人类学过于强调抽象理论（涉及的变量维度极少，或者说“越少越好”），长期田野民族志的研究汇总，往往只是为了回应某一条“理论”，容易见局部不见整体。这和拉铁摩尔经验主义、多变量的综合研究差异极大。姚大力称拉氏为“伟大的业余人类学家”[1]，倒比较切实，因为拉铁摩尔学术就是从兴趣出发的“业余”特色，这也是其永远富有活力和挑战性之处。

---

[1] 姚大力：《重新讲述“长城内外”——评〈游牧者的抉择：面对汉帝国的北亚游牧部族〉》，姚大力：《读史的智慧》，上海：复旦大学出版社，2010 年，第 126 页。

交汇点上的学术与人生

——从拉铁摩尔反思美国汉学的歧路

一、跨文化的成长环境 [1]

欧文·拉铁摩尔（1900—1989）出生于美国首都华盛顿特区，这个家族的家谱写满了迁徙、改行与改宗（教），几乎和任何一个特定的地域都无缘，在美国也算得上“非典型”。据说在五百年的家族历史中，欧文·拉铁摩尔是第一位和父亲出生在同一个地方的。

欧文的祖父，亚历山大·拉铁摩尔，出生在一个边疆牧师之

---

[1] 日本学者矶野富士子对晚年的拉铁摩尔进行了访谈并将内容整理出版，是关于拉氏生平历程最系统的文献，目前国内研究者运用最多的就是此书（《蒋介石的美国顾问——欧文·拉铁摩尔回忆录》）。但此书偏重外在经历，学术方面的自我评论相对较少。美国学者纽曼（Robert Newman）的 *Owen Lattimore and the "Loss" of China*（University of California Press, 1992）是对拉氏的研究专著，但侧重其政治经历及受麦卡锡迫害的过程，对他的学术涉及较少。拉氏学术方面的自述散见于他给自己著作写的前言，主要是 1962 年出版的《边疆史研究论文集》，及 1975 年重印的 *Pivot of Asia: Sinkiang and the Inner Asian Frontiers of China and Russia* 和 *The Desert Road to Turkestan* 两书。比较可贵的是，在拉氏 *The Desert Road to Turkestan* 的 1995 年重印本中，其子大卫·拉铁摩尔写了一个篇幅较长的介绍，提供了很多关于其家族历史、其父生平经历的新材料。本文便是借助这些材料探寻拉铁摩尔学术与人生的关系。

家，但成年后受到达尔文进化论的影响，放弃了基督教信仰。他弃教之前长大的子女都成了虔诚的基督徒。如长女玛丽是美国长老会（presbyterian）派驻中国的女修士，长期从事聋哑儿童教育工作。而亚历山大弃教之后出生的两个儿子，都是作为“不可知论者”（中国人更习惯的说法是“无神论者”）成长起来的，其中一个便是欧文的父亲——大卫·拉铁摩尔（和欧文·拉铁摩尔的儿子重名）。但老祖父的无神论影响并不完全成功，他的幼子埃里克·拉铁摩尔（欧文的叔叔）后来又信奉了罗马天主教，成了一个周游世界、吃喝嫖赌的乐天文人。[1] 这个家庭富有古典学（古希腊、古罗马文学）传统，但家道不甚宽裕。

1901 年，清政府刚刚签订了《辛丑条约》，之后开始大力推行新政，兴建了一些西式学堂，急需外语教师。修女玛丽此时早已在中国立足，虽然宗教信仰不同，但出于家人之情，她帮助弟弟大卫争取到了一个教职。刚出生不久的欧文·拉铁摩尔被父母带到了中国。大卫在新学堂里担任外语教师，教授英、法、德语，他在中国供职的二十年里，辗转过上海、保定、天津，一些学生后来成了军阀和政界要人。欧文·拉铁摩尔记得，在他四岁时，上海出现了第一辆汽车，他还跑过去踢车轮子；还有“小河淤泥中数不清的蟹子在爬动，那情景吓坏了我”（这“蟹子”应该是今天的美食小龙虾）。幼年欧文有个宁波籍保姆，所以三十多年后他

[1] Owen Lattimore, *The Desert Road to Turkestan*, “Introduction by David Lattimore”, X.

遇到蒋介石，能很容易地听懂蒋的宁波口音。[1]

虽然生活在中国，大卫·拉铁摩尔不想让孩子们受中国影响，而是希望他们成为标准的美国人，所以他自己在家中给孩子们上课，教他们英、法、德语和拉丁语。另一方面，大卫不信基督教，极少和在华的教会人士交往，这使得欧文及兄弟姐妹们只能在家里度过童年。这时的欧文·拉铁摩尔已经显示出了和旁人的不同之处，他的母亲后来回忆："欧文受不了的是听不懂别人说什么，所以他喜欢学语言。"[2] 这大概是他和汉学、蒙古文化结缘的伏笔。

为了保证孩子们成长为正宗西方人，并不富裕的大卫夫妇颇费苦心。十二岁时，欧文和四个兄弟姐妹被母亲带到瑞士读书，后因一战爆发转赴英国（后来只有欧文留在欧洲，其他人返回了中国）。叔叔埃里克为欧文联系了一所老牌但较便宜的英国公学，他在这里度过了中学时代，所受教育以人文为主，如古希腊语、拉丁语、历史和文学。欧文兴趣过于广泛，不太适应古板的英国公学教育，但对英国的总体印象不错，他后来的学术生涯也一直和英国有关。结束中学学业后，他考上了牛津大学，但成绩不足以获得全额奖学金，这意味着他与大学无缘，只能于 1919 年回到中国。欧文对此相当失望，但晚年时他有点庆幸和解嘲地说，由

---

[1]　[日] 矶野富士子整理：《蒋介石的美国顾问——欧文·拉铁摩尔回忆录》，第 2、99 页。

[2]　Owen Lattimore, *The Desert Road to Turkestan*, "Introduction by David Lattimore", XII.

于没上过真正的大学，自己才可“避免对事物持僵化的观点”。[1]他毕生的治学风格都与这种“非正规”出身有关。相映成趣的是，后来他的幼弟理查德·拉铁摩尔考取了牛津大学的全额奖学金，后来成了一名古典文学研究者、翻译家，毕生在美国大学里任教；比欧文晚十年，来自美国的费正清也考取了牛津大学的全额奖学金，后来成为美国汉学一代宗师。

回到中国天津后，十九岁的欧文·拉铁摩尔开始工作、自立。天津租界里有一个独立的西方人小社会，他主要在一家英国贸易公司（Arnhold and Co.）工作，负责过纺织品贸易和保险定损业务，其间在一家英文报社（《京津时报》）当过短期的编辑，在发现没有外出采访的机会之后便辞职回到了贸易公司。此时的他有很多英国公学的作风：喜欢运动，常和同事们打橄榄球、赛艇、骑马，带着鹰和狗打猎，甚至喜欢用羽毛笔写字。

再回到中国后，拉铁摩尔对中国的兴趣也逐渐增长。那时租界社会里的西方人极少和中国人打交道。1961年，拉铁摩尔给自己的《边疆史研究论文集》写序言时回忆，当一个西方职员不得已去中国“内地”（条约口岸以外的地方）出差时，他们至少会带上一个中国翻译、一个中国厨子，再加一个仆人，还有从行军床到罐头的各种生活用品。在旅店住宿时，仆人会把房间里的一切家具什物都清除出去，重新布置，商务会谈也都通过中国翻译进行，

[1] [日]矶野富士子整理:《蒋介石的美国顾问——欧文·拉铁摩尔回忆录》，第8—9页。

这种旅行生活几乎是在“真空”里。

但欧文·拉铁摩尔不喜欢这种方式，将其视为庸俗的市侩。恰好在他二十一岁时，父亲大卫回美国达特茅斯学院任教，这使欧文可以更自由地深入中国社会。他付费向一个在清朝做过小官但已家道中落的老旗人学中文（在《中国的亚洲内陆边疆》里，拉铁摩尔描绘过“留着长长的指甲”、不事劳作的中国官僚士大夫，显然有这位老先生的影子）。[1] 他还积极请求去内地出差，同事们当然高兴有人代劳。在青年拉铁摩尔看来，这是一种深入异域文化的浪漫之旅。他的“商务旅行”都是一个人，乘驴车数日到达内陆的分支商行，沿途和赶驴、赶骡的脚夫一起吃住。[2] 这是和在牛津学古典学的同龄人很不一样的生活。他描述，那时的商行都是路边的一个平房大院子，经营范围从纺织品到五金器材无所不包，还收购各种土特产品。从商行经理到账房、伙计、学徒都住在院里。拉铁摩尔与他们喝茶、吃饭、打麻将，晚上在大炕同睡。这是他了解中国底层人和商行运作的独特方式，不用专门询问，商行经营管理方面的问题就都一清二楚了。

拉铁摩尔观察中国人的诀窍是多听少说，最好是听两个人或两伙人交谈、争论，能从中获得意想不到的知识。反之，如果是主动提问，因为双方的知识背景、社会身份相差太大，很容易出现不必要的误解（所以晚年拉铁摩尔曾嘲笑那些“到丛林里发调

[1] Owen Lattimore, *Studies in Frontier History: Collected Papers, 1928–1958*, Preface, 12；以及[美]拉铁摩尔：《中国的亚洲内陆边疆》，第 32 页。

[2] Owen Lattimore, *The Desert Road to Turkestan*, 164.

查问卷”的人类学家）。通过这些经历，拉铁摩尔发现了中国人对不平等条约、对西方列强的极度反感。当然，这些商人也会打着洋人的旗号应对官府的敲诈，拉低贿赂的价码。拉铁摩尔虽然是用英语写回忆，但中国商人应付官员的神态仍跃然纸上：

> 您知道，跟我拍桌子也没用，以往那套早过时啦。您甭问我们商号要干啥，也别管我后台是哪国领事，这些您都明白。别管谁在位掌权，都能拿钱打点，您也知道，如今就兴这个，以后生意上就别难为我们啦。眼下这生意我是不想贴钱，可毕竟，咱们不也得给长远打算嘛。您就说个价儿，我立马照办……[1]

拉铁摩尔的学术生涯发轫于西方势力笼罩下的华东地区与内亚传统世界的交汇点：1925 年，为了处理因军阀混战而耽搁的一批货物，拉铁摩尔前往呼和浩特（时称归化城）和包头，那是沿海铁路深入内陆的终点。在铁路尽头，他经历了一次“顿悟”：长长的列车旁边，残雪泥地上，一长列骆驼商队正在卸货。这列驼队从新疆出发，穿越上千里的蒙古戈壁，将羊毛运到归化城火车站，然后装上火车，运往沿海港口，乘轮船去往欧美工业国家。拉铁摩尔突然觉醒到，自己正身处时间和空间的双重交汇点上：

---

[1] Owen Lattimore, *Studies in Frontier History: Collected Papers, 1928–1958*, Preface, 13.

一边是西方势力主导的现代世界，蒸汽推动的工业化时代；一边是亚欧大陆深处游牧族生息的荒原，和延续了数千年、连接着古代欧亚文明的丝绸之路。而这两者的代表——火车和驼队，就在他面前相遇，只有几步之遥。这一刻他下定决心，要随驼队进入大陆深处，去探究那个自马可波罗以来少有变化的未知世界（英国作家吉卜林于 1900 年创作的小说《吉姆》[*Kim*] 中，也描写过蒸汽火车站外住满骆驼商队的场景，那是在南亚的英国殖民城市拉合尔）。[1]

关于之后欧文·拉铁摩尔夫妇在蒙古、新疆、东北地区的考察游历，本文不多介绍，只是说明一点，就是拉铁摩尔对这些边疆社会的深入观察，和他在贸易公司时的工作有神似之处。首先是学会当地社会的语言。在去新疆途中，拉铁摩尔主要是和山西商人经营的驼队打交道，说的都是山西方言，原来和老旗人学的京腔官话根本用不上（那时“普通话”远没有现在普及）。后来他又学会了蒙古语。其次是完全融入当地社会的工作方法。他的旅行团规模很小，一般是夫妇二人，再加一个来自直隶的佣人李宝顺（英文名 Moses，之前就为拉氏父母服务，拉氏本不想带他远行，但他自告奋勇相随）。和拉铁摩尔相比，斯文·赫定或者斯坦因的内亚探险团队都规模浩大，虽有利于考古发掘、地理测绘，但不易和当地人打成一片，所以拉铁摩尔游历获得的信息，与斯

[1] Owen Lattimore, *Studies in Frontier History: Collected Papers, 1928–1958*, Preface, 14; Owen Lattimore, *The Desert Road to Turkestan*, “Introduction by David Lattimore”, XV.

文·赫定、斯坦因很不同。举个简单的例子：在去新疆途中，拉铁摩尔曾与一位山西商人做旅伴，此人外号“六子”，似乎是排行第六，但他是长子。拉铁摩尔逐渐发现，中国人表示“六”的手势是大拇指和小指伸出，其余三指蜷起，这是拿鸦片烟枪的姿势，“六子”之名实来自此人吸鸦片的嗜好。[1] 如果说斯坦因、斯文·赫定的探险是科学之旅，拉铁摩尔的行程则是人文之旅。

二、游历与学术、学院与政界的交汇点

拉铁摩尔未受过高等教育，但在初次游历之后，便被欧美学术界承认和接纳，这也是生逢“交汇点”之功——社会人士与学术界的交汇点。在二战之前，东西方的人文学界都尚未形成森严的学术壁垒，“自学成才”的学者乃至大家有很多（中国的如王国维、郭沫若）。拉铁摩尔的第一次游历从新疆到达印度，然后乘船到欧洲，他在罗马写出了第一部著作《Turkestan 沙漠路》（*The Desert Road to Turkestan*），被意大利、法国和英国的地理学会认可。彼时地理学还未完全脱离“游历”阶段，只要在未被报道过的地区（当然，在 1920 年代，这样的地方已经很少了）旅行并写出合格游记的人士，就可以成为地理学家。拉铁摩尔的另一个幸

[1] Owen Lattimore, *The Desert Road to Turkestan*, “Introduction to the 1975 Edition”, XXIII.

运之处，就是他比探险前辈斯文·赫定快了一步：斯文·赫定本来也在筹备从蒙古草原去往新疆的大规模考察（就是后来的中国—瑞典西北联合考察团），但因为和中国政府的交涉拖得太久，使拉铁摩尔的私人旅行抢了先。

1928 年，拉铁摩尔从英国到美国，这也是他第一次回到美国。美国社会科学研究会认为他虽然没有受过高等教育，但《Turkestan 沙漠路》可以看作一篇合格的博士论文，于是提供了一年的哈佛大学人类学进修机会。拉铁摩尔用这段时间完成了新疆之行的第二部游记《高地鞑靼》，并获得去中国东北考察的资助，后来写成了《满洲：冲突的摇篮》（*Manchuria: Cradle of Conflict*）一书。他随后被美国太平洋关系学会聘用，负责编辑《太平洋事务》期刊。这给了他与各国学者交流的机会，得以广泛吸收对中国和内亚问题的研究成果。1930 年代，拉铁摩尔往返于中美之间，到蒙古地区进行过多次旅行，著述颇丰。1938 年，约翰·霍普金斯大学聘请拉铁摩尔为佩奇（Page）国际关系学院主任。这是个很小的学院，固定工作人员只有拉铁摩尔一人，且只有半份薪水，他在这里完成了奠定其学术地位的著作《中国的亚洲内陆边疆》。从这方面说，拉铁摩尔是幸运的，在学术界大门正对社会人士缓缓关闭时，他成功地挤了进去。[1]

1941—1942 年间，拉铁摩尔曾担任蒋介石的私人顾问，对于一名职业学者来说，这是个跨度很大的转型。此次机缘，也和拉

---

[1] Owen Lattimore, *Studies in Frontier History: Collected Papers, 1928–1958*, Preface, 16.

氏身处中国与美国的交汇点有关，并把他带到了学术和政治的交汇点上：1941 年夏，抗日战争正酣时，蒋介石为与美国联系更紧密，向罗斯福总统请求派一名顾问，薪水由中国支付。当时罗斯福的助理是年轻的劳克林·居里，居里的博士生导师是一位经济学家，曾读过拉铁摩尔在《太平洋事务》上的文章。当居里向导师请教顾问人选时，这位导师便推荐了从未谋面的拉铁摩尔。蒋介石本来想要的人是劳克林·居里，罗斯福自然不放，他明白，蒋介石想找一个熟悉华盛顿政界的人以便钻营关系，这恰是罗斯福最不愿意的，因为美国政府中不是所有的人都支持罗斯福，这些“内幕”不能让蒋介石知晓。拉铁摩尔当时并不知道这些过程，是在二战之后才逐渐了解到的。[1]

拉铁摩尔政界局外人的身份，是罗斯福选中他的根本原因。而且他生长在中国，通晓汉语，能为美国提供可靠的中国信息。另一方面，罗斯福没有在专门负责外交事务的美国国务院里寻找人选，因为当时的国务院里颇有亲日派，罗斯福不想被这些人掣肘。蒋介石寻求美国私人顾问，也是因为他不信任中国驻美大使胡适。正是这复杂的折冲博弈、阴差阳错，把亦中亦美身份的拉铁摩尔推到了大时代的政治舞台上。

拉铁摩尔虽然不了解这些复杂背景，但他到达抗战中的重庆时，表现得极为谨慎，对中美方面极少有主动联络和表态，更不

---

[1] ［日］矶野富士子整理：《蒋介石的美国顾问——欧文·拉铁摩尔回忆录》，第 72—87 页。

和美国政府驻重庆机构打交道。他在中国文化环境中受到的熏陶，使他对政治谨慎而疏离，没有当时美国人在东方世界里的目空一切、乐观自大。从另一方面说，这个经历对拉铁摩尔也相当重要，因为之前他从不关心现实政治（否则第一个采访红区的西方人很可能就不是埃德加·斯诺了），而在重庆当顾问的日子里，他认识了国共两党诸多高层人物，发现国民党内派系林立，蒋的权威有限。拉氏给自己的角色定位，是传达罗斯福总统对中国抗战的支持，尤其给蒋介石明确信号：不要和中共打内战，要一致抗日。和国民党上层的这些交往，使他获得了一般人不易有的感性认识，比如公认非常"美国化"的宋美龄，拉铁摩尔发现她有民族主义的一面，因为宋家人当初在美国很受歧视。再如当时日军空袭频繁，拉铁摩尔和国民党高官们躲在一个防空洞里，借机静听这些人闲谈，发现这些人对美国的警惕和反感非常强烈。这都是常人难有的观察机会。[1]

太平洋战争爆发后，拉铁摩尔决心辞去无关紧要的"顾问"职务，回美国为对日作战尽一份力。他担任了美国战时新闻局（Office of War Information）[2]亚洲部主任，指导对中国及东南亚地区进行广播宣传，使他们坚定抗日的信心。另外值得一提的是，

[1]　[日]矶野富士子整理:《蒋介石的美国顾问——欧文·拉铁摩尔回忆录》，第114—118页。

[2]　中文研究著作经常将这个单位翻译成"战时情报局"，不够准确。吴心伯译本《蒋介石的美国顾问——欧文·拉铁摩尔回忆录》和张世明《拉铁摩尔及其相互边疆理论》的翻译是准确的。

费正清当时也在这个部门供职。

在中国，此时的拉铁摩尔接触的都是政界高层，且被这些人看作美国的代表，极受礼遇。但在他的祖国，则完全相反。在“正宗”的美国人，特别是华盛顿的政界高层看来，拉铁摩尔是个无足轻重的小人物，而且是中国化的——意味着政治上“不可靠”的。精明势利如宋美龄，不可能注意不到这一点，所以在重庆时，她和蒋介石经常邀拉铁摩尔到家做客长谈，亲密得如同一家人；但当宋美龄出访美国、在社交场合遇到拉铁摩尔时，就装作不认识，拒绝交谈和握手。当然，拉铁摩尔再次回重庆后，大家又像是一家人了。1944 年，拉铁摩尔曾陪美国副总统华莱士访问苏联和中国，华莱士一行对他也极为轻视，许多会谈都不允许他参加，后来让他担任中文、蒙古文翻译，态度才稍有好转。[1]这种身份的“交汇点”犹如分水岭，两侧风景几乎有天渊之别。随着二战胜利在即，拉铁摩尔辞去了战时新闻局的工作，回约翰·霍普金斯大学继续佩奇国际关系学院的研究工作。

三、参与现代学术体制的建立

二战结束后，作为学者的拉铁摩尔见证了一个新时代的到来：

---

[1] [日]矶野富士子整理：《蒋介石的美国顾问——欧文·拉铁摩尔回忆录》，第 159、170 页。

现代学术体制的建立。他甚至一度是这个潮流的领跑者，但种种机缘最终使费正清取代了他。

在二战之前，西方的人文社会学科还处在“个体户”阶段，学者们凭自己的兴趣选题，独立著述。虽然不时有某个“学派”兴起，但多是志趣相近者的互相唱和，而非“科研团队”的合作研究、著述。而且，彼时从事研究的学者数量较少，在总人口中所占比例远远低于今日。二战突然改变了这一切。从“孤立主义”到被拖入二战，美国急需对广大东方战区的社会、历史、文化有所了解，所以拉铁摩尔、费正清这些学者都被纳入政界，为战争服务。二战结束后，美国成为主宰大半个世界的超级大国，了解世界各区域、为政府决策服务的需求不降反增，于是便有了现代人文—社科学术体制的建立，在文史领域表现为区域研究兴起，即美国学者沃勒斯坦（Immanuel Wallerstein）总结的：“1945 年以后的最引人注目的学术创新，便是出现了一个称为地区研究的领域。”[1] 运作方式上，则是政府财政或社会财团支持的系统性学术写作，即拉团队、做项目的合作方法。

拉铁摩尔便是得这种风气之先者。二战结束时，他已经是成果卓著的亚洲研究专家，且有足够的政治经验。1945—1950 年间，他撰写了许多决策参考性质的作品，结集的有《亚洲的解决》

---

[1] [美] 沃勒斯坦等：《开放社会科学——重建社会科学报告书》，刘锋译，北京：生活·读书·新知三联书店，1997 年，第 40 页。

（*Solution in Asia*）和《亚洲的形势》（*The Situation in Asia*）[1]。在此之前的1944年，他与妻子合著《现代中国之形成：一部简明史》（*The Making of Modern China: A Short History*）[2]，这是一部普及性质的中国简史，仅向亚洲战区的美军士兵就发放了十万本以上。出于其偏左的政治立场，拉铁摩尔呼吁美国不要帮助蒋介石打内战，和苏联合作处理英法老殖民帝国退出亚洲之后的问题，帮助殖民地人民获得独立。这些旋即为他招来了麦卡锡的迫害。

另一方面，拉铁摩尔也是新学术体制的第一波试水者。他所在的约翰·霍普金斯大学佩奇国际关系学院，二战前是一个没有工作人员的空壳，但到1947年，卡内基基金会提供了1.2万美元，用以资助举办"内亚研讨班"（这笔钱现在看不算多，但以当时的物价可以买近四百盎司黄金，或者二十辆威利斯吉普车）。拉铁摩尔借此延揽了十来位亚洲研究人员，其中有受过西方教育的汉人学者，有求学成长阶段的蒙古学者，还有其他大学（主要是哥伦比亚大学）的美国学者。二战后的五年间，这个小学术团队出版了十几本专著，发表了几十篇论文，其中最卓著的合作成果是《亚洲的枢纽》（*Pivot of Asia: Sinkiang and the Inner Asian Frontiers of China and Russia*）。参与撰写这本书的学者，除了拉铁摩尔夫妇还有七位，其中有两名中国学者，他们使用的文献涵盖了汉文、

---

[1] Owen Lattimore, *Solution in Asia*, Boston: Little Brown, 1945; Owen Lattimore, *The Situation in Asia*, Boston: Little, Brown and Company, 1949.

[2] Owen Lattimore and Eleanor Holgate Lattimore, *The Making of Modern China: A Short History*, New York: W.W. Norton, 1944. 该书于1947年修订为《中国简明史》。

蒙古文、维吾尔文，及英、法、俄等西方文献，分析了新疆的地理环境、历史背景、交通、人口、经济、文化与二战之后的新思潮，其领域涵盖之广，是一两个人无法胜任的。这是一次合作研究著述的典范，方法是按学术领域分工，加“研讨班”式的共同讨论。拉铁摩尔的妻子则是这个团队的主要联络人。[1]

拉铁摩尔领导的这次团队合作不仅具有学术史的跨时代意义，还展示了一个宏大的学术前景：拉氏一贯从内亚草原与农业文明互动的视角来观察历史，以内亚草原为中心，环布着中国、印度、波斯、两河流域、拜占庭与西欧文明，在海通之前，这些农业文明相互间的交流极为有限，但和内亚草原世界都有密切互动，匈奴、突厥和蒙古势力都由此撼动整个亚欧大陆，这种综合性研究涉及的古今语言多达几十种，单独某一位学者不可能处理如此庞大的课题，而这正是拉铁摩尔学术追求的目标。严格说来，这已经不是拉氏习称的“内亚”学，而是以内亚为中心和枢纽的“亚欧大陆学”。《亚洲的枢纽》的成功，正为这个宏大的新学科埋下了基石。

但可惜的是，不仅这个新学科没有出现，当代研究者甚至都没有察觉到这个可能——麦卡锡的迫害打断了这一切。拉铁摩尔被指控是苏共党员、苏联间谍网的头目。1950—1955 年，他经历了五年半的屈辱与抗争：联邦调查局（FBI）的监听、参议院的质

[1] 拉铁摩尔在新学术体制萌芽时的工作经历，皆参见 Owen Lattimore, *Pivot of Asia: Sinkiang and the Inner Asian Frontiers of China and Russia*, “Introduction to the AMS Edition”, X–XVI。

询听证、联邦法院大法官的庭审。1946 年他扔在上海宾馆里的废纸都被 FBI 找了出来，[1] 搜集的证据多达四万页（值得一提的是，此时执掌 FBI 的是埃德加・胡佛，此人一手创立并主持 FBI 长达四十八年，是美国政界历任高层都相当忌惮的人物）。认识或不认识的人纷纷证明他有罪，甚至有人谣诼他是被美国家庭收养的俄罗斯人。为了从拉氏著作中寻找罪证，法庭将他的著述提交所谓"独立专家团"进行鉴定，结果是"多达 97% 的证据显示，拉铁摩尔赞同共产主义阵营"。[2] 为了把一位学者送进监狱乃至电刑椅，"三权分立"的美国国家机器联手协作，应该算史无前例了。

政治高压下，拉铁摩尔辛苦搭建起来的研究团队被迫解散：中国学者被迫回国；有位美国学者去了印度谋职，此后十余年里还在与美国政府打官司；还有的改行做了数学教师，永远告别了亚洲研究领域。[3] 麦卡锡失势后，对拉铁摩尔的调查和审判不了了之，但他与美国政界的关系已经完全破裂，没人愿意给他一个宣告清白的正式结论，美国学术界和社会仍对他心存疑忌，约翰・霍普金斯大学甚至停掉了他的工资。1963 年，拉铁摩尔离开美国，去英国利兹大学组建中国学系。但英国的学术资源、资金支持幅

---

[1] ［日］矶野富士子整理：《蒋介石的美国顾问——欧文・拉铁摩尔回忆录》，第 200 页。

[2] Robert Newman, *Owen Lattimore and the "Loss" of China*, 464; Owen Lattimore, *High Tartary*, "Introduction by Orville Schell".

[3] 关于受麦卡锡迫害之后佩奇国际关系学院内亚研讨班成员的下落，参见 Owen Lattimore, *Pivot of Asia: Sinkiang and the Inner Asian Frontiers of China and Russia*, "Introduction to the AMS Edition", VI–VII。

度根本不可能与美国相比，他此后的研究只限于一些非常具体的题目。他在1955年发表的《历史上的边疆》（“The Frontier in History”），从宏观历史角度讨论了以内亚为中心的文明互动历程，下限直至冷战时代——没有一个强大的学术联合团队，根本无法进行这种宏大的系统性研究。这篇文章可谓学者拉铁摩尔被剪除羽翼之后的“天鹅绝唱”。[1] 关于拉铁摩尔政治立场的争议一直未能平息，直到七八十年代还有人呼吁，美国总统应代表国家正式向拉铁摩尔道歉，为他恢复名誉；而直到他死后，美国学界对他的麦卡锡式嘲讽和中伤仍不绝如缕。[2]

四、为何是费正清，而非拉铁摩尔？

和拉铁摩尔的遭遇相映成趣的是费正清。已有学者注意过拉铁摩尔和费正清这两位同时代的汉学巨擘，但多限于简单的时代

---

[1] Owen Lattimore, “The Frontier in History”, *Studies in Frontier History*: *Collected Papers*, *1928–1958*, 469–491. 此文曾由耿淡如摘译为《历史上的边疆问题》，发表在《现代外国哲学社会科学文摘》1965年第1期。

[2] 当代美国学者对拉铁摩尔表面同情、暗含腹诽的态度，参见 Peter R. Moody, “Last Hurrah for Lattimore: Owen Lattimore and the ‘Loss’ of China by Robert P. Newman”, *The Review of Politics*, Vol. 56, No. 1 (Winter, 1994), 194–197，其中还在重复一些麦卡锡时期对拉铁摩尔捕风捉影的谣诼言论。

排比和学科对比。[1]张世明则指出了两人治学旨趣、政治立场的不同，如费正清多从文献入手，拉铁摩尔则多从游历考察获得知识，拉氏政治上也比费正清“左倾”，后来费正清占据哈佛大学的学术优势，才取得了压倒拉铁摩尔的地位和影响力。[2]本文认为，费正清实受惠于刚刚成形的现代学术体制，拉铁摩尔本来比费正清更有资格成为美国亚洲学的领头人，但各种因素使他失去了这个机会，由此造成的损失是无法弥补的，而且尚未被当今学术界注意。

先来看两人的学术历程。费正清比拉铁摩尔小七岁，在哈佛大学接受本科教育后到牛津大学攻读汉学，1932 年到中国搜集海关史方面的文献并与拉铁摩尔相识。年龄的差距，以及接受正规学历教育花去的时间，使费正清学术的成熟时间大大晚于拉铁摩尔。拉氏在 1940 年已出版了标志其学术巅峰的《中国的亚洲内陆边疆》(之前已有四部专著)，费正清在 1948 年才出版第一部著作《美国与中国》(*The United States and China*)。所以在二战后的新学科体制成形时，注定成为汉学领军人物的是拉氏而非费正清。但麦卡锡主义扭转了这个进程。1950 年代前期，费正清也一度受到麦卡锡分子的调查和质询，但他受到的牵连远小于拉铁摩尔。当拉氏被美国主流社会放逐、远走英伦之际，费正清迅速成为新兴美国汉学的领军人物。1955 年，在福特基金会的资助下，他创建了哈佛大学东亚研究中心，培养出一大批汉学研究者，并占据

---

[1] 如李晔:《欧文·拉铁摩尔与20世纪30年代的美国中国研究》,《党史研究与教学》2007 年第 1 期。

[2] 张世明:《拉铁摩尔及其相互边疆理论》,《史林》2011 年第 6 期。

了美国各著名高校的教职。费正清迅速崛起的原因，除了二战后美国高等教育大发展、人文社会学科队伍大膨胀外，还受惠于他与名校哈佛大学的“嫡系”关系，以及在美国学术界乃至政经界的广泛人脉。换言之，拉铁摩尔带有“中国化”的跨界身份（晚年又新添了“蒙古化”色彩），这是一直让美国保守人士不安的，而费正清是更正宗、更可靠的美国人，代表着正统的美国文化。

但费正清取代拉铁摩尔成为美国汉学代表人物，绝不是一句“沉舟侧畔千帆过，病树前头万木春”的感喟就可以让人释怀的。这两人的学术格局有着本质不同。国内讨论此问题的著作，都过多强调两人交好的一面，两人确实没有个人恩怨，在晚年回忆录中都给对方以较高评价，但不能因此看不到两人学术风格的明显区别。两人学术取径的差异可归纳为以下四点：

（一）拉铁摩尔学术的出发点是亲历考察，强调实地观察调研和文献研究的结合。在他踏上学术之路时，表现为地理学与历史学的贯通，今天的学术界以“人类学和历史学的结合”来概括。[1]费正清学术则强调文献，忽视现实考察和调研，是一种纯粹“书斋式”的学术。拉铁摩尔回忆录曾提到，费正清早年曾向他请教中国海关档案问题，他表示无力回答，[2]其实也是委婉表达了对书斋式闭门研究的不满。这当然和两人的成长经历有直接关系。

[1] 参见拙文《在西部发现历史——拉铁摩尔学术解读》，云南大学与《学术月刊》联合主办“边疆与族群”学术研讨会，2015年8月。

[2] ［日］矶野富士子整理：《蒋介石的美国顾问——欧文·拉铁摩尔回忆录》，第39页。

（二）拉铁摩尔研究的时间跨度大，以“千年时段”为单位，上起农业与游牧文明的起源，下至当代，是标准的“通史”研究。[1]而费正清偏重近现代史，尤其是海通以来的中国史，可以说是以“数十年”时段为研究单位，今日美国汉学界以清史为重心，便是费正清奠定的基调。

（三）拉铁摩尔虽被视为汉学家，但他的研究领域兼容了汉地农业文明和内亚草原文明，侧重两种文明之间的互动，他晚年的工作重心更从汉学转向了蒙古学。费正清则只关注汉地本身的历史，尤其是率先受到西方列强影响的、较发达的东部沿海地区。

（四）拉铁摩尔的学术注重现实问题，尤其是社会中下层、边疆民族地区的经济社会问题，有较强的“草根”特色。费正清学术则更重视为美国外交决策服务，对中国社会持一种“俯瞰”视角。这和两人的生平经历有关，费正清是美国主流社会成员，交往的中国人也多是受过西方高等教育的汉族知识分子；拉铁摩尔则多年游走在底层民众中，交往的多是各民族牧人、商人、农夫和手艺人。拉氏晚年曾比较过两人的这个区别：“在他（费正清）的回忆录《心系中国》（*China Bound*）中，他自己写道，他了解中国学者和知识分子，但不了解真正的人民群众——农民，而这正是我所了解的。这些汉学家接受的训练与我的知识背景大相

---

[1] 拉铁摩尔学术的“千年长时段”特色，参见 Owen Lattimore, *The Desert Road to Turkestan*, “Introduction by David Lattimore”, XXIII。

径庭。”[1]

从前三点差异可见，拉铁摩尔的视野远比费正清开阔，学术格局要大得多，再加上他的资历更老，更有资格成为美国亚洲研究的领导者，费正清则适合担任其汉学分支项目的负责人。然而事实完全相反，其根源主要是第四点差异造成的，这也反映了新学术体制的特点：真正有现实关怀、有真知灼见的天才学者很难适应这套体制，它适合观点相对中庸、能走“上层路线”且与政界保持良好关系的人，而且要一直在封闭的学术圈中成长，不要有太多的社会阅历和独出心裁的想法，否则很难被同行接受。拉铁摩尔在 1960 年代初也曾反思这种正在形成的新学术体制：受政府影响和操控太深，政府不仅能以分配学术资金的方式主导研究方向，还只向特定的学者开放某些档案、信息渠道，以此操控学术研究结论。[2]所以拉铁摩尔被美国学术界放逐，不只是麦卡锡主义的影响，更是与平庸而功利的现代学术体制相颉颃。西欧国家建立现代学术体制的进程要比美国慢半拍，个性化的、单干的老东方学传统有所保留，所以成了拉铁摩尔最后的栖身之地。

---

[1] [日]矶野富士子整理：《蒋介石的美国顾问——欧文·拉铁摩尔回忆录》，第 39 页。客观地说，拉铁摩尔最了解的是驼队商人、草原牧民而非农民。

[2] Owen Lattimore, *Studies in Frontier History: Collected Papers, 1928–1958*, Preface, 22.

结 语

拉铁摩尔已逝，他活跃的那个时代也成为历史。翻开他七十多年前的著作会发现，今天的学术界再没有了他那种宽阔的视野、睿智的洞见和对现实的深切体察。虽然尚有少数几位有志于回应他观点的研究者，但只是在一些具体问题上的细化，没有了那种跨越多种文化、贯通古今的大视野。当今的美国汉学界甚至有借“后现代”立场重弹麦卡锡老调，从“政治正确”的角度全盘否定拉铁摩尔之举。这一切根源何在？可能还要追溯到二战这个学术分水岭：

首先，在二战之前，从事人文社科研究的学者数量很少，但没有封闭的学科划分和企业化的学术体制，学者成长、工作的自由度较大，更容易产生鲜活的、原创性的观点。

其次，二战之前全球刚刚开始向现代化转型，东西方社会还保留着各种传统的生活方式、文化观念，学者有机会对比它们的差异和共性，观察它们向现代转型的种种问题。

再次，一战和二战之间，各种社会思潮激荡，帝国主义、法西斯主义、民主运动、民族独立运动、共产主义此消彼长，最终交汇成第二次世界大战，使学者“有幸”亲历波澜壮阔的大时代——这当然有点“国家不幸诗家幸”的味道。[1]

---

[1] 对一战、二战之间西方社会大转型的观察和记录，可参见与拉铁摩尔同时代的德鲁克的回忆录。[美]彼得·德鲁克：《旁观者：管理大师德鲁克回忆录》，廖月娟译，北京：机械工业出版社，2005年。

最后，二战前，东西方的知识分子人数较少，整个社会的“精英阶层”也规模较小，所以知识分子很容易了解其他领域、行业的动态，对社会的认知和把握比较全面。

在政治哲学领域，形成于欧洲、繁荣于美国的“法兰克福学派”更有代表性，这是一批在“老欧洲”成长起来的知识分子，1930 年代受纳粹的威胁而相继逃亡美国（他们相当一部分是犹太人），逐渐在美国学术界立足。他们以欧洲为参照，观察代表新时代的美国社会，逃亡和谋生的颠沛也让他们更加了解社会现实，最终形成了对现代资本主义社会的深刻反思和批判。但在二战之后，这些时代因素都不存在了。经济全球化的大潮把各种传统社会结构、生活模式席卷一空，裹挟到城市文明、消费时代和大众传媒—互联网时代。封闭且分工细密的学科体制、庞大的中产阶层队伍，使人文社科学者们只能株守一隅，无力进行宏观观察和思考。虽然西方六七十年代曾有过“叛逆的一代”，但只是在思想文化上盲目颠覆、解构，无力建设。于是我们只能回望那个大师辈出的时代。

难道“现代”社会注定导致学术的碎片化和平庸吗？虽然我们已经告别了那些形形色色的传统社会和生活方式，但现代城市为白领阶层创造了更多的新行业、新职业，这难道不是另一种多元化？当代学者难道不能从这种多元化里寻找问题和灵感？但现实给出的答案似乎令人失望：日益细分的职业并未提供多元化的价值与生活方式，虽然有无限多的法人、招牌和 LOGO，但都是同一套商业规则主宰下的布满隔断的写字楼。销售、技术、财务、人力资源、媒介……有限几个字眼已经涵盖了中产阶层的生活世界。平庸的生活造就了平庸的学术，后现代的解构便是穷极无聊中的自娱自乐自轻自贱。大师的时代已经远去，只留下他们的著作，反衬和嘲弄着平庸盛世里的一地鸡毛。

一桩后现代的史学文字狱

——谈罗威廉《欧文·拉铁摩尔，亚洲与比较史学》

2007 年,《亚洲研究》杂志刊载了美国学者罗威廉（William T. Rowe）的一篇长文《欧文·拉铁摩尔，亚洲与比较史学》（“Owen Lattimore, Asia, and Comparative History”）[1]，对 20 世纪汉学家、蒙古学家欧文·拉铁摩尔的学术和思想进行了全面系统的批判。罗威廉认为，拉氏代表了 20 世纪两次世界大战之间流行的历史比较方法，以及研究“历史进程”（historical processes）的努力，该文便是对它们的一次全面解构。本来学术界对不同观点进行学术商榷和争论都是正常的，但罗威廉此文没有针对拉铁摩尔的任何一项具体学术观点，而是给他扣上了一系列违反“政治正确”的帽子——决定论、绝对论、种族主义，乃至共产主义，使拉铁摩尔成了西方后现代标准下各种反动学术思想的集大成者。最关键的是，此文的论据多为曲解拉铁摩尔原意，甚至是无中生有的构陷。首先来看罗威廉此文的摘要：

在今天，欧文·拉铁摩尔作为一位内亚研究的开创者和

[1] William T. Rowe, “Owen Lattimore, Asia, and Comparative History”, *The Journal of Asian Studies*, Vol. 66, No. 3 (Aug., 2007), 759–786.

1950年代麦卡锡主义的受害者而广为人知。在1920—1950年代，比较史学大行其道，就像他的朋友汤因比，拉铁摩尔也是主要推手之一。他毕生的学术追求，就是开创一种“科学”模式，来描述人类社会形态产生、成长、衰退、变异，以及在彼此间“边疆”互动的历程。在开创这个模式的一系列作品中，拉铁摩尔从自己的主观目的出发，信手拉扯了一些在他那个年代非常流行的分析方式，包括生态决定论、生物学的种族主义、经济地理与区位理论，以及马克思主义的生产方式学说，随后又往往弃之不顾。在他思考的每一个阶段，他试图混用各种自命不凡的“目的论”，其中包括关于西方“进步”主义的各类目的论和关于中国周边诸游牧族走向中国式“文明”的各类目的论。

罗威廉的正文部分为五节：“生态与社会”（Ecology and Society）；“种族”（Race）；“文明与文化”（Civilization and Culture）；“技术与生产”（Technology and Production）；“结构、进程、比较”（Structure, Process, Comparison）。各节分别指控拉铁摩尔犯了地理（生态）环境决定论、种族主义、文化绝对主义、共产主义和结构主义的错误。本文将对这些进行逐条分析。

一、拉铁摩尔与地理/生态环境决定论

在“生态与社会”一节，罗威廉首先追溯了地理环境决定论

（亦作生态环境决定论）的学术史：它的倡导人是德国学者弗里德里希·拉采尔（Friedrich Ratzel，1844—1904），由威廉·戴维斯（William Morris Davis，1850—1934）介绍到美国，受其影响，与拉铁摩尔同时代的学者有美国地理学家埃尔斯沃思·亨廷顿（Ellsworth Huntington，不是写《文明的冲突》的那位亨廷顿）、沃尔特·韦伯、德国人魏特夫（Karl August Wittfogel）等。此节有四页篇幅，这段学术史就占去了一半。罗威廉认为，拉铁摩尔在刚刚走上学术之路、于 1928 年写出论文《中亚的商路》（"Caravan Routes of Inner Asia"）[1] 时，受埃尔斯沃思·亨廷顿的影响犯了地理环境决定论的错误。

但实际情况如何呢？我们来看《中亚的商路》这篇论文。1926—1927 年，为了考察从内蒙古到新疆和中亚的古老沙漠商路，年轻的拉铁摩尔雇驮夫和骆驼进行了一次旅行，然后完成了这篇论文。按照现代学术标准，它还算不上规范的学术论文，而更像篇游记，只有结尾处进行了一些思考和总结。这篇论文是向英国皇家地理学会宣读的，专门探讨地理及环境问题本无可厚非。在结尾部分，拉铁摩尔讨论了干旱环境对蒙古游牧民的影响，并引用了埃尔斯沃思·亨廷顿的假说，即内亚草原可能存在几十年为周期的波动性干旱。罗威廉擅自把拉铁摩尔的观点归纳为"气候发生波动，而人类社会的历史只能无助地受其拨弄"，进而断言拉铁摩尔蹈袭了

---

[1] Owen Lattimore, "Caravan Routes of Inner Asia", *Studies in Frontier History: Collected Papers, 1928–1958*, 37–72.

亨廷顿的决定论错误。但读拉氏原文会发现，他是以干旱波动为前提，讨论游牧民可能的应对措施，即扩大游牧活动范围，由此使部落间的交往增加，并形成更大范围的政治联盟，来应对自然环境恶化的压力。这就是地理环境决定论吗？显然不是。如果说草原干旱气候造成了游牧族的衰落和灭亡，那才是决定论。拉铁摩尔的解释则恰恰相反，强调了人类社会主动适应环境变迁的能力。[1]

地理环境因素是拉铁摩尔学术研究中一直关注的对象，但他从未将其作为“决定”因素。罗威廉为了自圆其说，便认为拉铁摩尔在 1928 年之后经历了一个“自我改造”的历程：进入 1930 年代后开始摆脱地理环境决定论的影响，到 1938 年发表《蒙古历史中的地理因素》时完全站在了地理 / 生态环境决定论的对立面。可罗威廉似乎忘了，就在自己文章的前一页，他在拉铁摩尔夫妇 1947 年合著的通俗读物《中国简明史》中找到了一句“（中国人）是其环境的产物”，并擅自替拉氏归纳为：“生态学显然是人类历史的最基本的单一决定因素。”这显然和之前总结的“拉氏 1930 年代脱离地理环境决定论”前后矛盾。另外，拉氏“（中国人）是其环境的产物”是介绍中国文明起源的开场白，从通俗历史的宏观角度看，任何一种人类文明都是其环境的产物，犹如中国习语“一方水土养一方人”，这和人类改造自然、与自然互动的历程并

[1] 关于《中亚的商路》汉译本及其内容介绍，参见黄达远：《在古道上发现历史：拉铁摩尔的新疆史观述评》，《新疆师范大学学报（哲学社会科学版）》2013 年第 4 期；黄达远：《区域史视角与边疆研究——以“天山史”为例》，《学术月刊》2013 年第 6 期。

不矛盾。所以罗氏的“单一”一词显然是擅自发挥。[1]

与拉铁摩尔同时代且对拉氏著作相当挑剔的美国学者罗士培（P. M. Roxby）也承认，拉铁摩尔的学术特色是“避免单纯的决定论”。[2] 拉氏毕生的学术特色是从亲历经验出发，拒绝构建任何试图解释一切的理论框架，所以他注定和各种“决定论”无缘。[3] 再退一步说，地理 / 生态环境决定论也并不是什么严重错误，它在很多问题上能自圆其说，如中国一直存在的人口分布“胡焕庸线”，其形成的本质正是地理差异。所以很多生态学及环境史研究者一直在自觉或不自觉地运用这种决定论。那么，罗威廉为何一定要把拉铁摩尔和地理 / 生态环境决定论扯上关系呢？因为在罗威廉的论述中，地理 / 生态环境决定论只是一个出发点，他要从中推导出“种族主义”——这才是“政治正确”的致命一击。

二、拉铁摩尔与种族主义

在介绍地理环境决定论的起源时，罗威廉已经为种族主义理

[1] [美] 拉铁摩尔夫妇：《中国简明史》，陈芳芝、林幼琪译，罗荣渠校，北京：商务印书馆，1962 年，第 11 页。

[2] P. M. Roxby, “A Review: Inner Asian Frontiers of China by Owen Lattimore”, *International Affairs Review Supplement*, Vol. 19, No. 3/4 (Dec., 1940–Mar., 1941), 180–182.

[3] Owen Lattimore, *The Desert Road to Turkestan*, “Introduction by David Lattimore”, XXIII.

下了伏笔：德国人弗里德里希·拉采尔不仅是地理环境决定论者，也是生存空间理论的重要创立者，他认为人群的自然环境揭示了其“民族精神”，人类历史的关键就是改变定居地带来的人口迁移。所以在第二节“种族”里，罗威廉开始追索拉铁摩尔和种族主义的牵连。

和前节一样，罗威廉先追溯种族主义在学术界产生和发展的历程。除了拉采尔的地理环境决定论，还有赫胥黎的社会达尔文主义，逐渐被人捏合成鼓吹“优等种族”和“优生学”的种族主义，并在19世纪后期和20世纪初期影响到美国人类学界。“种族”一节有五整页（第765—770页），前面四页都和拉铁摩尔没有直接关系，仅最后一页是关于拉铁摩尔的内容。

为了论证拉铁摩尔和种族主义的联系，罗威廉断言：既然拉铁摩尔生长在一个种族主义流行的年代，就注定难逃这种思想的控制。如罗威廉引用的一个事例：20世纪初，纽约动物学会的一名成员麦迪逊·格兰特（Madison Grant，1865—1937），把一个非洲侏儒装在铁笼子里和猿猴一起展示，以宣扬其种族主义思想。这是1906年纽约的事情，彼时拉铁摩尔还是一个生活在中国保定府的六岁幼儿，除了试图抹黑和构陷，笔者看不到这两者之间有任何联系——或者说，这种联系还不如1950年代风靡美国的麦卡锡主义与少年罗威廉的关系密切。再看那些离拉铁摩尔稍微近一点的，如拉氏在1937年供职于约翰·霍普金斯大学，罗威廉遂从拉氏的同僚、雇主中搜寻种族主义，如地理学家以赛亚·鲍曼（Isaiah Bowman）、生物学家雷蒙德·波尔（Raymond Pearl），罗威廉自己也清楚这两人并非种族主义学者，但还是从他们的著作或行为中搜寻了“种族主义”的蛛丝马迹，作为拉铁摩尔和种族主义结缘的论据。甚至1876年约翰·霍普金斯大学成立时曾邀请赫胥黎讲话，也成了这所大学沾染种族主义的污点——那是拉铁摩尔入职前六十一年、出生前二十四年的事情。

在这些东拉西扯的所谓学术史背景之后，罗威廉只找到了一处拉铁摩尔和种族主义有染的直接证据，可惜也是有意地歪曲。这就是拉铁摩尔1928年的论文《作为主体民族的汉族》（“The Chinese as a Dominant Race”）[1]。这篇论文结尾处说，汉人将把统治权力施加到境内所有民族之上。罗威廉阐释说，拉铁摩尔这里表现出的不是典型白人种族主义，而是将其移植到了汉人身上。但拉铁摩尔这个表述真是种族主义的吗？只要看看原文就会发现，拉铁摩尔并非概括汉人的种族特征或一贯作风，而是分析当时特定的局势：1928年，北伐战争刚刚结束，伴随着国民政府试图控制全国的行动和大革命思潮的激荡，汉人便有了在边疆地区重新加强控制力的冲动（清朝终结后这些地区一度出现了离心趋势）。这便是罗威廉花了五页来罗织的唯一一处“种族主义”证据。

另外，罗威廉并未提及的是，他认定的这个种族主义罪证，其实拉铁摩尔生前已经做过自我批评。那是在1975年拉氏为《高

[1] Owen Lattimore, “The Chinese as a Dominant Race”, *Studies in Frontier History: Collected Papers, 1928–1958*, 200–217. 英语中并没有和汉语严格对应的“民族”一词，拉铁摩尔作品中常用“race”这个词表示“民族”，指以共同的文化和历史而结合起来的人群，没有任何血统或人种上的意义，更没有优劣之分。

地鞑靼》重印本所作的序言中，[1] 他坦承自己早年有些预言并未应验，其中包含这个论断。拉氏澄清，1928 年时他判断中国的民族关系会走向紧张，但随着 1930 年代日本侵华行动逐步升级，中国各民族已开始团结起来对抗日本侵略。而且需要注意的是，被罗威廉指控犯下地理环境决定论、种族主义的两篇早期论文——《中亚的商路》《作为主体民族的汉族》，1962 年都被拉铁摩尔未加删改地收入了《边疆史研究论文集》中，书中都是拉氏自认为最有代表性的论文著作。在该书自序中，拉氏回顾了自己的学术历程，谈到有些学术观点发生过变化，但和罗威廉罗织的罪名完全是两回事，如他回顾《作为主体民族的汉族》反映了“一个（二十八岁）年轻人幼稚的惊奇”。这种问心无愧、坦坦荡荡的胸怀，站在罗威廉的立场上是无法理解和解释的。

拉铁摩尔毕生研究民族问题，他有没有显示过对某一民族的推崇或偏爱？笔者所见唯一的一次，是他 1935 年发表的《游牧民的恶劣处境》（“On the Wickedness of Being Nomads”）[2]。此文关注的是工业化大背景下内蒙古牧民的处境。拉铁摩尔谈到，在铁路出现之前，蒙汉交界地带已逐渐发生缓慢的、互惠的民族融合：沿边蒙古人逐渐学会了农业，他们兼营农、牧业，能说汉语，生活富裕而体面；和他们相处的汉人也学会了放牧和蒙古语。但当

[1] Owen Lattimore, *High Tartary*, “Introduction to the 1975 Edition”, XXIII.

[2] Owen Lattimore, “On the Wickedness of Being Nomads”, *Studies in Frontier History: Collected Papers, 1928–1958*, 415–426. 该论文的中译名借鉴了杨晔：《试评拉铁摩尔的中国边疆史研究》，复旦大学 2008 年硕士学位论文。

铁路突然进入草原深处时，那些世世代代游牧的蒙古人毫无准备，便被军阀和铁路资本驱赶出家园，生活困顿，农业移民也导致了草原的荒漠化。拉铁摩尔毫不掩饰他对牧民处境的同情，行文表现出某种情绪化：

> ……事实上，蒙古人自幼就培养出了独立和做各种工作的能力，他们加工皮革和毛毡，驾驭大车，在多变的天气和辽远的旷野里独自闯荡，在各种极端环境下迅速拿出自己的对策。而那些农业殖民者，终身生活在一间土屋子里，按照皇历和地主的指示，埋头于没有任何主动性的、一成不变的种植与收获周期。当这两者相遇时，蒙古人应该得到更从容、更公平的竞争机会。[1]

拉铁摩尔的学术有道德立场，有社会关怀。他同情受到西方列强和日本军国主义侵略的中国；行走边疆时，他同情那些被工业化排挤的游牧族。他抓住一切可能的场合和机会，为那些被欺凌、被剥削者呼号，并在二战中放弃学术投身反法西斯事业。同情弱者是他终身不变的立场。可惜罗威廉的后现代之眼偏偏无视这种人生立场和学术取向的关联。

---

[1] Owen Lattimore, “On the Wickedness of Being Nomads”, *Studies in Frontier History: Collected Papers, 1928–1958*, 422.

三、拉铁摩尔与文明、文化概念

和地理环境决定论一样，罗威廉能找到的“种族主义”罪状是孤证，且是不成立的伪证，相反的论述在拉铁摩尔作品里则比比皆是。为了自圆其说，罗威廉又求助于“改造说”，即拉铁摩尔信奉过地理环境决定论和种族主义，但后来学界风气渐变，这些主义的名声越来越臭，拉铁摩尔只得将它们抛弃，另寻他说，即“文化绝对主义”和共产主义。

在第三节“文明与文化”里，罗威廉检视了拉铁摩尔著作中的文明与文化概念。和前两节一样，这节也有大量与拉铁摩尔学术无关的所谓学术史背景，比如法国学者吕西安·费弗尔（Lucien Febvre）对“文明”概念的梳理，德国学者赫尔德（Herder）、亚历山大·冯·洪堡（Alexander von Humboldt）对文化、文明概念的运用，美国学者弗朗茨·博厄斯（Franz Boas）用文化概念反对种族主义，等等。这并非罗威廉的研究领域，都是从其他研究者的著作里摘抄来的。按照费弗尔的观念，20世纪初学者对“文明”有两种理解：一种是绝对主义的，且往往和种族主义有关；另一种则是相对主义的，即把各种人类社会的物质和文化成果都看作文明。罗威廉用这种区分方式审查亨廷顿的著作，发现两种用法都曾出现，至于拉铁摩尔的作品，他没有找到认为“文明”有优劣之分或者价值高下之别的任何表述。于是此节以一句遁词草草结尾：“但随着他逐渐逃离种族（及环境）决定论，他对世界历史里文化的倚重相应地增长了。”——仍念念不忘把拉铁摩尔与种族主义扯在一起。

那么，拉铁摩尔对“文明”（civilization）的看法究竟是什么？笔者以他早期（就是罗威廉指控的拉氏犯下种族主义及开始“逃离”的时期）的作品来讨论。1926—1927年，拉铁摩尔进行了第一次内亚考察，随驼队从内蒙古进入新疆，随后写下了《Turkestan沙漠路》（1928年，记叙去新疆的旅程）和《高地鞑靼》（1930年，记叙在新疆的游历）两部游记。在《高地鞑靼》中，拉氏描写了当时乌鲁木齐社会生活的各方面，并使用了“文明”一词。他描述的城市“文明”有两种：一种是当地汉人官员的，主要指传统教育和做官的排场，如出行时有差役打着灯笼开道，马车两边有红棍子卫队护驾；另一种是生活在乌鲁木齐的俄国人的，主要是欧式的服装、言谈举止，还有沙龙舞会（托尔斯泰等俄国小说里很常见的场景）。从这两点可见，拉铁摩尔主要从社会阶层和文化生活两方面来理解“文明”，而且这些“文明”概念是主观的，即汉人或者俄国人自己视为文明之物，并没有客观标准和优劣之别。同书中，拉氏也将游牧和农耕看作两种不同的文明。[1]所以，试图从拉氏身上找和种族主义结缘的“文化绝对主义”只能是缘木求鱼。

---

[1] Owen Lattimore, *High Tartary*, 37.

四、拉铁摩尔与马克思主义

《欧文·拉铁摩尔，亚洲与比较史学》的第四节“技术与生产”主要针对拉氏的社会发展观，罗威廉从中找出了马克思主义的痕迹。

在此节开端，罗威廉总结了拉铁摩尔研究社会变迁的基本思路，即技术、环境与社会三者之间的互动：人类社会必须在一定的技术条件下，才能开发利用其所处的社会，比如用农业开发黄河下游，用畜牧业开发草原；而技术（不管是自身发明或从外界移植）的应用也是有条件的，比如一个绿洲社会，只有在人口发展到一定规模之后，才能进行系统的水利工程建设。一项技术只有与社会的组织结构和政治相适应时才会获得应用，比如蒙古人本来有在草原上挖井的技术，但开挖水井意味着固定的土地占有制，这和游牧社会的流动性相冲突，所以没有被采用；最后，某些技术的发展还会导致社会人口增长、向外扩张，直至扩张到新的、不适用这些技术的地理环境中，从而带来生活方式和社会关系的新变化。此外，拉铁摩尔还非常关注交通技术和人类社会的互动关系，比如从畜力的陆路运输到蒸汽大航海，甚至在二战前后初露端倪的航空时代。上述思路来自拉铁摩尔对中国边疆社会的实地考察和文献研究，都极富创见，目前学术界还缺乏对它们的深入理解和认真研究。罗威廉则批评它们“过度死板与教条”（excessively rigid and dogmatic），这本来是拉铁摩尔批评三四十年代用苏联总结的社会发展五段论硬套中国历史的评语。可能在罗威廉看来，任何试图从总体上、宏观上描述和研究人类社会都是错误的，是死板和教条的，违背了后现代的解构主义，只有局部性的区域研究、个案研究才符合罗威廉的后现代学术标准。

拉铁摩尔明确说过，自己不是一个马克思主义者。在麦卡锡时期，美国右翼分子曾指控拉铁摩尔是苏共党员，后来证明都是诬告。但另一方面，拉铁摩尔观察社会的角度确实有很多接近马克思主义的地方，他也从不掩饰这些。所以罗威廉在拉氏著作中找到了大量有马克思主义色彩的论述，比如：拉氏一贯反对帝国主义势力对中国及广大亚非拉地区的侵略和剥削，在分析中国问题时，他指出了买办资本和西方经济的合作关系。但这些就能作为拉铁摩尔的罪状吗？本文认为，拉氏这些观点并非来自书面教条，而是来自他在英国贸易公司供职，和形形色色的中国人打交道的亲身经历，以及他对中国人民的同情。罗威廉又称：关于日本侵华的根本原因，拉铁摩尔否认法西斯的“种族正当论”（“racial fitness”，即认为优等人种理当统治劣等人种），而认为是日本资本主义的牟利动机，他们把日本农民剥削得民穷财尽，继而转向海外扩张，寻求更大的利益。在罗威廉看来，这些与马克思主义相似的历史解释不需要学术讨论就可以直接否定。

拉铁摩尔政治上比较认同苏联，这也是他遭受麦卡锡主义迫害的重要原因。拉氏早已声明，他是从同情内亚少数民族的角度看问题的，在20世纪前半期，内亚少数民族在帝国主义、资本主义侵蚀剥削之下毫无反抗和逃避之力，而苏联的民族关系比较平等，所以当时内亚各族有不少知识分子认同社会主义，觉得它是避免被西方剥削、走向独立和工业化的唯一道路。这有其历史合理性。但罗威廉由此攻击拉氏是条“政治变色龙”（political chameleon）。其实在遭受麦卡锡主义迫害之前和之后，拉铁摩尔的立场没有发生过丝毫变化，他对马克思主义的借鉴和对苏联的好感既没有消失，也没有更强烈。

如何看待拉铁摩尔学术中与马克思主义的近似之处？本文认为，马克思主义史学对社会的观察有其独到的价值，更有深刻的社会关怀，所以拉铁摩尔学术中经常有对马克思主义的共鸣，这是很正常的。而罗威廉不做学术探讨，将马克思主义当作天然政治错误的符号，已经不是“后现代”的所谓无立场原则所能解释的了，其本质是美国最保守的冷战思维。

五、拉铁摩尔的历史研究方法

在第五节，罗威廉从“结构、进程、比较”三个角度批评拉铁摩尔的学术方法。此节开篇，罗威廉就声称拉铁摩尔的历史观具有极深的结构性（deeply structural）。但罗威廉同时承认，拉铁摩尔重视动态的进程而非静态的结构，一直试图避免“单因的解释”，按照他的理解，这是在拉铁摩尔逃离地理环境决定论之后，所以对“结构”的批评匆匆一语带过。

罗威廉转而对拉氏的历史进程论展开批评。罗威廉认为，拉铁摩尔试图寻找人类历史的发展动因，经常用物理学、生物学术语来描述人类社会的发展，拉铁摩尔对社会变迁的宏观论述里，经常毫不掩饰地使用一些物理学术语，如“动力”“稳定”“平衡”，在《满洲：冲突的摇篮》一书中更有大量“生物学的隐喻”，比如用“萌生”“成长”“衰老”等词描述社会的发展过程。但罗威廉没有提及的是，拉铁摩尔在 1962 年的《边疆史研究论文集》的序言中已经做过自我批评，即《满洲：冲突的摇篮》一书受斯宾格勒影响，用“文明的青年期—成熟期—衰老期这种‘形态学’”来描述中国社会。[1]这个序言是拉氏对自己前半生学术的总结回顾，篇幅不长，罗威廉曾多次引用，却没有提及拉氏的自我批评。前述第二节中，罗威廉引用拉铁摩尔的观点亦未提及拉氏后来的自我批评，同样的问题在一篇论文中两次出现，很不应该。

回到所谓关于物理学或生物学“隐喻”的问题上来，笔者认为，关于如何描述总体社会特征和变迁，目前并没有一套标准的学术语言，估计以后也不可能有，历史学只能使用日常语言。而且罗威廉自己也无法戒断那些似是而非的隐喻表述方式，如该文“结论”的开端，“所有的时刻都具有原创性意义，但有些时刻比其他时刻的原创性更加深远。在历史学领域，拉铁摩尔如日中天的那个时刻就是其中之一（All moments are seminal, but some are more seminal than others. In the historical discipline … the moment of Owen Lattimore’s prominence was one of these）”，所以完全不必以此苛责一位生于 1900 年的学者。

[1] Owen Lattimore, *Studies in Frontier History: Collected Papers, 1928–1958*, Preface, 28.

结 论

第五节的“结论”部分，是对拉铁摩尔比较的历史学方法的批评，和前三节一样，这部分掺入了很多所谓学术史，和拉氏直接相关的并不多，但罗威廉还是再次罗列了所谓种族主义、国家社会主义（纳粹主义）、马克思主义的式微——时刻不忘借这些来抹黑拉铁摩尔，然后重申对从宏观上研究社会进程、跨文化比较的反对，以及反对探寻历史背后的意义。这就是罗威廉反对拉铁摩尔的出发点和归宿，显然是“后现代”的“解构主义”立场。

难道总体的、比较的历史研究方法，就和罗威廉等后现代学者热衷的个案、区域的研究方法必然冲突吗？先来看总体研究。拉铁摩尔的研究范围上自中国文明的起源，下至他生活的当代，地理范围兼跨中国内地与蒙古、西藏、新疆等边疆地区，确实称得上总体研究。但另一方面，拉铁摩尔也有大量的区域研究成果，比如对蒙古、新疆、东北的区域研究；他从未放弃对具体现象的关注与研究，比如探寻戈壁商道上的“假喇嘛”传说（the False Lama），[1] 考察荒漠中一座废弃的古城，在中国东北的“鱼皮鞑子”（赫哲人）中进行民族志调查，这些都有专文论述。[2] 他晚年还在

[1] Owen Lattimore, *The Desert Road to Turkestan*, 230–244.

[2] Owen Lattimore, “A Ruined Nestorian City in Inner Mongolia”; “The Gold Tribe, ‘Fishskin Tatars’ of the Lower Sungari”, *Studies in Frontier History: Collected Papers, 1928–1958*, 221–240, 339–402.

关注蒙古草原上的"送信狗"这类具体问题。[1] 拉铁摩尔从未反对其他学者进行国别史、区域史或个人史研究，对他来说，总体的研究是一项"行有余力，则以学文"的工作，这是一种宽容、得体的学术和人生态度。关于比较的研究方法，拉铁摩尔确实习惯将中国内地社会与周边草原社会、绿洲社会进行比较，将中国和欧洲的一些历史现象进行对比。这些比较研究多数都富有创见，提出了有价值的问题和思路，也有少数类比并不恰当。[2]这是具体的学术问题，研究者可以心平气和地商榷，而不应该搞政治批斗式的扣大帽子和一概否定。

《欧文·拉铁摩尔，亚洲与比较史学》一文发表已经数年，西方学界一直没有质疑的声音，表明"后现代"史学正大行其道，无人敢撄其锋芒。本文则认为，很多学派或学者都有不同程度的"为现实服务的趋时性"，这和学术研究本身没有直接联系，也不是后现代史学独有的特点。后现代史学的真正危机，是"现代"的封闭学术体制使学者终身生活在象牙塔内，缺乏社会常识，脱离现实关怀，使人文学术研究呈现普遍的无意义解构、碎片化。在清史之外的中国文史研究领域，后现代思潮的影响正在扩散，这是值得我们深思的。

---

[1] Owen Lattimore, *The Desert Road to Turkestan*, "Introduction to the 1975 Edition", XXXII.

[2] 比如拉氏用欧洲中世纪教会抗衡封建势力来类比中国中古时期佛教寺庙的作用，参见 [美] 拉铁摩尔 :《中国的亚洲内陆边疆》，第 260 页。

走进那个熟悉的世界

《〈红楼梦〉中的一镜到底——明清小说场景过渡技法的发展》这篇文章写成于2007年秋，发表于《中国文化》2013年第1期。不过相关问题都是在本科时期思考成熟的，基本是在大二到大三期间，1997—1999年。至于为何只完成了这一篇题材非常窄、"技术性"非常强的论文，还得花点文字从头说来。

大概从大二开始，我基本确定了研究以《红楼梦》为代表的古典"世情小说"。"世情"这个概念是鲁迅的《中国小说史略》最早提出的，但范围并不太严格。我采用的是一个比较窄的范围，即只有《金瓶梅》《醒世姻缘传》《红楼梦》《儒林外史》《歧路灯》《海上花列传》这六部，不包含清前期曾批量出现、内容又大同小异的"才子佳人"小说，也不包含"三言二拍"、《聊斋》等短篇小说集。我取舍的标准，是小说包含的"世态人情"现实内容的总量和密度，从这标准来看，"才子佳人"和"三言二拍"等小说都不算达标。当然，这六部小说的"世情"含量也不相同，其中《海上花列传》前半本尚可，后半本比较假，所以我称之为"五部半"世情小说。

我本科时研究古典"世情小说"的出发点或目的，其实就是回答一个根本问题：《红楼梦》为什么是《红楼梦》？

此话怎讲?

因为当时我发现，一般的外国小说、中国古典小说及现代小说，都比较容易看懂。但《红楼梦》，我上大学之前翻过几次，都看不进去，大学时学了文学，带着之前的疑惑继续去读，仍不得其门而入。直到大一下学期，先看《儒林外史》，看到第二遍时，感觉开始“懂”了，明白书里人物说话、做事背后的心理了。《儒林外史》很少主动写出主人公的心理，得靠读者借助人生阅历去解读，而卧闲草堂本的评点，也帮助了读者去理解。

带着读《儒林外史》的经验，我再去看《红楼梦》，看到第二遍，感觉也开始“懂”了。

好像有伟大人物曾经说过，“《红楼梦》看五遍才有发言权”，大约也是这个意思。书中人物众多，关系复杂，而且作者极少主动写出人物的心理动态，只写他们的言语和行动，犹如剧本风格，自然就包含了很多“哑谜”，需要读者在逐渐熟悉的过程中进行解读，而这需要一定的社会阅历，或者叫“常识”的积累吧。

带着这个初步的收获，我曾在跟人聊天中，做过一些询问交流，汇总下来发现，虽然《红楼梦》名气极大，没人不知道，看过点影视剧的人也非常多，但真能读进去原书且自我感觉能“看懂”的，其实只占一个极小的比例，大约10%—20%吧，这还是我在大学那个圈子里打听的结果。

所以，我当时就有一个区分：汉语人群可以分成两种，能看懂《红楼梦》的，和看不懂的。这跟其他因素都无关，有些专业研究文学甚至文学理论的，实际上可能一辈子也从没看进去过《红楼梦》。因为这种小说真太少了，其他时空里几乎完全没有，中国的明清时代也就那么有限几部：从世情内容和叙事技法这两项综合衡量的话，也就《红楼梦》《儒林外史》和所谓半本《海上花列传》。我觉得，这三本小说能看进去任何一本，看另外两本应该都没问题。

我总结，《红楼梦》之所以是《红楼梦》，有各种人、各种学派的独特解读，甚至形成“红学”，原因有两点。

第一，是作者本人独特的身世经历（皇室包衣和织造家族），它构成了小说吸引人的现实主义内容——“世情”。这些经历，没有过这种生活的人是绝对无法虚构的，曹雪芹即使有所虚构，也是建立在独家的生活经历之上，别人只能临渊羡鱼。其实，“五部半”世情小说的作者们，都有与作品密切相关的生活经历，并有能力把它表达出来。可以说，这属于“道”与“术”这对概念中“道”的成分，高妙玄远，无法后天学习。

第二，是一种完全按照时空流动规律进行“转场”叙事的技法。它要求作者本人在作品中几乎是“隐身”的，不能进行随意的时间、空间跳跃，不宜太多描绘主人公的心理，只白描、实录其言与行，呈现效果犹如“剧本”。这就让作品本身构成了一种需要读者去调动智力和阅历进行解读的游戏。或者说，就像作者只交代了全部故事的一小部分，其余的需要读者调动思维去“脑补”，才能构建起完整的故事版本。很多读者对《红楼梦》中的人物、故事有不同的解读，甚至形成激烈争论，正是因为作品本身提供了空间。这种技法属于“术”的层面，讲明白了谁都能懂。

按照“藏起一半故事”这个标准去衡量，关于《红楼梦》后四十回真伪的问题也会有新发现。按我本人的比较总结，《红楼梦》前八十回确实有“藏起一半（甚至一大半）故事”的写作能力，但后四十回（所谓高鹗续书）真就没了，它的故事仅限于用文字写出来的那点内容，再没有供人去想象、去索隐的预留空间了。

另外，我也读过《红楼梦》的若干续书和仿书，跟这些作品比起来，后四十回的语言、叙事功力又明显出众，最为接近前八十回。所以《红楼梦》前八十回和后四十回的区别，是不是出自同一位作者、有没有经历过不同程度的篡改，等等，真是非常大的学术问题，应当慎重对待。那种仅依靠某个单独的标准、变量就武断做出（肯定或否定）结论的做法，都不足取。

我前面说过，“五部半”世情小说里，有“两部半”使用了这种新兴的“转场”叙事技法，金圣叹最早召唤过这种写法，他称之为“脱卸”，现代研究者张世君先生采用了这种说法（详见下文），我也继续沿用。其实在后世的评点或作家自述中，也有其他词语的表述，意思基本一样。但这种“脱卸”技法只有和“世情”内容相结合，才会产生独特的魅力，用在其他类型化虚构作品中，则全无妙处。

在浩如烟海的中国古典小说之中，《红楼梦》和《儒林外史》算是一对很特殊的作品。它们不靠虚构的情节取胜，而是作者用人生经历和叙事技法营建起一个虚拟的“熟人社会”，让读者去品味世态人情的老练趣味与空无远景。放大一点说，在缺少（不是完全没有）宗教氛围的中国传统社会，对于世态人情的品读玩味、揣摩操练，构成了一种独特的中国式生存方式和生活艺术。大学旧交韩巍曾带着我的这种解读去读《红楼梦》和《儒林外史》，他当时的总结是：这是一种“东方式的存在主义”。

当然，“五部半”世情小说中的其他作品也有这些特征，但在世情和叙事两者的结合程度上略欠。《金瓶梅》和《醒世姻缘传》都有极为深厚有趣的生活积累，都呈现了极为特殊和有魅力的世界，虽然缺乏点叙事技法，但其世情深厚之美无可替代。《歧路灯》和《海上花列传》则都稍显单薄。

以上结论，都是我大三的一年里（1999）想明白的，并且写成了学年论文，主标题好像是《走进一个熟悉的世界》。这个手写版的学年论文应当早就遗失了，但内容一直刻在我脑子里，我知道，这个题材很大，得专门写一本书才能说明白。

本科期间，我的论文指导老师一直是北大中文系的刘勇强先生，我们从大一开始上他的古代文学史课程，他专门研究中国古典小说，特别是《西游记》和“三言二拍”，我关于世情小说的兴趣，也是在听刘老师课的过程中酝酿出来的。那时的课间休息时间，常在楼道里向他提各种问题，刘老师还时而叫我去他家里坐坐。不过，当我大三写作关于世情小说的叙事技法时，刘老师也很坦率，说这个题材他真的“看不懂”。估计是觉得其他搞古典小说的老师也看不懂，刘老师还是担当了我学年论文和毕业论文的指导老师。至于毕业论文，老师们都提倡“写个小问题”，我也就写了个涉及《金瓶梅》的小考证文章，但求过关毕业而已。

到大学毕业前夕，我读研究生无望，正准备工作时，在风入松书店里看到张世君先生《〈红楼梦〉的空间叙事》（1999）一书，才知道关于“脱卸”叙事技法本身（我最近又称之为“一镜到底”），张世君先生的部分研究成果和我有所重合，但也有不太重合的地方。另外，张著只研究技法，未涉及“世情”，所以我那时期待，有机会还应该把自己的思考正式写出来。但未来又何其渺茫。

2000—2005年间，我混在社会上打工，业余读的主要是春秋史《左传》。那时觉得关于世情小说的一切思考都已经成熟了，只欠写作的时间而已，应该再搞点新的领域。

2005年秋，我进入清华大学历史系，随张国刚老师读研究生，逐渐进入中古史领域，明清小说和先秦史都暂时搁置起来。这在《南北战争三百年》的后记中有所提及。到2007年秋，我成功转成了直读博士学位，心态顿感轻松。开心之余，又想到了本科时早已成形的世情小说叙事研究，于是抽出两周时间，先把和张世君先生的研究有一定关联且“技术性”最强的叙事方法部分写出来，便是《再说“脱卸”：明清小说场景过渡技法的发展》一文，因为张世君先生大著的成果在前，所以称之为“再说”。至于和“世情”有关的那些内容，近乎“道”的层面，我还没有时间从容写出来。

这篇论文写作期间，我常骑自行车去北大旁听刘勇强老师的课，汇报一下我的想法。初稿写出来后，给刘老师送了一份打印稿，刘老师下次课后把文稿还给我，大概意思还是说，“这个题目我真不懂，所以没法给你什么意见”。文中的错别字，刘老师都用铅笔认真勾画了出来。

论文写出来后，投稿结果都是失败。可能因为我研究生学的都是历史，和古典小说研究太远，算不上圈内人。直到2012年博士毕业前夕，因为张国刚老师主持的学术讲座，我得以见到中国艺术研究院的刘梦溪先生。刘先生曾致力于研究《红楼梦》，我便向他呈送了这篇论文，不久刘先生表示，可以发表在他主编的《中国文化》杂志上。此文刊发于2013年，那时我已经去新疆大学工作了。

当然，在当代中国，不是只有我一个人懂古典小说叙事学的上述道理。另一位我知道的，是名作家贾平凹先生，金圣叹所谓“脱卸”技法（一镜到底），贾平凹先生称之为“散点透视”，这是来自传统中国画的术语，用在小说的场景转换上，和“脱卸”（一镜到底）表达的意思基本一样。就我所见，贾平凹先生的《废都》和《白夜》两部长篇小说，都是世情内容和“散点透视”技法的成功结合。贾平凹先生是作家，作而不述，这些技法层面他可能不愿多谈。

本文2013年刊发时的题目是《再说“脱卸”：明清小说场景过渡技法的发展》，这次改为《〈红楼梦〉中的一镜到底——明清小说场景过渡技法的发展》。

《红楼梦》中的一镜到底

——明清小说场景过渡技法的发展

近年来，中国古典小说的叙事学研究方兴未艾，特别是在探讨明清白话小说特有的叙事技法方面，取得了很多成就。其中，张世君对《红楼梦》的空间场景转换方式、对明清小说评点中“脱卸”的空间转换概念，都撰文进行了探讨。[1] 本文将在张文的基础上，对明清小说场景（空间）转换技法问题的产生、理论和实践的发展做进一步讨论。

一、“说话”风格和古书行文格式：对小说场景转换模式的影响

中国古典白话小说脱胎于古代艺人的“说话”艺术，这奠定了它在叙事上的基本特色。此后其理论和实践上的发展创新，都

[1] 张世君：《〈红楼梦〉的空间叙事》第八章“活动的分节点：场外人进出的空间串联”，北京：中国社会科学出版社，1999 年；张世君：《明清小说评点的空间转换概念：脱卸》，《西南师范大学学报（人文社会科学版）》2002 年第 6 期，第 150—156 页。

是在这一基础上进行的。

小说中的叙事场景，大可以是笼统的某一地域，小可以是某一院落、某一房间，随小说内容不同而各异。《水浒传》《三国演义》中的英雄好汉常说走就走，壮游天下，《金瓶梅》《红楼梦》中的主人公则多在几个小小的庭院间活动。就像《庄子·逍遥游》中的大鹏和学鸠，活动范围虽有小大之辨，但小说要处理的场景转换问题是一样的，犹如影视学中的镜头切换。

“说话”是门口语艺术，口头话语具有易逝性，不像看书，后面看不懂了可以翻到前面查一查。所以“说话”基本是按照时间顺序讲，不会像现代的试验小说，把时空关系搞得太复杂。比如《水浒传》，讲完鲁达的故事，接着讲林冲，讲杨志、晁盖、宋江。这些人的故事虽然大都可以彼此独立，但一定要按照时间顺序写来。讲完甲的故事，再讲乙时，也不会从头另说，而是让两人见个面，借机会放下甲来讲乙。[1]所以在大的故事情节方面，古典小说大都比较重视过渡，人物、故事在时空上基本衔接。

但在小范围内的场景转换上，古典小说则大多不加注意。这也和“说话”的艺术形式有关。比如故事情节中如果有甲乙二人不在一处，说话人说着甲的故事，需要说乙时，只要说一句“不提甲如何如何，只说乙……”的套话就可以了。白话小说也继承了“说话”的这一特色。比如《水浒传》第一回（金圣叹批评本，

---

[1] 王平：《中国古代小说叙事研究》第六章“叙事结构”，石家庄：河北人民出版社，2001年，第349页。

下同），讲史进的史家庄和少华山的强盗对抗：

> （史进在史家庄）整顿刀马，提防贼寇，不在话下。且说少华山寨中，三个头领坐定商议……（少华山二头领陈达）鸣锣擂鼓下山，望史家村去了。**且说**史进，正在庄内整制刀马（随后活捉了陈达）……**休说**（史家庄上）众人欢喜饮酒，**却说**（少华山上）朱武、杨春两个（商量向史进认输求情）……**再说**史进正在庄上，忿怒未消……

可见叙事场景在史家庄、少华山两处转换，全靠说书人口吻的“且（却、再）说”来完成。这种手法固然来自“说话”艺术，但在书面的白话小说中也完全必要。因为叙事题材的中国古书习惯不分段落，也没有标点，除了引用诗词时会另起一行外，整页满满都是字。如果不用“且说”来提示场景转换的话，很容易让读者看糊涂搞不清方位。《水浒传》第二十三回中，叙述完西门庆和潘金莲勾搭成奸，又要写郓哥看破奸情告知武大，这时的转换是：“街坊邻舍都知得了，只瞒着武大一个不知。断章句，话分两头，且说本县有个小的……”“断章句”是古书行文中的分节之处，现在标点古书时便是要加标点分段落的地方，在这里的作用正和“不提且说”一样。这是作者对场景转换做的更明显的提醒。

二、金评《水浒传》对场景过渡的重视

明崇祯末年，金圣叹评点的《水浒传》印行，对此后白话小说的创作理论和实践发展都产生了很大的影响。金圣叹对《水浒传》的评点涉及诸多方面，现在已经有大量研究成果。这里只讨论金圣叹对小说叙事场景转换的评点。

金圣叹是个秀才，满脑子八股文，他评点《水浒传》也多用八股文文法，第十五回的回评本身就是一篇有模有样的八股文。八股文很讲究起、承、转、合的过渡，这也体现在金圣叹评点《水浒传》中，所以他格外重视小说的情节和场景过渡问题。八股文是议论文体，小说是叙事文体，它们面临的“过渡”问题又不太一样。议论文不同部分间的过渡关系体现在语气的正反轻重上，比较虚；而小说的场景有具体时间、空间特征，比较实在，容易理解。

金圣叹对“过渡”的强调，有相当一部分体现在叙事场景的时空转换上（其他还有比如讲究叙事前后呼应、用小物件贯穿故事情节、故事情节从“一分”到“十分”渐进发展等。因与场景转换问题无关，本文不涉及），并曾归纳出“脱卸”一法，就是上文所说的借甲乙相遇，放下甲转而写乙的手法。张世君的《明清小说评点的空间转换概念：脱卸》一文中，列举了第三十二、四十三、五十、五十八、五十九、六十一回中的例子，说明金圣叹对《水浒传》空间转换技法的提倡和重视。因张文已有论述，这里不再重复。

张文中说："金圣叹对脱卸的表述有：脱卸、脱换、跳脱、交卸、机杼、卸去、偷去、穿接。"此外，还可以补充一个表述："纽头"。《水浒传》第二十一回中，宋江因杀了阎婆惜，逃到柴进庄上避难，席间出去净手。武松正害疟疾，在廊下守着一锨炭火取暖。两人此时尚不相识，宋江误踩翻了火锨，引起武松发怒，一惊一急之下，出了身汗，疟疾居然好了。金圣叹在此批道："武二何必害疟？聊借作一纽头耳。宋、武既得相遇，此纽便当不用，故顺手便写一句惊出汗来。夫以武二之神威，何至炭火惊得汗出……才子之文，随手起倒，其妙如此。"小说到此处实际是想放下宋江，开始写武松回乡、打虎诸事，所以写宋、武二人如此相识，以便脱卸宋江来讲武松。这是典型的"脱卸"式转换。

"脱卸"这个术语还可以表述为"线头"。这是因为小说的叙述焦点总在一个人身上，人不会总在一个地点静止不动。人或远或近地游走时，其行程便呈线状变化。此时故事发生地虽在改变，但只要焦点人物不变，仍可以说没有发生场景转换，完全符合影视学"一镜到底"的术语。而"脱卸"便是甲的叙事"线头"与乙相遇，随后被乙"线头"所替换。

《水浒传》第四十三回的回评说："以上宋江既入山寨，一切线头都结矣，不得已，生出戴宗寻取公孙，别开机扣，便转出杨雄、石秀一篇锦绣文章，乃至直带出三打祝家无数奇观。"这是说前面写过的宋江诸人都上了山寨落草，已经没有故事可写了，只好借戴宗去蓟州寻访公孙胜，让他在路上看见了杨雄（此时二人并不认识），以便从此开始写杨雄、石秀的故事。这里，戴宗的作用就是让他这根“线头”和杨雄的“线头”偶遇，从而脱卸到杨雄的故事上。换个角度看，如果不用“脱卸”技法，没有戴宗的路遇，杨雄、石秀的故事仍旧要发生，但这样写法只有“按下山寨里众人聚义不表，且说蓟州城内有个做刽子手的好汉杨雄如何如何”，便是叙事场景的生硬转换了。

至此，本文将小说中叙事场景的转换方式分为两种：一种是“不提且说”式的说书人口吻的生硬转换，称“场景跳跃”；另一种是借甲乙会面进行的脱卸式转换，可称“场景过渡”，或“一镜到底”。本文讨论的场景转换，仅指叙事焦点在单纯空间意义上的转换，不涉及小说情节、人物命运等因素。

所以需要说明的是，张世君文中总结的“脱卸”诸技法，并不都是用于场景空间转换的，如张文所举《水浒传》第五十九回，林冲等在曾头市兵败撤退，金圣叹评曰：“上文等宋江将令，只是借此一笔，以著宋江之恶耳。其文既见，便可脱换而去。”张文认为：“‘脱换’从‘脱卸’而来，也是指情节的转换。”此例“脱换”确实是“情节的转换”，但不是叙事场景的空间转换，也不是金圣叹“脱卸”概念本意。

还有一点需要说明，就是《水浒传》中场景转换不讲究的地方甚多，金圣叹对《水浒传》空间场景转换的称赞，有些地方赞对了，有些地方却未必高明。比如第六回中，讲林冲娘子被高衙内骚扰，林冲始则气愤，后来“每日与鲁智深上街吃酒，把这件事情都放慢了。且说高衙内……”金圣叹在此处批道：“用此一句按下林冲，便有闲笔去太尉府中叙事，此作书之法，不然，头头不了矣。”其实，这种靠“且说”来进行的转换，是白话小说中最常见的俗套，恰恰是后来那些讲究场景过渡的作品要竭力避免的。金圣叹注意到“脱卸”可以用于人物故事间的转换，而没有意识到还可以用于更小范围的场景转换。再如第四十八回讲宋江攻打祝家庄，同时又要讲登州解珍、解宝兄弟被逼上梁山的事，书中写道：“原来这段话正和宋公明初打祝家庄时一同事发，乃是山东海边有个州郡，唤做登州……”金圣叹在此处批曰：“如此风急火急之文，忽然一阁阁起，却去另叙一事，见其才大如海也。欲赋天台山，却指东海霞，真是奇情恣笔。”如果是赞扬《水浒传》作者胸中故事多，一件件写个没完，可以这样评论。如果是赞扬其叙事的过渡技法，就不对了，因为这种打乱原来叙事顺序的插叙，是不讲究场景转换的表现。

场景过渡即“脱卸”技法要求小说的叙事尽量按时间顺序单线进行，减少倒叙和插叙。这会带来一个问题，即难以写到在两地同时发生的事件。小说的情节稍微复杂一些，这个矛盾就无法回避。对于这个问题，古典小说的解决办法是靠人物的对话“补叙”那些来不及写到的情节。即如果叙事焦点一直是“线头”甲，没机会交代乙的事，就等到甲乙见面之际，借二人的对话，把乙以前的事甚至把两人之外的事交代出来。金圣叹批点《水浒传》时，也着力总结、提倡了这种办法。

比如《水浒传》第八回林冲在野猪林被鲁智深解救、第十六回杨志在二龙山下遇见鲁智深，两处在此前的叙事“线头”都不是鲁智深，鲁在此前的行踪，都靠他自己说出来，读者才能知道。

第十六回中，鲁智深对杨志讲自己如何因救林冲不能在大相国寺安身，逃走江湖，遇到张青夫妇，又来投奔二龙山入伙，却被拒绝。金圣叹此处批道："前文林冲到沧州，公人回来，未有下落；鲁达松林中别了林冲，重到不重到菜园，未有下落，却于此处补完，妙绝……如此一段奇文，却不正写，只用两番口中叙述而出。此非为鲁达已于此地得遇杨志，苟欲追记，则笔墨辽越，苟不追记，则情事疏漏。于是不得已，而勉出于口中叙述，以图草草塞责也……"第八回中，鲁智深自言此前是如何跟随差人押解林冲，看差人到野猪林要下毒手，终于出来解救。金圣叹在鲁智深的自述后批道："文势如两龙夭矫，陡然合笋，奇笔恣墨，读之叫绝。"再如第二十六回中，张青对武松说起以前鲁智深的事情来，金评也专门做了提示。到脂砚斋评《红楼梦》时，便径称之为"避难法"，详见下文。

有时，《水浒传》会把没来得及交代的事情故作不经意地写出来。如第二十三回中，武松在阳谷县打死大虫、遇到哥哥武大。作者此处没有全靠武大自述，而是主动插叙了武大此前的经历，最后说："因此武大在清河县住不牢，搬来这阳谷县紫石街赁房居住，每日仍旧挑卖炊饼。"此处金评曰："'仍旧'妙，一似已说过者。"因为小说此前并未说过武大是卖炊饼为生，作者用了一个"仍旧"，就减弱了主观插叙的色彩。这种掩耳盗铃式的小伎俩，也是为了避免插叙带来的尴尬。

金圣叹只是小说的评点者，而非实际创作者，所以会出现"新理论"与"旧作品"不完全合拍的情况，他提出了问题，但没给出完全解决的办法，要留待后世有心的小说作者进一步探索。金圣叹在《水浒传》评点中发出的重视故事转换顺畅性的呼吁，在后世的小说创作中，逐渐具体化为重视微观叙事场景的过渡。这表现在清代的《巧联珠》《红楼梦》《儒林外史》《海上花列传》四部小说上。下面，我们就按这些作品出现的时间顺序，来讨论“脱卸”技法逐渐成熟的过程。

三、《巧联珠》中场景过渡技法的自觉应用

《巧联珠》是清康雍之际的一部才子佳人小说。[1] 此书正文第一回题曰“新镌批评绣像巧联珠小说烟霞逸士编次”，首有序云：“烟霞散人博涉史传，偶于披览之余，撷逸搜奇，敷以青藻，命曰《巧联珠》。”后署“癸卯槐夏西湖云水道人题”。学术界一般认为这个“癸卯”为雍正元年（1723），[2] 小说当作于此前不久。

《巧联珠》的最明显特色，就是努力减少“不提且说”式的场景跳跃，注重运用脱卸过渡技法。书中并非完全没有场景跳跃，但使用次数比其他小说大大减少。按照“不提且说”这种生硬转换方式的使用次数，《巧联珠》全书大概可以分为七个场景单元。

[1] 国家图书馆、大连图书馆有藏本，春风文艺出版社有 1986 年排印本。本文所载此书的页码，据春风文艺出版社本。

[2] 朱一玄等主编：《中国古典小说大辞典》，石家庄：河北人民出版社，1998 年，第 734 页。

每单元之内都比较严格地遵循了“脱卸”的场景过渡方式，这七个单元是：

1. 开端至第三回（第 24 页），方公在苏州之误会；

2. 第三回（第 24 页）至第七回（第 58 页），闻生行踪；

3. 第七回（第 58 页）至第八回（第 73 页），方公行踪；

4. 第八回（第 73 页）至第十回（第 91 页），闻生在京；

5. 第十回（第 91 页）至第十二回（第 104 页），方、胡二小姐在苏州；

6. 第十二回（第 104 页）至第十四回（第 122 页），闻生在京；

7. 第十四回（第 122 页）至结尾。

第一到第三单元，叙事焦点在闻生和方公之间转换，此后则一直在北京和苏州之间转换。这些大的转换是用说书人口吻的“不提且说”来进行的。但在每一个小单元内部，则比较重视叙事的顺畅，努力做单线叙事，尽量避免场景的频繁跳跃，其例外仅三处。前两处在第一单元中，第 5 页写过闻生情况及诸朋友到虎丘游览后，直接便来一句：“却好方古庵因进京便道，要游虎丘。叫管家唤过一只游船，同贾有道往山塘桥进发。”方古庵、贾有道是何人？前文都未曾提到，直到他们见了富子周诸人，才在对话中交代出方古庵名正，嘉兴人，在“台中”做官，这是携眷属从家乡进京途中，贾有道是其帮闲。第二处是第 12 到 14 页，插入了富子周向闻生传达方公好意的一段。这都是运用场景过渡技法还不彻底之处。第三处在第三单元，富子周在济南见了方公后，又进京见到闻生，这一小段十二行文字却是直接插叙，分别用“方公也就上本告病，就收拾回家不提。却说富子周别了方公，到得京里……”和“（闻生、富子周）在京会试不提。且说方古庵……”来转换，仍是传统的跳跃方法。

现存小说刊本中，署名“烟霞散人”的作品除《巧联珠》外，还有《斩鬼传》《幻中真》《幻中游》《凤凰池》，其中《凤凰池》《巧联珠》在题材、情节方面最为相近。学界关于“烟霞散人”及其作品有不同意见，这里暂不涉及。值得注意的是，《幻中真》《凤凰池》《巧联珠》三书，都写到了苏州虎丘的“千人石”景点。从三书内容看，作者对苏州的街市以及南到杭州，北到南京、扬州一代比较熟悉，可能出自一人之手（分别见《幻中真》第一回、《凤凰池》第四回、《巧联珠》第一回）。《凤凰池》在日本享保十三年（1728）的《舶载书目》中有著录，成书早于《巧联珠》的雍正元年。二书都是当时流行的才子佳人题材，写才子佳人因诗相慕，历经磨难，最后终成眷属，情节则模仿阮大铖的《燕子笺》《春灯谜》，中间多有改名、易装、错认等奇巧波折。

对比《凤凰池》，《巧联珠》在场景过渡方面的努力就显得更明显。《凤凰池》共十六回，除第一、十五、十六回内没有场景跳跃外，第四、七、九回各有一次，第五、十、十一回各有两次，第二、三、十二、十三、十四回各有三次，第八回有四次，第六回有五次（其中一次是“[云生] 到处寻访 [水生] 未能即见，不消说了。那水生……"，虽未用"不提且说"套语模式，但也是场景的跳跃）。全书共有三十三次之多，平均每回场景跳跃两次以上，而《巧联珠》平均每回场景跳跃尚不到一次。在小说情节如假名误会、女扮男装等方面，《凤凰池》的繁密奇巧都超过《巧联珠》，唯独在场景转换上不加讲究。"烟霞散人"大概在创作了《凤凰池》后，又揣摩到场景过渡的技法，才又在《凤凰池》的情节基础上写了《巧联珠》，第一次将这种技法自觉应用于创作实践。作者还是在四五单元之间尝试了用"送信人"过渡场景的做法。这是"脱卸"技法更高明的运用。在《红楼梦》中，这种运用就更加普遍了。[1]

四、《红楼梦》运用场景过渡技法的成就

《红楼梦》从故事开端就很重视场景的过渡。比如从第一到第三回的基本情节：甄士隐周济贾雨村，甄士隐遗失女儿、全家投奔丈人，甄家丫鬟被来做官的贾雨村看见、娶为妾，贾雨村罢官，行游到扬州，给林黛玉做家庭教师，陪林黛玉进京到荣国府……这一部分先是写甄士隐，其中贾雨村得到周济后如何进京赶考、中举做官，都没用场景跳跃的方法书写，只是在娶了甄家丫鬟后

[1] 张世君：《〈红楼梦〉的空间叙事》第八章"活动的分节点：场外人进出的空间串联"第二节"牵引人的牵联"。

才补充交代，开始从甄家“脱卸”到贾雨村。贾雨村陪林黛玉进了贾府，小说便又不提雨村，只写黛玉经历，这又是一次脱卸。

《红楼梦》开端部分故事简略，叙事线条粗，叙述方法和《水浒传》《巧联珠》基本类似。真正体现《红楼梦》场景过渡运用之妙的，还是此后描写贾府内的生活场景。这里有一个很有意思的现象，就是作者在前五回中，用冷子兴演说、林黛玉初进荣国府，将贾府情况勾勒两番后，真正要动笔描写贾府生活的细节时，却突然声称很为难了。第六回云：

> 按荣府中一宅人合算起来，人口虽不多，从上至下也有三四百丁；虽事不多，一天也有一二十件，竟如乱麻一般，并无个头绪可作纲领。正寻思从那一件事自那一个人写起方妙，恰好忽从千里之外，芥豆之微，小小一个人家，因与荣府略有些瓜葛，这日正往荣府中来，因此便就此一家说来，倒还是头绪。你道这一家姓甚名谁，又与荣府有甚瓜葛？且听细讲。方才所说的这小小之家，乃本地人氏，姓王……

贾府宅内人、事固然多，但按照不讲究场景过渡的写法，本来也没什么难的，只要写完一处、一事，再来个“不提且说”就可以另写一处、一事了。西方和现当代作家更简单，连“不提且说”都不用，直接另起一段就可以。但讲究场景过渡的作者就不一样了，他要按严格的时间、空间顺序来叙事，场景不能到处乱跳。所以作者一番为难之后，选择了用刘姥姥这个小人物为“头绪”，让读者“一镜到底”看遍贾府生活。

整个第六回，便写刘姥姥由“周瑞家的”带着，在荣府向王熙凤“打秋风”的事。刘姥姥走后，周瑞家的要把接待刘姥姥的经过向王夫人汇报，因为刘姥姥算是王夫人娘家的亲故。第七回开始，周瑞家的去王夫人房中，王夫人却已到她的姐妹——薛姨妈住的梨香院串门去了。于是周瑞家的又找到梨香院，瞅空向王夫人汇报了接待刘姥姥之事。这还是刘姥姥之事的余波。但此时薛姨妈趁机托周瑞家的，顺路给荣府的小姐们捎几只宫花回去。周瑞家的便拿了宫花，先后到“三春”、熙凤、黛玉等人房中，送了宫花。送宫花这一段，才是小说正式开始描写荣府日常生活。它表面上是写周瑞家的挨门送花，实际上是以她的行踪为线索，把薛家、“三春”、熙凤、黛玉、宝玉等人的日常生活场景写给读者看。

“送宫花”一段借周瑞家的与宝钗闲聊，写出宝钗的温厚、朴素及吃“冷香丸”等事；借与金钏儿的对话，写出香菱即前文甄士隐之女英莲；借惜春与周瑞家的开玩笑所说日后要剪了头发当尼姑等语，写出惜春好佛；到了熙凤院内，借看见丰儿打水与听见笑声，暗写王熙凤中午的“风月之事”；周瑞家的最后找到在一起玩的宝玉和黛玉，被黛玉挖苦了一顿，则又是写宝黛的亲密和黛玉的小性子……比起本书此前及别的书中从甲脱卸到乙的场景过渡，这一段展示的信息量增大了数倍，而且杜绝了场景跳跃。作者在踌躇之后，选择以刘姥姥来做描写贾府的开端，得意之处也正在这里。脂砚斋在此段后批道：

余阅“送花”一回，薛姨妈云“宝丫头不喜这些花儿粉儿的”，则谓是宝钗正传；又至阿凤、惜春一段，则又知是阿凤正传；今到颦儿一段，却又将阿颦之天性从骨中一写，方知此亦系颦儿正传。小说中一笔作两三笔者有之，一事启两三事者有之，未有如此恒河沙数之笔也！[1]

脂评还指出了这是一种有意识的写作方法。在周瑞家的给“三春”送花一段，脂砚斋批道：“用画家三五聚散法写来，方不死板。”[2]“三五聚散”是传统风景画的一种布局技法，即把本来站在好几个观察点才能看到的景物，全部画到一幅画面当中，这样虽然破坏了画面比例，但避免了把一个完整景物割裂为多个独立画面。脂评这里用它来比喻借一个人行踪的转移，顺次描写此人所到的不同场景之法。这样也避免了作者一个个场景分别描写的生硬转换，“方不死板”。

此段之后，《红楼梦》中借人物行踪来转换场景、一镜到底的手法非常多见。张世君《〈红楼梦〉的空间叙事》第八章“活动的分节点：场外人进出的空间串联”第二节“牵引人的牵联”已有举例。这里再举数例。如第十七和十八回中，宝玉、黛玉为了荷包的事情吵架赌气一阵，和好以后，两人一起到王夫人上房，见宝钗也在这里。此时王夫人处正在为迎接元春省亲忙乱，商量安

---

[1] 《脂砚斋甲戌抄阅再评石头记》，上海：上海古籍出版社，1985 年影印本，第 104 页。

[2] 《脂砚斋甲戌抄阅再评石头记》，第 101 页。

顿妙玉和买来的小戏子、小尼姑等事情。作者实际是在写完宝黛斗气后，又要写王夫人处如何准备省亲事宜，这个场景转换就是靠宝黛二人“带”过来的，所以随后——

> 宝钗便说：“咱们别在这里碍手碍脚，找探丫头去。”说着，同宝玉黛玉往迎春等房中来闲顽，无话。王夫人等日日忙乱……

作者就此“卸去”了宝、钗、黛三人，而叙事场景一直停留在王夫人上房。再如第三回末黛玉到王夫人上房请安，王夫人正和王熙凤商量薛蟠在南京打死人的官司，这里黛玉的行踪也纯粹是为了过渡。

当然，《红楼梦》并没有完全遵循这种严格的过渡，“不提且说”模式的场景跳跃也不少。[1]但《红楼梦》中以说书人口吻进行的场景跳跃背后，有时还有追求过渡顺畅性的深意。如第十三回中，写王熙凤在睡梦中被惊醒，闻知宁府里秦可卿病死，小说此时如按场景过渡技法，应写她如何急忙到宁府探视。可小说偏在此时跳到了宝玉处：

> 闲言少叙，却说宝玉……如今从梦中听见说秦氏死了，

---

[1] 张世君：《〈红楼梦〉的空间叙事》第八章“活动的分节点：场外人进出的空间串联”第三节“说书人的介入”。

连忙翻身爬起来，只觉心中似戳了一刀的不忍，哇的一声，直喷出一口血来……来见贾母，即时要过去……一直到了宁国府前，只见府门洞开，两边灯笼照如白昼，乱烘烘人来人往，里面哭声摇山振岳……

作者此处为何让场景从熙凤处生硬跳到宝玉处？宝玉闻知秦氏死后的反应值得写写，也许是一个原因。但更重要的原因是，作者在此后要写宁府的贾珍、贾蓉等如何安排丧事，如买棺木、捐官衔等。当时成年男女内外不通问，“官客”和“堂客”各有其所。如果叙事焦点跟着王熙凤过去，就写不到男人们如何谋划丧事了，那时还要转换一次场景。所以不如写宝玉过去见贾珍，便可直接写丧事场面。后面直到贾珍觉得事务繁多，听了宝玉的建议，请王熙凤代管丧事：

（贾珍）说着拉了宝玉，辞了众人，便往上房里来。可巧这日非正经日期，亲友来的少，里面不过几位近亲堂客，邢夫人、王夫人、凤姐并合族中的内眷陪坐。闻人报：“大爷进来了。”唬的众婆娘唿的一声，往后藏之不迭，独凤姐款款站了起来……

小说从此开始写王熙凤如何协理宁国府，算是叙事焦点又过渡回了王熙凤。“众婆娘唿的一声，往后藏之不迭”，可见当时男、女眷区别之严。

还有一点要说明，就是脂评中的所谓“脱泻”，和金圣叹的“脱卸”意思完全不同。张世君没有认识到这点，她在《明清小说评点的空间转换概念：脱卸》一文中举例说：

> 《红楼梦》第16回写元春晋封凤藻宫，贾府欢欣。紧接着，文本写水月庵智能和尚私逃进城。脂砚斋在此处夹批道：“忽然接水月庵似大脱泻，及读至后方知为紧收。”这里的“脱泻”是“脱卸”的又一种表述，脂氏批语意思是说，评点家本以为接水月庵是情节的大转换，读后才知道它不是转换，而是收束贾府的热闹得意。

按，此处的“脱泻”，正好是金圣叹“脱卸”的反义，即场景的无端跳跃。《红楼梦》前文在写贾府内如何喜庆，忽然来了句“谁知近日水月庵的智能私逃进城，找至秦钟家下看视秦钟，不意被秦业知觉……”这确实是叙事空间的无序转换，所以“似大脱泻”，违反了过渡原则。但小说行文只用数十字描写了秦钟得病境况，随后就写贾宝玉听到秦钟消息后如何发呆，场景又回到了贾府，所以脂评说“及读至后方知为紧收”。当然，这个“紧收”也可以指情节，即不久后的秦钟病死。但无论怎么理解，都委实与“脱卸”无关。另外，智能是尼姑而非和尚。

脂砚斋这个“脱泻”，也表达为“脱发（繁体之‘發’）”。如第十二回末脂评：“此回忽遣黛玉去者，正为下回可儿之文也……

因必遣去，方好放笔写秦（可卿），方不脱发。”[1]这里的“脱发”和“脱泻”同义。因为如果秦可卿死时黛玉仍在贾府，那就要一边写宁府的丧事，一边写荣府的黛玉，难免场景跳跃（脱发）了。此外，张文所举脂评，如第二十五回中的“大大一泻，好接下文”、第五十回的“脱落”、第十九回的“过下无痕”、第五十四回的“脱卸”，都是讲故事情节的起伏，与叙事场景过渡无关。《红楼梦》中当然用了金圣叹所谓的脱卸技法，但脂砚斋似乎更愿称之为“三五聚散”，而非“脱卸”。我们不能只看这些术语的字面意思相近，就以为它们是同一概念。反之，同一概念，也可以用完全不同的术语来表达。这是现代研究者必须注意的。

《红楼梦》既然努力按照时空顺序叙事，也就面临着与前面《水浒传》相同的问题，就是在叙事场景之外发生的故事，如何介绍给读者。《红楼梦》也主要靠书中人物的对话来解决这个问题。这里仅举一例。第十六回中写贾府要建造省亲别院，预备元春省亲。这是件大事。书中先借熙凤、贾琏夫妻谈话，写出香菱被薛蟠收房之事；又借赵嬷嬷来说话，写元春省亲的背景；又借贾蔷、贾蓉来说话，写贾府如何准备建造省亲别院，如何准备采买。庚辰本此回中，脂砚斋连续用“避难法”来提示这种写作之妙：

> 补前文之未到，且将香菱身（世）写出。……一段纳宠

[1] 《脂砚斋重评石头记》（庚辰本），北京：人民文学出版社，1975年影印本，第267页。

之文，偏于阿凤口中补出，亦尖（奸）猾纫（幻）妙之至。（第326页）

一段赵妪讨情闲文，却引出道（这）部脉络。所谓由小及大，譬如登高必自卑之意。细思大观园一事，若从如何奉旨起造，又如何分派众人，从头细细直写将来，几千样细事，如何能顺笔一气写清？又将落于死板拮据之乡。故只用琏、凤夫妻二人一问一答，上用赵妪讨情作引，下用蓉蔷来说事作收，余者随笔顺笔略一点染，则耀然洞彻矣。此是避难法。（第330页）

大观园一篇大文，千头万绪，从何处写起？今故用贾琏夫妻问答之间，闲闲叙出，观者已醒大半。后再用蓉蔷二人重一渲染，便省却多少赘瘤笔墨。此是避难法。（第331页）

以老妪勾出省亲事来，其千头万绪，合榫贯连，无一毫痕迹。如此等，是书多多，不能枚举。（第332页）

所以“避难法”也可以看作讲究场景过渡的副产品。但“脱卸”和“避难”二法的结合，其意义已经远不止于单纯的过渡了。它可以使作品的很大一部分内容隐藏在人物对话中，需要读者认真揣摩玩味才能体会出来。有很多人看了《红楼梦》就想“索隐”，也是因为作者没全用主观叙述交代故事，书中人物的对话未必代表作者意见，读者都可以有自己的理解发挥，这就提供了索隐的空间。这属于叙事技法带来的艺术效果问题，限于篇幅，当另文论述。

五、《儒林外史》中的场景过渡

《红楼梦》和《儒林外史》两书创作时间大体同时，两位作者基本没有见到对方作品的可能，他们写作的时候，可以参照的小说创作理论、经验也是相同的。两书对于场景过渡技法的运用都达到了成熟完善的程度。

《儒林外史》的情节结构不太像《红楼梦》，书中人物的关系不像《红楼梦》那么密切，每个人的故事相对比较独立，人物的行踪范围也大，这和《水浒传》倒比较相似。在场景过渡方面，《儒林外史》比《红楼梦》更严谨，全书不符合脱卸原则的转换只有两处。其中一处是第三十六回的开端。在第三十五回末，南京诸名士商量要公祭泰伯祠，正商量由谁来主祭。在第三十六回开端，作者用“话说应天苏州府常熟县有个乡村……（村中）有一位姓虞，……（虞妻）到十个月满足，生下这位虞博士来”。这是用插叙的手法来从头介绍虞博士生平，违反了场景过渡（一镜到底）原则。卧闲草堂本的回评对此评道：

此篇纯用直笔、正笔，不用一旁笔、曲笔，是以文字无

> 峭拔凌驾处。然细想，此篇最难措笔：虞博士是书中第一人，纯正无疵，如太羹元酒，虽有易牙，无从施其烹饪之巧。[1]

这位评者的意见是，虞博士是本书近乎完美的人物，是作者人格理想的化身，如果用脱卸的办法过渡到他（曲笔）、用别人的对话介绍出他的生平（旁笔），都不符合虞博士正大无瑕的醇儒身份。《儒林外史》叙事线条比较粗略，吴敬梓如果想用脱卸法的“曲笔”把虞博士写出来，本来没有任何技术上的困难。这里，他是为了人格理想而放弃了叙事技法。《儒林外史》中另一不符合场景过渡原则之处，是第五十五回。这一回的开端，作者写道：

> 话说万历二十三年，那南京的名士都已渐渐销磨尽了。此时虞博士那一辈人，也有老了的，也有死了的，也有四散去了的，也有闭门不问世事的……那知市井中间，又出了几个奇人。一个是会写字的，这人姓季，名遐年……又一个是卖火纸筒子的，这人姓王，名太……一个是开茶馆的，这人姓盖，名宽……一个是做裁缝的，这人姓荆，名元……

这一回所叙的四人，也是吴敬梓心中的理想人格化身。行文

[1] 李汉秋编：《儒林外史研究资料》，上海：上海古籍出版社，1984 年，第 120 页。本文所引个别标点有变动。

至此，作者的心思已经不在叙述故事上，而是抒发胸中郁积的感慨悲凉之情，所以索性放弃了全书一贯坚持的过渡叙事风格，改为直书其事。这和介绍虞博士时一样，也是“叙事”为“观念”让路。

六、《海上花列传》中的场景过渡

《红楼梦》印行后，续作蜂起，后来又化作描写青楼题材的小说，都是想在题材和内容方面模仿《红楼梦》，但《红楼梦》中的场景过渡（一镜到底）技法，却没有一部书能够意识并学习到。光绪年间成书的《海上花列传》，却在场景过渡上极为讲究。如果说《红楼梦》中偶尔有场景跳跃、《儒林外史》中仅存两处违反场景过渡原则的话，那《海上花列传》则从头至尾，全部运用脱卸的场景过渡技法，没有一处例外。从这个意义上讲，《海上花列传》可谓后出转精，堪称场景过渡技法的标准范例。

从叙事内容上讲，《海上花列传》的细密程度不及《红楼梦》，但强于《儒林外史》。如前所述，小说内容越粗略，运用脱卸技法就越容易，所以从这个角度看，《海上花列传》能在相当细密的叙事内容中严格遵循场景过渡原则，是花了很大心思的。作者韩邦庆在小说前的《例言》中说：

> 全书笔法自谓从《儒林外史》脱化而来，惟穿插藏闪之

法，则为从来说部所未有。

一波未平，一波又起，或竟接连起十余波，忽东忽西，忽南忽北，随手叙来，并无一事完，全部并无一丝挂漏，阅之觉其背面无文字处尚有许多文字，虽未明明叙出，而可以意会得之。此穿插之法也。

劈空而来，使阅者茫然不解其如何缘故，急欲观后文，而后文又舍而叙他事矣；及他事叙毕，再叙明其缘故，而其缘故仍未尽明，直至全体尽露，乃知前文所叙并无半个闲字。此藏闪之法也。

作者虽宣称“穿插藏闪之法”是他的独创，但这段得意之言也有问题。首先，他总结的“穿插法”和“藏闪法”之间的界限并不严格。“一波未平，一波又起……并无一事完，全部并无一丝挂漏”云云，和“劈空而来，使阅者茫然不解其如何缘故……直至全体尽露，乃知前文所叙并无半个闲字”，其实说的是一个意思，本质就是要严格按照时间顺序叙事，不能倒叙、插叙。韩邦庆所谓“事”，就是概括的故事情节。单纯讲“事”（情节），叙事场景必然要随意跳跃。如果坚持运用脱卸的场景过渡技法，严格遵守叙事的时间和空间顺序，势必会把“事”拆分，还原为一个个当事人的具体言行。这便是韩邦庆所说的效果了。

至于“阅之觉其背面无文字处尚有许多文字，虽未明明叙出，而可以意会得之”，可以这样理解：在严格运用脱卸法的小说中，总有一部分情节是无法按照时空顺序写到的，只好用人物对话的

“旁笔”写出来。这些通过人物对话展现出来的情节，就是所谓“背面”的、需要“意会”方能得之的“文字”。前文讨论的《红楼梦》的“避难法”，便是此意。

《海上花列传》在叙事技巧上并没有太大创新，但它是最为严格、一贯地运用脱卸场景过渡方法（一镜到底）的小说作品，成为这种技法在古典小说创作中最完美的谢幕亮相。

但在当代，这种技法也并未成为绝响。20世纪90年代，贾平凹写作的《废都》《白夜》两部小说，就很成功地采用了这种脱卸技法。贾平凹称这种写法为“散点透视”，也就是脂砚斋的所谓“三五聚散”。但和前人一样，贾氏对这种技法也多有保留，语焉不详。当然，这已是当代文学，不属于本文的论述范围。

结　论

“脱卸”是一种严格遵循时空顺序的场景过渡技法，和影视学术语中的“一镜到底”基本同义。本文简要分析了它产生的原因和在小说史中的发展脉络。这种技法产生的背景是中国古典小说遗留的“说话”特色、说书人口吻，以及传统古文没有标点、段落的习惯。金圣叹用八股文法评点《水浒传》，归纳出了这种“脱卸”技法，并从理论上发出了重视过渡的呼吁。但是，绝大多数传统小说叙事场景的转换方式依旧停留在自发状态。以笔者目前所见，只有《巧联珠》《红楼梦》《儒林外史》《海上花列传》四部小说，才有意识地、自觉地运用了脱卸的场景过渡（一镜到底）方式。

《巧联珠》可能是场景过渡（一镜到底）技法的首次自觉尝试，尚不完善，也很少引起研究者注意。这类似古生物学上的“过渡物种”，是值得关注的关键环节。此后的三部小说中，过渡（一镜到底）技法才正式发展成熟。《红楼梦》有脂砚斋评，《儒林外史》有卧闲草堂本评，这两种评点对作品都有深刻认识，《海上花列传》更有作者自作的例言。但他们对这种技法的提示介绍都很有限，犹抱琵琶半遮面。这大概一方面是“不把金针度与人”的心态，另外，传统文化心理很强调“道可道，非常道”，通俗说就是“无招胜有招”，技巧性太强的做法，一旦说破了反倒索然无味。所以这几部书的作者或评点者大都蜻蜓点水般提示一句，很少引起注意。

到新文化运动之后，中文也采用了西方的标点、自然段等行文规范，小说进行场景转换更加简单，只需要另起一段就行，这种技法就更没人注意了。《红楼梦》借助这种技法获得独特性和艺术成功，这一点也长期被埋没，未能引起研究者的注意。

春秋的前传

这篇论文写成于2005年秋，于2006年刊发在清华大学历史系研究生自办的《清华史苑》。

我开始读编年史《左传》、关注先秦上古史，大概是本科四年级开始，那时觉得关于古典世情小说的叙事学问题都已经搞清楚了，应该去开垦点新的领域。恰好韩巍在本科时一直搞先秦史，就在他引导下读《左传》，这在我的《孔子大历史》韩巍所作“序言”中有所介绍。不过那时我还没读完第一册《左传》（杨伯峻先生作注的四册本）就毕业了，此后都是在工作间隙里抽空买书阅读。

2000—2005年流动打工的五年里，租房搬家频繁，想看书多是临时随机购买，也有些趣事。比如，我最初是在街头地摊上买了一册“礼品书”版本的简体字《左传》，书中后半部分有很多年份内容缺失，我当时以为《左传》原文确实就是如此残缺的，然后试图根据上下文努力还原出缺失的那些年份到底发生过什么事。直到在另一个地摊上，我看到了上下两册的礼品书《左传》，才知道原文本来没有缺失，是书商故意删减出了一个单册本……那种欣喜之情难以描述。而对照原文和我之前的“补白”猜测，我感叹自己的想象力太有限，在真实的历史面前，人类的虚构能力真显得过于渺小。

这也让我形成了另一个读书习惯，比如后来读编年史《资治通鉴》，看完一页时，我可能不着急翻页，而是闭眼想象一下：后面会发生什么事情？或者，如果我是书中某一位人物，后面应该怎么做？然后翻页阅读，总会有惊喜发生。

印象最深的，是南北朝时期的侯景，他本是高欢旧部，东魏名将，后来不得志，带领几百残部逃到梁朝，被梁武帝特许居住在南北边境上的寿阳城。但他感到梁武帝也猜忌自己，遂铤而走险，偷渡长江进攻建康城，最终俘获梁武帝，自己当了一小段皇帝。读这段《资治通鉴》时，我经常幻想，如果我是某个时间点的侯景，会做何种选择？然后发现，侯景的抉择处处和我（代表普通人的正常思维水平吧）完全相反，此人可谓一位擅长“逆向思维”的大师，才能把几十年安定繁荣的梁朝搞得天翻地覆。

回到《左传》和先秦史。2005年，我考取了清华大学历史系的研究生，当初想的是学先秦史方向，但导师选择并不是全能由学生决定的，最终决定跟随张国刚老师读研，搞中古阶段的中古史。私下觉得，先秦史已经自学得有点熟悉，再开拓一下中古史也挺好，而且春秋史是世袭贵族们的时代，而魏晋南北朝又是一段世袭身份制度回归的历史（虽然不像春秋的世袭程度那么高），两段都学了正好方便做对比研究。

那时虽然开始看中古史的书，但之前对先秦史的一些想法也不想放弃，觉得最好先写出来，于是有了这篇《周幽王国变原因及对春秋早期政局的影响》，起因就是读《左传》的一些疑惑，因为《左传》的开端并非和春秋时代同步，而是春秋开局之后的近半个世纪

（周平王四十九年，鲁隐公元年）。而开端后的几十年里，中原列国的关系明显有很多难以解释之处，这就刺激我产生了猜想：是不是导致西周灭亡、平王东迁的那场大战乱，背后还有很多东西没完全载入史书，但在半个多世纪后一直留有影响？这和我最初读单册本礼品书《左传》时“猜空白”的经历有点相似。从这个猜测出发，我逐渐进入西周末年宣王、幽王时期的朝野贵族、诸侯纷争。当时李学勤先生还在清华历史系开课，我在课间曾专门向李先生请教这个问题，先生立刻说：西周晚期的动荡，除了《左传》《史记》《诗经》等，《国语》的记载也很值得发掘。看来李学勤先生对这个问题也有很充分的思考。

写作这篇论文时，我还不知道李峰先生的大著《西周的灭亡》（最早的中文本应当是2007年上海古籍出版社版）。在写成后的第二年，清华历史系的研究生同学们编《清华史苑》小刊物，收入了这篇，从此我没再想过用它正式投稿。

再几年后，有机会读到《西周的灭亡》，感到我和李峰先生思考的问题可能有部分类似，但也有部分不同，那时已经没有精力做对比核校和修订，而2005年之后国内外学界关于这个问题的新研究也没有补充进来，这里将其收入文集，算是保留一个原汁原味的初版吧。

周幽王国变原因及对春秋早期政局的影响

关于周幽王末年国变，最早的文献记载来自《国语·郑语》的《史伯为桓公论兴衰》一篇，大意是说周幽王八年（前 774）时，郑桓公（幽王的叔叔）为王朝司徒，因为看到王室多故，便向史伯询问自保之计。史伯分析了幽王宠爱褒姒，重用奸佞虢石父，疏远申后和太子宜臼，必将引起申国、鄫国和西戎的不满和战乱，并建议他寄孥，贿于虢、郐，伺机反客为主而取之。三年后，史伯的话果然应验。[1]《史记》的《周本纪》和《郑世家》都沿用《郑语》，逐渐演变为“红颜祸水”故事。但幽王国变实际是王朝的世卿、诸侯长期矛盾斗争的结果，且对春秋前期的历史有重大影响。今天我们剔除其神话传说因素，结合《诗经》《左传》等文献，能寻找出一些有联系的史实因素，从而对两周之际的政治局势做一些粗线条的描述。

[1] 上海师范大学古籍整理研究所校点：韦昭注《国语》卷十六《郑语》下册，上海：上海古籍出版社，1978 年，第 507—525 页。

幽王、褒姒一方政治力量

周幽王和得到他宠爱的褒姒，代表了当时得势的一派政治势力。褒是东方古国，姒姓。“国名＋姓”是当时各国公族之女的习惯称呼，特别是在其嫁往的夫家。就像申国是申后的母国一样，褒国也是褒姒的母国。

但作为得到幽王宠幸的后妃，和褒姒利益相联的不仅有其母国。《诗经·小雅》中的《十月之交》一诗从反对派的立场批评了褒姒势力。[1]诗中先列举了日食、地震等天象灾异，然后开始批评作者认定的一个奸臣集团：“皇父卿士，番维司徒。家伯维宰，仲允膳夫。棸子内史，蹶维趣马。楀维师氏，艳妻煽方处。……择三有事，亶侯多藏。”诗中列举的奸佞有：皇父（任职为卿士）、番（司徒）、家伯（宰）、仲允（膳夫）、棸子（内史）、蹶（趣马）、楀（师氏），再加上“艳妻”和“亶侯”，一共九个人。如果我们确定此诗作于幽王时，“艳妻”就应如毛公所说为褒姒，这个“九人帮”就是褒姒一党的代表。

在《诗经·大雅》的《云汉》里，描写了当时的一场大旱灾。毛公、郑玄都认为这是宣王时候的事情，里面也提到了几个不负

[1] 阮元：《十三经注疏》之《毛诗正义》，北京：中华书局，1980年影印本，第445页。《诗经》中有很多诗是抒发对朝政的忧患之情的，背后可能有王朝政治斗争背景。但诗序所系时间大多不可靠，我们难以讨论。《十月之交》一首，毛公传认为是“大夫刺幽王也”，郑玄则认为是刺厉王。诗中提到刚发生的一次日食，经天文学推算，现在多数学者认为是周幽王三年（前779）之事。本文引《左传》及注疏也出自《十三经注疏》。

责任的王朝官僚："旱既大甚，散无友纪。鞫哉庶正，疚哉冢宰。趣马师氏，膳夫左右。靡人不周，无不能止。瞻卬昊天，云如何里？"这里没有说名字，只提到了官职：庶正，冢宰，趣马，师氏，膳夫。其中趣马和膳夫在《十月之交》中提到过，另外的庶正、冢宰、师氏等也不排除有同官异称的因素，所以《云汉》和《十月之交》攻击的有可能是同一个集团。《云汉》作于宣王时，《十月之交》作于幽王时，怎么能批评同一群人？其实这不矛盾，幽王在位只有十一年时间，而其父宣王在位四十六年，王朝卿士、诸侯间的矛盾，很可能在宣王统治的中后期就开始酝酿了，而且幽王也很可能在做太子的时候就娶了褒姒，这些矛盾在宣王末年就开始积累了。

两首诗中都提到了一个"趣马"的官职，按《十月之交》中说，这位趣马的名字叫"蹶"。在《诗经·大雅》的《韩奕》中，就重点说到了这位"蹶"。毛、郑都认为《韩奕》是宣王时候的诗，写的是一位韩侯到王室朝见，宣王隆重地对他锡命，然后韩侯又迎娶了一位"蹶父之子"韩姞：

> ……韩侯入觐，以其介圭。入觐于王，王锡韩侯。……韩侯出祖，出宿于屠。显父饯之，清酒百壶。……韩侯取妻，汾王之甥，蹶父之子。韩侯迎止，于蹶之里。……蹶父孔武，靡国不到。为韩姞相攸，莫如韩乐。……韩姞燕誉。溥彼韩城，燕师所完。……

从诗中描写的典礼之隆重来看，这位韩侯入觐、成婚都是当时很显赫的大事。“汾王”，郑玄认为就是流亡在外而死的周厉王。这位新娘是厉王的外孙女或外甥女。[1]韩国的始封祖是周武王之子，周人同姓不婚，新娘称“韩姞”，可见这位“蹶父”是姞姓，“韩”指新娘的夫家。如诗句所说，蹶父是王朝卿士，住在京师，经常到列国公干，顺便选中了韩侯这个好女婿。韩侯趁进京朝觐的机会，到蹶父家迎娶了新娘：“韩侯迎止，于蹶之里。”

政治婚姻不仅需要隆重的仪式典礼，还要有现实的支持，所以有“溥彼韩城，燕师所完”，即燕国的军队去为韩国修筑城墙。郑玄和孔颖达认为“燕”是“安”的意思，朱熹则认为是召公所封的北燕国。俞正燮《癸巳类稿》认为此燕为姞姓的南燕，故国在今河南省北部：

> ……则蹶父本燕枝庶，春秋时南燕止称燕也……《诗》言韩姞“汾王之甥，蹶父之子”，则蹶父姞姓，为厉王婿，以燕公族入为卿士。《诗》言“韩侯迎之，于蹶之里”，知蹶父不

[1] 王国维撰，黄永年校点：《今本竹书纪年疏证》，沈阳：辽宁教育出版社，1997年，第95页，“（宣王）四年，王命蹶父如韩，韩侯来朝”。但《今本竹书纪年》的可信性很有问题。如果厉王流死才四年，这个话题还很敏感，称扬新娘和厉王的渊源未必合适。可能是因为《韩奕》中提到新娘是“汾王之甥”，而《竹书纪年》作者觉得厉王的外甥女结婚，不应该距离厉王之死太远，就安排在了四年。但当时“甥”不一定只指外甥、外甥女，外孙、外孙女也可以称“甥”，俞正燮即解为外孙女。此条《竹书纪年》中的人物宣王、蹶父、韩侯全来自《韩奕》，可能是后人根据《韩奕》伪作。

在燕，久居周，已有族里，如鲁之樊、蒋、祭在周圻内……（燕师）为韩筑城，如晋人城杞，亦戚好赴役，燕韩同事也。[1]

俞正燮的说法目前已为学术界广泛接受。当时，姞姓的卿士还有一位“尹氏”。《诗经·小雅》中有一首《都人士》，表达了作者对这位尹氏和他的女儿的崇敬爱慕之情：“彼都人士，充耳琇实。彼君子女，谓之尹吉。我不见兮，我心苑结。”郑玄认为：“吉读为姞。尹氏、姞氏，周室婚姻之旧姓也。”这里把“吉”解为“姞”很顺畅，但郑玄和孔颖达没区分姓和氏的不同，认为“谓之尹吉”是分别赞美尹氏、姞氏两个人，这样解释就错了。“尹”是氏，“姞”是姓，“尹吉”是指尹氏家那位姞姓女子。从《韩奕》《都人士》可见西周晚期姞姓卿士在王朝的势力之大。郑玄《毛诗谱·小大雅谱》孔颖达疏引皇甫谧《帝王世纪》，亦云幽王时“尹氏及祭公导王为非”，表明尹氏后来就是褒姒一党了。

褒姒一方还有一个重要角色，就是虢国。《国语》中史伯谈到幽王的昏乱时说：“夫虢石父谗谄巧从之人也，而立以为卿士……”西周有东、西两个虢国，他们的始封祖都是王季之子，一个封在今宝鸡，为西虢，西周灭亡后东迁至今三门峡；一个是东虢，在荥阳东北，幽王之乱发生后被郑桓公的儿子武公所灭。我们不知道这个虢石父出自东虢还是西虢，但两个虢国同出一源，应该都

[1] 于石等校点：《俞正燮全集》之“韩奕燕师议”条，合肥：黄山书社，2005年，第60—62页。

是支持幽王、褒姒的。

有迹象显示，周幽王被杀后，亲幽王的诸侯势力曾经一度拥立一个“携王”，虢国在其中尤为有力。春秋时周敬王四年（前516），王子朝和周敬王争夺王位失败，逃亡楚国，派使者遍告诸侯。《左传·昭公二十六年》全文记载了这个“伪”诰书，其中追溯幽王之乱时说：“至于幽王，天不吊周，王昏不若，用愆厥位。携王奸命，诸侯替之，而建王嗣，用迁郏鄏。”时距周王室东迁仅两个半世纪，子朝本身是王子，又是“奉周之典籍以奔楚”，所以这个诰书可信程度比较高。孔颖达疏引《汲冢书纪年》云：

> 申侯、缯侯、许文公立平王于申，以本太子，故称天王。幽王既死，而虢公翰又立王子余臣于携。周二王并立，二十一年，携王为晋文公所杀。以本非嫡，故称携王。

可见虢国是褒姒一党的忠实力量，始终站在平王的对立面。但孔颖达所引汲冢书有些错误，比如当时晋国国君是文侯而非文公。另外，其所说两王对立长达二十一年，也和王子朝诰书所说的先灭携王，后建王嗣（平王）、迁洛阳不符。

东虢国为郑所灭，至今考古发掘未见其遗址、器物。西虢国迁三门峡后的遗址已经发掘，从传世和出土器物看，该虢国与己姓的苏国关系密切，两国几乎世代联姻。[1]所以在幽王之乱中，苏

---

[1]　罗振玉：《三代吉金文存》，北京：中华书局，1983年，第335、358、545页；李学勤：《东周与秦代文明》，北京：文物出版社，1991年，第65页。

可能也是站在虢一方的。

《国语·郑语》中史伯还列举过两个妘姓的国家——郐和鄢，它们后来也和虢一样被郑国灭掉了，所以郐和鄢大概也是褒姒、幽王一系的。关于鄢的史料很少，但能找到一些关于郐国的。如前文已经提到了《十月之交》中的那位“皇父卿士”，以及《诗经·大雅》的《常武》篇，写到了一位受周王重用的“大师皇父”。毛、郑认为这首诗作于宣王时期。关于这个大师（太师）皇父，李学勤先生曾推测：

> ……与周妘器同出一窖的，有函交仲簠及会妘鼎，交仲可能是周妘的弟兄，会妘之名则说明函氏与妘姓郐国有一定关系，两者都是周妘母族的器物……函皇父又作仲皇父，其行次为仲，而据《诗·常武》皇父曾任太师，所以柞钟等铭中的仲太师可能即指函皇父。[1]

函皇父与妘姓郐国关系密切，也显示了《十月之交》中的“九人帮”与郐国的密切关系，他们都是褒姒一党。所以当矛盾升级，战争爆发时，妘姓的郐、鄢都被郑武公灭掉了[2]——郑国和晋国都

---

[1] 李学勤：《青铜器与周原遗址》，尹盛平主编：《西周微氏家族青铜器群研究》，北京：文物出版社，1992 年，第 134 页。

[2] 《汉书·地理志》注引臣瓒曰：“桓公为周司徒，王室将乱，故谋于史伯而寄帑与贿于虢、会之间。幽王既败，二年而灭会，四年灭虢。”北京：中华书局，1962 年，第 1557 页。又见王国维撰，黄永年校点：《今本竹书纪年疏证》，第 102 页。

是太子宜臼一方的（详见下节）。

可见，从宣王晚期到幽王之世，以褒姒为代表，形成了一个受幽王重用的卿士、诸侯集团，其中有皇父、蹶父、膳夫、虢石父等王朝卿士，也有姞姓的南燕，妘姓的郐、鄅，己姓的苏，姬姓的韩等诸侯国；这当中自然也应该有褒姒的母国褒国。

申后、太子宜臼（平王）阵营

和褒姒一方对立的，首先应当是宜臼的母舅申国。申是姜姓国，周宣王的夫人娶自申国，周幽王、郑桓公就是这个申后所生。宣王时期，申国很受重视，被改封到汉水流域，成为周人稳定南方的主力。《诗经·大雅》的《崧高》篇就记载了申侯改封时的盛况，诗中甫与申并称，因为他们是关系密切的姜姓国家。幽王在当太子时继续从申国娶妻，可见申侯的地位之重。

大概是申国的势力太大，不好控制，幽王继位后对这个舅国逐渐警惕，从而开始重用上节提到的诸侯、卿士，直至宠爱褒姒，要改立褒姒所生的伯服为太子。对此最不满的自然是申国。《国语·郑语》史伯云："申、缯、西戎方强，王室方骚……（王）若伐申，而缯与西戎会以伐周，周不守矣。"《国语》韦昭注云："申，姜姓，幽王前后太子宜臼之舅也。缯，姒姓，申之与国也。西戎亦党于申。"《史记·周本纪》云："申侯怒，与缯、西夷犬戎攻幽王。"申国最终掀起反对幽王的战争。

有点奇怪的是，缯国是姒姓，和褒姒所出的褒国同姓，不知为何加入了申国阵营。孔颖达引汲冢书为“申侯、鲁侯、许文公立平王于申”，就不提缯国而换成了鲁和许。许和申一样是姜姓国，戎人也有姜姓之戎（《左传·襄公十四年》《左传·僖公三十三年》），他们能团结到一起是有渊源的。

和宣、幽王室较早产生裂痕的还有晋国。《国语·晋语》载：“昔隰叔子违周难，奔于晋。”韦昭注云：“隰叔，杜伯之子，宣王杀杜伯，隰叔避害适晋。”《今本竹书纪年》将其事系于宣王四十三年（前785）。晋国敢接纳王室刑臣之后，和宣、幽王室的矛盾似乎已公开化。杜伯的儿子隰叔在晋国繁衍多代，就是后来著名的士（范）氏家族。

幽王之变发生时，晋国为申后一方做了很大贡献。褒姒一方的重要羽翼韩国，就是被晋灭掉的。[1]晋文侯灭韩国、杀携王，都为平王立了大功。传世青铜器有“晋姜鼎”，器主为晋文侯夫人“晋姜”。虽不能确定这个晋姜出自申国，但铭文称颂她“鲁覃京师”，就是美名扬于京师。这话来形容一位诸侯夫人有些夸张，但联系晋文侯的作为，平王对晋姜的礼遇就容易理解了。[2]

在幽王之乱没有爆发以前，郑国的立场很不明朗。《国语·郑

---

[1] 《国语·郑语》韦昭注。韦昭所引三君云晋灭韩在幽王时，但韦昭本人认为在平王时。孔颖达《韩奕》疏在讨论韩国灭亡时间时说：“盖晋文侯辅平王为方伯之时灭之也。”《今本竹书纪年》将其事系在周平王十四年。

[2] “晋姜鼎”图及释文见（宋）吕大临:《考古图》卷一，北京：中华书局，1987年，第8页。《考古图》云此鼎“得于韩城”，根据《史记·韩世家》的正义及索隐注，韩城正是故韩国所封之地。晋姜的母国不详，也有可能是申国所出。

语》载郑桓公把人员、财物寄存在虢、郐等国，则当时郑和虢、郐关系应该不错；而且申、西戎攻入镐京时郑桓公被杀，则郑桓公大概是亲幽王一派的。但郑桓公死后，继位的郑武公坚决站在平王宜臼一方，他连续灭掉了东虢、郐和鄢，在东方重新立足，同时也消灭了褒姒、伯服一方的忠实力量。所以直到四五十年后，周桓公还对周桓王说："我周之东迁，晋、郑焉依。"（《左传·隐公六年》）郑武公的夫人也娶自申国[1]——可见东迁之初，平王的支持者们还通过婚姻保持着密切联系。

平王东迁后的几十年间史料比较缺乏。但可以推测的是，平王借助晋、郑等国在东方重新立足；褒姒、伯服一系的势力不是被灭亡，就是被逐出权力中心；申、许等姜姓国则维持了和王室传统的密切关系。《诗经·王风》有一首《扬之水》，毛传认为是"刺平王"之作，诗中依次提到戍申、戍甫（吕）、戍许，可能就是东迁之初王室和诸姜姓国亲密关系的反映。郑玄等认为戍申、戍甫、戍许是防备楚国，其实平王时楚尚未能威胁中原。王师戍三国，可能还是幽王之乱的善后工作。

幽王之乱对春秋初期政局的影响

幽王和褒姒之乱最终以宜臼一方的胜利告终，对历史影响是

[1] 《左传·隐公元年》：郑武公娶于申，曰武姜，生庄公及共叔段。

巨大的。首先是镐京残破，王室东迁，从此周王权威日降，诸侯势力逐渐坐大，这是比较宏观的影响。具体到对列国关系的影响，主要有：

不仅东虢亡于郑武公，西虢东迁后，很长时间内也处境尴尬。周平王在位五十一年，他死后，桓王即位，一度想重用虢公，受到了郑武公之子庄公的激烈反对（《左传·隐公三年》）。晋国自文侯之后，曲沃一系和绛一系进行了长达六七十年的内战，无暇顾及王室纷争，但曲沃一系夺嫡不久，晋献公就灭掉了虢国。[1]

和其他盟友相比，虢的“归化”王室还算比较成功，它的老亲家——苏国就没这么幸运了。《左传·隐公十一年》(周桓王八年)载：“王取邬、刘、蒍、邘之田于郑，而与郑人苏忿生之田：温、原、絺、樊、隰郕、攒茅、向、盟、州、陉、隤、怀。”[2]可见到周桓王时，苏国还背着“历史问题”的包袱。不过苏的土地不是王室掌握中的，桓王实际上是给郑国开了张空头支票，郑国没能力消化掉这片土地。

到晋文公为王室平定王子带之乱，周襄王就又拿苏的这片土地送了一次人情。《左传·僖公二十五年》：“晋侯朝王，王飨醴，

[1] 桓王之后的王室似乎曾数次有意撮合晋、虢。鲁桓公八年，“王命虢仲立晋哀侯之弟缗于晋”；庄公十六年，“王使虢公命曲沃伯以一军为晋侯”；庄公十八年，“虢公、晋侯朝王，王飨醴，命之宥，皆赐玉五珏，马三匹”，但虢还是很快成了晋献公扩张的牺牲品。

[2] 苏忿生是苏国在周武王时的始封君。另外值得注意的是，苏国这些田中有“向”，而《诗经·十月之交》中有“皇父孔圣，作都于向”。

命之宥。……与之阳樊、温、原、攒茅之田。晋于是始启南阳。”从此苏国的土地逐渐落入晋人手中。

和苏的下场相似，当年为韩筑城的南燕国，在春秋时也处境尴尬。从文献可见，春秋早期，南燕国已经沦为卫国的附庸，而且在历次动乱中，几乎都是站在王室和郑国的对立面：

《左传·隐公五年》：四月，郑人侵卫牧，以报东门之役。卫人以燕师伐郑。

《春秋·桓公十三年》：春二月，（鲁）公会纪侯、郑伯。己巳，及齐侯、宋公、卫侯、燕人战。齐师、宋师、卫师、燕师败绩。

《左传·桓公十八年》：周公欲弑庄王而立王子克。辛伯告王，遂与王杀周公黑肩。王子克奔燕。

由此可见一个有趣的现象：南燕国依附于卫国，而卫国几乎处处和郑国作对，对周王室也多有不礼。所以卫国很可能也和褒姒一系有某种渊源。但史料缺乏，难以深究。

平王东迁大约一百年以后，周王室又发生了惠王和王子颓的争斗。这时王子颓的重要支持者苏和燕，都是当年褒姒一派的余党。据《左传》：

庄公十九年：初，王姚嬖于庄王，生子颓。子颓有宠……（王室的五大夫）作乱，因苏氏。秋，五大夫奉子颓以伐王，不克，出奔温。苏子奉子颓以奔卫。卫师、燕师伐周。冬，立子颓。

庄公二十年：春，郑伯和王室，不克。执燕仲父。夏，郑伯遂以王归，王处于栎。秋，王及郑伯入于邬。遂入成周，取其宝器而还。……冬，王子颓享五大夫，乐及遍舞。郑伯闻之，见虢叔，曰："……盍纳王乎？"虢公曰："寡人之愿也。"

庄公二十一年：夏，（郑虢）同伐王城。郑伯将王，自圉门入，虢叔自北门入，杀王子颓及五大夫。

所谓"五大夫"是不堪惠王侵夺才作乱的。但苏、南燕和卫国为什么追随王子颓呢？大概在他们看来，这次把宝押在王子颓身上，一旦成功，就能改变王室东迁以来他们长期被排斥被冷落的地位。虢国开始并未介入，但郑厉公（庄公之子）对这件事情最敏感，马上拉着虢叔去平乱。

虢国为什么没像卫、南燕、苏一样倒向王子颓一方？大概是因为虢君自桓王以来就比较受重用。另外，这次王室叛乱的五大夫之一的詹父，在二十多年前和虢君仲有过一段公案。《左传·桓公十年》："虢仲谮其大夫詹父于王。詹父有辞，以王师伐虢。夏，虢公出奔虞。"虢仲可能是虢叔的哥哥，因为和詹父的官司没有打赢，只好出奔。虢叔大概对詹父也不会有什么好感。这可能是虢国没有倒向叛乱者的一个原因。郑厉公的一席话，也很有逼虢叔表态的意思，因为虢的倒向，这时可能具有决定意义（可以联想幽王之乱时郑国的角色）。

郑、虢联手打败了王子颓，使得苏、南燕一派翻身的希望彻底破灭。自从鲁闵公时狄人灭邢、卫后，南燕国就不再见于史书了，很可能已经灭国。卫国有大夫孔氏为姞姓（《左传·哀公十一年》），可能和已经消失的南燕国有一定渊源。

狄人灭卫的十年后，苏也被狄所灭。《春秋·僖公十年》载："狄灭温，温子奔卫。"同年《左传》载："十年春，狄灭温，苏子无信也。苏子叛王即狄，又不能于狄，狄人伐之，王不救，故灭，苏子奔卫。"温就是苏，亦见前引庄公十九年事。苏君最后所奔的还是卫国。

幽王之乱对春秋的另一个影响就是，姒、姞、妘、己等姓的势力彻底衰败。这几姓的青铜器，现在所见的多是西周时期，春秋时期的就很少了。[1]春秋时期的列国婚姻中，姬姓之外，多见的是姜、嬴、妫、芈等姓。《左传·宣公三年》，郑国的石癸说："吾闻姬、姞耦，其子孙必蕃。"其实他表达的是西周姞姓辉煌时期的说法。在《春秋》经传中，除了南燕国以外，姞姓大夫只有宋国的雍氏、卫国的孔氏，远没有宣、幽时期的盛况了。

---

[1] 详细统计参见曹兆兰：《金文与殷周女性文化》的附录"女性称谓与金文摘要汇编"，北京：北京大学出版社，2004年，第271—380页。

余 论

至此，本文已经对幽王时期两派王朝卿士和诸侯的斗争及其影响做了一个大体的描述。对照《国语》《史记》的记叙可以看到，文献对这场动乱的正面记载很不全面，而且加入了浓厚的神话和道德色彩。胜利方的记载总会给对手做一些丑化，这好理解，但为什么双方阵营的详细组成、斗争的过程都记载很少呢？这可能因为虽然申、郑、晋、周平王等是胜利一方，但动乱毕竟导致镐京沦亡、王室东迁，这无论如何也不是一个光彩的结局，所以对春秋时的诸侯卿大夫来说，当年那场斗争是一个大家都比较忌讳的话题，最后只有把一切责任都推给“妖魔化”的褒姒了事。

计划经济年代口述史的野心

这是一篇现当代社会生活史的文章，也可以算是口述史，关于一个特定环境（县城）中计划经济生活的一点切片记录。最初刊发于清华大学历史系研究生的自办刊物《清华史苑》（2006），又在2009年发表于《国家历史》杂志。

在八岁时（1985），我家从农村搬到县城，而中国县城及大城市完全告别“计划经济”模式，是1992年春的南方谈话正式开启。所以我少年时期也保留了对于县城生活中计划经济末期的一点点印象，比如县城老街上的国营电影院、大食堂、百货公司、照相馆、糖酒食品公司门市部、五金商店，还有澡堂、旅社，等等。

当然，那时的县城里也已经有了民营经济的种种，如规模较大的农贸市场，私人经营的商店、饭店及其他服务业。不过那时的我对这些民营、国营的区别都比较懵懂，也没有认真观察过它们演变的过程。

2005年，当我准备读硕士研究生时，有次在石家庄市理发，感觉老板用的洗头“工具”很特殊：比公章略大一圈的扁圆塑料，一面有很多梳子齿。老板抓在掌心里给客人洗头，省去了用手指和指甲去“抓”。看我诧异，老板解释：他是1980年代初参加工作，在石家庄市的国营理发公司，那时店里统一用的就是这种理发工具。后来国营理发店没有了，但他还知道这种小洗头工具的进货渠道，这些年一直保留了下来。那次聊了些关于国营理发店，以及当年商业局系统下属的所谓“八大公司”的种种故事，颇有“白头宫女在，闲话说玄宗”的感喟。

之后，我去北京读研，再没去过那家理发店，但关于当年县城里“计划经济”的某些记忆似乎被逐渐激活了。我慢慢回想起，国营理发店那浅黄漆皮的厚重铁质转椅，黑色人造革软垫，我曾经很新奇地爬上去，任师傅三下五除二剃个短发。台阶上的大食堂大门，里面的大厅似乎永远黑洞洞的，采光不佳，冬日早晨好像在门前卖热豆浆和炸油条，不太着急也可以等热豆腐脑。门口永远摆着熟肉案子，最馋人的是夹驴肉或驴焖子的“火烧”，好像是五毛钱一个。百货商店是两层楼，临街的橱窗里摆放的服装模特、地球仪之类商品，让人觉得它们代表着另一个完全陌生的世界。店里是玻璃大柜台，里面的商品印象最深的是气枪，硬纸盒子装的铅弹，犹如小小的痰盂。照相馆用的是大木盒子照相机，老摄影师躬身隐藏在蒙布下面，那里的各种“布景”更有变魔术的乐趣。五金公司里最吸引人的是家用电器，好像还有自行车……

当然，还有萌生不久的“个体经济”种种商店，特别是在“农贸市场”几座新建的二层商业楼，个体门店最为集中，门前用扩音喇叭播放来自东南沿海的流行磁带：“成、成、成吉思汗……他是人们心中的偶像……”“夏天夏天悄悄过去留下小秘密，压心底、压心底不能告诉你……”有些私营商店老板是从国营商业系统半退下来的，一边往墙上贴最新潮的牛仔裤广告，言谈间还是怀念国营经济辉煌的年代；某段时间里，县城生意最好的一家私营“高级饭店”好像是我一位发小的父亲开的，每次路过，都闻到混着白酒味的煎炒烹炸的热腾腾香气。我好像从没有在这种高级饭店吃过，和县城的真正“高端”生活颇为隔离，但也听发小描述过“海参”的形状和美味。而在我当过记者、正在学历史的思维里，逐渐感受到了它们变迁之后的趣味和价值。

在硕士研究生开学之后的第一个寒假，我在老家县城专门做了一点关于计划经济时期的访谈，发现关于大食堂的素材相对集中，于是写了篇《追寻一个县城的大食堂记忆》。按我当时的“梦想”，先访谈和民生有直接关系的商业系统“八大公司”（大食堂是其中之一），再寻找些有意思的人物个案，例如“招工”或“招干”“复员”等从农村进入县城工作、生活，从租房开始逐渐安家立业的人物历程，又涉及当年机关企事业单位自建的“家属院”等“办社会”的活动（据老人回忆，单位建小平房“家属院”的高峰期好像是在1980年代）。

当然，当年的计划经济体系极为庞大，无所不包，比如未必与“消费者”直接打交道的土产公司、棉麻公司，以及遍布到公社、大队（后来的乡镇、行政村）的供销社系统等等，其间的各种职业生态也颇为多样。那时还曾想象，如果能收集到商业系统或某些公司的完整档案、账目，就可以做口述和文献互证的工作了。

从我最初的访谈来看，想找到经历“公私合营”、计划经济初创时期的口述者已经不太容易了，毕竟隔了半个世纪。但计划经济相对定型、全盛的1970年代，以及过渡阶段的1980年代，还能访谈到相对较多的信息。那时我甚至给这个构想中的题材拟了一个书名：《1980年的县城生活》。1980年，犹如“万历十五年”，作为一个承前启后的方便切片而已。

理想丰满，现实骨感，我硕士的方向毕竟是中古史，特别是进入第二个学期之后，读书进度逐渐进入魏晋南北朝，于是被那几百年间的兵戈扰攘吸引，再也无暇回到县城的世界……

不过后来偶尔和师友们聊天时，由于大家成长的环境不同，对于计划经济时期生活史的印象也各不相同。大城市的商业系统自然更加完备，有百年老字号品牌的传承；当年的大型国企、厂矿、林场，则有自办的一整套小社会，俨然独立于周边的乡土世界。这些题材都完全可以写成专书。或者说，计划经济史是个巨大的学科课题，仅其中的社会生活史部分也足以承载起一个专门的“研究中心”和一批研究者。

21世纪已经进入第三个十年。在我整理这个文集的时候，距离访谈大食堂老员工已经过去了十八年。经历过计划经济鼎盛期的老一代亲历者，可能大半已作古，对这个题材进行口述史调研的黄金期已经过去了。这是个难以补偿的缺憾。

追寻一个县城的大食堂记忆

老职工见证四十年大食堂历程

蠡县大食堂位于县城老十字街中心稍北。和几乎所有未经拆迁的县城老街一样，略显狭窄的街道两侧是老旧的砖房。直到20世纪80年代，这里都是县城最繁华的中心地带。如今，老房子大都被出租做了家具店，大食堂当年气派的饭厅也被隔成了几段，分别做卖床和橱柜的门店。食堂后面是个院落，有幢二层小楼。老经理何起跃和老伴就住在这里，照看大食堂这些残存的产业。我们找到了几位曾在大食堂工作的老职工，听他们聊聊当年的食堂故事。

蠡县的大食堂是在1950年代公私合营时成立的。可惜那代人如今多已作古，我们难以听到关于“合营”的故事了。据1955年参加工作的张忠义老人回忆，在公私合营后，县城里曾有八家集体饭馆（食堂），到1958年的时候合并成三家，经过三年困难时期、并县分县，到1961年，就只有大食堂一家了。

1961年到大食堂工作的康润章还记得，那时的食堂职工，参加公私合营的大约占一半，其他人都是之后招工来的。公私合营的老职工都是工商联成员，每年县工商联都要开一次会，这些职工都要去参加。康润章是蠡县野陈佐村人。1957年，康润章中学毕业，第二年考取了食堂的招工。和后来不一样，那时计划经济体制刚刚建立，老百姓对干部、工人、农民的身份区别不太清楚，对招工指标也不会看得太重。招工以后填张表，就正式成为“吃商品粮”的国家职工了。

大食堂成立之际，国营的百货大楼、电影院、大礼堂、照相馆，以及五金公司、医药公司、食品公司的门市部，先后在这一带建成开业。1958年，大食堂准备把平房扩建成二层楼，临街的大饭厅刚开工，全国就开始了“并县”工作。按上级部署，蠡县和高阳县合并，县城设在高阳，大食堂也连人带家当一股脑儿搬到了高阳。到1961年，原来合并的县都恢复原状，蠡县大食堂重新恢复，但计划中的二层楼从此落空。

1960年代，县城里招工的机会很少，只有1960年代初组建商业局，大食堂等商业单位从供销社分离出来，组成国营商业系统，这才招过一次工。一直在商业局做会计工作的刘振中回忆，那时，县里学生毕业，都是先招工当工人，干得好可以等机会转干。至于复员军人转业安置，1964年以前都很少。

就是这次招工，十八岁的何起跃来到大食堂工作。这时的大食堂有五十来个职工和干部。何起跃的哥哥是马本斋“回民支队”的抗战烈士，招工可以照顾这种烈士家属。每当和人讲起这些，何起跃总会兴奋地向人解释：“回民支队”的战士不都是回民，他家就是汉族。他和刘振中都说，那时的招工没有公示、考试这类正规程序，都是通过熟人关系进来的。刚招的一般都是临时工，干一天有一块钱工资，以后慢慢等有了指标，转成正式职工，就可以拿到四十多元的月工资。

当地传统习惯，称饮食业为“吃秦行”，据说因为以前厨师大多来自陕西。《口述历史》第四辑有《“勤行”的手艺》一文，称北京饮食业为“勤行”。“秦”“勤”在普通话中同音，但在古汉语中不同，“秦”为尖音，“勤”为团音。蠡县方言尚保留尖、团音的区别，所以“秦行”说可能更有根据。像旧社会的师傅带徒弟一样，食堂的老厨师会教年轻职工手艺，让他们练习颠大勺、上灶炒菜。由于都是给“公家”干，也没有藏着手艺不露的问题，当然，从今天的眼光看，因为没有竞争，食堂饭菜的档次和质量也不高。

那时在食堂干是个很让人眼热的工作。社会上食品短缺，食堂的人不缺吃的。在1970年代以前，本县的多数农民还吃不饱肚子，城镇户口的干部和职工则是按定量买粮油，一般粮食每天一斤左右，粗细搭配，肉类更是难得的奢侈品。当时的配给制是全国一盘棋，过来人都有记忆，这里不再多说。在食堂工作，自然近水楼台，不用担心吃饱吃好的问题。何起跃还记得一位老师傅的说法，在大食堂工作就是“哪好吃哪！”

记忆中的诱人食谱

大食堂临街的饭厅里，摆着有四十多张大方桌，一桌能坐十二个人。就像现在吃快餐一样，那时吃饭前先要“买牌儿”付账。何谓“买牌儿”？饭厅西墙上挂着一溜儿小竹片做的饭牌儿，墙上写着各种主食、菜品的价格。食客报了要点的饭菜，交钱买牌儿，自己把牌儿交到厨房的窗口里。厨房按牌儿做好饭菜，放到窗口，食客再端到桌子上用餐。有时吃饭的人多，窗口前交牌儿、等菜的人挤成一堆。菜做好了递出来，大师傅会跟着吆喝一声：“谁的烩饼？”“谁的炒菜？”等候的食客听到了，就过去端自己那份。晚上关了门，食堂内部再根据卖牌儿数量盘点对账。

食堂从早饭做到晚饭。饭菜是本地的传统样式。何起跃、康润章两人掰着手指头数起来，主食一般有馒头、大饼、馃子（即油条）、烩饼、焖饼、火烧（当地的夹肉烧饼）等；副食炒菜的种类比现在要少得多，因为那时蔬菜种类本来就少，大概有葱炒肉丝、炒肉片、炒杂拌儿、杂烩菜等若干种。

杂烩菜是大食堂最主要的常备菜。白菜、萝卜、粉条、豆腐等，一大锅烩出来。饭厅里一个灶台，架口大锅，热着已经做熟的杂烩菜；旁边一个小灶小锅，里面肉汤炖着肉片儿，叫“菜头儿”。一般一毛钱一碗素杂烩菜；食客多买上一毛钱的牌儿，大师傅就会从小锅里连肉带汤舀起一勺，淋在素杂烩菜上面，就是荤菜了。公社、大队进城采购的社员们，到大食堂要上一碗杂烩菜、两三个馒头，就是很解馋的一顿。那时大食堂在全县人民心中的地位，恐怕跟莫斯科餐厅对北京人的意义差不多。

在上点档次的炒菜里，比较受欢迎的，一个是“炒杂拌儿”。做法是几瓣切开的丸子，猪肉片、肺叶、肥肠、蔬菜、粉条，一锅炒出来，四毛钱一份。县城里裁缝等收入稍高的人家，常拿搪瓷缸子到食堂买份炒杂拌儿，端回家吃。再有一种就是“瓤豆腐”，豆腐切作麻将牌大小的块儿，入锅油炸，然后切开个口儿，抹进去点肉馅，滚淀粉糊再入锅炒，装盘后浇上点汁。按今天的观点，大食堂是鲁菜特色，颜色重，酱类放得多，炒菜看起来都红通通的。那时人们都觉得这就是“馆子”炒菜的特色。

有想喝酒的食客，可以买份白酒，每瓶从一块钱到三四块钱，也有按两卖的散酒，县办酒厂生产的。酒类属于食品公司经营，后来专门成立了糖酒公司，大食堂的酒都是从那里批发来的。在六七十年代，有到食堂点菜喝酒的人，但一般没有太大的酒局，因为收入都低，也没有大办红白喜事的风气。要是哪个职工干部常到食堂点菜喝酒，就离生活作风有问题不远了。

大食堂在街上还有熟食案子，外卖炖肉，还有些猪头肉、杂碎、灌肠、驴马肉、馃子。大食堂往南二百米，县食品公司的门市部也卖肉，生熟都有，但生意远没有大食堂的肉案子好。何起跃的说法是，外面的肉案子上一天到晚都在剁肉，有时光外卖一天就有一千多块钱。

食堂折射计划经济的社会生活

除了接待散客，食堂还负责公家的会议包饭。那时的公款吃喝少得多，主要是每年固定的几次大会。比如，县文教系统每年要开一次大会，老师们就要在食堂集体吃一次。

干部们一年要开好几次大会。从1970年代初开始，县城政治生活中形成了一个重要传统，就是“三级干部大会”。一般是正月初六开始，连开三天。“三级”指县、公社、村，从县委、县政府、县直各单位的干部职工，到公社、生产大队、小队的大小干部都要参加，号称“万人大会”。当时的计划体制非常严密，全县的经济工作，特别是农业生产，要在年初布置清楚，这是三级干部大会的一项主要内容。

开会前，农村的干部们带着被褥，骑车或步行到县城大礼堂。通往县城的道路上，络绎不绝的都是这些开会的干部们。开会的人多，吃住要分在三处：大礼堂、大食堂和县中学。对大食堂来说，这种大锅饭数量大、种类少，其实很好做。一般早晚都是大锅熬稀饭，午饭有四五个炒菜，主食是馒头。做会议餐的粮油，由县粮食局统一调拨，一般既不能剩，也不能超。散会后上千人一起吃饭，饭厅、街上、后院里都是人。好在开会的人都分了组，碗筷靠各组长分下去，打饭也可以按组轮流进行，不至于忙不过来。到晚上，饭厅里的桌椅撤出去，地上铺上麦秸、褥子，就又睡满开会的人了。

食堂的饭菜价格是和县物价局协调确定的，利润率控制在25%左右。按全国商业系统的统一利润率，大约主食是20%，炒菜肉食是30%。食堂需要的面粉和食油从县粮食局购买。1970年代以前，基本能够满足数量要求。粮食按粗、细粮比例搭配着卖，但比卖给职工的细粮比例高些。到1974年前后，有了平价粮、议价粮的区分，平价粮就不能充足供应了，要靠议价粮补充。猪肉可以从食品公司采购，也可以在集市上买，其他的鸡蛋、蔬菜都靠集市采购。到了县城的集日，大食堂的职工就拉着人力车、蹬着三轮去采购。那时蔬菜种类少，季节性强，食堂买的主要是白菜，偶尔再有些萝卜、大葱等。

关于国营食堂的服务态度，何起跃承认，因为没有竞争，完全是官商作风。那时候虽然政治学习多，也提倡为人民服务精神，可怎么学也没有现在私营饭店服务好。不过在康润章的记忆里，1960 年代的时候，大食堂的服务态度还是不错的，职工们上下班也没有固定钟点，只要有客人就一直开门服务。只是到了 1970 年代，服务态度才逐渐变差了。

关于大食堂的"服务"，曾有若干小笑话流传。其中一个是，某人到食堂吃饭，买了一碗玉米粥。粥碗盛得颇满，服务员给端上来，大拇指肚都是泡在粥里的。碗放到桌上，指头肚顺势在碗边一捋，便一点粥也不沾了。食客心存疑虑："这粥……"服务员却大大方方说："没事，不烫！"

"文革"开始后，蠡县逐渐形成了对立的"造反总部"和"遵义兵团"两大派。开始时"总部派"控制县城，处在上风。大食堂里绝大多数干部、职工都是"总部派"。大食堂也是"总部派"的重要根据地，外县来串联、支援的人员，都由大食堂招待吃喝。但"遵义派"得到"支左"部队的支持，后来居上，1970 年彻底夺权。此后，大食堂的"总部派"都被清算，何起跃等一部分人被赶回了老家，在生产队务农；康润章等一部分人则进了"学习班"，学习结束后回大食堂继续工作。

1970年代初是大食堂变化较大的时期。县商业系统统一招了一次工。由于遵义派“掌权”，这次招的大都是他们的子弟。大食堂一下子添了几十个人，除了“遵义派”家属，也有几个从农村招来的有手艺的大师傅。就在这段时间，县商业系统的大食堂、理发馆、浴池、照相馆联合成立了饮食服务公司，既归县商业局领导，又和保定地区的饮食服务公司有垂直关系。县供销社本来在县城南北关各有一个小食堂，这次也一并划归了大食堂。

到1978年，“文革”期间的政策得到纠正，回家务农的“总部派”职工陆续回来上班，大食堂人数达到百余人。这时，大食堂开始选些年轻职工，到保定地区饮食服务公司接受技能培训。饭菜陆续新添了面条、饺子等花样，又新开了饺子馆、夜宵馆，大食堂走到了它“回光返照”的鼎盛时期。

作业偶得

这篇论文的具体写作时间有点忘了，应当是在清华历史系读硕士研究生的两年间（2005—2007），因为清华大学原有的历史系和思想文化研究所合并之后，硕士研究生课程里都有“中国思想史”和“西方思想史”这两门课。刘北成先生给我们上西方思想史课时，将英国思想家霍布斯的《利维坦》一书列为课程内容。我草草读了一遍，感觉行文基调很阴暗，对英国专制王权的鼓吹和服从程度太高，对罗马教会的攻击又颇为非理性，已经近乎市井的“骂街”，这和当时欧洲多数思想家都非常不同。

为了处理这种让人颇为不适的陌生感，我尝试着换了若干角度（或者叫“出发点”）去解释霍布斯学说，最后发现，当把“男同性恋”这个变量代入霍布斯的身份时，他的一切理论主张几乎都可以得到圆满解释。借助当时清华和北大两校图书馆的资源，我借阅了霍布斯的英文原著以及一些后人研究论著，对霍布斯的生平经历进行梳理，写成了这篇小论文，期末时当成了课程作业。

记得在课后，刘北成先生和我们几个学生一边散步去往食堂，一边聊起这篇小文，刘先生建议我向刊物投稿发表。不过，作为一名硕士研究生，我真没敢想去发一篇这么有“颠覆性”的文章（当时清华大学的研究生也没有发论文的硬性要求）。

后来，到读博士研究生的中期，曾有机会给一位知名法学家看过此文。这位法学家在电子邮件中给予了“极富意趣”的高评，并建议收入他主编的《历史法学》辑刊（第二辑，法律出版社，2009 年）。

此文论述了一个孤立的“点”，不涉及学术史承前启后的连贯脉络。写作及刊发后，我再没有过从事西方思想史研究的想法，也没结识过那个圈子的学者，故无从得知那个研究界是否有人知道此文，后来我业余搞过考古，发现过汉城池，写过关于中古道教经典的论文等，都属于此类读书偶得、兴之所至之举。不过，大概在我博士毕业离校前后（2013），曾结识一位也是北大本科出身的学长，早已从事研究工作，且自硕士时代开始一直研究霍布斯学说。在聊霍布斯时，我说了我的理解：“你把他假设成一个同性恋，所有问题就都解决了。”

从此之后，那位新结识的学长就从我的交往圈子里消失了。至今，我也不记得他的姓名，以及高就的地方。也许，这只是我做过的一个梦吧。

性、恐惧与极权膜拜：霍布斯政治学说的成因

充满矛盾、惹人反感的霍布斯学说

在欧洲近代政治哲学家中，英国的托马斯·霍布斯（Thomas Hobbes，1588—1679）是颇为特别的一位。他著述很多，政治哲学代表著作为《利维坦》《论公民》。

霍布斯政治哲学的独特之处，是他为独裁政权的理论辩护。根据他的论述，在没有政府的自然状态下，人们都生活在随时失去生命的恐惧中；这导致人民把治权交付给统治者，此后便再也不能收回。统治者的权力至高无上，只有个人生命不能得到保障时，才可以托庇于下一位统治者。失去生命的恐惧，便是人们服从统治者和接受王朝更替的理论基础。这种论述与中世纪的君权神授理论不同，后人因而认为霍布斯是近代政治哲学的开创者。[1]

但即使抛开君权神授的光环，承认人性自私，霍布斯学说依然显得过于悲观。马基雅维利同样认同自私与政治权谋，但他的论述中依然洋溢着渴望建功立业的豪情。洛克也认为统治者的权力来自人民的授权，但当统治者违背人民意愿时，人民便可以揭

---

[1] 刘北成：《评霍布斯的社会—国家模式》，《北京师范大学学报（社会科学版）》1990 年第 2 期，第 60—66 页。

竿而起。唯独在霍布斯这里，个人只剩下了卑微的保命本能。

霍布斯学说的这种特征，使后来的研究者都难以解释。列奥·施特劳斯在《霍布斯的政治哲学》中，对霍布斯的总体评价是“独立于传统，又独立于近代科学”，充满了自相矛盾，“他的最重要、最独特的论断，大都自相矛盾，或者因在他的著作中某些地方否认了其明显涵义而产生矛盾；只有散见于他的著作中的很少几个论断不是这样”。[1]

昆廷·斯金纳也试图解释霍布斯，认为古典人文主义知识（修辞）和近代科学思想（理性）在霍布斯身上形成了矛盾。[2] 斯金纳把很多人对于《利维坦》的意见归纳为“反感”：“许多评论者自问：为什么这么多的霍布斯著作的原来读者，他们中的大部分人曾毫无困难地接受了《论法律要旨》与《论公民》，发现《利维坦》如此深刻地震撼着他们的心灵，并引起他们的反感？”[3] 紧接着，斯金纳列举了一个长长的名单：德索默、亚历山大·罗斯、乔治·劳森、托马斯·特尼森、克拉伦顿、约翰·道尔，这些人对《利维坦》都做过反感的批评。

斯金纳试图用“理性”和“修辞”的跷跷板游戏来解释这种反感。但这无疑是个万金油式的结论，因为“理性”与“修辞”

---

[1] ［美］列奥·施特劳斯：《霍布斯的政治哲学》，申彤译，南京：译林出版社，2001年，第4页。

[2] ［英］昆廷·斯金纳：《霍布斯哲学思想中的理性和修辞》，王加丰、郑崧译，上海：华东师范大学出版社，2005年。

[3] ［英］昆廷·斯金纳：《霍布斯哲学思想中的理性和修辞》，第411页。

的关系，无非就是内容与形式，这种分析用在任何一位思想家的著作上都可以：他认真论述问题时，我们可以说他专注于“理性”；当他后面的论述与前面明显矛盾时，我们又可以说他是为了文学的“修辞”而牺牲理性。这样解释无异于什么都没说。当我们换个角度来看问题，从霍布斯的个人经历及其性取向讨论其思想，斯金纳的“反感”，或者施特劳斯的“矛盾”，也许可以得到更合适的解答。[1]

霍布斯与卡文迪什伯爵家族

就像谈王国维必须谈到罗振玉一样，谈霍布斯就离不开卡文迪什伯爵家族。

霍布斯 1588 年出生在一个乡间牧师家庭，家境贫寒，靠着叔叔的资助完成了大学教育。1608 年，二十岁的霍布斯大学毕业，因为拉丁文、希腊文优秀，留校任教。

这一年，贵族卡文迪什家中十八岁的威廉·卡文迪什（二代）刚刚新婚——新娘克里斯琴仅十二岁。当时除上大学以外，贵族子弟主要靠聘请家庭教师完成古典教育。二代卡文迪什不愿

---

[1] 本文关于霍布斯生平的叙述，除加以说明外，均来自斯金纳的《霍布斯哲学思想中的理性和修辞》。引用霍布斯著作的英文原文，除特殊说明外，均来自 *The English Works of Thomas Hobbes of Malmesbury* (*now first collected and edited by Sir William Molesworth*), Bart Aalen, Germany: Scientia Verlag, 1966。

接受年长的教师，请求父亲给自己找一个年龄相仿、志趣相投的博学同龄人，作为家庭教师兼伴读。霍布斯被推荐承担这份工作。

这时候的霍布斯大概和《红与黑》主人公于连差不多，都是苦孩子出身，有幸受过教育，古典拉丁文出色，被贵族雇为家庭教师。霍布斯比于连早生了二百年，和于连一肚子“彼可取而代之”的怨气不同，霍布斯和贵族东家相处得非常融洽。英国贵族和平民的矛盾不像法国那么严重。从伊丽莎白时代以来，发了财的商人、忠诚能干的行政官员都可以成为贵族。二代卡文迪什的岳父布鲁斯勋爵，本来是为詹姆斯一世保管案卷的法官，因为甚得国王欢心，被提拔为爵士，并经詹姆斯国王保媒，与卡文迪什家族联姻，荣升贵族阶层。对霍布斯来说，依靠自己的智慧、努力和卡文迪什家族的提携，在社会上混个出人头地未必不可能。

霍布斯和二代卡文迪什伯爵的私人友谊也非同寻常。1628 年，二代卡文迪什病逝，这二十年的时间里，霍布斯是他的伴读、教师和私人秘书，还是他最亲密的朋友。霍布斯晚年回忆这二十年经历说：“那是我生命中最甜蜜的安慰，让我在暗夜中有欢愉的睡梦。”[1]

二代卡文迪什病逝时，其子三代卡文迪什才十岁。新寡的克里斯琴夫人立刻解雇了霍布斯。他随后到贵族克林顿家任教师。

---

[1] 该诗为霍布斯晚年用拉丁文所写，英译文为“That my life’s sweetest comfort was, and made/ My slumbers pleasant in night’s darkest shade.” *Leviathan, With Selected Variants from the Latin Edition of 1668*, Hackett Publishing Company, Inc, Ⅳ, 1994。王加丰、郑崧译《霍布斯哲学思想中的理性和修辞》（第 231 页）将这句诗翻译成：“这是迄今我生命中最幸福的时光，今天回想起它，仍时常让我产生甜美的梦想。”

四年后，因为克林顿的称道，还可能因为克里斯琴对接替的家庭教师不满，霍布斯回到了卡文迪什家，继续任三代小卡文迪什的家庭教师。

霍布斯似乎把对亡友的感情都投入到其幼子身上，但他和克里斯琴的关系依旧没有改善。1638年，三代卡文迪什伯爵二十岁，因为家产问题与母亲发生纠纷，霍布斯为其处理法律事务，向克里斯琴施加压力。最后母子彻底反目，霍布斯成功为小卡文迪什保住了财产。

小卡文迪什伯爵对霍布斯的感情不输乃父，曾积极为其争取下院议员职位。内战前夕，霍布斯随卡文迪什家一起逃奔法国，任流亡法国的威尔士亲王（后来的查理二世）的私人教师，因与王室有某种意见不合，又追随小卡文迪什回到英国，在克伦威尔政府中谋职，并出版《利维坦》。直到施特劳斯写作《霍布斯的政治哲学》时，很多材料手稿还是在卡文迪什家族查阅的。不过，霍布斯晚年时，曾有人要起诉他渎神，他在惊恐中烧掉了大量书信文稿，所以我们今天怕是难以找到关于他私生活的更多文献了。

目前可见的关于霍布斯的研究著作里，似乎还没有对他的个性进行专门讨论的。较之欧洲人，中国人不擅长纯粹的学理思辨，但更喜欢“知人论事”。巴发中就隐隐约约嗅到了霍布斯个性的某种“异常”，但为了维护霍布斯作为思想家的名声，巴发中还是希望把他解释得“正常”一些：

霍布斯终身没有结婚。他认为这是一种最适合于研究哲学的生活方式，尽管他在青年时代并不是一个憎恶女性的人。[1]

谈到霍布斯的个性时，巴发中说：

> 他经常强调自己的胆怯性格，但他的生活和著作表明他是一个具有勇气、具有冒险精神的胆怯人，或者用他自己的话说，是一个“有女人胆量的男人”。[2]

17、18世纪欧洲很多哲学家都是单身，英国上层社会男性的单身比例较当今高得多。但霍布斯与两代卡文迪什伯爵持续数十年的亲密关系，与伯爵夫人克里斯琴的反目，“有女人胆量的男人”“最甜蜜的安慰”之类的自述，这些综合在一起，还是显得有些异常。下面，我们就考察一下霍布斯著作中对两性问题的观念。

《利维坦》中关于两性、婚姻的观点

在17、18世纪的西欧哲学界，有一种“时尚”，就是在论述自然法、道德问题时，都要从“最初状态”说起：亚当与夏娃的结合是起点，然后发展到父权家族，最后是家族与政权的类比关

[1] 巴发中：《霍布斯及其哲学》，北京：中共中央党校出版社，1997年，第54页。

[2] 巴发中：《霍布斯及其哲学》，第25页。

系。这几乎是当时讨论政治思想的习惯套路。但不管是在《利维坦》《论公民》中，还是在研究者引用的霍布斯其他著作中，我们都很难找到霍布斯对两性、家庭关系的讨论。《利维坦》中的“论人类”卷专门讨论自然法、道德等问题，但完全没有对亚当与夏娃的结合、两性关系、家庭伦理的讨论。这种有意无意的回避颇耐人寻味。

霍布斯专门讨论了人的情感问题。在《利维坦》中，他努力对人类的各种感情进行定义。我们从他论述的开端来完整摘录，看看他对“爱”的概念的定义：

> 人体中这种运动的微小开端，在没有表现为行走、说话、挥击等等可见的动作以前，一般称之为意向。
>
> 当这种意向是朝向引起它的某种事物时，就称为欲望或愿望……
>
> 人们所欲求的东西也称为他们所爱的东西，而嫌恶的东西则称为他们所憎的东西。因此，爱与欲望便是一回事，只是欲望指的始终是对象不存在时的情形，而爱则最常见的说法是指对象存在时的情形。[1]

> 为了交往相处而对人产生的爱，称为亲切。

[1] [英] 托马斯 · 霍布斯 :《利维坦》，黎思复、黎廷弼译，北京：商务印书馆，1985 年，第 36 页。着重号为原文所加，下同。

> 单纯为了愉悦感官而产生的对人的爱，称为自然的情欲。
> 回味、构想过去的愉快而对人产生的爱，称为咏味。
> 专爱一人而又想专其爱的爱情，谓之爱的激情。
> 同样，爱具有施爱而不见答的畏惧心理时，谓之嫉妒。[1]

可见霍布斯一直在小心翼翼地回避什么——从**两性**角度来定义“爱”的概念。他对“咏味”的定义，还很容易让人联想起其与二代卡文迪什伯爵二十年相处的甜美回忆。

《利维坦》中倒有一处提到了“男色”（黎思复、黎廷弼译，原文为“sodomy”）。那是讨论古希腊诸神在感情方面与凡人的相似时：

> ……（古希腊人）赋予这些偶像以愤怒、报复和生物的其他激情，以及由此而生的欺诈、盗窃、通奸、男色和可以认为是权势的结果或享乐的原因的任何恶行；以至一切在人们中间只被认为是犯法，而不被认为是不荣誉的种种行为。[2]

在这里，与“男色”并列的，是激情引起的“恶行”——欺诈、盗窃、通奸。这些都是行为的错误，而不是道德彻底沦陷堕落，更何况行为主体是希腊诸神。至于《旧约》中一直被解释为同性

---

[1] [英] 托马斯 · 霍布斯 :《利维坦》，第 40 页。

[2] [英] 托马斯 · 霍布斯 :《利维坦》，第 85 页。

恋行为会招致天火的所多玛城的故事，在霍布斯的分析中，也被抹去了和同性恋的任何关系：

> 第三，所多玛和哥摩拉两城由于罪恶使上帝大发烈怒，用硫黄与火焚烧一尽，这两座城加上周围的乡区形成了一个刺鼻的沥青湖，于是遭罚的人的处所有时也被说成是火或火湖……这就清楚地表明，地狱之火（在这儿以所多玛的真火作比喻表示）所指的并不是任何一种肯定的苦刑之罚或受苦的地方，而应当不拘定地当成消灭的意思，就好像在《启示录》（第 × × 章第 14 节）中所说的那样："死亡和阴间也被扔在火湖里。"也就是被取消和消灭了。好像是在审判日之后就不会再有死亡，也不会再有入地狱的事；也可以说是不会再有入阴间的事（我们的地狱似乎就是从这个字来的），这就等于是不会再有死亡了。[1]

当今西欧语言中，男性间的"鸡奸"一词，英语、意大利语、葡萄牙语为 sodomy，法语、德语、荷兰语为 sodomie，西班牙语为 sodomía，它们都来自《圣经》中的所多玛城（拉丁文 Sodom）典故，中世纪欧洲烧死同性恋的刑罚，很有可能也来源于此。而霍布斯的论述不仅回避了所多玛城的同性恋风习，甚至把天主教中地狱的存在也否定了，所多玛之火成了世俗政权死刑的比喻用语！

---

[1] [英] 托马斯 · 霍布斯：《利维坦》，第 362—363 页。

霍布斯没有公开反对过人类两性的婚姻行为（福柯似乎也没有）。为了抨击罗马教会，他把禁止神父结婚当作教会的一种罪恶。[1] 在《利维坦》的“论宗法的管辖权与专制的管辖权”一章，霍布斯讨论了在宗法管辖权中是父权优先还是母权优先的问题，结论是这要由契约与习俗来确定。这就是《利维坦》中仅有的对家庭关系的论述了。

性取向与其政治学说的关系

如上所述，霍布斯的生活、个性和著述，似乎暗示了并非指向异性的性取向。他在著述中有时故意绕开这个话题，有时则偷偷替这种行为开脱。如果霍布斯确实有这种非主流的性取向，那么在当年的西欧社会，他面临的心理压力主要来自何方？

最大、最直接的压力应该来自天主教伦理。古希腊、古罗马社会比较宽容同性恋行为。从犹太教传承而来的天主教则将同性恋视为渎神，没有任何容忍。天主教成为罗马国教后，查士丁尼皇帝根据天主教义颁布法律，认为同性恋会“引起饥荒、地震和瘟疫”，对个人则“丧失灵魂”，要求为防止国家和城市的毁灭而严厉取缔。惩罚的手段之一是公开示众后加以阉割。从此，同性恋成为教会法中的极恶行为，这种性罪错也主要归宗教法庭审判。

---

[1] ［英］托马斯 · 霍布斯：《利维坦》，第 551—552 页。

中世纪后期，西欧教会法对同性恋行为的惩罚变得更加严厉。在法国，同性恋经常被处以火刑，此风习直到《拿破仑法典》颁布才被禁止。而在英国，直到1861年以前，教会法都规定对同性恋者判死刑。这种社会氛围无疑会给霍布斯带来巨大的心理压力，使他对罗马教廷极端反感、仇视。

霍布斯可以稍感庆幸的是，英国的王权一直抵制罗马教会和宗教法庭的影响。在这种长期抵制中，英国形成了一套独具特色的普通法传统，与教会提倡的罗马法系统分庭抗礼。[1]到这里，我们就可以理解，为什么在霍布斯的《一位哲学家与英格兰普通法学者的对话》中，谈到“异端”问题时，那位哲学家先是神秘兮兮地要求“到下午”再讨论这个问题，随后又坚决不承认英格兰有所谓“异端”罪犯了。[2]

现实的法律制裁之外，同性恋还面临着《圣经》教义中的地狱（所多玛火湖）恐吓。这可能是霍布斯从不敢正面承认上帝、地狱、天谴等的原因。但在宗教思维笼罩一切的17世纪的英国，霍布斯不可能完全摆脱基督教的文化传统。他要对此做出调适。他论述说，即使触犯了神律的人也能进入天国。进入天国唯一的条件就是“信基督”，此外别无其他：

[1] [英]威廉·布莱克斯通：《英国法释义》（第一卷·导论），游云庭、缪苗译，上海：上海人民出版社，2006年，第1—49页。

[2] [英]托马斯·霍布斯：《一位哲学家与英格兰普通法学者的对话》之“译者导言”及“论异端”，毛晓秋译，上海：上海人民出版社，2006年。

> 得救所必需的一切都包含在信基督和服从神律这两种美德之中。后一种美德如果完满的话，对我们说来本来已经够了。但由于我们全都触犯了神律——这不但是原来亚当的触犯，而且也有我们自己实际的违犯——所以现在便要我们不仅是在有生的余年服从，而且要使以往的罪恶得到赦免，这种赦免就是我们信基督的报偿。得救的必要条件除此以外就没有其他东西了，这一点从以下的话里就可以看出来，也就是天国之门只对有罪的人关着，也就是只对违抗神或违犯神律的人说来是关着的；而且这种人只要悔改并相信得救所必需的一切基督教信条，对他们便也不会关着。[1]

信仰的危机由此解除，但现实的危机还在。为了逃避教会法的威胁，霍布斯很自然地求助于正在崛起的王权。所以霍布斯主张宗教事务要由世俗君主管理，王室和教廷彻底断绝关系，防止宗教裁判的手伸到英格兰。霍布斯的担心不全是过虑，因为来自苏格兰的斯图亚特王朝就倾向罗马教廷，教廷对英格兰国教具有现实威胁。在《利维坦》的“论黑暗的王国”部分，霍布斯对罗马教会的攻击漫骂大大超出了事实揭露或者理论批判的程度，已完全沦为情绪宣泄，以至于昆廷·斯金纳只能用“修辞学”来解释，[2] 这恐怕是没有体会到霍布斯的切肤之痛。

---

[1] [英]托马斯·霍布斯：《利维坦》，第474页。

[2] [英]昆廷·斯金纳：《霍布斯哲学思想中的理性和修辞》，第411页。

霍布斯不仅把君王当成自己逃避宗教审判的庇护人，甚至当成了一种感情的寄托。研究者都注意到了霍布斯在道德上对贵族阶级的好感，这可能是他对卡文迪什家族感情的普遍化。同时，这种感情也可以继续聚焦、集中到一位理想中的君主身上。这种幻想中，专制君主就是敬畏、爱慕和崇拜的对象——利维坦一样“活的上帝”。

施特劳斯认为霍布斯的政治观念是“非理性”的，不仅施特劳斯，大概很多人都难以理解，霍布斯何以如此死心塌地、把除了生命以外的一切都奉献给君主。到此我们就可以明白，霍布斯正是要靠君主来保性命的，其他一切自然可以在所不惜。所以《利维坦》中，不仅要求臣民对王权的无限效忠，而且丝毫找不到对暴君的担心——君主的暴政大概还能带来某种受虐的快感？

至此，我们也可以理解霍布斯著作中无所不在的对死亡的恐惧。每个人都要面对死亡，正常人都害怕死亡，但只要不是马上面临死亡，人们还是要“麻木”地继续生活。但对于霍布斯来说，他随时都感受着宗教裁判的威胁，这种恐惧成了他鼓吹君主专制的出发点。

霍布斯对君王的赞颂，大概可以让我们联想到有点同性恋色彩的古代诗人屈原。[1]中国人读霍布斯的诗体自传，会很容易地联想起屈原的《离骚》。去国、神游以及与男性统治者（雇主）的恩

[1] 1944 年 9 月的《中央日报》有孙次舟撰《屈原是文学弄臣的发疑》一文，最早提出屈原和楚怀王之间的同性恋关系说。

怨离愁，都是它们共同的主题（霍布斯的神游是对古典学、几何学等学术的追求），而且都有一点点“求女”的情节作为点缀。霍布斯自传中曾提到他在意大利时曾有一学生情妇，但由于是暗喻颇多的诗作，难以根究。屈原对怀王的抱怨很多，这大概一方面是因为他出身比霍布斯高，自身就是王室成员；另一方面，屈原没有教会的精神压力，不需要君王为自己撑保护伞，所以可以更任性地“怨”和不逊。同理，在霍布斯的理想中，教会要绝对服从君主的权威，也正是在潜意识中幻想君权这个“理想情人”能驾驭教会，保证自己的安全。这种对霍布斯性取向的假设，可以解释他何以如此激烈地反对教会、鼓吹王权、消解天主教义。霍布斯和三百年后的福柯面临着同样的社会心理压力，但福柯已经没有了霍布斯时代的宗教裁判威胁，所以他仅需通过批判“权力”消解内心紧张，霍布斯则要靠崇拜王权来化解现实的生命恐惧。

人性最难写

这篇文章可能写于2007—2009年间，是我准备博士论文（后来的《南北战争三百年》一书）的一个小副产品。因为读北魏一朝历史的过程中感到，魏孝文帝可谓魏收所著《魏书》的最核心人物，孝文帝之前的历史，几乎都是在为他的出场做铺垫；孝文帝身后的历史，则都是他事业的尾声余韵。魏收生于魏孝文帝死后第九年，经历过北魏王朝的动荡、崩溃与消亡，他这一代人回望北魏王朝，最直接的感受就是魏孝文帝巨大的、笼罩一切的身影。

本文写的是魏孝文帝在构建士族门阀世袭制度时，朝臣们表里并不如一的反应。多数高级臣僚口头上反对世袭原则，但事实上却努力利用新制度为自己家族牟利，尽量占取高位，代代相传。本文主人公李彪，则是被满朝君臣当成了“低门第”的代表，最终导致他在某个特定的时间点“爆发”，更让自己成为门第游戏的焦点话题。而且，按我的解读，著史者并未点破那场冲突背后的真相。

事实上，类似的“门第焦虑”现象，在魏孝文帝之前二百来年的西晋武帝一朝也曾出现过，一个表现就是，个别门第偏低的朝臣，担心自己（及家族）会被迅速固化的门第制度关闭在“起跑线之外”，于是在上书中迫切表达一种言不及义的焦虑。我感觉其他治史者极少注意到此点。

在博士毕业（2013）之前的十余年里，我治中国古代史关注的真正重心，都是世袭制度。已出版的书里，从第一版的孔子传记（《贵族的黄昏》，2010），到宋武帝刘裕的战记（《楼船铁马刘寄奴》，2020），都是2009年写就的，前者写在夏季，后者写在秋季，分别聚焦春秋贵族寡头家族和东晋士族门阀的末路，所谓“历史的出口”。这些用心，读者未必都能体察，因为世事纷纭，变化太快，文稿变成书的速度则要慢得多。

目前史家关于魏孝文帝的研究论文、传记已经很多，但我觉得，对魏孝文帝的讨论还可以更深入，本文也算一个例子。再如，魏孝文帝在祖母冯太后（无血缘关系）的严密监护之下长大，冯太后去世、孝文帝掌权之后，有迁都洛阳、推行汉化改革等重大举措，很多学者都认为，这是孝文帝逃离祖母阴影的努力，过于强调孝文帝的“拨乱反正”。而我认为，孝文帝掌权之后倚重的几乎所有高级臣僚（本文中登场的也有很多），都是冯太后掌权时期选定的班底，这方面，孝文帝几乎全盘继承了下来，而且在其掌权的时间里一直没有变更。从历史上看，如此全盘继承前任臣僚班底的情况也极为少见，哪怕孝文帝自己的儿子和继承人——宣武帝，上任之后不久就清洗了父亲留下的几位顾命大臣。这样看来，冯太后和孝文帝之间的关系更为复杂，“外人”很难完全体验和解释。

再如，孝文帝的改革、迁都、南征萧齐，看似大刀阔斧，其实都部署得极为谨慎，严密防范一切意外。在南征前线，有些战区将领向皇帝紧急求援，引起孝文帝斥责：你这是让我调拨我的兵力增援你，我自己的安危又怎么办？

这种万全心态，处理内政应当，但在战场上，就很难打出出敌意料的奇袭，往往变成胶着的消耗战。孝文帝这种心态，可能和他成长期间的经历有关，缺少安全感。另外，他很可能专门研究过前秦皇帝苻坚的成败，因为他们的背景很像，占据中原的“蛮族”皇帝；怀抱的理想也近似，但苻坚过于轻率大意，导致兵败淝水，王朝土崩。孝文帝不可能不重视这个百余年前的巨大“殷鉴”。

东晋十六国、南北朝近三百年历史，登场人物纷纭，有很多值得细写的人和事。从史料素材的数量看，有两个人最值得写传记，北方是魏孝文帝，南方是梁武帝。魏孝文帝这个人，分析越深，就越是感受到人性的复杂、矛盾、纠结。我很难预想这本书会如何钻探到人性的最深处。

梁武帝比魏孝文帝年长三岁，但他当皇帝已经在孝文帝死后三年了，梁武帝长寿，子女众多，晚年还有侯景叛乱带来的天翻地覆（如果魏孝文帝同样长寿，恐怕也将目睹自己改革积累的恶果爆发）。相比孝文帝，梁武帝的传记应该更富有喜剧色彩，特别是他的儿子们——比“龙生九子”更千姿百态，太平时代已经有很多滑稽记录，动乱年代里，皇子们更是各有自己的挣扎命运。关于梁武帝这本书，似乎比魏孝文帝更容易构思，我预想的书名为《梁武帝和他的儿子们》。

很多事，没工夫做了，畅想一下也是好的。

本文于2011年刊发于《历史学家茶座》第二十四辑（山东人民出版社）。如果有机会增订，我想补充一些关于李彪的职务“御史中尉”的分析，这工作负责监察百官，在讲究君臣一团和气但又要有所作为的孝文门第时代，属于替皇帝“干脏活”的角色，比较适合门第不高、自甘下流的人，李彪和孝文帝君臣都明白。李彪在朝廷里的心机和隐忍，都和这个职位有关。

李彪悲剧与魏孝文帝时代

在“复古”理想的推动下，魏孝文帝开启了一个门阀士族的黄金时代。在那个时代里，寒门出身的士人又会有何种际遇？李彪一生的经历，恰好提供了一个最真切的个案。

李彪出身寒门，有才智、有出人头地建功立业的愿望。依靠自己的奋斗和一些高官的援引，他在朝廷中赢得了一席之地。但在鲜卑豪门和汉族门阀主导的北魏政坛，在极端崇尚门第的孝文帝眼中，“出身低下”就像标签一样贴在李彪身上挥之不去。他可以终生忍受歧视，但作为一个父亲，不忍子女也沦为门第政策的牺牲品。高傲的个性、对子女命运的焦虑和时代氛围的压抑，最终酿成了李彪的悲剧结局。通过李彪的一生，我们能更深切地认识改革家孝文帝和他所开创的时代。

出身与早年奋斗

李彪字道固，顿丘卫国人，生于公元444年。他的名字是后来孝文帝改的，原名我们已经不知道了。李彪少孤，出身寒微，父、祖的情况都不详。

和诸多平民出身的青年子弟一样，李彪改变命运的方式是学习。他师从一位同乡的学者，勤奋学习文化。对李彪来说，求学的意义不仅是学习知识，也能结交到身份高一些的士人。学成后，他与士族子弟渔阳高悦等人交游。高悦后来早卒，但哥哥高闾一直在朝廷任职。高氏兄弟家中颇有藏书，李彪在高家尽力抄读。后来大概是因为要完婚，李彪回到了家乡。

这时，年轻的鲜卑贵族——平原王陆叡改变了李彪的人生。大约在献文帝时期（465—471），陆叡娶妻路过相州，见到李彪，很钦佩他的学问人品，视为师友，带他一起回了平城。李彪在陆叡家中做家庭教师，陆叡供给他衣、马、僮仆，待遇很优厚。

献文帝后来禅位给年幼的孝文帝，朝政实际控制在冯太后手中。高闾经常向同僚谈起李彪的才华，李彪因而受到了李冲的青睐和礼遇。李冲出自凉王李暠家族，比李彪小六岁，但较早得到冯太后宠信，任内秘书令。李彪地位寒微，又不甘折腰事权贵，本来没机会从政。但李冲非常欣赏李彪的才学，对他礼敬有加，不仅在生活上给予照顾，还经常向冯太后推荐，最终使李彪被任命为中书博士，给宗室和权贵子弟授课。这时的孝文帝不足十岁，李彪三十多岁。

李彪任中书博士长达十几年，工作兢兢业业，学问、人品都是公认的楷模。担任博士日久，他的行政才能逐渐显露出来，开始得到冯太后的信用。太和七年（483）是南齐武帝萧赜即位第一年，这年七月，李彪受命出使南齐。这是南齐建立四年来，南北间首次通使。此后，魏、齐之间通使频繁，八年里李彪出使南齐有六次之多。

太和十年（486）元旦，孝文帝年满二十岁，正式亲政。但冯太后权力欲极强，仍继续控制朝政。孝文帝自幼聪颖好学，是儒家复古理想的忠实信徒，既然不能在内政外交的大事上做决策，就把兴趣放在研究礼乐制度上。此后不久，李彪由中书博士调任秘书丞（正四品下），负责编修国史。

以前北魏朝廷的修史工作时断时续，成效甚微。李彪积极从事修史，改编年体国史为纪传体，增设纪、传、表、志等体例，数十年后魏收作《魏书》时，还在感叹李彪的功劳。年轻的孝文帝此时还为李彪改了名字，班彪、班固父子作《汉书》，司马彪作《续汉书》，现在改名为“彪”，也是希望他能在修史上做一番事业。

李彪最后两次出使南齐时，冯太后已经去世。这期间南齐皇帝一直是萧赜。本来在通使之初，萧赜想给北魏使臣一点下马威，专门安排在玄武湖进行军事演习，在战舰上会见李彪。但随着互相了解的深入，他越来越钦佩李彪的才能，二人居然成了好友。萧赜喜欢诗文，经常和李彪赋诗唱答。李彪最后一次到南齐时，萧赜赋诗伤怀，感慨流连不已，亲自为李彪送行，直到长江边的琅邪城。这种君臣际遇，却是李彪在自己的乡邦难以奢望的。

逐渐遭遇门第歧视

大概在太和十六年（492），孝文帝升李彪为秘书令（从三品上）。孝文帝成年后的诏书大都是亲笔所作，任命李彪的诏书为：

> 历观古事，求能非一。或承藉微荫，著德当时；或见拔幽陋，流名后叶。故毛遂起贱，奋抗楚之辩，苟有才能，何必拘族也？彪虽宿非清第，本阙华资，然识性严聪，学博坟籍，刚辩之才，颇堪时用；兼忧吏若家，载宣朝美，若不赏庸叙绩，将何以劝奖勤能？可特迁秘书令，以酬厥款。

这个诏书很明显地表现了孝文帝对门第的看重，和对出身寒微士人的偏见。他声称“苟有才能，何必拘族也”，但又念念不忘地指出李彪“宿非清第，本阙华资”，虽然严谨聪明、学识渊博、辛劳奉公，但这个提拔还是属于常例之外的“特迁”。

太和十七年（493），孝文帝决意迁都洛阳。翌年底，李彪调任御史中尉（正三品上），负责监察百官。不久，孝文帝开始第一次亲征南伐，赵郡王元干受命都督内外诸军事，留守洛阳。元干贪淫不法，对李彪的告诫不以为意。李彪遂向孝文帝弹劾。孝文帝此时正在班师途中，读完报告大怒，命元干到行宫待罪，最终命杖一百，解除官职。这是李彪在御史中尉任上初露锋芒。

太和十九年（495）夏，孝文帝第一次南征归来，开始构思宏大的改革官制计划。在他的复古思维中，周代的“世卿世禄”大概就是周礼的体现，所以他把当前的门阀士族看作中原儒家正统文化的代表，希望高官都由士族担任，这奠定了官制改革的基调。

此时的满朝官员虽然几乎都是宗室、门阀出身，对于孝文帝这个理想色彩十足的想法，也没人敢公开表示赞同。孝文帝曾和大臣们进行过一次气氛轻松的讨论：门第和做高官是否应该有必然联系？孝文帝先指出了一个魏晋以来的普遍现象：一直存在门第高低贵贱之分，这决定着士人的仕途。他自称对这个现象既赞同又保留，拿不定主意，让群臣发表意见。

尚书左仆射李冲首先发难。他质问孝文帝："自古设立官职，是为了让豪门子弟养尊处优，还是为了帮助君主治理天下？"孝文帝自然承认是为了治理天下。李冲又问："既然如此，那陛下为什么专门推崇门第，不命令各地选拔寒微人才？"孝文帝解释说："普通人如果才能出众，自然会脱颖而出；门阀子弟即使没有才能，但肯定德行敦厚，可放心使用。"李冲继续追问："商周时候的傅说、吕望，难道也是依靠门第做官的？"孝文帝辩解道："傅说、吕望这种人是不世之才，只能看作特例。"

李冲大概不想光自己一个人唱反调，于是向其他臣僚戏言："希望诸位来援助我！"李彪接过话头说："我这里兵力不多，难以救援。不过心里的话，也不敢不表白：如果陛下专门看重门第，那么以孔子为例，不知道是鲁国的三卿优秀，还是孔门四科优秀？"这是暗示世族政治的弊病，即势力强大的贵族会威胁君主统治。孝文帝的回答是：这个问题我刚说过了。其实孝文帝没有谈过这个问题——他也许是一时不知如何回答，也许是觉得李彪出身卑微，干脆不和他讨论。

中书侍郎韩显宗以前就批评过孝文帝"贵古而贱今"，他也继而发难："现在陛下规定，中书省、秘书省的监、令之子，一入仕就可以担任秘书郎。本朝历任监、令很多，他们的儿子难道都能胜任秘书郎工作？"大概前代监、令的儿子多有不成器的，韩显宗才会这么问。孝文帝的回答是:“现任监、令的儿子们总胜任吧?”这又把球踢给了群臣,这些人总不好说自己的孩子不合格。最后,孝文帝象征性地做了点承诺:如果真有高明出众的英才,我也不会埋没人才。

这年十二月初一日,孝文帝在光极堂召见群臣,发布刚刚制订的官员品令制度。这套制度大概比较明确地规定了门第评定标准和高门任官特权。孝文帝在朝会上说:

> 或言唯能是寄,不必拘门,朕以为不尔。何者?当今之世,仰祖质朴,清浊同流,混齐一等,君子小人,名品无别,此殊为不可。我今八族以上,士人品第有九,九品之外,小人之官,复有七等。若苟有其人,可起家为三公。正恐贤才难得,不可止为一人,浑我典制。故令班镜九流,清一朝轨,使千载之后,我得仿像唐虞,卿等依俙元凯。

可见这还是和众臣论战时的论调:如果有特殊的贤才,也可以不拘门第,“起家为三公”,但不能因为这个就不讲究门第。

门第压力没有使李彪萎靡不振。他性格刚直果敢。在御史中尉任上,这种个性表现得淋漓尽致。他弹劾不避亲贵,不法宗室、高官都有所收敛。孝文帝将他比作汉武帝的直臣汲黯,经常称呼他为“李生”。汉武帝虽视汲黯为能臣,但对其粗率无文也颇不满。李彪比孝文帝的父亲献文帝还要大十岁,此时已经五十多岁。“李生”这个亲昵称呼的背后,隐含着一丝轻亵的意味。重其才干,用而不亲，这大概就是孝文帝对李彪的真实心态。

太和二十一年（497）夏，李彪因为安抚汾州叛胡和告发废太子谋反有功，被孝文帝升为散骑常侍（正二品下），仍领御史中尉职务。但第二天，孝文帝就对这个任命后悔了。魏晋以来，散骑常侍都是清要之官，惯由高门士族担任，李彪的出身显然不够格。正巧散骑常侍郭祚在身边，孝文帝对他说："我昨天错授了一个官职。"郭祚劝他已成之事就不要再改。孝文帝还是不甘心，当时授官惯例，臣下都要上书谦让一下，他希望等李彪上书时趁机改授。李彪大概也体会到了孝文帝的心思，索性上书坦陈心迹："散骑常侍之职我渴望已久，不敢虚伪辞让。"孝文帝遂无可奈何。

这年夏天，孝文帝与群臣在流化池宴会。席间，他对李冲说："崔光的博学，李彪的正直，是我国家人才之基础。"这是他对李彪的最高评价。但在宗室、高门看来，李彪始终是和他们出身不同的异类。年轻的远支宗室元志担任洛阳县令，在路上遇到李彪车队，两人互不让路。官司打到孝文帝前，孝文帝让二人同样待遇，分路而行。二人出门后，孝文帝对身边人夸赞元志的血统气质："这年轻人不错，正是所谓王孙公子，不用雕琢自成大器！"

压抑与爆发

孝文帝时期，乃至整个北朝，"门第"虽然是为官的重要因素，但从来没有过一套严格的、可操作的标准。只要父亲、祖父辈担任过高官，就可以算有“门第”出身，声称远祖是汉代、魏晋的某位高官也是一个办法。“九品中正制”还有一个特征，就是讲究地域平衡，每个州、郡都有自己的高门大姓。《魏书》中很多人“自云”先祖是汉魏晋时某高官，其实他们往往只是同乡、同姓而已，年深日久，无从查考，只要自己一口咬定，一般也就得到默认了。不幸的是，李彪出身寒微，而家乡顿丘还有一个李姓高门——李崇家族。他和李崇家族实在攀不上亲，前代的顿丘籍李姓名人，自然也轮不到他认作祖先了。

在孝文帝之前，北魏诸帝的门第观念尚不太重，只要得到最高统治者赏识，出身低微者也可以做到高官，不会受人歧视。冯太后当政时，很多宦官都受到宠幸，仕至尚书、常侍、将军、刺史，爵封王、公，甚至担任礼部尚书、吏部尚书等官职。按照南朝的门第观念，这都是一流高门才能担任的清要官职。冯太后死后，这些宦官年老资深，依旧很受孝文帝礼敬。

到李彪这一代人进入中年之际，正逢年轻的孝文帝按照复古理想和门第观念改革制度。孝文帝草拟的门阀制度，大概是按三代先祖的官爵高低划分门第，由门第决定出仕时的官职。选官制度一旦涉及实际操作层面，就问题重重，何况涉及数十年前的“历史问题”。所以直到后来的世宗、肃宗朝，朝廷数次清定姓族门第，一直纠纷不断。这种情况下，那些门第不是特别显赫的士人，更感觉压力重重，拼命标榜自己的先祖名望，并通过排斥、贬低出身更低的人，来显示自己的门第。这样，李彪顺理成章地成了寒门的代表，和他在出身上“划清界限”，就是标榜自己门第的最好办法。

李彪和广平宋弁交好，他们都是相州（顿丘、广平同属相州）人。宋弁祖父宋愔，太武帝时担任过中书博士、太守，出身背景比李彪好些。宋弁个人的从政资历比李彪浅，李彪任秘书丞时，宋弁是他下级的著作佐郎。但宋弁靠才能和门第受到孝文帝赏识，迁都洛阳后，仕至散骑常侍，兼领相州大中正，负责划定本州籍官员的门第高低。宋弁和孝文帝私下商量，仍旧把李彪定为寒门。这样做一方面表现了他的无私，不为朋友枉法，也可以防止产生和自己竞争的同乡门第。

可以想象，生性高傲的李彪知道后，心中会做何感受。退一步说，李彪可以对自己的仕途不做太多奢望。毕竟经过近三十年的奋斗，他从寒微书生爬到了三品高官，可以知足了。但他放心不下的是自己的子女。李彪有一子一女，他非常重视对子女的教育，儿子李志，十余岁就能作文了，女儿也自幼教习文字、儒书。李彪对这对子女非常喜爱和自豪。日渐严重的门第压力，使他常为孩子的未来揪心，以致在公私聚谈、宴会场合，都要向同僚们称扬夸赞一番。孝文帝对此难以容忍，还专门批评过他。

太和二十一年（497）八月，孝文帝开始了第二次南征。尚书仆射李冲、任城王元澄留守洛阳，李彪兼任度支尚书，共同负责后方事宜。李彪请求吏部尚书郭祚给李志任命一个官职。郭祚称李彪门第不够格，没有同意。李彪对此深为愤恨。郭祚的理由是："你和宋弁是同乡至交，是他压低了你的门第。你能不责怪他只埋怨我吗？"

五十三岁的李彪此时完全失去了克制。他对“门第”的一腔愤怒无处发泄，最终竟然酿成了一场和李冲的冲突。这用常理颇难解释。李冲是最早赏识、提拔李彪的人之一，而且是最得力的人。李冲性格柔顺，上下级人际关系处理得非常妥帖，几乎从未和任何人有过正面冲突。

但从李彪的角度看，他不敢与宋弁、郭祚这些在门第问题上伤害过他的人翻脸。那样只会显得他是一个谋取私利不遂、转而打击报复的小人，使他和当前的门第政策，和满朝高门官员彻底决裂。李彪不敢这样。当初李冲对他的援引帮助，在此时的李彪看来，却逐渐变成了一种高高在上的、恩人式的施舍。李冲一帆风顺的经历、游刃有余的个性，又使他在李彪心中成为整个高门阶层的成功代表。原来李彪在御史台工作，李冲在尚书省，碰面机会不多。现在李彪兼度支尚书，和李冲整天共事，满腔怨愤逐渐无法克制，变成了对李冲的抵制抗拒，恶语怒目。

《魏书·李彪传》称，宋弁曾受到李冲压制，遂怂恿李彪攻击李冲。这也许有一定道理，但未必是李彪失态的根本原因——以他的才智和政治阅历，不会这么容易被人利用，何况此时宋弁正随孝文帝南征，不在洛阳。李彪只是对李冲表达愤怒，并非政治斗争的揽权争利，或者收集证据告黑状。稍有理性的人都明白，这种公开对抗没有任何好处，结局只能是两败俱伤。

门第压力下，李彪积累了多年的紧张、愤怒情绪彻底爆发，使他失去了理智，恐怕自己也不能解释自己的行为。李冲大概也不理解李彪何以行为失常。他当面斥责李彪，“尔如狗耳！为人所嗾”，仍是怀疑宋弁在背后怂恿（《魏书·宋弁传》）。李彪的反常行为使李冲完全失态，他数次与李彪争吵，震怒中大呼大叫，甚至捽断桌案。

毕竟李冲是李彪的上级。他征得任城王元澄支持，逮捕了李彪及御史台诸侍御史，上书孝文帝要求罢免李彪，送廷尉治罪。上书中，李冲指出，李彪“昔于（在）凡品，特以才拔”。为了证明他与李彪没有私人恩怨，李冲特意提到，李彪在入仕之初曾努力为公，成效卓著。关于李彪的罪错，李冲举出来的也只有昔日会审犯人时严酷刻急，最近行为乖张失常而已，没有政治斗争常用的贪污、谋反等罪名。

李冲性格素来温和，与李彪的争执使他精神错乱，一病不起，病中还在胡言乱语，责骂李彪是小人，十余天后就去世了，时年四十九岁。孝文帝在悬瓠城的前线指挥部看到李冲上表，也惊愕不已：“何意留京如此也！”李冲死讯传来，孝文帝在悬瓠城为之举哀，哭泣不能自持。有司判处李彪死刑，孝文帝予以赦免，只给予免官处罚。李彪不久就回到顿丘家中。

修史余生和子女的际遇

太和二十二年（498）十一月，孝文帝结束了长达一年多的第二次南征，抱病北还，到达相州治所邺城。李彪在邺城南拜迎车驾。孝文帝接见了平民李彪，对他说：“我当初对你期望之高，希望你以贞松为志，岁寒为心，报国尽身。近来看到报告，实在违背我的期望。你自己说，你今天到这地步，是我在整你？是执政大臣整你？还是你咎由自取？”

李彪此时已经从狂躁中安静下来。李冲之死恐怕是他永远难以解脱的包袱。他说：“臣的罪过都是自己招致，既不是陛下，也不是执政无端给的。臣罪至此，早应正法，不该来烦扰陛下。只是听说陛下身体不适，所以前来问安，不敢为谢罪而来。”

宋弁一直找机会给李彪说好话，孝文帝也准备重新任用他。就在这时，有人告发李彪在担任御史中尉期间的一些问题。孝文帝相信李彪的清白，派人安慰李彪，命不必给他上刑具，待随车驾一起回洛阳候审。

因疾病缠身，孝文帝在邺城度过了新年。太和二十三年（499）初，车驾返京，在洛阳城外途经李冲之墓。病中的孝文帝卧在车内，遥望新坟，掩泣良久。他不会意识到，这场悲剧的总根源，居然是他自己的复古理想和门第观念。

李彪被带到洛阳不久，就遇到赦令，免除了官司纠纷。三月，孝文帝第三次南征，不久病逝于途中，时年三十三岁。年轻的太子元恪继位，是为世宗宣武帝。按孝文帝遗诏，由尚书令王肃、任城王元澄等五大臣辅政。

李彪不甘心废罢，积极结交王肃等高官，希望靠他们帮助复任修史之职。得到王肃承诺后，李彪上书朝廷，称孝文帝一生功业卓著，朝廷应该为之修史立德。自己十几年前修过国史，现在如果让新人负责，恐怕不了解当年的修史体例、工作方法，因此请命为朝廷修史。

值得注意的是，在上表中，李彪多次提到修史是父子相传之学。他引用了“相门有相，将门有将”的谚语。可以想象，深受门第歧视之苦的李彪，对这个谚语会有多么大的反感。现在，他却要用这个谚语说明“天文之官，太史之职，如有其人，宜其世矣”。为了证明史官应当世袭，他又引用了司马谈、司马迁父子相承作《史记》，班彪、班固父子合力作《汉书》的先例。

这是何故？大概李彪还在为儿子的出路焦心：李志到此时还没有一官半职。他可能希望李志和自己一起修史，积累这方面经验，以后继续担任史官。修史之职貌似清要，但无权无钱，实惠不多，高门子弟未必热衷，在“门第决定一切”的官场上，也许是李志得以安身立命的最后一个角落。朝廷批准李彪以平民身份在秘书省修史，但没有提到李志。此时李彪没有官爵和俸禄，生活艰难，王肃等人都曾给他些经济上的帮助。

景明二年（501）正月，世宗解除了辅政诸大臣的权力，开始亲政。任城王元澄外调雍州刺史。李彪专门到元澄家，请求他给李志安排一个职位。元澄本来和李彪不和，此时却爽快地答应了，报请李志为自己的军府行参军，获得时论好评。

其实，此时元澄已经感受到世宗的猜忌，而李彪则被列入了重用的名单中。世宗刚刚解除了辅政诸王的权力，正需要提拔可信赖的得力官员。依常理，李彪白衣待罪，如加以提拔，肯定会感恩戴德，效犬马之劳，且李彪颇有人脉和行政能力，这是世宗的东宫亲信们不具备的。世宗任命李彪兼通直散骑常侍（正四品下阶），代理汾州刺史事。

大概是儿子的“出路”已经解决，李彪此时对现实政治完全失去了热情，恳切上书辞让。世宗不许，连续派人敦促他赴任。李彪还没来得及上路，就病重不起，于这年秋天病逝于洛阳，年五十八岁。

史书中没有李彪妻子的记载，大概也不是高门出身。李彪之女名字不详。李彪死后，世宗闻知其女贤淑，迎娶为婕妤。李婕妤在宫中，常教授世宗诸妹文字、经史，后宫都奉她为师长。李婕妤大概没有生育子女。世宗死后，她出家为尼，由于熟谙经义，常开讲佛理，高僧们都尊重叹服。

李志后来靠能力逐级升迁，到胡太后专权的熙平年间（516—517）已升至从三品。正光二年（521）五月，北魏南荆州刺史桓叔兴叛逃萧梁，当地兵灾损伤严重，李志被任命为南荆州刺史。

普通四年（523），梁武帝二十岁的皇子萧纲任雍州刺史，和李志南北相临（《梁书》卷四《简文帝纪》）。萧纲很有文采，曾写信给李志劝降。《艺文类聚》卷二十五收了这封劝降书。有趣的是，萧纲在信中称李志“门世英华，中州旧族”。诱降书自然会用些恭维词句，但这也说明，当时的所谓门阀制度并不严格，如果父亲做过高官，到儿子辈还能做高官，也就能用高门旧族来恭维了。

李志大概对萧纲的劝说有所动心。此时的北魏王朝已经进入兵乱四起的动荡之中。到武泰元年（528）四月，尔朱荣带兵进入洛阳，在河阴屠杀朝臣，北魏全境大乱，大量宗室、官员逃奔梁朝。六月，李志也拥南荆州叛逃梁朝，此后的事迹就不见于史书了。

刑案里的古中国

以下一组四篇文章，都是关于法制史的内容，尤其是元明清时代的性犯罪与社会生活。

读博士研究生的前半期，大约2008—2010年间，我曾经对历史上的性犯罪及相关法律产生过兴趣，甚至一度考虑作为博士学位论文的候选题目，这在《南北战争三百年》的后记中曾有所介绍。这个想法虽未实现，当时也形成了若干研究文字，且多数未曾发表。整理手稿时，我也曾考虑将这些文字单独成书，但毕竟只有七万字左右，体量稍显单薄，还是作为论文集的一部分吧。

《评苏成捷〈中华帝国晚期的性、法律与社会〉》是一篇书评。在中国古代法制史，特别是涉及性犯罪的法制史与社会史研究中，美国学者长期处于前沿，而且带动了中国学者在该领域的研究（相比之下，美国学者关于明清小说的所谓研究都没太大价值，多属于异文化的误读产物，且被中国学者的慕洋心态放大了影响。我几乎从不引用）。

我进入性犯罪—社会史的研究领域，不管是从材料运用还是分析方法，都直接受益于美国学者苏成捷（Matthew H. Sommer）的《中华帝国晚期的性、法律与社会》一书。我开始关注性犯罪史研究后，从北京大学图书馆借到了初版于2000年的《中华帝国晚期的性、法律与社会》，复印细读之后，还曾动手翻译过书中若干章节，随后因无出版渠道和忙于他事放弃了。在博士毕业前（2012），我刊发了一篇关于此书的书评：《评苏成捷〈中华帝国晚期的性、法律与社会〉》。到2023年4月得知，此书的中文版刚由广西师范大学出版社发行。

《大明成化：嫖娼的僧人和军官们》，是翻阅明代法史材料时写作的一篇文章。我本科搞古典世情小说时，已经很熟悉《金瓶梅》，主人公西门庆职务是锦衣卫千户，世袭的军职，又是“理刑千户”，主管司法。在明代众多军职卫所官员中，只有锦衣卫一家有插手司法的特权，且小说对于明代军官家庭、社交、工作的描写可谓细致入微，也很容易和司法档案产生共鸣，司法档案能记录的生活细节则要少得多了。

说到这还想啰嗦两句。近年来，史学里面有个流派，提倡所谓“微观史学”，研究民间草根社会、普通人的生活。在史学圈子里看，这貌似新鲜，但视野放大点看，它却撞入了小说史本来擅长的领域，近乎“以己之短，攻人之长”。例如史景迁的《王氏之死》，号称借一个小人物来展现清初山东地区的民间生活和县域权力结构，其中大量引用了蒲松龄《聊斋志异》的内容。其实张爱玲都知道，这方面更大的“富矿”是《醒世姻缘传》（关于此书作者及写作年代，学者们有不同意见，有人认为是蒲松龄所作；我个人赞同是贾凫西作于明亡之前数年，刊刻于清代），其包含的信息量和《聊斋志异》远非同一量级。看惯了《醒世姻缘传》，或者《金瓶梅》

的最后十回，也不会对“王氏之死”的个案有太多新奇感。

我做法制史还有一点小因缘。就是在本科毕业、读研之前的几年里，我曾当过记者，有机会看到一些司法案卷，特别是关于交通事故的。这些原始案卷的特色，是当事人各方对案件过程的陈述往往大相径庭。记得有个复杂点的案子，是两辆醉驾的摩托车在暗夜中迎头相撞，车上几个人都晕倒在地，黎明时分相继醒来，然后几个人做的口供截然不同，其中一辆车上的驾驶员都有争议（没人承认是自己驾车）……这些原始记录篇幅较大，细节很多，如何“还原真相”，是对人阅读理解能力、思维能力和常识储备的极大考验。我不敢说我当初读案卷时的一些猜测肯定是真相，但至少让大脑得到了某种锻炼。再后来做法制史，看到的《刑科题本》《刑案汇览》等，案情多已经过简化的改写，不是当初原始案卷纷繁芜杂的面貌了，反倒觉得更省力（当然，这也意味着案件被“加工”的部分已经无法复原）。

带着这种阅读分析能力，去看那些千头万绪的原始文献记录，也更容易理解和发现问题，比如读编年史《春秋》和《左传》，历来史家多是从其中一些篇幅较大、故事性较强的“选段”上做文章，于是形成了社会知名度较高的所谓“郑伯克段于鄢”、齐桓晋文等故事段子，其实原书提供的信息量远不止于此。

再如，东晋时有一部道教经典《真诰》，其内容神神鬼鬼，又极端细致烦琐，历来学者都猜不透是本什么书。我大致翻一遍就形成了判断：这是一名参加会道门活动被骗者写下的真实记录，从中能复原出一群骗子是如何做局、策划活动的。详细内容见《〈真诰〉

中的仙人、灵媒与学道者》一文。

《"强奸子妇未成"和"拒奸伊翁成伤"》一文从未发表过。它反映的是在家庭中，晚辈女性面临长辈男性的性侵犯时，国家司法所能提供的保护空间。从元到清，司法对于遭受性侵犯的女性晚辈越来越严苛，这是立法者试图贯彻儒家孝道、长幼尊卑秩序的必然产物，也是"中华传统法律体系"步入穷途末路的最终轨迹。

我从不太相信传统文化能够为当代立法、司法带来多少有益的东西，就是从整理这些法案旧事得来的体会。

《杀死奸夫：人类"杀奸法"的历史研究》，是篇五万余字的长文，从未刊发。在苏成捷的《中华帝国晚期的性、法律与社会》开拓性研究的基础之上，我考虑如何在"性犯罪"法史领域选择一个博士论文题目，初步确定的是写"捉奸与杀奸"，因为这是古代法律中颇有特色的内容：丈夫有权在捉奸现场杀死"奸夫"，甚至可以（或必须）杀死自己犯奸的妻子。

2009年前后，一些西文的论文数据库、文献库面向国内用户开放，我由此可以查阅西方从古到今的相关法案记录，以及人类学的相关民族志素材。结果发现，关于"捉奸"和"杀死奸夫"的命题，在从"原始人群"以来的各种人类古代文明中，几乎都有大同小异的法律（或者说习惯法、风俗）。而且，这种看似野蛮和难以理解的法律，被废止的时间也不算太长，在有些文化的司法实践中，还有种种返祖式的遗存。

捉奸、杀奸是个非常细小的切入点，但从这个小窗口看去，却发现从原始人群到古老帝国，古今中西，只要存在婚姻制度的地方，人类曾经面临的问题、解决的方案都大同小异——既有共性，也有不同文化的传统与个性。这让我觉得很新奇、很有趣，那时甚至想，刑法里有那么多罪名和惩罚手段，如果把某些单独的罪名，如盗窃、诈骗、抢劫、邪教、谋反等等，都搜罗比较一下在各种文化里的定义、表现、惩戒方式，应该也会有不少有趣的发现，这应该也算"比较法学"一种深入和细化的研究方法。

《杀死奸夫》只写了五万多字，离我预想的博士论文规模还有差距。当然，如果去查阅档案馆里的清代刑科题本、巴县司法文书等，应当能找到较多的佐证案例，把清代司法实践方面的内容填补起来。但我考虑，这都属于量的增加，难有质的提升，关于性犯罪的选题便搁置了起来，我又回到中古史领域去写《南北战争三百年》。

在博士毕业前，曾有一位法理学师长读过《杀死奸夫》全文，也听我自叹，这个题材似乎缺乏深挖的空间。这位老师的归纳是，文章反映了男权社会里女性地位的局限与变迁。我大概理解这层意思，但还是感觉可供发掘的深度不够，于是一直没有再想起过此文。

近年来，清代刑案在大陆学界已经有些较深入的研究成果，且有了一定的社会普及程度，我这些写于2009—2010年间的文字，就算是千帆竞渡中被忘却的一段残舟吧。

评苏成捷《中华帝国晚期的性、法律与社会》*

美国斯坦福大学历史系苏成捷（Matthew H. Sommer）教授致力于研究中国古代有关性犯罪领域的问题。他的专著《中华帝国晚期的性、法律与社会》，[1] 侧重从法史和社会史的角度研究中国古代性犯罪问题。该书自 2000 年出版以来，中国学界少有回应和评价，本文算是在这方面一个迟来的回声。

法制史领域的性犯罪问题研究，在中国尚属新领域，但在二战后的西方法学界已有多年积累。例如，属于"古典学"的古希腊史，在西方经过数百年耕垦后已少有新热点。但在 20 世纪 90 年代初，美国学者对一份古希腊文献（《吕西阿斯篇》中《关于伊洛托斯芬尼斯被杀案》）产生不同解读，引发了在古希腊社会到底"强奸还是通奸所受的刑罚更重"的争论。一时间，多位古典学者

---

* 本文原刊于《中国史研究动态》2012 年第 1 期，个别段落有删减，此次全文收入。

[1] Matthew H. Sommer, *Sex, Law, and Society in Late Imperial China*, Stanford University Press, 2000.

撰文参与讨论，堪称古典学界一场盛事。[1]

在这种背景下，西方法史学界对中国古代性犯罪问题进行“拓殖”，也是水到渠成之事。西方法史学者的法学理论素养普遍较深，加之擅长构筑理论框架、重视运用档案文献和考察法律在现实层面的实际运作，这些在《中华帝国晚期的性、法律与社会》中都有体现，使之在理论和文献运用层面都具有较高的水准。

该书在引言和结论之外，共六章，分别是：对中国古代性规范的考察（第二章）；中国古代有关强奸法律的发展（第三章）；清代的同性恋法律与性别角色（第四章）；清代寡妇的性与财产（第五章）；娼妓的法律变迁（第六、七章）。

该著作的首要特点，就是从社会形态和观念的变迁角度，对性犯罪与法律问题进行宏观考察。苏成捷比较从唐代到清代性犯罪法律的变化，从中总结出的宏观趋势是：阶级身份区别的弱化和性别角色、道德的强化。由此，他提出了清代立法者强化保护道德和贞操的观点。比如在第二章中，关于男性主人与婢女的性关系问题，苏氏认为唐代以降的立法者们普遍承认主人对婢女的性特权，但到清代中叶（雍正和乾隆时），立法者对于性行为的管制更趋严厉，主人对婢女的性特权也受到限制。这反映了阶级身份制的削弱，社会趋于平面化，“清代司法体系致力于把良人标准的家庭与性道德推及所有人，‘每个女人都应成为好妻子’也许可

---

[1] Edward M. Harris, “Did the Athenians Regard Seduction as a Worse Crime than Rape? ”, *The Classical Quarterly*, 1990, Vol. 2.

以作为它的宣传标语”。

再如关于强奸问题的第三章，苏氏总结了对强奸犯量刑的加重趋势：唐代为一年半或二年徒刑，明清则是绞监候。伴随这一过程的，是立法、执法者要求女性被害者表现出明显的反抗，才能将案件认定为“强”奸，这反映了立法者对妇女贞操重要性的关注有提升。苏成捷还强调了法律对强奸当事双方身份关注的区别：唐代法律关注的“良贱”主要是双方阶级身份的区别，由此带来对罪犯量刑的区别，重点防范以下犯上的性犯罪；而对清代立法者，“良”人妇女则主要意味着未曾犯（通）奸的、贞洁的妇女。由此，他认为清代立法者用性别角色和道德的关注代替了以往的身份关注。

同样，中国古代法律中长期没有对同性性行为（鸡奸）的规范。到清代，才正式对鸡奸者比照男女犯奸律文科罪。苏成捷认为这体现了对男性（主要是未成年人）贞操的关注和保护。在对娼妓问题的讨论中，苏氏重点讨论了雍正元年（1723）废除娼妓法律的意义。此前，传统社会一直存在着法律认可的、贱民身份的娼妓（乐户）。但雍正法律改革正式废止了合法娼妓的存在。苏氏认为这也是清代阶级差别弱化、性别道德强化的法律体现。

阶级—道德的转换之外，苏氏著作的另一大特点，就是重视社会经济对性关系尤其是性犯罪的影响。比如在第二、七章中，他讨论了清代丈夫纵容甚至强迫妻子卖淫、与他人同居的案件。在强奸与同性行为的章节内，他注意到当时赤贫的流氓“光棍”阶层，由于没有家室和情欲发泄渠道而导致的性犯罪问题。寡妇的守贞和财产一章，他认为寡妇坚持守贞不嫁，很大程度上在于试图保有亡夫的财产；而夫家人通过“捉奸”将寡妇赶出家门，也有争夺财产的考虑。在娼妓立法部分，他引述了刑科题本、巴县档案中的一些案例，生动地展现了社会底层的妓女与掮客、衙役的共生食物链关系。苏氏的另一著作《清代中国的一夫多妻与卖妻现象》(*Polyandry and Wife-Selling in Qing Dynasty China*)，也是这个方向的继续深入之作。

对于明清以来中国社会的赤贫人群，长时间被经济史、社会史学者所忽视。因为正规文献史料中少有这些人的记载。但做法制史的学者在这方面却往往独有新见。因为这些人往往是暴力犯罪人和受害人，刑事档案中多有他们的记载(D. 布迪等著《中华帝国的法律》在这方面也有同样表现)。苏成捷此书就多有对这些人的讨论。尤其重要的是，清代关于惩治“光棍”的法例越来越多，反映出在身份阶级制消亡之后，仍有一个庞大的、赤贫的、具有反主流社会性质的人群存在，并呈现发展壮大态势。当然，从性犯罪角度，仅能观察这个人群的一个侧面。以后如果对此问题进行全面的社会史研究，应当是非常有价值的。

虽有上述贡献，但该书在论证方式与文献运用上也有一些局限。比如苏氏讨论的从唐到清中叶身份关系的弱化，是一个非常宏观的概括。但在法律实际运行层面，单个朝代往往构成“微循环”：一个王朝建立之初，有胜利者和被征服者的区别，从而产生身份制的贵贱区别。但随着时代变迁、商品经济侵蚀，到该王朝中后期，这种身份制渐渐受到冲击而趋于式微，并在法律上有所体现。唐代、宋代、明代等周期较长的王朝，法制运行层面都发生过这种问题。所以，画一条从唐到清的宏观脉络固然简便，但可能遗漏了诸多以王朝为周期的社会循环流动问题。但这个问题难以深入讨论，因为现存古代刑事档案以清代为主，之前则难以细致研究。

苏成捷遇到的另一个文献困难，则是清代的司法档案尤其是刑科题本数量极多，其中仅涉及婚姻奸情类案件就在十万宗以上。这导致任何一名研究者都不能穷尽。苏成捷采取的方式，类似于“探针式”的抽样法。该书引用的中国第一历史档案馆藏刑科题本主要有两部分，分别属于顺治年间和乾隆中前期，所覆盖年份很有限，时间跨度也很大。理论上说，两个点中间画出一条直线是最便捷的做法。但这两个点之间是否真的是直线发展？恐怕也更受制于研究者先入之见的局限。另外，苏成捷对“抽样式”引用题本的范围、方法，并未做出专门说明，只是用举例法进行论证。如果参照社会学抽样的统计方法，可能更有说服力。

作为一位来自不同语言环境的研究者，苏氏在文献运用上不可避免地有一些不足。这不应当求全责备，但应予以指出。比如他运用的司法文书档案涵盖从唐到清，比较全面，但没有采用《皇明条法事类纂》，这一文献保存了明代中前期大量案例，对法制史和社会史研究非常有价值。再如，除了律文本身，清代法典还有大量承袭明代之处，这就是《顺治律》正文之后的小注，它们主要是从明代中后期形成的“例”改编而来。注意到这一点，就能更细致地讨论明清法律的继承性问题，而苏氏没有注意到这个问题（当然，这个问题不仅局限于性犯罪法律，然而目前尚未见有专门研究，甚为可惜）。

还有个别问题，则属于对文献语言理解错误所致。比如在第三章讨论强奸行为的认定时，苏氏特意指出，清代法官认为只有阴茎插入阴道才算强奸，用手指等插入则不算。他这个论断来源于《刑案汇览》卷五十二中的一个案例："范有全欲将年甫十四岁之李二姐强奸，因见其年小身矮，恐难行奸，先用手指抠拭，将其阴户抠破流血。查阅李二姐及其父李德义等供词，俱称未被奸污，并据稳婆验称李二姐委系处女，未曾破身……"苏氏因此得出结论："手指的插入并不构成强奸——女孩的身体未被阴茎所'破'，所以仍是处女……似乎对这位父亲来说，确信其未婚女儿未被玷污是非常重要的。"其实，这个结论仅仅来源于一个误译：将"阴户"译为"vagina"（阴道），这样一来，不仅被害人父母的诉讼成了一种自欺欺人，更误解了当时的司法原则和中国传统的处女观，实属可惜。不过，苏氏并非这个误译的始作俑者。D. 布迪的《中华帝国的法律》第二编中较早翻译引用了这个案件，苏氏不过是承其余绪而已。

总之，苏成捷的《中华帝国晚期的性、法律与社会》一书，是法制史和社会史研究相结合的成功范例。作者近年来研究轨迹的变迁与深入，也体现了从法制史出发，向社会史深处开拓的广阔学术前景。

大明成化：嫖娼的僧人和军官们*

明成化十二年（1476）四月二十七日深夜的北京城，黄华坊（今东四一带）的教坊司官办妓院附近，修武伯沈昱府中闪出一名头戴白毡帽、身穿白衣的中年男子。这时的北京城已经宵禁，路上禁止行人。白衣男子似乎轻车熟路，借着残月繁星的微光，走到了妓院区。妓院区的街门已经关闭，男子轻轻叩门。守门人似乎认识男子，街门微开，男子闪身入内，门又迅速关闭了。到二更时分，街门再次打开，白衣男子闪出，依旧步行而回。他没有注意到，有个人影一直尾随在后，直到目送他进了沈府。

尾随者原来是个年轻僧人，名觉亮。天亮后，觉亮将一纸诉状递进了刑部衙门。诉状揭露，这名深夜偷偷嫖娼的白衣男子，原来是个僧人，而且是明代第一大寺——大隆善护国寺的八品僧官常琇！状纸不仅指控常琇嫖娼，还提到他和一名尼姑净山长期通奸。

---

* 原载《历史学家茶座》第22辑，2010年，原题为《明成化十二年"僧官嫖娼案"》。另，我对明代北京的城建缺乏了解，文中关于"黄华坊"的方位或有待方家教正。除文中有说明外，本文参考文献均来自《皇明条法事类纂》卷四十三，刘海年、杨一凡总主编：《中国珍稀法律典籍集成》乙编第五册，北京：科学出版社，1994年。

离奇且影响巨大的僧官嫖娼案

刑部接状后立即调查，原来当夜接待常琇的是妓女刁银课儿，她被拘传到刑部提审。到这里，我们先介绍一下明朝的法律。按照《大明律》，教坊司管辖下的妓院是合法的，普通人都可去买春，但官员和僧人、道士不行。僧道嫖娼、通奸者杖一百，按明代惯例减一等，实际应杖九十。至于僧官，则既是僧人又是国家官员的双重身份，嫖娼当然也是违法的。

常琇得到消息，连忙写状纸声辩。为了扭转案情，他还派徒孙将状纸上呈皇帝。和尚当然无法直接面奏皇帝，状纸被锦衣卫镇抚司接收。由于涉案的是有钱和尚，油水足，镇抚司兴趣很大，随即给刑部发公文，将刁银课儿及相关案卷都调了过来，修武伯沈昱、尼姑净山也被提来讯问。

随后的案情大大超出了常琇的预料，刁银课儿、净山哪里经得起锦衣卫衙门的威吓，把她们和常琇的风流韵事一一招供出来。《皇明条法事类纂》保存了都察院将此案上奏皇帝的奏本，我们今天对此事的了解便都由此而来。

奏本告诉我们，常琇本是北京彭城卫前所的一名"余丁"，即军人家属，出家后任僧录司左觉义。僧录司直属礼部，是管理天下僧寺的机关，就设在大隆善护国寺内。左觉义为从八品官，负责督察全国僧尼的法纪。常琇还投靠南和伯方瑛，认其做了义父。方瑛是著名武将，早年战功卓著。他在天顺三年（1459）病死后，其小妾常氏颇有姿色，难耐寡居寂寞，和常琇逐渐勾搭成奸。方家发觉后，将常氏赶出家门。靠常琇的关系，常氏也离开方家，在大顺圣庵出家做了尼姑，法号净山，两人依旧时常通奸。方瑛死后其子方毅袭爵，因家务纠纷被剥夺了爵位，方家此时无甚势力，也没能把常琇治罪，常琇反倒升了护国寺的僧官。

常琇这时终日交游的，也是一群和南和伯一样的袭爵武官。卷宗里记载他最早的一起嫖娼案，是案发两年前的成化十年（1474）。这年正月十六日，修武伯沈昱因为坠马被踢伤，在家休养，常琇备了面盒、手帕等礼物前去探望，同去的有本寺僧官德鲁思忠。沈昱摆酒相待，又请来了丰润伯曹振（后来有人考证他就是曹雪芹的先祖）、锦衣卫带俸（即有衔无职）指挥佥事（正四品）王珩，又叫来了一群教坊司“乐妇”：刁银课儿、晁小冤家儿、陈三儿、张福友儿、刘四儿、赵三圣保儿。众官、僧在乐妇弹唱伴奏下喝酒行令，直闹到天黑。常琇在做僧官以前，就和刁银课儿“往来情热”，此刻不禁又想重温旧情，无奈来时只带了给沈昱的礼物，没预备嫖资，就让跟班回寺里，取来银子一两、白苎丝半匹、手帕十方，送了刁银课儿。两人装作伤风，离席到书房歇息，“偷奸一度”，各回院寺。

五天后的正月二十一日，沈昱伤好，丰润伯曹振在家摆酒为他庆贺，除了沈昱，常琇、德鲁思忠、王珩等也应邀而来。又叫来四个乐妇弹唱，其中有上次陈三儿、刘四儿，如此又喝了一天。二月初一日，常琇又和德鲁思忠到泰宁侯陈桓家走动，陈家摆酒接待，叫来四个乐妇，其中又有刘四儿，如此又是一天。以后，常琇又派跟班给刁银课儿陆续送银两，云青缎、茶褐缎各一匹，酥油、乳饼、甜食及果品等，两人往来不绝。

成化十一年（1475）八月，护国寺老住持然净病死，与常琇交好的然积担任了住持。因为住持位子之争，然净的弟子觉亮被赶出了寺院。这年底，朝廷册立皇太子——后来的弘治皇帝，大赦天下。从法律上讲，常琇以往的嫖娼、通奸等罪行都已被赦免了，虽然这些罪行尚未暴露。觉亮咽不下这口气，一直寻机告倒然积和常琇。

成化十二年（1476）正月，常琇又到妓院嫖宿。他先带着跟班，骑马到修武伯沈昱家，将马寄放在沈家马房，由跟班喂养，自己扮作俗人，到了刁银课儿家，付“银豆十颗”做嫖资，奸宿一夜，次日早上到沈家，换僧服回寺。三月初九日，净山的师父病故，常琇前去吊孝、起棺，与净山在房中通奸一次。直到四月二十七日夜，最后一次嫖娼事发。据案卷记载，把门乐工蒋海给常琇开门后，将他带到了刁银课儿家中。为酬谢蒋海深夜帮忙，刁母还给了他三分银子。常琇这次的嫖资是六钱银子。二更时，又是蒋海开门给他放行。

镇抚司审理完毕，将案卷及人犯移送都察院定罪。都察院和大理寺对定罪量刑产生了不同意见。按照都察院的拟罪，常琇应按“奏事诈不以实”律处杖九十、徒二年半，净山按“尼僧犯奸”律杖九十，德鲁思忠、陈桓、沈昱、曹振、王珩及刁银课儿等乐妇都按“不应得为而为之，事理重者”杖七十。常琇和德鲁思忠勒令还俗，陈桓等武官不许管军管事。

大理寺的拟罪是：常琇不仅宿娼饮酒，而且与义父之妾通奸，罪行深重，应死罪减一等，发辽东充军；德鲁思忠革职为民；陈桓、曹振、王珩等武官与僧、娼宴饮，罚俸禄一年，不许在朝廷侍卫管事；沈昱不仅与僧、娼宴饮，还容留常琇通奸，情节更重，应停职停俸。成化皇帝批准了大理寺的拟罪，并命令刊刻此案的案卷，告示天下，在全国各司（省）、府、州、县张贴，禁止僧人拜认义父、携妓饮酒、往来文武官民之家，并重申官员不得携妓饮酒等。《明实录》对此也有记载。

道德堕落的象征：明代军官

常琇案虽然到此结束，但它反映出的明代武官和僧人的“私生活”却值得关注。明代的侯、伯爵位大多来自军功，可世袭传承。本案中的修武伯沈昱、丰润伯曹振、泰宁侯陈桓都是承袭世爵，并担任武官。沈昱以前曾在蓟州、宁夏担任军职；曹振在此案之后三年任职神机营，又调任南京操江水军；陈桓也在十余年后到宁夏担任军职。这些武官、世侯没有科举经历，大都缺乏文化修养，品味低下。

再者，明代法律中，比死刑低一等的刑罚就是充军，徒刑、流刑都比充军要轻，难以用到军人身上，军官更可以纳钞（或米、木头等）赎罪。所以军人、军官犯罪，大多是调动到别的卫所服役而已，只要不犯死刑，法律基本上就奈何他们不得。这造成一个现象，就是明代的军人、军官犯罪率比文官及百姓要高得多。

案件当中，又以通奸、嫖娼、贪污受贿等风化、经济犯罪为多，反映出教育和法纪的双重缺乏。常琇出家前就是军籍，案发后的刑罚还是发到辽东为军，由此也可以想象当时的军纪如何。

再以本案涉及诸侯、伯为例。天顺五年（1461）时，曹振在祖父丧期中纳妓女为妾，受到多次弹劾，皇帝开恩，只免了他一年的俸禄，命其到国子监读书一年（《明英宗实录》卷三三三）。次年，南和伯方毅通奸案发，原来，他还在为父服丧期间，就与其父的婢女通奸，丧满袭爵后又奸污霸占家仆之妹为妾，还诱使祖母诬陷其叔不孝，最终被剥夺了爵位（《明英宗实录》卷三三九）。从常琇案的卷宗可见，这些侯、伯整天的生活，无非就是宴饮社交、吃酒听唱，完全是一个无所事事的寄生阶层。此案中没有追究这些武官是否嫖娼，背后大概有诸人对镇抚司官员的贿赂。

贵为侯、伯尚且如此，普通军官的通奸、嫖娼案件更是频发。成化朝廷相继实行调换卫所、革去实职、革职为民等处罚，但一直难以奏效。成化三年（1467），江淮卫指挥李勋、魏鉴屡次嫖娼事发，两人都是袭祖职的三品武官，本来只需缴纳一点罚款即可。朝廷觉得处分太轻，改为保留级别、调别的卫所任职，不许管军管事（即担任实职），并宣布以后犯者照此执行。成化七年（1471），南京金吾左卫指挥佥事（正四品）姜晟、带俸指挥使（正三品）李洪等，到乐妇店内饮酒听唱，本应处纳木料赎杖七十之罪，此时朝廷又明确为：武官携妓饮酒，管事者革去管事，未管事者以后亦不得管事。

明代法律，官员不得娶乐户女子为妻妾，但娶妓女的武官可不止曹振。成化十五年（1479），庆阳卫副千户（从五品）毕通，用贪污的五十两银子和十四匹布，娶乐人之妾为妻。四年后事发，本来纳米后仍可任原职。朝廷觉得事关风化，决定依照李勋案例，保留级别俸禄，改调别卫，不许管军管事。

明代军队卫所的住宅区大都比较集中，军官、军人之间通婚非常普遍（《明英宗实录》卷六十二，正统四年十二月丁丑，山海卫指挥同知周俊奏言），军官与同僚、下级妻女通奸的案件也常发生。常琇案发的前两年，锦衣卫中千户所校尉任亨，勾引已故军人妻盛氏出家在外奸宿案发，本应纳钞代刑，仍任原职。朝廷觉得犯奸之人“行止有亏”，再给皇帝护驾，朝廷也脸上无光，遂改调不担负守卫朝廷任务的京城卫所。次年，锦衣卫后千户所校尉叶普贤、任福贵又犯此罪：叶勾引军人王俞之妻来家奸宿，任则是勾引本卫另一校尉之妻杨氏出外奸宿。两人都按照任亨案的先例，改调别卫充军。

十余年后的弘治三年（1490），云南木密关守御所正千户黄钺，见本所致仕副千户可宗的次女川儿姿色颇好，起意奸淫。此时的川儿已经与本所军人熊顺订婚。可家与军人郑全家相邻，黄钺就让军伴（勤务兵）向郑全之妻联络，让她与川儿通风密约。结果川儿当即“笑允”，与黄钺在郑全家相会通奸一次，黄钺付银子二钱。后两人通奸不断，直到被熊顺当场捉获，告到上级。朝廷决议将黄钺革职为民，以后军职有奸同僚妻女者都照此办理。

这是明中叶的情况。到晚明时情况如何？最鲜明的反映当数小说《金瓶梅》了，其主人公西门庆是山东的理刑千户，其实正是以锦衣卫理刑千户为原型。他不仅是院中李桂姐、郑月儿等妓女的老主顾，家里还有个娶来的妓女老婆李娇儿。有趣的是，西门庆见到同僚何千户的妻子蓝氏时，也是淫心顿起，必欲奸之而后快，要不是他死得早，恐怕马上也要实践黄钺那一套了。另外，西门庆也是在一群帮闲的簇拥下，终日宴饮笙歌，其生活和常琇案中的诸人如出一辙。

即色即空：僧人的性

武官之外，僧人通奸的情况也值得一提。大概是元代宽纵僧人的遗风，明初颇有僧人娶妻的，所以明初旧例规定，僧有妻子的，任何人都可以殴打羞辱，还可以索钞五十锭。如果没有钱，打死也不违法（《明英宗实录》卷八十二，正统六年八月戊子）。成化时，朝廷讨论常琇案说："南北两京，天下司府州县，僧尼数多，其如常琇、沈昱等淫秽丑声不少。"可见僧人通奸的现象也比较普遍，社会声望很差。

弘治以后，政府对僧尼道士犯奸的处罚又有加重，在原来杖九十、还俗的基础上，又增加了"于本寺观庵院门首枷号一个月"的处罚。到嘉靖五年（1526），再次发布新例，加重僧道通奸的量刑（《嘉靖新例》）。可惜这次不像常琇案那样有完整的文书保存下来，我们无法知道具体案情了。这次的新规定有：

第一，如果有妇女到寺观出游，须拿送官府，并逮捕其丈夫，都处以枷号一个月之刑。

第二，僧道勾引他人妻女离家通奸（刁奸），借机逃走或者诓骗财物的，发边远卫充军。

第三，妇人勾引其他妇女到寺观的，妇人及其丈夫枷号三个月；知情的住持也同样治罪。

从这几条规定推测，这个案件包含的情节应当是：僧人勾引民妻到寺庙通奸，并将其拐骗私奔。这和《水浒传》第四十五回僧人裴如海勾引杨雄之妻潘巧云的情节非常相似。联系常琇案判决后朝廷曾命各地张榜公布，嘉靖初年的这个案件也一定在当时引起很大反响，并可能成为《水浒传》作者的灵感来源之一。《水浒传》在这里的一段评论颇能反映当时社会对僧人的看法：

看官听说：原来但凡世上的人情，惟和尚色情最紧。为何说这等话？且如俗人、出家人，都是一般父精母血所生，缘何见得和尚家色情最紧？说这句话，这上三卷书中所说潘、驴、邓、小、闲，惟有和尚家第一闲。一日三餐，吃了檀越施主的好斋好供，住了那高堂大殿僧房，又无俗事所烦，房里好床好铺睡着，无得寻思，只是想着此一件事。假如譬喻说，一个财主家，虽然十相俱足，一日有多少闲事恼心，夜间又被钱物挂念，到三更二更才睡，总有娇妻美妾同床共枕，那得情趣。又有那一等小百姓们，一日价辛辛苦苦挣扎，早晨巴不到晚，起的是五更，睡的是半夜，到晚来未上床，先去摸一摸米瓮，看到底没颗米，明日又无钱。总然妻子有些颜色，也无些甚么意兴。因此上输与这和尚们一心闲静，专一理会这等勾当。那时古人评论到此去处，说这和尚们真个利害。因此苏东坡学士道："不秃不毒，不毒不秃。转秃转毒，转毒转秃。"和尚们还有四句言语，道是："一个字便是僧；两个字是和尚；三个字鬼乐官；四字色中饿鬼。"……从古及今，先人留下两句言语，单道这和尚家是铁里蛀虫，凡俗人家岂可惹他。自古说这秃子道："色中饿鬼兽中狨，弄假成真说祖风。此物只宜林下看，岂堪引入画堂中！"

僧人普遍不如武职官员富有，能像常琇那样钻营到僧官之职、有钱嫖娼或包养情妇的终是少数。但僧人过独身生活，没有合法妻室，性欲更难以宣泄。很多僧人只能求助同性性行为，长老对徒弟的性侵犯尤为普遍。明代这方面没有太直接的案例，但清代刑部的档案选编《刑案汇览》（卷五十二）可做一点参考：嘉庆二十三年（1818），湖北省举人、教谕卢嘉会鸡奸十四岁弟子事发，由于律例对儒师鸡奸弟子没有明文规定，湖北巡抚比照亲属乱伦通奸定罪，受到刑部批评。刑部意见称"儒师之奸弟子，固例无明文，而僧道之奸弟子，则事所常有"，要求比照僧道鸡奸弟子判罪，可见僧道此类案件之多。

常琇嫖娼案是个案，但它反映出专制国家机器的腐朽，以及它统治下整个社会的堕落。希望它仅仅属于历史。

“强奸子妇未成”和“拒奸伊翁成伤”

一、历代法典对近亲相奸的量刑

传统中国严厉禁止亲属间的性行为（犯奸）。《唐律疏议》卷二十六《杂律》：

> ……诸奸从祖祖母姑、从祖伯叔母姑、从父姊妹、从母及兄弟妻、兄弟子妻者，流二千里；强者，绞。
>
> 诸奸父祖妾、伯叔母姑、姊妹、子孙之妇、兄弟之女者，绞。

这里的“奸”都指和奸，即男女双方自愿的性行为，男女所受刑罚也相同。强奸则只制裁男方。近亲间的性行为属于“十恶”之一的“内乱”，不得减罪赎罪。《唐律疏议》卷一《名例》“十恶”条：“十曰内乱（注：谓奸小功以上亲、父祖妾及与和者）。”翁为子妇服大功，故翁奸子妇属“十恶”，依律当处绞刑。宋代刑法在这方面完全继承唐代。

元代蒙古统治者不熟悉汉人五服制度，但仍对亲属相奸处以重刑。《元史》卷一〇四《刑法志三》：

诸翁欺奸男妇，已成者处死，未成者杖一百七，男妇归宗。和奸者皆处死。

诸与兄弟之女奸，皆处死。与从兄弟之女奸，减一等。与族兄弟之女奸，减二等。

诸与弟妻奸者，各杖一百七，奸夫流远，奸妇从夫所欲。

诸欺奸义男妇，杖一百七，欺奸不成，杖八十七，妇并不坐。妇及其夫异居当差，虽会赦，仍异居。

诸嫂寡守志，叔强奸者，杖九十七。

诸与同居侄妇奸，各杖一百七，有官者除名。

诸强奸侄妇未成者，杖一百七。

这里的“欺奸”与强奸同义。元代司法中明确了强奸已成和未成（未遂）的量刑区别。已成之犯当处死，未成者都杖一百七。元代司法很少徒、流刑，死刑减一等之后就是杖一百七。可见强奸未成之犯，是按照减已成一等来量刑的。

明初制定的《大明律》更加强了对亲属相奸的处罚。《大明律》卷二十五《犯奸》“亲属相奸”条：

……若奸从祖祖母姑、从祖伯叔母姑、从父姊妹、母之姊妹及兄弟妻、兄弟子妻者，各绞。强者，斩。

若奸父祖妾、伯叔母姑、姊妹、子孙之妇、兄弟之女者，各斩。

明律列举的亲属种类和顺序完全与唐律相同，但处刑加重了。唐代处二千里流刑的和奸之罪，明代改成了绞刑；唐代处绞刑的和奸罪，明代成了斩刑；强奸者也都处斩刑。明代对于十恶之“内乱”的界定，完全与唐律相同。但明律没有说明强奸亲属已成、未成，量刑是否区分，这在后来的司法实践中发生了许多问题。

黄彰健《明代律例汇编》一书的“亲属相奸”部分，收集了弘治和嘉靖年间两个关于强奸亲属未成如何量刑的例。[1]在《皇明条法事类纂》一书中，载有一个更早的成化年间强奸子妇未遂案例，即成化六年“亲属相奸不分成与未成俱问本罪例”。[2]这个案例可以补充黄氏的明代律例汇编工作。更重要的是，由于当时司法机构（南北两京的大理寺）对量刑发生争执，双方在奏本中详尽论述了自己的观点，且列举了大量先朝案例，这使我们能够比较全面地了解明代中前期（永乐、宣德、正统、景泰、天顺、成化数朝）此类案件的判决情况，以及此时期皇帝（立法者）、司法官员对待案件的不同方式。

[1] 黄彰健编著：《明代律例汇编》卷二十五“亲属相奸”条，台北：“中央研究院”历史语言研究所专刊之75，1994年影印，第937页。

[2] 刘海年、杨一凡总主编：《中国珍稀法律典籍集成》乙编第五册《皇明条法事类纂》卷四十三，第733—744页。

二、成化五年祁安强奸子妇未成案之争

明成化五年（1469），南京驻军鹰扬卫的一名舍余（即军人家属）祁安，被告强奸男妇（儿媳）林氏。负责审判的南京刑部江西清吏司认为，祁安所犯为“奸子孙之妇”律，拟定斩罪。

按照规定，死刑案件在请示皇帝前先要经大理寺审核。南京大理寺卿夏时正认为该犯祁安称冤不服，两度发回重审，江西司都坚持原判。

南京大理寺第三次驳回时，案件改由南京刑部山西司审判。祁安这次被认定为强奸未成，“不合要与男妇林氏求奸。窥瞰林氏进入佛堂内，将本妇搀住推倒，搀破中衣。林氏喊叫，不曾成奸”。量刑也依照常人强奸未成之律，“杖一百，流三千里”，按照明代“有大诰减等”惯例，减为杖一百、徒三年，并以纳科（罚款）代替执行。这个量刑被南京大理寺认可，报送皇帝。同年十一月十七日，宪宗谕旨批示：“祁安准拟”，即同意南京刑部、大理寺的判决。

本案至此应当结束了。但这个批示后仅三天，北京又发生了一起类似案件。当月二十日，锦衣卫上后所总旗刘勉，到已故的堂叔家与堂叔之妾李氏商量家务，当晚在李氏后房外间歇宿。“至二更时分，是勉明知李氏系小功亲妾，不合进伊房炕上，将李氏按住，要行强奸。本妇声叫，勉就吐舌放在李氏口内，意图喜允。李氏狠怒，将勉舌尖咬落一块。勉害疼痛，翻跌炕下。次日李氏将情赴通政司，告送刑部广东清吏司拿勉，问拟绞罪。”案件最后

报送北京大理寺审核。

北京大理寺卿王概对刘勉的判决没有异议。但在报送皇帝前，王概注意到了刚经圣裁的南京祁安案。他认为对祁安量刑过轻，违反了律条和本朝司法惯例，遂向宪宗题本上奏，一是汇报北京刘勉案情，二是批评南京祁安案的判决。王概认为，《大明律》载“强奸者绞。未成者杖一百，流三千里”的量刑，只是针对没有亲属关系的强奸案；对于亲属间的未遂强奸案，不能按照常人减等。

> “《大明律》：……若奸……兄弟妻、兄弟子妻者，各绞；强者，斩。若奸父祖妾、伯叔母姑、姊妹、子孙之妇、兄弟之女者，各斩。”谨详律意，常人相奸，则有成奸与未成奸之条。惟亲属相奸，事干伦理，本条不载未成奸之文。

王概称，按照以往司法惯例，罪当斩、绞的亲属强奸案，即使未成的，司法机关也都拟定为斩、绞罪。宣德年间，有崔兴强奸男妇未成，皇帝批示：“发辽东充军”（明代充军仅次于绞刑）。英宗正统年间，有张唤唤、裴成强奸男妇未成，宁让、柴敬强奸侄妇未成。裴成案中，大理寺卿俞仕悦等曾请示比照宣德时崔兴之例充军。但英宗对这四起案件的批复都是“依律”，即按照《大明律》处以斩、绞刑。还有一起夏继宗强奸义子夏何得之妇未成的，由于夏何得是义子，且已经分家，英宗批示：“夏继宗……不为例：饶死，打一百，枷钉，连妻小发口外卫分充军，但逃不饶。夏何得并妻着归宗。今后犯奸义子妻的，只查照洪武、永乐年间问斩例行。”对照这些案例，祁安的判决明显过轻。王概请示皇帝，要求南京方面予以改判。

十二月二十四日，宪宗批复：“刘勉依律，祁安着再问拟来。”即批准刘勉绞刑判决，并要求南京大理寺、刑部对祁安重新定罪报请。

得到圣旨，夏时正写了一个很长的奏本论证自己的观点。他的观点是：《大明律》亲属相奸部分，只有和奸、强奸的量刑，没有强奸未遂的刑罚，但这不代表未成和已成要同样判决。他认为《大明律》“犯奸”开端部分的“强奸者绞，未成者杖一百，流三千里”，就包含了对亲属强奸未成的量刑。支持这种判决的前代案例，除了宣德年间的崔兴案，夏时正又找到了三个：永乐年间，索付强奸弟妇未成，法司拟充军，圣旨批准；完者不花强奸子妇未成，法司拟斩，圣旨发南丹充军；正统时，缪秀一强奸前夫之女未成，法司拟徒罪，圣旨批准。

宪宗对夏时正奏本批：“法司知道”，即命北京的刑部、大理寺、都察院三法司会商研究。其实在宪宗命南京大理寺解释的时候，北京刑部就开始查找这方面案卷了。洪武、永乐两朝的档案大都保留在南京，北京只存有宣德、正统、景泰、天顺几朝。结果发现宣德年间郑清、柴谅、宋束、刘福保、王能、杨兴、陈铭七人，强奸男妇或侄妇、兄妻未成，都是法司问拟斩罪，圣旨准充军发落。正统二年（1437）到天顺三年（1459）间，有杨来儿、郑兰、童买真、史李住、马景昙、陶宣、瞿李、吴伯通、袁清九人，强奸子妇、兄弟妻妾、义父之妾未成，都处斩。这些案例都不支持夏时正的意见。

成化六年（1470）四月十五日，刑部尚书陆瑜等将会商结论奏报皇帝：以后再有类似强奸亲属未遂案件，应按律拟定绞、斩罪名，并说明其未成情形，奏请皇帝定夺。至于祁安，由于南京大理寺已经审驳二次，不宜再介入，建议调南京都察院审拟报请。宪宗批准了奏本。从此，“亲属犯奸至死罪者，不分成奸与未成奸，俱依本律科断。仍将未成缘由，奏请定夺”正式成为问刑条例。[1]弘治年间全面修订问刑条例，此例依旧保留。[2]

此案中发起辩论的两人：南北两京大理寺卿夏时正和王概也值得一提。夏时正，《明史》卷一五七有传。浙江仁和人，正统十年（1445）进士，除刑部主事，历刑部郎中、大理寺丞、南京太常少卿，[3]成化五年迁南京大理寺卿。王概，江西庐陵人，正统七年（1442）进士，历任刑部郎中、河南按察使、大理寺卿、刑部尚书。[4]两人中进士的时间相差一科，都在刑部担任主事、郎中，一段时间内曾是同僚。

---

[1] 以上过程见《皇明条法事类纂》卷四十三，王概奏本与陆瑜奏本，刘海年、杨一凡总主编：《中国珍稀法律典籍集成》乙编第五册，第730—744页。

[2] 黄彰健编著：《明代律例汇编》卷二十五“亲属相奸”条所引《弘治问刑条例》《胡琼集解附例》，第937页。

[3] 《明史》本传作南京大理少卿，误。《倪文僖集》卷二十一《送太常李少卿献绩朝京诗序》《容台别意诗序》。

[4] 《续文献通考》卷一三六、《御定资治通鉴纲目三编》卷十二（天顺元年四月）、《河南通志》卷三十一“按察使司按察使”条、《元明事类钞》卷九、《续通典》卷一一一、《四库全书总目提要》卷一〇一《法家类存目〈王恭毅驳稿〉》。

从工作经历看，两人平生担任的职务大都和司法有关。但两人治学旨趣不太一样。今存王概《王恭毅驳稿》二卷，收入四库全书存目的法家类，是他担任大理寺卿期间所作疑案驳稿，可见其平生致力于法学。夏时正的著作《明史·艺文志》著录有《深衣考》一卷、《三礼仪略举要》十卷、《太常志》十卷、《杭州府志》六十四卷、《留余稿》三十五卷，可见关注的主要领域是儒家经学。夏时正对祁安案的驳议完全脱离明前期的司法实际，大概和他的这个特点有关。

三、嘉靖七年改例的若干疑问

成化六年制定的“亲属相奸未成例”，不知后代是否认真执行。但到嘉靖七年（1528），发生了一起“张义隆强奸弟妇未成”案，改变了成化例的量刑。明代律书对此案记载很简略：

> 《大明律疏附例》：一、嘉靖七年闰十月刑部会题，犯人张义隆强奸弟妇未成。奏奉圣旨：张义隆所犯有关伦理，与他强奸未成的不同，姑饶死发边卫充军。又覆题，奉圣旨：“是”。今后亲属犯奸未成的，都依律问罪，发边卫充军，著为定例。钦此。

> 《嘉隆新例·刑例》：嘉靖七年闰十月，刑部会题亲属犯

奸人犯，俱依强奸未成本律一体科断；或照崔兴事例，仍发边卫充军，止终本身。节奉圣旨：张义隆所犯有关伦理，与他强奸未成的不同，姑饶死发边卫充军。著为定例。[1]

现在比照成化时祁安案，推测一下嘉靖七年张义隆案中刑部奏请和皇帝批示的过程。

刑部最初给皇帝拟的意见是："俱依强奸未成，本律一体科断；或照崔兴事例，仍发边卫充军，止终本身。""强奸未成本律"应指《大明律》"强奸者绞，未成者杖一百，流三千里"的规定。崔兴案已见前述，是宣德时期强奸子妇未成，发辽东充军。这有点奇怪，因为成化时针对强奸亲属未成的情况已有明文规定，且又经弘治时编纂入例，现在的刑部官员竟然显得一无所知。在他们拟定的处罚中，按照崔兴案处以充军之刑，已是相对较重的选择了。

世宗对刑部意见的批示是："张义隆所犯有关伦理，与他强奸未成的不同，姑饶死发边卫充军。"这是采纳了刑部比照崔兴案的建议。从这个批示里，我们也难以确定世宗是否知道祁安案。但可以想象，虽然刑部的拟刑官没有采用成化例，但肯定有其他官

[1] 刘海年、杨一凡总主编：《中国珍稀法律典籍集成》乙编第二册《明代条例》：《大明律疏附例所载续例附考及新例》，第354—355页；同册，《嘉靖新例》，第424页；同册，《嘉隆新例·刑例》，第692页。晚清薛允升《读例存疑》所载亦可稍补："此条系前明嘉靖七年闰十月，刑部尚书胡世宁题，为申明律例，再乞明旨钦定，以便遵守事。奉旨：是今后亲属犯奸未成，都依律问罪，发边卫充军，著为定例。"胡星桥、邓又天主编：《读例存疑点注》，北京：中国人民公安大学出版社，1994年，第746页。

员知道，他们会因此上书皇帝，要求按照时间更近的成化例改判。大概又经过类似成化五年到六年间的一番争论，比照崔兴说又占了上风，世宗最终确定："是。今后亲属犯奸未成的，都依律问罪，发边卫充军，著为定例。"

更令人惊讶的是，王肯堂笺《大明律附例》中，引用了嘉靖七年南京大理寺的一个题本，其内容与五十八年前的夏时正奏本几乎完全相同。从常理推测，这大概是嘉靖时的南京大理寺官员对夏时正意见被驳心有不甘，遂趁这次讨论张义隆案之机，将夏时正当年的题本又拿出来，稍做修改，再次题报。因为夏时正是南京大理寺卿，这种行为颇有为本司前任翻案的意味。但这种行为未免过于大胆。因为夏时正题本已经被明宪宗圣旨否决。嘉靖时官员装作不知前例而做别论不会有太大危险，最多属于业务不精，不懂成例。但如果拿当年夏时正题本原文当自己意见题奏，一旦被反对者指出，则是欺君之罪。恐怕没有官员敢冒这种风险愚弄皇帝。再者，嘉靖七年张义隆案时，南京大理寺卿职位正出缺。王世贞《弇山堂别集》卷六十《南京大理寺卿》条载：

> 陈琳，福建莆田人，由进士，嘉靖元年任。
>
> 王翊，直隶滦州人，由进士，三年任。
>
> 杨一渶，广东南海人，由进士，五年任，本年以前任劾免。
>
> 傅习，江西进贤人，由进士，七年推补，未任卒。
>
> 葛浩，浙江上虞人，由进士，八年任。

张羽，陕西南郑人，由进士，九年任……

可见嘉靖五年到八年之间，南京大理寺卿空缺。当然左右少卿可代为理事，但这种情况下贸然奏事的可能性更低。那么《大明律附例》引用的这个所谓“南京大理寺题本”从何而来？一种可能就是，该书编者错把夏时正题本当作嘉靖七年之事，遂节文编入书中。《皇明条法事类纂》所载夏时正题本，系刑部尚书陆瑜题本中的引用，所以可能有些正文没被收入。这大概是《大明律附例》题本中若干字句不见于《皇明条法事类纂》的原因。暂存此假说，以待相关史料的发现。

嘉靖七年改定之例后世一直沿用。据《读例存疑》，此例在清乾隆五年（1740）删去了本无意义的“依律问罪”四字。到乾隆六十年（1795）又补充了其他强奸、调奸亲属未遂情况，条文演为：

凡亲属和奸，律应死罪者，若强奸未成，发边远充军；调奸未成，杖一百、流三千里。其和奸罪不至死者，若强奸未成，发近边充军；调奸未成，杖一百、徒三年。

此例一直沿用至20世纪初清政府改律，从嘉靖七年算来，沿用了三百八十多年。

四、清代子妇拒翁强奸的两难处境

明清常人强奸尚且处绞（监候），对强奸罪的定性、证据要求严格便成为题中应有之义。雷梦麟《读律琐言》云：

> 凡问强奸，须观强暴之状，或用刀斧恐吓，或用绳索捆缚，果有不可挣脱之情，方坐绞罪。若彼以强来，此以和应，始以强合，终以和成，犹非强也。[1]

本文中祁安、刘勉两案，对强奸（未成）行为的认定都有确凿证据：祁安案有扯破的“中衣”，刘勉则是被咬伤的舌尖。强奸（未成）案中，咬伤罪犯的唇、舌是最有说服力的证据。《元典章·刑部》载有至元三年（1337）一起翁强奸男妇未成的案件，罪犯被男妇咬伤舌头，告发到官，处杖一百七。[2]

到清中叶的强奸子妇未成案，另一个情况成为立法、司法者关注的重点：拒奸时咬伤其翁，属于伤害尊长，子妇是否当为这种行为获罪？

家庭中卑幼杀、伤尊长要严惩，这是中国法制的传统。《唐律疏议》卷二十二载：“诸妻妾……殴（夫之祖父母、父母）者，绞；伤者，皆斩。”明清律“殴祖父母、父母”条更加重为：“凡子孙

---

[1]《读律琐言》卷二十五“犯奸”条，北京：法律出版社，2000年，第447页。

[2]《大元圣政国朝典章·刑部》卷三“内乱”条，祖生利、李崇兴点校，太原：山西古籍出版社，2004年，第65页。

殴祖父母、父母，及妻妾殴夫之祖父母、父母者，皆斩；杀者，皆凌迟处死。”但妇女在抗拒强奸时杀、伤男子当做何处理？法律中一直没明文规定。

嘉庆十七年（1812），伊犁将军晋昌题报：“邢杰强奸子妇邢吴氏未成，被邢吴氏咬落唇皮，将邢吴氏照例拟斩，请旨定夺。”六月十三日，皇帝上谕：“此案邢杰蔑伦行强，翁媳之义已绝……今邢吴氏系亲属妇女，猝遭强暴，情急咬落伊翁唇皮，其情节断非装点，与无故干犯尊长者迥别。邢吴氏应照律勿论，免其治罪。邢杰照例发乌什、叶尔羌等处为奴。该部知道。”

这之后，到六月十七日，嘉庆帝又发一道谕旨给刑部：

> 吉纶奏：前在山东巡抚任内，有安丘县民人王锡，强奸子妇王孟氏未成，致被王孟氏咬落舌尖一案，与近日晋昌所奏邢杰强奸子媳邢吴氏未成被邢吴氏咬落唇皮案情相同。现在邢吴氏已照例勿论。伊前办王孟氏一案，因格于妻殴夫之父母成例，拟以斩决，奉旨改为监候。秋审情实二次未经予勾，现在仍监禁。可否一起免其治罪？……著交刑部查明王孟氏案情与邢吴氏相同即行释放。并著该部检查各直省有与此二案情节相仿者，均奏明划一办理。

据《清史稿》卷二〇三《疆臣年表七》，吉纶任山东巡抚在嘉庆十二年（1807）五月到十三年（1808）十二月，到此时方四年。孟氏同样因为拒奸咬伤其翁，判处斩监候，已经两度秋审暂缓执行，所以嘉庆帝可能有些印象。他命刑部清查此类案件，就是要统一判决标准。

刑部很快报告："查原拟斩监候之民妇孟氏，已据山东巡抚咨报，于上年十一月在监病故，应毋庸议。"在刑部的清查结果里，有两个曾拒伤图奸伊翁仍在斩监候中的妇女，其中一个是主动勾引其翁，一个是其翁已被女家殴毙，都不符合这次邢吴氏案件的条件。最后法司会商提出的意见是：

> 伏查翁媳名分綦重，与捉奸殴伤犯奸期亲以下尊长、律得勿论者迥异，是以向来办理儿媳拒奸殴伤伊翁之案，俱仍按律问拟斩决，将情有可原之处附疏，声请改拟斩候。……臣等公同酌议，应请嗣后子妇拒奸殴伤伊翁之案，审明实系猝遭强暴，情急势危，仓猝拒捍，或伊翁到官供认不讳，或亲串邻佑指出素日淫恶实迹，或同室之人确有见闻证据，毫无疑义者，仍依殴夫之父母本律定拟。臣等于核覆时恭录现奉谕旨，将应否免罪释放之处奏请定夺。倘系有心干犯事后装点捏饰，并无确切证据，或设计诱陷伊翁因而致伤，仍照本律拟罪。等因奏准。

皇帝批准了这个决议，当年正式编纂为例。[1]此例规定：妇女

---

[1]《刑案汇览》卷五十三"亲属相奸""强奸子妇被妇咬落唇皮"案，北京：北京古籍出版社，2004年，第1983—1984页。

确实因拒奸殴伤伊翁的，督抚须仍按殴伤夫之父母本律拟罪，刑部复核时抄录邢吴氏案件的谕旨，提出是否免罪的参考意见，由皇帝最终裁决。

到嘉庆二十四年（1819），妇女拒奸杀伤人始有例文："妇女拒奸杀人之案，审有确据，登时杀死者，无论所杀系强奸、调奸罪人，本妇均勿论。"[1]但此例是针对常人犯奸案件，翁奸子妇案仍需按照嘉庆十七年例办理。道光八年（1828），河南巡抚奏报"黑夜不知伊翁图奸将翁咬伤"案，因为没有遵循嘉庆十七年例，受到了刑部驳议。

> 此案霍岳氏，因伊翁霍登鳌于黄昏时乘伊在房和衣睡熟，拉裤图奸，该氏惊醒，黑暗中不辨何人，当向喝问。霍登鳌虑恐该氏声张，即用手按住该氏之口。该氏情急咬伤霍登鳌手指，霍登鳌喊痛，该氏听闻伊翁声音，松口坐起。霍登鳌又将该氏按到，撕裤强欲行奸。该氏挣拒喊救，霍登鳌当即逃逸，该氏未被奸污。该抚将霍登鳌依律拟军，以霍岳氏黑暗中不知伊翁图奸，咬伤翁手指，实属犯时不知，应依凡论，照本妇殴伤图奸强奸未成罪人勿论例勿论。等因咨部。[2]

---

[1] 据《读例存疑》"杀死奸夫"条："此条系嘉庆二十四年，四川总督蒋攸铦题周德佶图奸李何氏未成，被李何氏戳伤身死一案，奏准定例。"胡星桥、邓又天主编：《读例存疑点注》，1994年，第559页。

[2]《刑案汇览》卷五十三"亲属相奸""强奸子妇被妇咬落唇皮"案，第1985页。

刑部意见是："虽系犯时不知，但系夫之父母，伦纪攸关，未便径依凡人予以勿论，自应照殴夫之父母本例问拟，援案奏请。该抚将该氏予以勿论，系属错误，应令该抚另行按例妥拟具题。"可见子妇在不知强奸者为其翁的情况下造成伤害，法律后果也非常严重。两年后的道光十年（1830），子妇拒奸造成其翁死亡也定为例，妇女要处以绞监候：

> 子妇拒奸殴毙伊翁之案，如果实系猝遭强暴，情急势危，仓猝捍拒，确有证据毫无疑义者，仍照殴夫之父母本律定拟，刑部核覆时，援引林谢氏成案，将可否改为斩监候之处奏请定夺。若系有心干犯，事后装点捏饰，并无确切证据；或设计诱陷伊翁，因而致杀；及事后殴毙，并非仓猝捍拒致死者，仍照本律定拟，不得滥引此例。[1]

可见清代妇女面临其翁强奸时，处境极其窘迫。抗拒行动造成其翁死、伤的，将被拟处绞监候，仅仅成伤的，有可能获宽免，但这完全依赖于皇帝的心情。如抗拒未果，则很难被认定为遭强奸，翁媳通奸两人都要处斩，事后告发也难得到太多宽免。如嘉庆九年（1804），辛梦浚诱惑弟妻游氏吃鸦片，乘其迷醉，以吓制成奸。游氏后向其夫哭诉此事，告官后官府以游氏与夫兄通奸，

---

[1] 《刑案汇览》，第 1977—1983 页；胡星桥、邓又天主编：《读例存疑点注》，第 663 页。

拟绞刑，圣旨改为绞监候。道光二年，“赖陈氏被夫兄赖九吓逼成奸，嗣逼奸三次，曾向伊夫及姑哭诉”，结果仍是照游氏案判绞监候。[1]

清前期和明代此类案件如何裁决？目前案例中不见有这类材料。但从《元史》卷一〇四《刑法志三》“诸欺奸义男妇，杖一百七，欺奸不成，杖八十七，妇并不坐”的条文看，妇女被欺奸免刑的惯例应该持续了较长时间。

《元典章·刑部》还载有至元五年（1339）的一个翁奸媳案：魏忠与男妇张瘦姑通奸共四次，“有瘦姑道：‘你剪了阴毛着。’忠依随剪了，致被告发到官”。此案中，瘦姑劝其翁“剪毛”，是为了告官时举证。法司最后判决魏忠死刑。张瘦姑与翁通奸，本应处死，且历来法典都规定奸犯不得自首，但瘦姑与魏忠通奸乃被胁迫，自己并不情愿，“曾向伊夫学说”无效后才自行首告到官，所以被量情减刑，处杖七十七，并允许离婚归宗。[2]这种对妇女相对宽大的裁决，在清代简直是不可思议的。

---

[1] 《刑案汇览》，第1972页。

[2] 《大元圣政国朝典章·刑部》卷三“内乱”条，第65页。

杀死奸夫：人类“杀奸法”的历史研究

本文主要讨论“杀死奸夫”问题，即人类法律和习惯法的一个历史现象：丈夫在发现妻子与人通奸时，有权当场杀死两人（或一人）。

中国自明清以来，“捉奸捉双”或“杀奸杀双”几乎成了民间习语，因为当时法律认可丈夫的这种权利。进入 21 世纪，中国也有学者呼吁恢复通奸罪，并在一定程度上承认“杀奸权”：

> 规定通奸罪，至少必然肯定无过错配偶一方或尊亲属有捉奸权。这种权利的存在，将使通奸者有更多的顾忌。至于激于义愤而杀奸或伤害奸夫奸妇者得到从轻或减轻处罚，不仅在情理之中，也在法理中，更能使多少登徒子为之胆寒！这必然有利于保护受害或蒙羞者的权利，阻吓道德败坏者。[1]

本文不讨论恢复“杀奸权”的现实可行性，只是努力清楚地

---

[1] 范忠信：《通奸罪与杀奸权》，载氏著：《信法为真》，北京：中国法制出版社，2000 年，第 216 页。

描绘它的历史轨迹。晚清著名法学家沈家本曾作《论杀死奸夫》一文，[1]但可惜的是，他只是从理论和道理上论证杀奸权的不合理，呼吁废止，而没有对杀奸权的历史分析。当代学者对该文的研究，方法也停留在沈家本的理论方式上，缺乏实证研究。[2]目前似乎尚未有学者对“杀奸权”的历史进行系统研究。所以，本文试图对人类婚姻与家庭产生以来的“杀奸”问题进行较全面的归纳，特别是前国家状态的原始民族习惯法，以及中欧法律传统的对比。

“杀奸”问题和通奸罪有密切联系，但两者又不完全是一回事。首先，在有些没有通奸罪的社会，依然会赦免杀奸的丈夫，即承认其杀奸权。其次，多数有通奸罪的社会，犯罪者也不至于死刑，但如果他们在通奸现场被杀，杀人的丈夫却是无罪的，其他如盗窃、诈骗等罪就不能如此判决。本文不专门讨论通奸罪问题，但通奸罪的量刑却是杀奸的大背景，量刑越轻，杀奸权问题就越凸显，所以本文在论述中会涉及一些通奸罪及量刑的问题。

在涉及人类学和西方法制史的领域，本文使用了较多英美学者的研究成果。由于涉及语言的对应问题，这里对使用的概念做一点说明。“通奸”（adultery）指婚姻之外的性关系，但在夫权制的社会，“通奸”一般专指妻子与丈夫之外的其他男人发生性关系。

---

[1] （清）沈家本：《历代刑法考·附寄簃文存》第四册，邓经元、骈宇骞点校，北京：中华书局，1985年，第2083—2087页。

[2] 宁杰：《对沈家本〈论杀死奸夫〉的现代法理解说》，《比较法研究》2002年第3期；孔志国：《法理背后的法理与法理之争——从沈家本〈论杀死奸夫〉一文谈起》，http://article.chinalawinfo.com/article/user/article_display.asp?ArticleID=1020。

至于丈夫的婚外性行为，妻子多难以求助法律手段进行制裁。清代法律对当事三者称呼为：奸夫、奸妇、本夫。在英语中，一般径称为丈夫、妻子，奸夫却没有专门的称呼，一般称为妻子的情人（lover, paramour），文雅些的称为 libertine（花花公子）。在涉及这些翻译的地方，本文一般径译为“奸夫”。

一、国家状态的杀奸习惯法

历史时期，家庭形态受到国家（东方）和教会法律（西方）的规范，在国家产生前的原始社会，则主要由风俗和习惯法约束。由于婚姻、家庭习俗不同，各原始民族对待“通奸”和杀奸的态度也不同。

在尚未形成国家的民族，婚姻、家庭方面一个非常普遍的特征，就是在结婚前，男女间有比较充分的性自由，不管所谓母系家庭或者父权家庭，对未婚子女的性问题都较少干涉。以历史时期云南墨江哈尼族自治县哈尼族的布孔支系为例：

> 布孔人婚前性生活比较自由，当青年男女到十五六岁以后，就很少归家住宿。女子住在一种名叫“风火楼”的房中，男子则在夜深人静时“爬风火楼”。一个男子可以爬若干个“风火楼”与若干个女子同居，一个女子也可以在“风火楼”上先后与若干个男子同居，这种同居，并不意味着二人今后

将结为长久夫妻。[1]

和布孔人的“风火楼”相似，景颇族、傈僳族的“公房”与黎族的“寮房”（布隆闺），都是这种供未婚男女幽会的公共建筑。[2]其他如壮族、彝族、瑶族、傣族、苗族等，传统上男女婚前交往也都有类似的自由。区别较大的，是在结婚之后丈夫对妻子的性垄断权。下面，我们先以中国民族学历史材料为基础，讨论这种不同。

中国少数民族松散的婚姻与夫权扩张

永宁纳西族的家庭形态以母系家庭为主，“以母系血缘为纽带，世系按母系计算，即由母祖传给母亲，由母亲传给女儿，依此类推，无一例外”。[3]纳西族男女结合采取交“阿注”（朋友）形式，男子夜晚到女子家过夜，白天则回自己家中劳动，任何一方都可以随时终止这种关系，也可以同时有多个“阿注”，两性关系不稳

[1] 范一：《布孔人社会形态试析》，《民族研究》1987 年第 1 期，第 35 页。

[2] 陈克进：《原始婚俗管窥》，《广西民族研究》1987 年第 1 期，第 99 页。需要注意的是，这种未婚男女的自由交往并不一定最终结婚，因而尚难以称之为“婚俗”。

[3] 严汝娴、宋兆麟：《论纳西族的母系“衣杜”》，《民族研究》1981 年第 3 期，第 21 页。关于纳西族的婚姻家庭形态，还可参见严汝娴、宋兆麟：《纳西母系亲属制与易洛魁亲属制的比较研究》，《民族研究》1980 年第 2 期；傅懋勣：《永宁纳西族的母系家庭和亲属称谓》，《民族研究》1980 年第 3 期。

定。在这种婚姻形态下，男女都没有对对方的性垄断权，“捉奸”问题自然不可能产生。

但在永宁纳西族中，偶尔也有因交“阿注”而引起的纠纷。一种表现为当地划分为若干个交“阿注”的村落集团，如果男子到其他的阿注村落集团寻找情人，可能引起该村落集团男子的嫉妒，“他们联合起来驱赶、侮辱甚至殴打前来走访的男子，这个男子一定要赔礼认错，补请小伙子们喝酒，才能获准继续与女阿注偶居”。[1] 另一种是阿注交往中，一方对另一方与别人的交往表示不满，对对方或“情敌”进行辱骂、殴打，这种情况男女方都可能发生，但不会受到公意的认可，“企图独占对方，通常都会引起纠纷，其结果，独占者不仅遭到社会舆论的嘲笑，认为这是‘干了一件害羞的蠢事’，而且阿注关系往往也因此而结束，最后终落得个得不偿失的下场”。[2]

此外，一些民族虽然处于父系家庭形态中，婚姻关系仍不严密，不仅结婚前青年男女有较多的性自由，结婚后丈夫仍无法实现对妻子的性垄断。前述云南墨江哈尼族布孔支系就是如此：

> “爬风火楼”习俗存在的同时，布孔人的夫妻关系不牢固，结婚至今无须登记，离婚也不办法律手续，并且较为容易。

---

[1] 詹承绪、王承权、李近春、刘龙初：《永宁纳西族的阿注婚姻和母系家庭》，上海：上海人民出版社，1980年，第27—28页。

[2] 詹承绪、王承权、李近春、刘龙初：《永宁纳西族的阿注婚姻和母系家庭》，第82页。

葬礼，布孔语称为“搭末撮”，一般要进行三天。第一天傍晚，四方寨子的姑娘和小伙子们来到办丧事的人家，他们除了向死者表示哀悼外，还可以按照历史上传下来的规矩，得到自由幽会野合的机会。……在“搭末撮”，不仅未婚青年男女可以“幽欢野合”，已婚的男女也可以与自己过去的“情人”或其他女子、男子上山“野合”，丈夫不得干涉妻子，妻子也不得干涉丈夫。更引人注目的是，当“搭末撮”开始时，办丧事的人家要当众宣布：妻子、丈夫跟别人上山“玩”（即“幽欢野合”），他们的丈夫、妻子不准闹事，闹事者要用皮条或链条锁起来。从而使葬礼活动呈现出一种奇特的现象：一面是主人家肝肠欲断的痛苦和令人心碎的哭泣，一面是男女青年重温旧情、寻求新欢。而沉溺于悲哀之中的主人必须杀猪或牛，摆起酒菜招徕四方谈情说爱的人们。[1]

广西金秀和贺州的部分瑶族的婚姻也不是排他性的，夫妻双方在婚后都可以有自己的情人，家庭关系比较松散（不是所有瑶族都如此，见后文）：

作为古代对偶婚的残余，在广西金秀和贺县的部分瑶族中有所谓“情人制度”。其情形大致如下：男女结婚偶居后，仅是保留名义上的夫妻关系。一般婚后一个月左右，每一方

[1] 范一：《布孔人社会形态试析》，第35页。

都可以公开与自己的情夫或情妇来往，所以有“同锅不同房”的俗谚。当夜幕降临，妻子的情夫点着火把来访（故又称此俗为“点火把”），丈夫应笑脸相迎、热情接待，尔后亦如来客般去找自己的情妇偶居。平日丈夫外出归来，看到门上有某种标记，便知道妻子正在与情人幽会，于是主动避让。[1]

关于北方民族的传统婚姻、家庭形态，目前研究报告较少，但东北鄂伦春人的婚姻，也具有这种特征：“如妻子和别的男人发生关系，丈夫虽然知道，并不说妻子，丈夫和别的女人有了性关系，妻子也不说丈夫，两者谁也不管谁……”[2] 在母系家庭或者婚姻关系松散的民族中，夫妻双方都没有性垄断权，自然也就没有丈夫“捉奸”和“杀奸”的问题。

在中国大多数少数民族中，婚姻已经表现出了男权的排他性。结婚前男女都有较多的性自由，但结婚后，丈夫开始对妻子行使性垄断权。如广西南丹县的白裤瑶，未婚的男女青年可以自由交往，当地称之为“玩表”，每人可以有多个“玩表”的对象，但婚后女方的性自由受到限制，“通奸已受到社会与家族的谴责，抓住后令其请酒赔礼，并保证今后不得再犯。私生子受到社会的歧视，被称为‘狗屎嵬’。”[3]

广西沙黎壮族男女在婚前也有充分的性自由，婚后妻子也多

---

[1]　陈克进：《原始婚俗管窥》，第 102 页。

[2]　秋浦：《鄂伦春社会的发展》，上海：上海人民出版社，1978 年，第 14—15 页。

[3]　玉时阶：《白裤瑶的婚姻家庭制度》，《贵州民族研究》1987 年第 3 期，第 130 页。

有与旧情人保持联系的。当地风俗，妇女在出嫁后、生育前“不落夫家”（即长住娘家），这为其私通提供了机会。丈夫家庭一方虽有不满，也无可奈何。如果妻子在娘家怀孕后仍不肯到夫家，就会引起夫家“捉奸”，但这只是促使妻子进家，一般不会导致杀人：

> 一般在娘家与他人怀孕的妇女，只要肯回夫家生育定居，则万事全休，夫家也难以追究所生子女究竟为谁所出。倘若孕妇不肯回夫家定居，有的夫家便借机闹事，通常是借媳妇与情夫私会时，以“捉奸拿双”的方式，强迫情夫请巫公禳灾辟邪。是时巫公在前作法，令媳妇背着竹箩，丈夫持巫公的木剑在后游村示众。情夫边走边敲竹箩，祈求神灵饶恕，并向夫家服罪认罚，立誓今后不再违犯。其后妻子被迫到夫家生育，所生子女虽归夫家所有，但受歧视称为“野仔”。[1]

云南西部德宏的景颇族，男女在婚前的性关系也比较自由，称为“干脱总”（意为串姑娘），妻子在生育前也有住娘家的风俗，当地称为“坐家”。但景颇族丈夫对“坐家”的妻子，已经明显有了“捉奸”的权利，并可以杀死偷情的妻子和情人：

> 在“坐家”期间，已婚妇女虽被要求“守贞操”，但实际上她们还去参加“干脱总”，甚至有某种程度的性自由（秘密

[1] 王昭武：《沙黎壮族的婚姻和家庭》，《贵州民族研究》1986 年第 4 期，第 94—95 页。

进行）。……已婚妇女通奸，一旦被丈夫发现，或被打死，或遭离弃，情夫如躲过了被殴毙的命运，则依例杀牛“祭鬼”，并听由原夫索赔几头至十几头牛。对于非婚生子女，社会舆论不加轻侮，如他们与婚生子一样享有家产继承权，有能力的也可以当寨头。[1]

可见景颇族的夫权已经比沙黎壮族、白裤瑶强化，但不歧视非婚生子女这一点，又与沙黎壮族、白裤瑶不同。不知是因为自身发展程度不同，还是受中央政权的影响程度不同，瑶族婚姻中的夫权体现出比较大的差异。清代的金秀大瑶山瑶族曾立有乡规性质的石牌，规定有对通奸行为的惩罚：

在金秀瑶族社会里，若发生男女婚外性关系，其罪否取决于女方丈夫和家族的态度。若女方丈夫和家族认定这桩奸情不容宽宥，石牌便对奸夫淫妇惩处。惩处的方式有罚款、挂红、游村喊寨、转卖、死刑等，其中以罚款为最常见。[2]

此外，广东连南县的南岗排瑶，对捉获的奸夫也处以罚款，[3]

---

[1] 陈克进：《景颇族的婚姻形态》，《社会科学战线》1981 年第 1 期，第 201 页。

[2] 莫金山：《近年来发现的两件瑶族石牌习惯法考释》，《广西民族研究》2002 年第 2 期，第 65—66 页。

[3] 《民族问题五种丛书》广东省编辑组：《连南瑶族自治县瑶族社会调查》，广州：广东人民出版社，1987 年，第 78 页。

掌排瑶则为捆绑游街加罚款。[1]

在彝族、壮族、傣族社会中，已经有了比较稳定的习惯法，有些已经形成法典（习惯法汇编）。先看壮族的情况。根据广西隆林县、西林县的壮族习惯法，丈夫当场捉奸时，可以将奸夫或通奸双方杀死，如果不想杀死，可以将其游街示众、纠人到其家中吃喝以及索赔，等等。[2]

在各民族习惯法汇编中，以傣族的《西双版纳傣族的封建法规》最为系统，在其“通奸”部分，详细规定了不同身份、等级的人犯通奸罪所处的罚款，第 143 条专门规定：“不管是头人和一般百姓，若到人家内房与有夫之妇通奸，被其夫亲手和请人将奸夫奸妇当场杀死，无罪，不准追究。”第十章总则部分的“杀人无罪”原则又重申了“奸妇奸夫在行奸现场被杀”的情况。[3]

四川凉山、云南宁蒗的彝族习惯法，同样涉及了丈夫杀死奸夫的情况。凉山彝族的习惯法规定，丈夫杀死奸夫后需要赔偿一定人命金。[4] 在宁蒗彝族习惯法中，丈夫杀奸则是完全正

---

[1] 《民族问题五种丛书》广东省编辑组：《连南瑶族自治县瑶族社会调查》，第 271 页。

[2] 《广西壮族社会历史调查》第一册，南宁：广西民族出版社，1984 年，第 61 页；《广西壮族社会历史调查》第二册，1985 年，第 192 页。

[3] 刀伟：《傣族法律制度研究》，中央民族大学 2005 年博士学位论文，第 118、121 页。

[4] 四川省美姑县志编纂委员会编纂：《美姑县志》，成都：四川人民出版社，1997 年；转引自刘正发（阿里瓦萨）：《凉山彝族家支文化传承的教育人类学研究》，中央民族大学 2007 年博士学位论文，第 322 页。

当的。[1]

世界诸原始民族的杀奸习惯法

关于诸原始民族惩罚通奸者的习俗，E. A. 韦斯特马克的《人类婚姻史》中曾有部分论及，但其论述的目的是证明“男性嫉妒”造就了一夫一妻制家庭，而非对杀奸问题的探讨。[2]这里，我们利用英美人类学者的研究成果，来观察一下世界范围内诸原始民族的杀奸习惯法。

美洲印第安人

在美洲特里吉特人（阿拉斯加南部和英属哥伦比亚北部）部落，同宗族的男子可以分享妻子。但丈夫部落之外的男人与其妻子通奸，丈夫可将奸夫处死。丈夫如果不杀死奸夫，可以向他索取财物赔偿，如果奸夫拿不出，则要沦为奴隶来补偿。[3]

在 Clallam 族，丈夫可以杀死奸夫而无需担心遭到报复，因为

---

[1] 云南省宁蒗彝族自治县志编纂委员会编纂：《宁蒗彝族自治县志》，昆明：云南民族出版社，1993 年；转引自刘正发（阿里瓦萨）：《凉山彝族家支文化传承的教育人类学研究》，第 330 页。

[2] [芬兰] E. A. 韦斯特马克：《人类婚姻史》，李彬、李毅夫、欧阳觉亚译，北京：商务印书馆，2002 年。

[3] Kalervo Oberg, “Crime and Punishment in Tlingit Society”, *American Anthropologist*, New Series, Vol. 36, No. 2 (Apr.-Jun., 1934), 148.

奸夫的家族知道，“这种杀奸行为顺应了公意”。[1]

英属加勒比的圭亚那人，财产赔偿往往是惩罚通奸的重要手段。当通奸被抓现行，或者传扬得众人皆知的时候，受辱的丈夫有权杀死奸夫。[2]

巴西的特里纳人，如果丈夫捉到有人与其妻子通奸，可以正当地杀死奸夫。[3]

南太平洋群岛

新不列颠群岛的土人，丈夫及其朋友捉到奸夫后，会对其拳打脚踢，用木棍猛打，并全力掐扭其脖颈。被打的奸夫往往颈部肿胀，不能说话，在几天后惨死。[4]

南太平洋的 Papuan 人，如果丈夫发觉有其他村民或者同族人与妻子偷情，他们则多与奸夫决斗，经常以双方负伤告终。丈夫当场捉奸时，往往会杀死奸夫。然后，杀人的丈夫或其近亲向死者的近亲付赔偿金，死者近亲收到赔偿金后，会把死者的妻子嫁

---

[1] Brad Asher, “Their Own Domestic Difficulties: Intra-Indian Crime and White Law in Western Washington Territory, 1873–1889”, *The Western Historical Quarterly*, Vol. 27, No. 2 (Summer, 1996), 194–195.

[2] John Gillin, “Crime and Punishment among the Barama River Carib of British Guiana”, *American Anthropologist*, New Series, Vol. 36, No. 3 (Jul.–Sep.,1934), 334–345.

[3] Kalervo Oberg, “Terena Social Organization and Law”, *American Anthropologist*, New Series, Vol. 50, No. 2 (Apr.–Jun., 1948), 286.

[4] Benjamin Danks, “Marriage Customs of the New Britain Group”, *The Journal of the Anthropological Institute of Great Britain and Ireland*, Vol. 18 (1889), 293.

给杀人者。[1]

非　洲

东非的 Luo 族人，对于诸如通奸等罪，要比殖民者的文化重视得多。以前，杀死正在通奸的男子并不被看作谋杀（罪）。[2] 乌干达的 Banyoro 人的上层阶级，对通奸的处罚更严厉，奸夫经常被处死。对通奸犯的指控往往是“谋杀”。据说当地人是这样解释的：因为奸夫面临死刑的威胁，一旦奸情暴露，往往先杀死撞破者或捉奸者。由此推理，一切通奸者都是潜在的杀人者。[3]

在罗得西亚（现赞比亚及津巴布韦），英国学者记录了当地 Awemba 人的习惯法案例：丈夫发现奸夫正在与其妻行奸，遂杀死奸夫。丈夫被要求向酋长缴纳偿命金，因为他侵犯了酋长独掌的生死大权。如果在 Amambwe 地区，丈夫可以不受惩罚地杀死奸夫。[4]

---

[1] R. F. Fortune, “Law and Force in Papuan Societies”, *American Anthropologist*, New Series, Vol. 49, No. 2 (Apr.-Jun., 1947), 244.

[2] John W. van Doren, “Death African Style: The Case of S. M. Otieno”, *The American Journal of Comparative Law*, Vol. 36, No. 2 (Spring, 1988), 332.

[3] H. R. Hone, “The Native of Uganda and the Criminal Law”, *Journal of Comparative Legislation and International Law*, 3rd Ser., Vol. 21, No. 4 (1939), 183-184.

[4] Cullen Gouldsbury, “Notes on the Customary Law of the Awemba and Kindred Tribes: Part II—The Law of Personal Relations and the Law of Contract (Continued)”, *Journal of the Royal African Society*, Vol. 15, No. 58 (Jan., 1916), 160. 另外，曾有学者认为 Wemba 族的普通男子也享有杀奸权，但该文作者称他的调查不支持此说，参见该文第 175 页。

关于东非班图部落的杀奸习俗，及英国学者的“殖民视角”问题

关于东非的班图部落，查尔斯·丹达斯（Charles Dundas）在1915年发表的论文称，当地与已婚、未婚女子通奸造成怀孕，要罚奸夫十只山羊，强奸的处罚也相同。但他怀疑当地有允许杀死奸夫的风俗：

> 我曾听到一种尚未证实，但人们都倾向于相信的说法，就是法律授权丈夫在捉奸现场杀死奸夫。我确信在所有三个部落情况都非如此。……我因此确信在任何情况下都不允许杀死奸夫。……事实上有一个很普遍但未必得到严格执行的说法，就是如果丈夫没有亲眼见到其妻的奸情，就不能主张任何东西。
>
> 对那些和主人年龄相仿的来访者，主人会让自己的妻子在小屋里陪他过夜。这样出生的孩子和奸生的孩子一样，会被不受歧视地抚养成人。……年老的父亲经常允许儿子们与其后母发生性关系。这被认为是完全合法的。[1]

六年后，丹达斯又发表了一篇关于班图部落的论文[2]，其中称：

[1] Charles Dundas, “The Organization and Laws of Some Bantu Tribes in East Africa”, *The Journal of the Royal Anthropological Institute of Great Britain and Ireland*, Vol. 45 (Jul.-Dec., 1915), 273-275.

[2] Charles Dundas, “Native Laws of Some Bantu Tribes of East Africa”, *The Journal of the Royal Anthropological Institute of Great Britain and Ireland*, Vol. 51 (Jan.-Jun., 1921), 244-246.

在Useguha、Ungoni和Rombo部族，杀死通奸者的权利是得到认可的。在Woasove部族，当场捉住的通奸者要被处死。在Wabunga部族，如果赔偿金没有兑现，丈夫也有同样的权利。在Unyamwesi与Ubena部落，与酋长妻子通奸的男子要被处死，在Uhehe部落，要用石头碾碎通奸者的胫骨。其他土著人常说，丈夫当场捉住通奸者时可以将他杀死，但我不认为这么做是合法的，这只说明这种情况十分常见，由此看来，在以前通奸经常导致谋杀，所以奸夫总是面临着严重的风险。

……我们可以说，原始人较少地指望法律，较多地指望自己维权的能力。对于通奸和其他犯罪，如果我们觉得在以前只有赔偿的解决方法时，我们就会犯大错误。尽管在一些部族，赔偿金数额相当高。

……虽然丈夫可以告发妻子所犯的奸情，妻子从不能抱怨丈夫的奸情，但丈夫一方的不忠是妻子请求离婚的普遍原因。奸夫对罪行承担全部责任。

通奸赔偿金总是交给丈夫，但Sumbwa部族的风俗是个例外，奸夫需向丈夫缴纳一百锄，国王五十锄，长老二十二锄。这笔赔付大概应被称为罚金而非赔偿金。从Wachagga部族的一种特殊风俗可以看到土著人的观念：如果某男子向一名丈夫告发了其妻的奸情，他就必须像奸夫一样缴纳赔偿金。因为据说他不该留心别人的妻子，他这样做就侵犯了丈夫的权利，实质上与通奸无异。[1]

1915 年丹达斯论文讨论的几个班图部落里，丈夫向男性客人提供妻子过夜，父亲也允许儿子与后母性交。这与中国的布孔人及花篮瑶的风俗有相似之处，即丈夫对妻子的性垄断尚不强烈。但在原始民族中，这种情况也是比较少见的，丹达斯 1921 年的论文也涉及了其他班图部落的杀奸现象，但他似乎一直固执原说。

关于这个问题，笔者尝试提出一种解释，就是从中世纪一直到 19 世纪，几乎所有欧陆国家的法律对丈夫杀奸都持宽容态度，杀奸者往往不受处罚或者量刑很轻。但唯独英国法律不同，从王政复辟（1661）以来一直严惩这种行为。所以英国人在自己的殖民地也禁止这种风俗。[2]作为一名英国学者，丹达斯在研究班图人风俗的时候，可能不自主地带有某种先入之见，即认为杀奸是极端不“文明”、不合理的行为，以致不愿承认它的普遍性。同样，很多英国民族学者关于非洲的论文，虽记载了大量对奸夫的经济

[1] 按，中国古代民族中也有类似心态。《北史》卷九四《勿吉传》：“其妻外淫，人有告其夫，夫辄杀妻而后悔，必杀告者。由是奸淫事终不发。”

[2] 关于英国殖民者对殖民地杀奸习惯法的禁令，笔者目前未见专文研究，目前的一个例子是印度的 Khasi 部族，以前曾有丈夫杀死奸夫的风俗，但在 1819 年被英国人禁止。R. D. Sanwal, “Bridewealth and Marriage Stability Among the Khasi of Kumaon”, *Man*, New Series, Vol. 1, No. 1 (Mar., 1966), 54. 再一例是前引 E. A. 韦斯特马克《人类婚姻史》（第一卷，第 276 页）：“英属新几内亚南部，当地常有杀死奸夫的风俗。后来殖民者对奸夫处以罚款或监禁，当地人都认为不足以平民愤。可见杀奸行为是受到殖民者禁止的。”

惩罚措施，但没有提到有无杀奸的风俗，可能也是这种心态导致的观察盲点。

德国学者大概比英国学者更能正视杀奸问题。1890—1910 年间，德国人类学家在德属东非及其他德国殖民地进行了系统调查，涉及三十个地区，得到了大量问卷记录。从中可见第六十六个问题："如何处理通奸行为？丈夫是否有权杀奸？杀奸行为是否普遍？奸夫是否可以为自己和奸妇赎命？"[1]1929—1930 年，根据这些原始材料整理出版了两卷本的《原住民法》（*Das Eingeborenenrecht*）。

丈夫能否杀死"奸妇"问题

在父权制的原始民族，男子娶妻大多需要向女子家缴付大量财礼，少数情况则是靠抢婚。无论哪种情况，妻子都可以看作丈夫买来或抢来的私产，自由处置的权力很大，如果妻子与人通奸，丈夫大都有权杀死。但这也因妻家势力或风俗习惯而有例外。

在美洲特里吉特人部落，如果丈夫不想处死通奸的妻子，妻子娘家的亲属要向丈夫提供财物，以补偿其声誉。[2] 19 世纪尼加拉瓜的印第安人，丈夫可以合法杀死通奸的妻子。[3]巴西的特里纳

[1] Alison Redmayne, "Research on Customary Law in German East Africa", *Journal of African Law*, Vol. 27, No. 1 (Spring, 1983), 34.

[2] Kalervo Oberg, "Crime and Punishment in Tlingit Society", *American Anthropologist*, New Series, Vol. 36, No. 2 (Apr.–Jun., 1934), 148.

[3] Elizabeth Dore, "Property, Households and Public Regulation of Domestic Life: Diriomo, Nicaragua 1840–1900", *Journal of Latin American Studies*, Vol. 29, No. 3 (Oct., 1997), 602.

人，丈夫在杀死奸夫之外，也可以因此杀死妻子，但通常是打一顿了事。[1]

美洲的 Clallam 族，丈夫经常杀死通奸的妻子。在 Twana 部落，丈夫有捉奸时杀死妻子的权利，但他们因为怕遭到妻子亲属的报复而很少这样做。[2]

前面谈到的非洲罗得西亚 Awemba 人，曾有一个女子偶尔与他人通奸的案例，她的丈夫宽恕了她；还有一个妻子多次与人通奸，最后丈夫与其离婚，该妻子不能分得结婚时的财产。当丈夫与人通奸时，妻子不能提出离婚。据说男子可以休掉通奸的妻子的原因，是妻子给丈夫做饭，可以此使他生一种 chifuba 病。男子对女子则没有此威胁。在 Amambwe 地区，丈夫捉奸时可以杀死奸夫，但不得杀死妻子。[3]

乌干达的 Banyoro 人，如果妻子与人通奸，且奸夫并非丈夫的同族，那么丈夫可以合法地杀死她。[4]

---

[1] Kalervo Oberg, "Terena Social Organization and Law", *American Anthropologist*, New Series, Vol. 50, No. 2 (Apr.-Jun., 1948), 286.

[2] Brad Asher, "Their Own Domestic Difficulties: Intra-Indian Crime and White Law in Western Washington Territory, 1873-1889", *The Western Historical Quarterly*, Vol. 27, No. 2 (Summer, 1996), 194-195.

[3] Cullen Gouldsbury, "Notes on the Customary Law of the Awemba and Kindred Tribes: Part II—The Law of Personal Relations and the Law of Contract (Continued)", *Journal of the Royal African Society*, Vol. 15, No. 58 (Jan., 1916), 160, 165.

[4] H. R. Hone, "The Native of Uganda and the Criminal Law", *Journal of Comparative Legislation and International Law*, 3rd Ser., Vol. 21, No. 4 (1939), 183-184.

新不列颠群岛的土人，对奸夫奸妇的刑罚非常残酷。奸妇会被当场用矛戳死。[1]

19世纪50年代，在菲律宾吕宋岛传教的西班牙教士Father Alarcón，记录了当地土人的风俗习惯："通奸被认为是与谋杀一样严重的罪行。当发生此类事件时，受害一方的亲属们会集合起来，全副武装冲到奸夫家中，或者杀死他，或者索取不低于人命价的一大笔罚金。奇怪的是，在通奸案中，人们对奸夫的刑罚远远高于奸妇，对前者人们杀死他或者把他家抢掠一空，对后者并不杀死，仅采取离婚或者驱逐，甚至连这点处罚都不做。"[2]

东非班图人丈夫一般不会责备妻子的不忠，但也有例外。在Ungoni部族，通奸的妻子会被殴打；在Wasove，酋长的妻子出轨会被杀；在Ubena的情况很奇怪，偷情妻子会得到奸夫的半数赔偿金，但如果能证明是她引诱的奸夫，她或她的娘家必须向丈夫交付半数赔偿金，即一头公牛和一只小羊。[3]

可见多数情况下，丈夫有权杀死出轨的妻子。但因为妻子是丈夫的财产，出于现实角度考虑，丈夫倒未必愿意这么做。还有

---

[1] Benjamin Danks, "Marriage Customs of the New Britain Group", *The Journal of the Anthropological Institute of Great Britain and Ireland*, Vol. 18 (1889), 293.

[2] Fray Ruperto Alarcón, William Henry Scott, "A Description of the Customs of the Peoples of Kiangan, Bunhian and Mayoyao,1857", *Journal of the Folklore Institute*, Vol. 2, No. 1, Folklore and Culture (Jun., 1965), 98.

[3] Charles Dundas, "Native Laws of Some Bantu Tribes of East Africa", *The Journal of the Royal Anthropological Institute of Great Britain and Ireland*, Vol. 51 (Jan.-Jun., 1921), 244-246.

一个问题，就是如果丈夫没有当场捉奸，就需要妻子来指证奸夫，这时妻子又和丈夫站在一起了，丈夫自然也不愿杀妻。例如刚果中部的 Boloki 族，需要靠出轨的妻子来指证奸夫、收取罚款，所以妻子一般不受惩罚。[1]再如津巴布韦的 Shona 人，传统习惯法也是靠妻子的证词来指控奸夫并罚款。这与欧洲的法律习惯很不一样，在津巴布韦现代化的过程中也显得日益不适应。所以在 20 世纪 40 年代的司法实践中，就逐渐限制单纯凭妻子口供的诉讼，到五六十年代最终完全按照现代的证据法裁决。[2]

在中国少数民族习惯法中也可以找到相应的事例，如侗族习惯法中有“处理‘奸行问女方’如同‘惩治强盗找窝家’”的说法。[3]再如僜人家庭是严格的父权制，男子要花很大代价和多年努力才能买到一名妻子，对妻子也有完全的性垄断权：

> 但是，妻子若与人私通，丈夫往往只对私通的男子强行罚取财物或给予更为严重的惩处，而对于妻子的过失反而显得很宽容。甚至有这种情况：有的妻子与别人私通后，不过十来天就主动告诉自己的丈夫，使他向与之私通的男方罚取

---

[1] Richard Thurnwald, “Social Systems of Africa”, *Africa: Journal of the International African Institute*, Vol. 2, No. 3 (Jul., 1929), 235.

[2] Robert B. Seidman, “Rules of Recognition in the Primary Courts of Zimbabwe: On Lawyers’ Reasonings and Customary Law”, *The International and Comparative Law Quarterly*, Vol. 32, No. 4 (Oct., 1983), 891-892.

[3] 郭长生、邓星煌：《侗族习惯法概述》，《贵州民族研究》1984 年第 1 期，第 144 页。

财物，而自己并不受到责难。……在父权制条件下，私生子为什么不受社会的歧视，妻子与人私通为什么不受丈夫的苛责呢？这大概可以从“妻子是丈夫的财产”这一私有观念得到解释。在僜人社会中，妻子是丈夫用牛买来的活的物，是丈夫的私有财产之一。如果因为私通而惩罚妻子或把妻子置于死地，丈夫的财产就会受到损失。反之，宽恕妻子，惩罚与之私通的男子，丈夫就会得到补偿，增加收入。据说在察隅曲流域，个别多妻的富户就是利用这种手段致富的。[1]

杀奸与部族复仇

在国家形态下，对通奸者的惩罚，或者对丈夫“杀奸权”的保障，都由国家机器来行使。原始民族则要靠部族保障家庭关系。本文不涉及部族内的共妻制或乱伦禁忌问题，只讨论外婚制部族对成员家庭婚姻的保护。

美洲的特里吉特人，如果奸夫的地位很高，无法被处罚，丈夫的部族成员会向丈夫提供财物，以示安慰。[2] 在 Puyallup-Nisqually 人中，当奸夫被捉奸杀死时，其家族“没有合法报复的可能”，但死者的亲属有时会怀恨在心，偷偷杀死杀奸者。在 Twana 部落，丈夫出于害怕遭到奸夫亲属的报复，而不敢杀死奸

[1] 吴从众：《僜人父权制的家庭与婚姻》，《民族研究》1980 年第 1 期，第 73 页。

[2] Kalervo Oberg, “Crime and Punishment in Tlingit Society”, *American Anthropologist*, New Series, Vol. 36, No. 2 (Apr.-Jun., 1934), 148.

夫。[1] 前文已谈到，该族的丈夫也出于害怕遭到妻子亲属的报复，而不敢杀死出轨的妻子。可能相对周边与其通婚的诸族，该部族比较弱小，以致丈夫对奸夫、对妻子的惩罚权都难以实现。

英属加勒比的圭亚那人，如果丈夫怀疑别人与妻子通奸，会立即采取暴力复仇，拳头、弯刀、弓箭，甚至火枪都会派上用场。特别是木薯酒狂欢期间，极容易因此造成误会。械斗发生后，两个村庄间会长期敌对，不相往来。[2] 巴西的 Terena 人，如果奸夫被捉时杀死了丈夫，不会受到追究，因为他是在保卫自己的生命。当然这会给丈夫的家族带来极大的羞耻。[3]

西非多哥兰（今加纳）附近的 Konkomba 人，因人口增长，同一个部族分化成 Kanjoch 与 Sambul。20 世纪初，一名 Kanjoch 男子与一名 Sambul 女子通奸，被激怒的 Sambul 人发动袭击，将 Kanjoch 人赶离了居住地，并杀死至少五十名 Kanjoch 人。[4]

肯尼亚西北部的 Turkana 人，受伤害的丈夫有权杀死奸夫，如果奸夫逃脱，其亲属有义务将其捕获并送到受伤害的丈夫那里。

---

[1] Brad Asher, “Their Own Domestic Difficulties: Intra-Indian Crime and White Law in Western Washington Territory, 1873-1889”, *The Western Historical Quarterly*, Vol. 27, No. 2 (Summer, 1996), 194-195.

[2] John Gillin, “Crime and Punishment among the Barama River Carib of British Guiana”, *American Anthropologist*, New Series, Vol. 36, No. 3 (Jul.-Sep.,1934), 340.

[3] Kalervo Oberg, “Terena Social Organization and Law”, *American Anthropologist*, New Series, Vol. 50, No. 2 (Apr.-Jun., 1948), 286.

[4] A. W. Cardinall, “Some Random Notes on the Customs of the Konkomba”, *Journal of the Royal African Society*, Vol. 18, No. 69 (Oct., 1918), 49.

如果奸夫的亲属做不到这点，那就需要把整个部族的粮储都送给受害的丈夫。[1]

17、18世纪南美种植园曾有黑奴逃亡到雨林中，形成后来苏里南的Matawai人，社会组织为母系村落，以渔猎和刀耕火种为生，有不成文的习惯法。村落中的议事会对民间纠纷做裁决，然后由亲属团体执行。通奸案件是议事会处理的主要问题。对通奸者一般处罚财物，或当众鞭打，以满足受伤害的丈夫。如果他还不满足，常采取法外手段复仇。当奸情众所周知、没有疑义时，丈夫会找到奸夫，打他一顿。丈夫的兄弟们也可能前去帮助。奸夫一般不敢动手自卫。当奸情不明朗时，被怀疑通奸的人不会甘愿挨打，这会演化为两个家族间的集体斗殴。双方会相约划船到村外去打斗，当地称之为“打船架”（boat fights）。[2]

综上可见，原始社会中，部族力量是丈夫杀奸权的保障。受损害的丈夫要求经济赔偿时，“奸夫”部族往往要对此负责。当“奸夫”被杀引起所属部族不满时，就会发展为部族间的冲突和战争。

马林诺夫斯基的研究个案

关于原始民族的性风俗，以马林诺夫斯基的专著《原始的性爱》（*The Sexual Life of Savages in North-Western Melanesia*）最为

[1] E. D. Emley, “The Turkana of Kolosia District”, *The Journal of the Royal Anthropological Institute of Great Britain and Ireland*, Vol. 57 (Jan.-Jun., 1927), 189.

[2] Edward C. Green, “Social Control in Tribal Afro-America”, *Anthropological Quarterly*, Vol. 50, No. 3 (Jul., 1977), 109.

翔实。该书以南太平洋美拉尼西亚特罗布来恩群岛的原住民为研究对象。由于其他研究成果都是非常简要地提及杀奸问题，马林诺夫斯基著作的翔实细致，可以让我们对原始民族的杀奸问题有更真切感性的认识，所以这里也做一些引述：

特罗布来恩群岛是一个母系社会，“人们的世系、亲缘及各种社会关系的确定都只有以母亲为准才算合法；这里，妇女们不但能参与重要的部族生活，而且在经济、礼仪和巫术活动中也起着主导作用”。[1] 这里婚前的两性关系较自由，有“单身汉屋”供未婚男女同居，这很像前文所述的中国西南民族的“风火楼”“公房”之类。

对于已由家族订婚但尚未结婚的男女，不要求其在性方面必须忠贞，但在正式结婚后，丈夫对妻子具有完全的性垄断权。他人夫妻的性生活、结婚前的性史是不能谈及的隐私，更不用提通奸了。“特罗布来恩人最下流、最不可原谅的咒语和凌辱话语就是‘阔依乌木夸娃’（kwoy um kwava：跟你老婆睡觉）。它会导致谋杀、巫术或自杀事件的发生。”[2] 书中记载了离当时较近的一起通奸及杀奸纠纷，即典型的部族复仇战争：

> 据说，在奥马拉卡村已去世的上辈人中有一位叫作塔依塔颇拉（Taytapola）的男人，关于他的故事更具悲剧色彩。他

[1] ［英］马林诺夫斯基：《原始的性爱》，王启龙、邓小咏译，北京：中国社会出版社，2000年，第4页。

[2] ［英］马林诺夫斯基：《原始的性爱》，第118页。

的妻子布露夸妩乌夸（Bulukwau'ukwa）正与同村的一个叫莫鲁夸亚瓦（Molukwayawa）的男人通奸时被他当场抓住。奸夫成功逃走。丈夫手持长矛紧追不舍，但却没有抓住他。他回到家里就吹响了海螺，于是他的“威育拉”（母系亲属）都聚集到了他的周围。他们一起冲到了村子另一头奸夫居住的地方，当着他的亚氏族谴责和侮辱他。随即发生了一场村民中的家族之间的打斗，双方兵戎相见，而且都有自己的亲属支持。犯罪者被长矛刺死身亡。在这种情况下，进攻者常常集中攻击犯罪者本人，而防御者常常因为理亏而缺乏战斗意志。[1]

这是一个通奸引发家族复仇战争的生动例子。可见即使在这种“母系社会”中，丈夫的性垄断权仍是绝对的。出轨的妻子也难以得到丈夫和家族的宽恕。在斯纳克塔村，有个酋长出门贸易，小老婆与人通奸，被大老婆戳穿：

丈夫的女性亲属们公开大声地训斥和侮辱有罪的小老婆：“你过于好色贪欲，勾引男人，太过分了！”小老婆受辱之后，按照习俗和维护个人名誉的理念采取了行动。她身着节日盛装，带上全部的贵重饰品，然后爬上了村子中央广场那棵高高的椰子树……然后从树上跳下身亡。[2]

---

[1] [英]马林诺夫斯基：《原始的性爱》，第124页。

[2] [英]马林诺夫斯基：《原始的性爱》，第124—125页。

还有一名女子，因受到丈夫无端猜疑，也爬上树，叫骂后跳下身亡。妻子对丈夫的通奸虽难以接受，但无力制裁。同样在斯纳克塔村，一名已婚男子与别人通奸，且保持固定私通关系。其妻子获悉，对丈夫叫骂，被丈夫毒打。次日，这名妻子服毒身亡。[1]

当然，也不是所有的妻子出轨都能受到制裁。这和奸夫的地位、能力有直接关系。奥马拉卡村酋长的妻子，与别村的一名巫师通奸。酋长似乎被施了巫术，生活处处受挫。妻子最后正式与巫师同居，酋长则家道中落，景象凄凉。[2]

对原始民族杀奸权的一点总结

关于原始民族中的杀奸习惯法问题，目前只是在民族婚俗、习惯法的研究中偶有涉及，且多是关于某个特定民族的，尚未见有专文对此现象进行综合研究（许多这方面论文都没有谈及杀奸风俗问题，这里不能列举）。本文只是力所能及地搜寻了一些中国的民族学及英语的人类学研究成果，其他语言的人类学研究成果，本人尚无学力涉及。

就本文涉及的前人研究成果，可尝试做一个粗略总结：在完全的母系家庭社会，由于不存在夫妻家庭，自然没有通奸和杀奸问题；在实行夫妻制家庭但婚后性行为尚比较自由的民族，也没

---

[1] [英]马林诺夫斯基：《原始的性爱》，第125—126页。

[2] [英]马林诺夫斯基：《原始的性爱》，第152—153页。

有对通奸的禁忌；只有在夫权比较明显的民族，妻子与其他男人的性行为——通奸才会成为对夫权的严重侵犯。在前国家状态的诸原始民族中，这种民族占多数。由于没有专门的国家机器、法典和司法体系，对通奸者（奸夫）的惩罚主要体现为殴打和经济惩罚。如果丈夫当场捉奸，一般都有权杀死奸夫。对于不在丈夫控制下的奸夫，如果要执行惩罚，往往需要借助家族或部族的力量，这就往往演化为部族间的复仇战争。

当部族联盟领导的权威足够强大时，可能会限制丈夫的杀奸权。前文所述凉山彝族或非洲的 Awemba 人，丈夫在杀死奸夫后需要向死者家属或酋长缴纳罚金，这时丈夫和宗族的权力已经受到王权雏形的制约，即将进入国家状态了。在国家形成后，对奸夫的罚金或者其他刑罚，就转而由司法机关执行了。但丈夫在捉奸现场杀死奸夫奸妇的权力，则一直到很晚才受限制。

二、世界古代文明中的杀奸法

古代埃及

古埃及是人类文明最早的中心之一。但目前发现的古埃及文书中，并没有关于通奸的法律条文。从其他文献看，古埃及同样对丈夫杀死奸夫持宽容态度：

个人立即执法只有在文学作品中得到了证明，例如那个读经祭祀头头将他犯下非法恋爱罪的妻子扔进火堆中烧死，她那个情郎也被鳄鱼吞掉……与他相距两千年之后的安克-舍尚与塔霍特普相呼应："谁爱上一个已婚女子，将在迈上他家门槛时，被人杀死。"但是，对于通奸，在官方的惩处中，死刑似乎是被排除在外的。官方的惩处恢复后，对奸夫（只在屡教不改的情况下）提到割鼻子、割耳朵以及流放。对女人来说，是休弃。[1]

两河流域

两河流域先后兴起过巴比伦、亚述、赫梯等古文明，出土过很多法典文献。这些法典大都对通奸等性行为有详细规范，且存在某种一致性，现在进行比较分析。

古巴比伦王国的《汉谟拉比法典》，约产生于公元前 1792—

[1] [法]安德烈·比尔基埃等:《家庭史》，袁树仁、姚静、肖桂译，北京：生活·读书·新知三联书店，1998 年，第 218—219 页。Pnina Galpaz-Feller, "Private Lives and Public Censure: Adultery in Ancient Egypt and Biblical Israel", *Near Eastern Archaeology*, Vol. 67, No. 3 (Sep., 2004), 152-161；C. J. Eyre, "Crime and Adultery in Ancient Egypt", *The Journal of Egyptian Archaeology*, Vol. 70 (1984), 92-105；David Lorton, "The Treatment of Criminals in Ancient Egypt: Through the New Kingdom", *Journal of the Economic and Social History of the Orient*, Vol. 20, No. 1, Special Issue on The Treatment of Criminals in the Ancient Near East (Jan., 1977), 2-64.

前1750年。其中关于通奸的规定有：

第一百二十九条　倘自由民之妻与其他男人同寝而被捕，则应捆缚此二人而投之于河。**倘妻之主人保存其妻之生命，则国王亦将保存其奴隶之生命**（译注：此处“奴隶”一词应以假借之义理解之，每一巴比伦人皆被认为是国王之奴隶）。[1]

《中亚述法典·第三表》的泥板本身属于公元前12世纪，但法典应追溯到公元前15世纪。关于处置通奸的条文：

第十四条　如果任何一个人在公共场所或者大街上占有某人的妻子，同时他知道她是某人的妻子，那么，**某人决定怎样处置自己的妻子，也就应该怎样处置奸夫**。如果他不知道她是某人的妻子而占有了她，那么奸夫无罪；某人则应以誓言揭发自己的妻子，并且可以任意对待她。

第十五条　如果某人捉住了拐带自己妻子的人，以誓言揭发他并证明他有罪，那么男女双方都应被处死，在这件事上他没有罪过。如果他抓住了拐带者，带到国王或法官那里，以誓言揭发她并证明她有罪，那么**如果此女人的丈夫杀死自**

[1] 由嵘等编：《外国法制史参考资料汇编》，北京：北京大学出版社，2004年，第28页。引文部分加粗，为作者特别标注，下同。

> **己的妻子，他同样也可以杀死那个被抓住的人；如果他割了自己妻子的鼻子，那么他也可以使那个人成为阉人，同样还可以损毁他的整个颜面，如果他饶恕了自己的妻子，那么他也应该饶恕那个人。**[1]

《赫梯法典·第二表》，泥板原文属公元前15世纪末到前14世纪初苏皮鲁留姆征服以前的时期：

> 第一百九十七条　假如男人于山中抓一妇女，则罪在男人，而他应处死，假如他在自己家中抓她，则罪在妇女，而妇女应处死；假如丈夫找着他们，则可以把他们杀死，而不构成罪行。
>
> 第一百九十八条　假如他带领他们走向王宫大门，并说："让我的妻子不死吧！"而**使自己的妻子以及引诱者保留生命**，那么他可以盖上他的头，**假如他说"让两个人死"，那么他们将得到处罚**；或者国王处死他们，或者国王保留他们的生命。[2]

可见，这三个法典对通奸男女的处罚都是死刑。在这种背景下，丈夫是否具有自行杀奸权的问题倒不太突出，因为丈夫向法

---

[1] 由嵘等编：《外国法制史参考资料汇编》，第44页。

[2] 由嵘等编：《外国法制史参考资料汇编》，第66页。

官告发奸情，同样可以使奸夫奸妇得到最严厉的惩罚。（在很多文明中，普通人之间的通奸罪不至于判处死刑，这种情况下丈夫的杀奸权才更突出。）三个法典都借助神判或神誓，也是一个共同点。

此外，三个法典还都规定，丈夫告发奸情后，在法官面前还享有一定的处置犯奸妻子的权利，即他可以要求赦免妻子的刑罚，但奸夫所受的刑罚也要一起减轻直至免除。《中亚述法典·第三表》第二十三、二十四条还规定，丈夫对引诱妻子堕落的“淫媒婆”、窝藏逃亡妻子的妇女的指控，也以他对自己妻子的惩罚为限度。这是对夫权的纵容，还是对“杀奸权”的制约？

从前面关于原始民族杀奸习俗的分析可知，丈夫对于奸夫，如果得不到什么物质补偿，一般都是必杀之而后快，没有什么宽容。但对妻子则未必如此，妻子毕竟是丈夫的财产，杀妻意味着丈夫财产的损失，何况还有夫妻感情的因素。两河流域刚刚诞生的王权国家，以要求奸夫奸妇受到相同刑罚，一定程度上克制了丈夫的复仇欲望，减少了无谓杀戮。这应该是比原始社会的家族仇杀更加文明了。

再者，国家规定奸夫奸妇必须承受相同的刑罚，也是为了防止以捉奸为借口的栽赃陷害。因为如果丈夫可以宽恕犯奸的妻子，就有可能演变成夫妻合谋对他人的陷害。[1]传统中国从元代开始，从防范陷害的立法角度对杀奸权有种种限制，与两河流域的立法

---

[1] Raymond Westbrook, “Evidentiary Procedure in the Middle Assyrian Laws”, *Journal of Cuneiform Studies*, Vol. 55 (2003), 87–97.

文明有相通之处（详见后文）。

前述三法典之外，在属于新巴比伦王朝的法律泥板中，也有关于通奸的类似规定："若发现妻子与别的男人共处，她当以铁剑处死。"但由于是残文断句，此处的"铁剑处死"不知是由丈夫杀死，还是由王权处死。[1]

古希腊的杀奸与《格尔蒂法典》

关于古希腊人杀奸方面的法律，记载最早的是梭伦（Solon，前 638—前 558）在雅典的立法：

> 总的来说，梭伦关于妇女的立法是最奇怪的；因为他允许任何人在发现通奸行为时，都有权杀死奸夫；但如果任何人强暴一名自由的妇女，处一百银币罚款。[2]

梭伦这条立法的特殊之处：一是任何人都有杀奸权，而多数社会中这是丈夫独有的权利；二是规定只杀奸夫，没有提到对奸

---

[1] Martha T. Roth, "She Will Die by the Iron Dagge: Adultery and Neo-Babylonian Marriage", *Journal of the Economic and Social History of the Orient*, Vol. 31, No. 2 (1988), 186-206.

[2] 普鲁塔克（Plutarchus，约 46—120）《梭伦传》：[23] Solon's laws in general about women are his strangest; for he permitted any one to kill an adulterer that found him in the act; but if any one forced a free woman, a hundred drachmas was the fine。

妇的处置。梭伦的通奸法如果真实存在过的话，也应当很快发生了改变。因为后世的希腊并没有任何人都可以杀死奸夫的记载。

再晚些关于杀死奸夫的案例，就是演说家吕西阿斯（Lysias，前 459—前 380）的《关于伊洛托斯芬尼斯被杀案》了。[1] 悠菲拉提斯（Euphiletos）在家捉住了正与其妻子通奸的伊洛托斯芬尼斯（Eratosthenes），当场杀死了他。死者家属控告悠菲拉提斯设圈套杀人。这个文章就是吕西阿斯为悠菲拉提斯撰写的庭审辩护词。文章后半段残缺，我们不知道法庭最后是如何裁决的。吕西阿斯本来准备当庭宣读法律条文，但遗憾的是，这篇文章恰恰省略了法条原文。

> 30　并请为我宣读法律，那雅典最高法院的石刻法。
>
> 你们听，先生们！那雅典最高法院的谋杀法，从我们的祖先的风俗，直到当今，都明确规定，如果有人捉住了正在与他妻子犯罪的奸夫，并像我一样复仇，是不犯杀人罪的。
>
> 31　并且，立法者会认为，与已婚妇女通奸者应得此下场，因为他们规定，即使与他人之妾通奸者也应这样制裁。妾的地位低于妻子，很明显，对于那些侵犯已婚妇女者，比侵犯妾者所受的复仇应该更多。可现在，立法者还没规定比这条更严厉的复仇，（可以推论）他认为那些（侵犯人妻者）

[1] *Lysias 1: On the Murder of Eratosthenes*, translated by S.C. Todd, Austin : University of Texas Press, 2000.

应和侵犯人妾者同样处置。……

吕西阿斯准备的法条是什么？学者推测，除了梭伦立法外，可能还有后世的德摩斯梯尼（Demosthenes，前384—前322）与亚里士多德曾经提到的法律。[1]这两个人生活的时代基本相同，提到的法律也基本相同。德摩斯梯尼是这样说的：

如下的杀人情况不能按照杀人罪起诉：如果一个人在运动会比赛中非故意地，或者在路上追捕窃贼时，或者在战争中无意地杀死了人；或者在捉到某人与其母亲，或妻子，或女儿，或是用来生育有法律身份的儿子的妾通奸时杀死了他。

这里有个疑问：《关于伊洛托斯芬尼斯被杀案》第30节明确提到，丈夫在捉奸现场杀死奸夫，不犯杀人罪，这和德摩斯梯尼、亚里士多德提到的法律基本相同。但不犯杀人罪并不等于不犯别的罪，即仍可能受到一定的刑罚，杀死了奸夫的悠菲拉提斯也确实被告上了法庭。可见，当时似乎没有直接赦免悠菲拉提斯杀奸行为的法律。

第31节是针对这个问题的辩解，但由于古希腊文的省略语，造成了我们理解上的困难。“立法者会认为，与已婚妇女通奸者

[1] *Dem.*23.53；*Ath. Pol.* 57.3. 关于现代学者对吕西阿斯篇的研究，参见 Susan Guettel Cole, “Greek Sanctions against Sexual Assault”, *Classical Philology*, Vol. 79, No. 2 (Apr., 1984), 97–113。

应得此下场，因为他们规定，即使与他人之妾通奸者也应这样制裁。”从这句我们可以知道，当时对与妾通奸者是可以杀死的，不承担任何法律责任。但杀死与妻通奸者是否完全无罪，似乎法院还没有明确的判例，所以吕西阿斯要从杀死与妾通奸者无罪，推论到杀死与妻子通奸者也无罪。他在这里反复强调妻子地位高于妾，未必是为了雄辩的煽情，倒可能是想用推论来填补这个法律缺环。但由于笔者不懂古希腊语，现在无法做出定论。

雅典及多数古希腊城邦的法典都没有保存下来，但《格尔蒂法典》是个特例，能使我们对古希腊法律有最直观的了解。该法典对于自由人之间通奸的规定是：

> 与女自由人通奸者，若在其父亲的、兄弟的或其丈夫的房中被捉，罚其一百斯塔特；若在其他房中被捉，罚五十斯塔特……捉奸者要在三位证人面前，对一个被捉者的亲属宣布，在五天内他可以被赎走，……若他不能被赎走，捉奸者们有权按照他们的意愿处置他。若某人宣称，他是遭到了暗算，捉者要宣誓。……表明其确在他通奸时捉到他而非陷害。[1]

可见，第一，通奸的地点在这个法典里有重要区别意义，在

[1] 由嵘等编：《外国法制史参考资料汇编》，第 115 页。格尔蒂是地中海克里特岛上的希腊城邦，这部法典刻在了城邦议事厅的柱、墙上，刊刻年代在公元前 6 世纪到公元前 4 世纪之间，于 19 世纪发掘出土。

女子家里通奸的惩罚重于在外面，后来的罗马法也有这一特征，而中国明清时期的立法原则正相反（在有夫之妇家内通奸，杖九十；勾引到外面通奸，则是“刁奸罪”，要杖一百）。第二，捉奸权的归属仍不明确，即法典没有说明什么人有资格捉奸。梭伦立法中任何人都有杀奸权，《格尔蒂法典》稍晚于梭伦立法，则大概古希腊早期社会里，通奸似乎具有人人都可捉的特征。第三，捉奸者没有当场杀奸的权力，只有奸夫家属在期限内不交付罚金的情况下，捉奸者才可以自由处置奸夫。第四，和前述雅典法律一样，未提对奸妇的处罚，似乎不能杀死。由于没有像两河流域规定必须“杀奸杀双”，但又需要防范捉奸者栽赃陷害的可能，就只好采取了宣誓的方式。[1]

罗马法

关于杀奸权，罗马帝国的法律有非常详尽的规定，在古代文明中可谓最为丰富。

在早期的罗马共和国时期，国家较少干预刑事案件，主要靠当事人及其家族的个人复仇，这还是原始社会的遗风。这种情况下，丈夫自然具有杀奸权。老加图的演讲中曾提道：“倘若你捉到妻子与人通奸，你可以不待审讯而杀死她，你是无罪的；但如果

---

[1] 宣誓的作用，可参见前引 Raymond Westbrook, “Evidentiary Procedure in the Middle Assyrian Laws”, 87-97.

她捉到了你的通奸，她就不能伤害你一个指头，因为法律不允许她这样。”[1] 即使进入帝政时期，法律开始规范通奸等行为，丈夫用死刑杀死或折磨奸夫的事例仍然很多。公元初年的瓦勒里乌斯·马克西米安（Valerius Maximus）曾列举过被丈夫捉获的奸夫：

> 6.1.13：……那些为了荣誉而复仇的人，他们宁可求助于自己的情绪而非公共的法律：Sempronius Musca 捉住了通奸中的 Gaius Gellius，用马鞭打他；Gaius Memmius 同样捉了 Lucius Octavius 的奸，并用 [原文缺失] 打他；Carbo Attienus（被 Vibienus 捉住）和 Pontius（被 Publius Cerennius 捉住）被阉割；捉住了 Gnaeus Furius Brocchus 的那个人把他交给了自己的奴隶，让他们强奸了他。这些人都被愤怒所支配而不

---

[1] 老加图（前 234—前 149）：Marcus Cato，亦即 Cato the Elder，罗马共和国时期的政治人物。Aulus Gellius（125—180？），*Attic Nights*, 10.23: (Marcus Cato) stated that husbands had the right to kill wives taken in adultery: “When a husband puts away his wife”, says he, “he judges the woman as a censor would, and has full powers if she has been guilty of any wrong or shameful act; she is severely punished if she has drunk wine; if she has done wrong with another man, she is condemned to death.” Further, as to the right to put her to death it was thus written: “If you should take your wife in adultery, you may with impunity put her to death without a trial; but if you should commit adultery or indecency, she must not presume to lay a finger on you, nor does the law allow it.” 中文材料参见 [美] 顾素尔：《家族制度史》之“罗马式的父权家族”，章黄石译，开明书局 1931 年，上海：上海文艺出版社 1989 年影印，第 155 页。

顾法律。[1]

此外，老塞内卡（Seneca the Older）的《争议》（*Controversiae*），昆体良（Marcus Fabius Quintilianus）和弗拉库斯（Calpurnius Flaccus）的《宣言》（*Declamationes*），都记载了一些丈夫杀死或试图杀死被捉奸的妻子的案件。[2]

罗马帝国的开国皇帝奥古斯都在位时期（前28—14），颁布了《关于处罚通奸的尤里亚法》（*Ad legem Iuliam de adulteriis coercendis*）。6世纪优士丁尼（Justinian, 482—565）皇帝编纂的《民法大全》（*Corpus Junis Civilis*）没有这部法律的全文，只有2世纪末3世纪初法学家对它的解释和阐释。《民法大全》没有记载通奸罪的量刑，但活跃于3世纪前半叶的著名法学家保罗（Julius Paulus）有所记录："犯奸的妻子会处以罚没半数财产，以及三分之一的地产，并流放海岛。奸夫罚没半数财产，并流放到与奸妇不同的海岛。"[3]

《民法大全》中《学说汇纂》的第38卷第5章，都是关于

---

[1] Amy Richlin, "Approaches to the Sources on Adultery at Rome", *Women's Studies* 8(1981), 235. 关于丈夫处置奸夫，该文第240页有更详细的事例汇总。

[2] Amy Richlin, "Approaches to the Sources on Adultery at Rome", *Women's Studies* 8(1981)，236.

[3] Amy Richlin, "Approaches to the Sources on Adultery at Rome", *Women's Studies* 8 (1981), 228；Julius Paulus, *Addressed to His Son*, 2.26.14. Amy Richlin 认为，在公元2世纪时，似乎只对元老和骑士等级的犯人处以流放刑，这个等级之下的犯通奸者可能处以肉刑。

此法的解释学说，通过2世纪末3世纪初的乌尔比安（Domitius Ulpianus）、保罗等法学家们的解释，我们了解到，在法定量刑之外，《关于处罚通奸的尤里亚法》仍承认丈夫的杀奸权，并对其进行了约束。[1]与两河流域、古希腊的法律不同的是，罗马法律还赋予了奸妇的“家父”以杀奸权。详述如下：

丈夫的杀奸资格：在《关于处罚通奸的尤里亚法》及此后罗马帝国的司法实践中，丈夫也被允许杀死奸夫，但和家父相比，丈夫能够杀死的奸夫必须是地位比较低下的人：“必须是或者曾经是拉皮条者，曾经从事魔术表演的人，或者在舞台上跳舞或唱歌的人，或在公诉中被判罪而后并没有恢复原来的地位（的人）”，或曾经是丈夫、妻子、母亲、儿子或女儿的奴隶或曾经的奴隶。[2]

如果丈夫在捉奸时杀死了妻子，又如何处置？按照帝国皇帝的批示，这种情况不应当按照杀人罪（《关于杀人罪的科尔内里亚法》）判决；处罚要比杀人罪减轻一些，地位低微的人处以永久劳役，出身高贵的人则流放海岛。[3]

家父的杀奸资格：通奸妇女的家父也被授予了杀奸权。一个家庭只能有一个家父，所以这个家父未必就是奸妇的父亲，也有可能是祖父或曾祖，[4]虽然这种情况未必很多。家父的杀奸权比丈

---

[1] [古罗马]优士丁尼：《学说汇纂》第48卷《罗马刑事法》（以下简作Dig.48），北京：中国政法大学出版社，2005年。

[2] Dig.48.5.25(24).

[3] Dig.48.5.39(38)8.

[4] Dig.48.5.21(20), 22(21).

夫大，他可以在捉奸现场杀死奸夫和奸妇。这样立法的考虑，据说是因为家父出于对其女儿的感情，会比较慎重。而丈夫的冲动相对比较轻率，需要加以控制。[1]和两河流域、古希腊的法律传统相比，罗马帝国的这一规定是一种创新。对未出嫁和已经出嫁的女儿，家父都有杀奸权，但对于守寡的女儿不再有这种权力。[2]

杀奸的场合：家父和丈夫的杀奸权有时间、地点限制。首先必须是奸夫奸妇被“当场”捉住的情况下。[3]丈夫只有在自己家里捉奸时，才可以杀死奸夫，在岳父家都不能这样做。[4]家父在自己家或者女婿家都可以合法地杀奸。[5]如果家父另有住处而不住在家中，那就不能在家中杀奸。[6]法学家对这种规定的解释是：当女儿胆敢将奸夫引到家中或者丈夫的家中通奸时，造成的侵辱更为严重。[7]

家父的“杀奸杀双”要求：罗马关于杀奸的法律有一个重要特点，就是规定家父在杀奸时，必须将奸夫奸妇当场一起杀死，而不能只杀一个人。罗马的法学著作没有记载这种规定的渊源和目的。我们已经知道，古代两河流域的法典，对于杀奸的丈夫多有这种规定，而古代希腊罗马似乎没有这种渊源。奥古斯都的罗马帝国已经扩张到了埃及和两河流域部分地区，有可能接受了两

---

[1] Dig.48.5.23(22)4.

[2] Dig.48.5.24(23)1, 23(22)1.

[3] Dig.48.5.24(23).

[4] Dig.48.5.25(24).

[5] Dig.48.5.23(22)2.

[6] Dig.48.5.24(23)3.

[7] Dig.48.5.24(23)2.

河流域的部分法律传统。

按照罗马法律，家父在捉奸时不能只杀死一人而放走另一人，事后（如第二天）再把放走的人杀死也不行，因为这不符合“当场”原则。[1] 如果家父在捉奸时只杀死了其中一个，就将受到根据《关于杀人罪的科尔内里亚法》提出的指控。[2] 但如果家父在杀奸时力所不及，其中一人逃跑，在几个小时后又追上并杀死，可以算作“当场”，家父不用受追究。[3] 还有奸夫被杀死，奸妇受重伤，事后又被救活的情况。罗马皇帝专门为此做过批示，即只要家父的主观动机是杀死两个人，虽然力所不及，有人幸免，也可对家父免予起诉。[4]

对奸夫的惩罚：除了杀奸和起诉，家父或者丈夫在捉奸后还可“合法地对其（奸夫）进行侮辱”。[5] 这应当包含了对奸夫的殴打。丈夫或家父如果不愿杀死被捉的奸夫，或者是在不允许杀奸的地点捉获了奸夫，他可以将奸夫羁押二十小时以内，以调查事实和寻找证人。[6]“合法地侮辱”也应当是发生在这二十小时以内的。为了防范欺诈，丈夫在捉奸并杀死奸夫后，必须马上与妻子离婚。[7] 如果

[1] Dig.48.5.24(23)4.

[2] Dig.48.5.33(32).

[3] Dig.48.5.24(23)4.

[4] Dig.48.5.33(32).

[5] Dig.48.5.23(22)3.

[6] Dig.48.5.26(25).

[7] Dig.48.5.25(24)1.

丈夫将妻子现场捉奸之后，仍然容留妻子并且放走奸夫，则会受到制裁，因为法律将这种情况视为败俗的拉皮条行为。[1]

在罗马帝国迁都君士坦丁堡以后，法律对家父的杀奸权逐渐少有提及，而丈夫的杀奸权又有调整。优士丁尼皇帝时期规定，丈夫怀疑妻子与人通奸时，必须给奸夫三次书面警告，每次警告都要有三个有效证人。如果在三次警告之后，丈夫在自己家中、妻子家中、奸夫家中或客店里捉奸了，那他可以亲手杀死奸夫。[2]对于妻子，丈夫可以提起通奸罪的诉讼，但如果杀死了妻子，还是可能受到谋杀的法律制裁。在稍后的一个规定里，丈夫有权殴打通奸的妻子，并将她禁闭在女修道院中。如果他在两年内开恩，可以接她回家；如果他不愿这样，妻子就必须成为一名修女。[3]

罗马帝国西部被日耳曼蛮族占据后，东罗马（拜占庭）帝国在地中海东部的统治仍持续到15世纪。拜占庭帝国关于杀奸的法律保留了部分罗马法传统，但给丈夫的权限又有增加。8—10世纪的拜占庭法律文献中，丈夫可以当场杀奸，且捉奸时可以杀死奸夫奸妇二人，也可以按优士丁尼的书面警告程序杀死被怀疑为奸夫的人：

> 丈夫可以在捉奸现场杀死其妻子与情人。如果丈夫怀疑其妻子不忠，他应在可靠证人们的见证下向被怀疑的男子发

---

[1] Dig.48.5.30(29).

[2] Novel.117.15.

[3] Novel.134.10pr.

> 出三封书面警告。之后，丈夫如果在自己、妻子或该男子家中，或郊区的饭店、旅馆中发现妻子与该男子讲话，丈夫可以杀死他。但如果二人在其他的地方或教堂中讲话被丈夫发现，或者有三名证人证明，丈夫可将该男子带到地方官面前，将他治以通奸罪。[1]

欧洲中世纪

随着西罗马帝国的覆灭和日耳曼诸族的内迁，日耳曼习惯法成为欧洲法律的重要渊源。和多数前国家状态的原始民族一样，日耳曼习惯法对通奸者主要是处以罚金，并允许丈夫在捉奸时杀死奸夫。10世纪前后的一些日耳曼国家中，这些习惯形成了书面法典。

阿尔弗雷德国王（King Alfred the Great，英格兰南部西撒克逊人国家的国王，871—899年在位）颁布的法典规定：

> 当一个男子发现他的合法妻子，或女儿，或姐妹，或母亲——父亲的合法妻子，与另一个男子同在关着门的室内，或同一张毯子下面时，他可以杀死这名男子而不会招致家族复仇。（Alfred.42.7）

---

[1] Epanagoge 40,46-47, prochiron 39,42, epicome legume 45,86; Benjamin Z. Kedar, “On the Origins of the Earliest Laws of Frankish Jerusalem:Council of Nablus, 1120”, *Speculum*, Vol. 74, No. 2 (Apr., 1999), 310-335.

西方学者还提到，在其他日耳曼法典中，被丈夫当场捉奸的妻子与奸夫都会被杀死。中世纪的《冰岛法典》(*Grey Goose*)列举了捉奸时可以杀死的六种女性：妻子、女儿、母亲、姐妹、养女、养母。[1] 西哥特人在性方面的法律基本沿袭了《关于处罚通奸的尤里亚法》，但在杀奸方面比罗马人更宽松，奸妇的父亲和兄弟也具有了 ius mariti(夫权，此处即杀奸权)。[2] 对奸妇的法定刑罚有罚款和肉刑。瑞典国王克努特二世(Cnut Ⅱ，1229—1234 年在位)的法典中，对通奸妇女的处罚有财产充公、当众羞辱、割掉鼻子或耳朵。其他的日耳曼法典也有类似刑罚，显示出盎格鲁—撒克逊人在这方面遵循了一种普遍的行为和文化模式。[3]

无论是日耳曼人的习惯法，还是罗马法的传统，都允许丈夫在捉奸时杀死奸夫，甚至允许杀死奸妇，这和其他多数民族、国家的习惯法和法典都相同。但和其他文明不同的是，中世纪的罗马教会开始批评这种行为。从 11 世纪到 13 世纪，巴尔塔沙·葛拉西安(Baltasar Gracián)等教会法学家们都反对丈夫杀死失贞

[1] Margaret Clunies Ross, “Concubinage in Anglo-Saxon England”, *Past and Present*, No. 108 (Aug., 1985), 10; Frederick Pollock, “Anglo-Saxon Law”, *The English Historical Review*, Vol. 8, No. 30 (Apr., 1893), 263.

[2] James A. Brundage, *Law, Sex, and Christian Society in Medieval Europe*, Chicago: The University of Chicago Press, 1987, 132.

[3] 《克努特(二世)法典》(II Cnut.53)，参见 Fritz Mezger, “The Origin of a Specific Rule on Adultery in the Germanic Laws Source”, *Journal of the American Oriental Society*, Vol. 68, No. 3 (Jul.-Sep., 1948), 145-148。及前引 Margaret Clunies Ross, “Concubinage in Anglo-Saxon England”, *Past and Present*, No. 108 (Aug., 1985), 10。

的妻子。[1]

教会人士对杀死通奸妻子的批评，理论依据主要是《新约·约翰福音》中基督对于处死通奸妇女的意见："你们中间谁是没有罪的，谁就可以先拿石头打她。"但很难说这是必然原因。在同一时期和同样信奉基督教的拜占庭帝国，法律一直允许丈夫捉奸时杀死奸夫奸妇。另外，教会法虽然禁止丈夫杀死奸妇，却没提对奸夫的处置。

教会法关于禁止杀奸的呼吁，一定程度上只能影响到欧洲社会的上层，普通民众的思想观念还是传统的罗马和日耳曼习惯法。例如在 13—14 世纪的西班牙，法规（fueros）允许丈夫，有时还有其他家庭成员在捉奸时杀死奸妇。"即使有教会法学家的反对，实际民俗也往往认为，这种情况下的丈夫是无可责备的。"[2]

三、英国近代杀奸法的演变

英国 17 世纪的宗教革命和内战，致使其杀奸法发生了显著变化，从此形成了与几乎所有人类社会和国家都不同的法律传统，即宽容通奸并严惩杀奸。

[1] James A. Brundage, *Law, Sex, and Christian Society in Medieval Europe*, 208, 248, 307, 388.

[2] James A. Brundage, *Law, Sex, and Christian Society in Medieval Europe*, 388, 462.

清教革命（1640—1660）前英国的通奸罪与杀奸权

早期英国继承罗马法和日耳曼传统习惯，承认丈夫有权在捉奸现场杀死奸夫，已见前章所述。

但从中世纪直到清教革命时期，英国关于通奸与杀奸的法律并不严整。这是因为在封建状态下，国王和教会都有各自的法院，都可以审判通奸案，而它们都没有严格统一的法典。奥尔森（Winfielde Ohlson）1937 年发表的《通奸研究》（"Adultery: A Review"）[1] 一文，对这一时期英国通奸方面的法律及案例搜罗较多，其中提及 13 世纪初英王约翰（King John，1199—1216 年在位）的一个法令：

> 在 1212 年，约翰王命令，如果 A 在警告 B 以后，B 仍与 A 之妻子通奸并被捉住，A 阉割了 B，则 A 不会受到没收土地的处罚。

这应该也是认可杀奸权的一种表现。前提是丈夫事前警告过奸夫，这大概还是罗马法的影响。到 14 世纪时，英国有一个典型案例，杀奸的丈夫被判无罪，但陪审团没有强调丈夫的杀奸权，而是把丈夫描述成因正当防卫而杀人：

---

[1] Winfielde Ohlson, "Adultery: A Review", 347.

陪审团庭审记录载：Robert Bousserman 午夜回家，发现 John Doughty 正在与其妻子通奸。Robert 当即用自己的短柄斧砍死了 John。简易陪审团更改了事实，将 Robert 描绘成一个无法逃命的自我防卫者，同时强调了侵犯者："夜间，在国王和平之下，Robert Bousserman 与其妻子正在 Laghscale 村家中的床上睡觉。John Doughty 进入了 Robert 家中。Robert 的妻子看到他，偷偷从其夫旁边起身相迎。John 遂与 Robert 的妻子上床。同时，Robert 醒来，听见家中的声响，看见其妻不在身边，起身在家中寻找，发现她正与 John 在一起。John 立即用一把刀攻击 Robert……刺伤了他，并将他拦阻在屋门之间，连续刺伤他。Robert 见自己命在旦夕且不能逃脱，为了保命他拿起一把短柄斧，打在 John 头部……"

……此案陪审员要做的，不过是要提供"正当防卫"的主张。陪审团用心良苦，可能显示了他们格外强烈的愤怒之情。[1]

如前所述，在捉奸现场杀死奸夫，几乎在任何人类社会与文明中，都是丈夫应有的权益。但在此时的英国，陪审团却要强为丈夫辩护，把杀奸描述成正当防卫，才能将其无罪释放。这显示了英国普通法的某种新特色。在未来的数百年里，这种普通法特色逐渐成形和发扬光大，最终成为人类杀奸法中独树一帜的新流派。

---

[1] Thomas A. Green, "Societal Concepts of Criminal Liability for Homicide in Mediaeval England", *Speculum*, Vol. 47, No. 4 (Oct., 1972), 679–680.

文献记载，1485年，英王亨利七世（1485—1509年在位）下令从严惩治通奸罪。他即位第一年的年鉴记载，在伦敦，任何一个人在可疑的情况下发现奸夫奸妇的时候，都可以和治安官一起将奸夫收押入监。这里捉奸的条件是“在可疑的情况下”，而在此前的法律中，必须要在真正行奸的情况下捉获才有效。这一条文的措辞也为起诉提供了更多机会。这种监禁奸夫的理论依据，据说是为了保持和平，促进政治公益，防止丈夫的权益受损。

> 年鉴载：“……按照神圣教会的法律，如果丈夫捉住一名教士正在与其妻子通奸，他可以杀死二人。这个法律证明（通奸）是对丈夫的侵犯，根据上帝和人类的法律，都是极大的罪和威胁，可以毁灭整个城市与市镇。因为邻人称呼丈夫为‘戴绿帽子的’（译注：原文COOKOLD，直译为‘头上长角的’，典出希腊神话），这会引发嫉恨情绪，继而引发斗殴与杀人，最终危及和平与仁政。如布莱克顿（译注：Bracton，英国法学家，1210—1268）所言，古罗马、法国、英格兰以及苏格兰国王的法律，都用严厉的世俗刑罚来禁止此种罪行……”[1]

这里引用的教会法，涉及教士与人妻通奸，丈夫可以捉奸杀死二人，则世俗政权自然也承认丈夫在捉奸时杀死俗人身份的奸

[1] Winfielde Ohlson, “Adultery: A Review”, 351-352.

夫奸妇。当时英格兰的教会法庭在惩治通奸方面并没有太大的威慑力：

> “但教会法学家关于婚姻的法律意见是如此反复无常，以致对于乱伦、一夫多妻和通奸都大半失去了效力。教会法庭对于有些此类罪行处以鞭笞或其他身体刑，更多的是罚款。教会可能试图对通奸的丈夫与妻子做出平等的处罚，但结果往往是减轻了对妻子的刑罚，而非加重了丈夫的刑罚。”……这些法律中没有哪个对通奸处以死刑。[1]

从中世纪后期开始，教会法庭在英格兰受到王权的排挤，影响力越来越小。但伴随着这一过程，是英国社会清教徒力量的日益强大，宗教改革者希望加强对通奸罪的刑罚，从而净化社会风俗：亨利八世时期（1509—1547）、爱德华六世时期（1547—1553）、伊丽莎白一世时期（1558—1603），都曾有关于惩治通奸的法案被送交议会讨论，但都未能通过。查理一世在位的1626、1628和1644年，下院三度未能通过惩治通奸的法案。但马上到来的克伦威尔清教徒革命改变了局面，就在查理一世被砍头的第二年（1650），两院通过了惩治通奸的法律，将通奸定为重罪，需处以死刑。[2]

---

[1] Winfielde Ohlson, “Adultery: A Review”, 347; Say Pollock & Maitland, *The History of English Law*, London, 1895, 542.

[2] Winfielde Ohlson, “Adultery: A Review”, 350.

对通奸罪的"严打"持续时间不长，到1660年，王政刚刚复辟，就取消了惩治通奸罪的法律。但它使英国人把惩治通奸和革命暴动联系了起来。从此，英国法律（普通法）中通奸不再是刑事犯罪。这几乎是当时所有人类社会中都未曾有的。18世纪英国著名法学家威廉·布莱克斯通（Sir William Blackstone）这样总结：

> 在1650年，当时的当权者觉得，应在道德方面表现出异乎寻常的严厉和纯洁，不仅乱伦和情愿的通奸要处以极刑，连续（两次）经营妓院也成了重罪，神职人员也不得赦免。王政复辟后，人们出于对伪善的极端痛恨，认为不应该再制定这样过时的严厉法律。此后，这类罪过便交给了几乎没有强制力的精神法庭，任其按教会法裁决——教会法一般不把这种行为当作通奸，而只当作纵欲，处理得非常宽容和仁慈。按照教会法早期编纂者的观点，该罪多半应处强制禁欲。因此，世俗法庭只把通奸当作一种私人间的伤害，并不对其定罪。[1]

清教革命后英国的杀奸法与民俗

王政复辟十余年后，发生了一起当场杀死奸夫的案件。由于

[1] Sir William Blackstone, *Commentaries on the Laws of England*, 4 Vols., Boston : Beacon, 1962, 60.

英国社会对革命期间严惩通奸的恐怖记忆，这个丈夫没能像以往那样幸运。地方陪审团不知该将其定为谋杀罪（murder），还是一般杀人罪（manslaughter）。当时若定为谋杀，多处以绞刑；一般杀人罪则为终身监禁。最高法院最后判处他一般杀人罪：

> 麦迪回到家中，发现玛沃斯正在与其妻子通奸，他立即拿起一只凳子，打在玛沃斯头上，使其当场死亡。
>
> 调查发现麦迪对玛沃斯事先并无恩怨。地方陪审团向最高法院求助：此案应该认定为谋杀还是一般杀人？
>
> 最高法院按程序接受了案卷，并传讯了麦迪。法院最后一致做出决定：因为案件中的激怒情节过于重大，这仅是一般杀人罪……[1]

布莱克斯通对此的解释为：

> 罗马法认为在保卫自己或亲属的贞操时杀人是正当的……英国法同样允许一名妇女杀死企图强奸她的人：丈夫或父亲也获准杀死企图强奸其妻女者；但如果他是在情愿的通奸中捉获了二人，就不能杀死，因为前者犯的是暴力重罪，后者却不是。（1 HAL. P. C. 485, 486. "但当丈夫发现有男子正在与其妻子通奸时，当场立即杀死他，就不是谋杀罪，而是

[1] 英格兰法律报告：86. Eng. Rep. 158(1683)。

一般杀人罪。”）[1]

麦迪案确立了后世英国法律不宽容杀奸的基调。到 1793 年，又有一个几乎完全类似的曼宁案（Manning），杀人凶器同样是一张凳子。陪审团依旧做出了一般杀人罪的判决。[2] 此后直到 20 世纪，英国就再也没有过丈夫捉奸现场杀死奸夫奸妇的案件。一位学者似乎没有注意到 1793 年的曼宁案，他评论道：“自从 1700 年以后，英国法律报告中就再没有丈夫当场杀死奸夫的记录了：犯罪的激情完全枯竭了。”[3]

法律虽不允许杀奸，但社会上的通奸行为不会消亡，丈夫也难以解除对妻子出轨的痛恨。英国那些“CUCKOLD”丈夫们怎么办？根据爱德华·汤普森《共有的习惯》（*Customs in Common*）的描述，原来英国逐渐形成了一种“卖妻”民俗，丈夫常把出轨的妻子带到集市上卖掉。这种卖妻的价格往往非常低廉，其实是对妻子的一种羞辱，而买主往往是奸夫本人。大概借助这种行为，

[1] Sir William Blackstone, *Commentaries on the Laws of England*, 4 Vols., 204.

[2] M. D. G., “Manslaughter and the Adequacy of Provocation: The Reasonableness of the Reasonable Man”, *University of Pennsylvania Law Review*, Vol. 106, No. 7 (May, 1958), 1029.

[3] Lawrence Stone, *Road to Divorce: England, 1530–1987* (Oxford, 1990), 240。转引自 Hendrik Hartog, “Lawyering, Husbands’ Rights, and ‘the Unwritten Law’ in Nineteenth-Century America”, *The Journal of American History*, Vol. 84, No. 1 (Jun., 1997), 68：There is no record in the English legal reports after 1700 “of a husband murdering his wife’s lover on the spot: the crime passionel simply withered away”。

丈夫可以缓解一点戴了绿帽子的激愤之情。按汤普森对文献记载中卖妻交易的统计，1760—1800 年间，有 218 件卖妻或企图卖妻的实例，妻子一方的情况分别是：

没有报道	123 例
妻子同意	41 例
妻子被卖与情人	40 例
安排好的离婚	10 例
妻子不同意	4 例

1831—1850 年间，六十件卖妻的实例中妻子的情况：

没有报道	27 例
妻子同意	10 例
妻子被卖与情人	19 例
安排好的离婚	4 例
妻子不同意	—[1]

汤普森还表示，在“没有报道”和“妻子同意”两组里，其实都包含有很多妻子被卖给情人的情况，只是文献未予记载而

[1] [英]爱德华·汤普森：《共有的习惯：18世纪英国的平民文化》，沈汉、王加丰译，上海：上海人民出版社，2002 年，第 468 页。

已。[1]他引用拿破仑战争期间法国皮耶（Pillet）少将的英国游记说：

卖妻总是在妻子的同意下进行，并通常起因于她的“行为不端”。买主可能是单身汉，“一般是所出售商品的情人，对这商品非常熟悉。她只是为了形式的目的而被带进市场”。

汤普森还记载了个别详细的卖妻场景：

……如果报道可信的话，一个住在罗瑟勒姆附近的农夫乔纳森·乔伊特，勇敢地做了一笔“荒唐的生意”（1775）。他同意把妻子卖给陶工威廉·泰勒，价格二十一基尼，他怀疑泰勒是她的情人，在一次“正规的列队行进”中把她交付给对方：

乔伊特走在前面，按他自己的愿望，他的头装饰着一对很大的镀金的公羊角，公羊角的前方用金色的字母写着一句话：“被威廉·泰勒戴了绿帽子”；他的脖子上固定着一条很宽的护肩，用一根粗线把一个铃悬挂在护肩上，他的一个邻居牵着他。他的妻子脖子上围着一根缰绳，在一千多个围观者的呼叫声中由丈夫牵着来到指定的地方——乔伊特还给买主一个基尼祝他们好运，双方看起来对这桩交易都很高兴。

[1] ［英］爱德华·汤普森：《共有的习惯：18世纪英国的平民文化》，第475页。

这件事是在公众眼前履行的，正如死刑犯处死前一样，各当事人都在遵照人们的期待扮演自己的角色。但允许他们即席发挥他们自己擅长的东西。对丈夫而言，这个场合为他提供了挽回面子的机会。他可以在拍卖商的饶舌中嘲笑和羞辱自己的妻子；或者他可以提出一种嘲弄意味的价格，表示把妻子卖掉对自己有好处；或者他可以追求一个慷慨的名声，让钟敲起来，向这对新人送大量礼品，或雇一辆四轮马车以显示他的好意；或他可以像“拉夫·莫伊”那样，表明一种喜剧性的顺从——“我们大家都知道这是怎么回事。这实在是没有办法的事儿，所以我们不必对它如此光火。”

并不是所有的分离都是顺利的。在少数实例中，有报道讲丈夫对对手表示了愤怒或嫉妒。在其他实例中他“后悔”这场买卖，骚扰新结合的夫妇。[1]

对于卖妻风俗形成的原因，汤普森归纳为：没有合法的离婚渠道；教会法庭对民众性行为控制力下降；社会对平民文化的包容。[2]其实，这背后还应该有一个很重要的原因，就是在清教革命后，英国法律不惩罚通奸，也不宽容杀奸，丈夫对出轨妻子的愤怒只能通过这种途径来发泄。

[1] [英]爱德华·汤普森:《共有的习惯：18世纪英国的平民文化》，第483—484页。

[2] [英]爱德华·汤普森:《共有的习惯：18世纪英国的平民文化》，第479页。

维多利亚时期：杀妻案引起的舆论关注

进入 19 世纪，英国法律更加完善和体系化。不登大雅之堂的卖妻风俗逐渐消失。随着报纸媒体的壮大，社会问题更容易得到全社会的普遍关注和讨论。在这期间，英国仍没有丈夫在捉奸现场杀死奸夫奸妇的案件，但时常有丈夫对妻子的出轨（或仅仅是怀疑）怀恨在心，最后终于杀妻的案件。对这种案件，法官和陪审团一般不考虑妻子是否有性方面的过错，而倾向于将丈夫定为谋杀罪。这往往引起舆论对杀人者的同情，有时被告及代理人会向内政大臣请求减缓刑罚。个别案件中，杀人者的定罪被降低成一般杀人罪，仍要处以终身监禁。

马丁·维奈（Martin J. Wiener）长期致力于维多利亚时期英国的家庭犯罪研究，他在 1999 年发表的《乔治·豪尔的不幸故事：英国维多利亚中期的通奸、谋杀与减刑政治》一文，不仅详细描写了在当时引起巨大反响的豪尔杀妻案，同时也涉及了维多利亚时期的多起因奸情杀妻案。[1]这里，我们将这篇论文中提及的杀妻案例单列出来，并在有些案例后用按语加以解释，来了解一下维多利亚时期英国丈夫杀死出轨妻子的案件。

---

[1] Martin J. Wiener, “The Sad Story of George Hall: Adultery, Murder and the Politics of Mercy in Mid-Victorian English”, *Social History* 24, 2 (May, 1999), 173-195. 另外可参见其论文与专著 “Judges v. Jurors: Courtroom Tensions in Murder Trials and the Law of Criminal Responsibility in Nineteenth-Century England”, *Law and History Review*, Vol. 17, No. 3 (Autumn, 1999), 467-506；*Men of Blood : Violence, Manliness and Criminal Justice in Victorian England*, Cambridge University Press, 2004。

案例一，原载《泰晤士报》1858年7月31日。

阿尔伯特·特纳，肯特郡的一名劳工，曾怀疑妻子不忠，在1858年，他用通条和剃刀对她进行了致命攻击。他的猜疑从未能证实。主审法官布瑞威尔告诫陪审团：虽然“丈夫发觉有人正在与其妻通奸时杀死奸夫，无疑是正当的（原注：布瑞威尔没提杀死通奸的妻子如何；无疑在这种极端境况下，“不成文法”会减轻杀妻的刑罚）……然而此案非常不同，被告仅仅是怀疑其妻子不贞，不论这种怀疑的依据有多么充分”。令布瑞威尔不快的是，陪审团仅裁定被告一般杀人罪。（原注：针对陪审团的判决，布瑞威尔给予了被告最严重的量刑：终身苦役。这里有一个普遍现象：陪审团的阶级偏见似乎帮助了特纳，他们认为穷人和文盲比那些家境优越者更缺少自律。）

按：此案被告没有其妻子与人通奸的证据，所以法官主张应判谋杀罪。陪审团出于同情宣判为一般杀人罪，法官只能在此基础上给予最重的量刑。

值得注意的是法官布瑞威尔的话：“丈夫发觉有人正在与其妻通奸时杀死奸夫，无疑是正当的。”这与1683年麦迪当场杀死奸夫案的判决完全不同。是布瑞威尔因无知而信口开河，还是他真的准备推翻麦迪案的判例？由于英国再没有捉奸现场杀死奸夫的案件，我们也无从知晓布瑞威尔的意见了。

案例二，原载《泰晤士报》1862年11月27日。

在1862年，伦敦木匠亨瑞·凯因结婚三年的妻子离开夫家，回了娘家。她拒绝了凯因带她回家的要求，并与另一个男人同居。在别人眼中，她的婚姻没有到此结束。凯因找到她，再次请求和解。但这次他发现她和另一个男人在一起，在激烈的争吵中，用一把凿子戳死了她。在庭审中，他的律师认为，其妻子的死只能算是"激情心态"下的一般杀人罪，并可能仅仅是一场事故："似乎他在冲向（那个男人）……这时死者介入进来……因而受到了致命伤害。"陪审团闭门协商了很久，回到法庭时采取了后面的意见，宣布被告无罪释放，招来此起彼伏的鼓掌喝彩。

按：此案被告在妻子和情人同居的现场杀死了妻子，已经非常接近捉奸现场杀死奸妇的情况。陪审团无疑是同情被告的，但他们为被告做无罪开脱的借口，居然是"事故"引起的过失。这和前引14世纪的Bousserman案有异曲同工之处。但这样做的结果是，凯因本人虽然无罪释放，但司法机构在理论上仍没有开放杀奸权。

案例三、案例四，原载《泰晤士报》1864年3月4日。

布瑞威尔法官在温彻斯特市审理了两起对不忠妻子复仇的案件。农场劳工罗伯特·哈利特的妻子被割喉致死。根据《泰晤士报》记者的报道："看来她是个放荡女人，经常和其他男人幽会。"罗伯特供称："案发那天晚上，她告诉我她和许多男人鬼混。她激怒了我，我不知道我做了什么。”即使在他承认自己割断了妻子的喉咙后，检方仍提出了几周内他被激怒的证据。然而，他的律师声称：“证据显示，这名妇女（自己）造成了伤痕，或是她的某个曾进入现场的情夫造成的。”陪审团休庭大约一个小时（长得有些反常），随后回到法庭问法官：如果认为罗伯特在嫉妒造成的激愤中作案，他们是否能裁定此案为一般杀人罪？“肯定不能，”布瑞威尔回答并解释，“如果一个人夺去另一个人的生命，就是谋杀，除非他向陪审团提供能减轻为一般杀人罪的证据。这方面唯一的一点证据，就是在案发的几天后，他说她曾先割他的喉咙；但问题是直到考虑为自己辩护时，他才找到了这个借口。”陪审团又休庭一个半小时，回来后宣布罗伯特完全无罪。

这个结果无疑使布瑞威尔很不快，不过下个案子马上给了他一个找回来的机会。戴文舍郡一名劳工威廉·巴特莱特的妻子，离家和另一个男人同居。他找到妻子，要她回家。被回绝后，他割断了她的喉咙。这不是一时冲动，他曾事先告诉一个朋友，要是妻子不肯回来就杀了她，以阻止她和情夫一起去印度。他妻子虽受伤很重，还是活了过来。庭审中的证据显示，如同《泰晤士报》所说，“她纯粹是一个荡妇”，证据也显示威廉以前对妻子很好。不过（可能因为有现场证人，以及威廉没有性命之忧），他被裁定为蓄意谋杀。不顾当地人对威廉的同情，布瑞威尔给予了威廉最重的判决——终生劳役。“任何开恩请求，”他坚称，“都别指望有结果。”

按：前一个罗伯特案件，被告妻子的淫乱行为已经众所周知，所以陪审团是同情罗伯特的。陪审团开始希望裁定为一般杀人罪，但被法官否决，索性以非常靠不住的证据，宣布被告无罪释放。这同样是在开脱被告的同时，不开放杀奸权的理论合法性。后一个威廉案，被告杀妻的证据确凿无疑，只是因为没有杀死，才逃脱了死罪判决。

案例五，即豪尔杀妻案，这便是《乔治·豪尔的不幸故事》文章的主人公。

乔治·豪尔，伯明翰一个珠宝作坊的模压工，曾连续三年半向萨拉·安·史密斯求婚，但萨拉不喜欢豪尔，她一直在与一个爱尔兰年轻人相爱，并曾同居，只是迫于父母压力，才在1863年的圣诞节嫁给了豪尔。这年豪尔刚二十二岁。结婚当晚，新娘自称身体不适，回到了娘家。在父母劝说下，新娘第二天回到了丈夫家。但两人关系一直不和谐。

1864年1月3日，萨拉再次不告而别。豪尔曾多次到她娘家劝说，她都拒绝回去。2月16日，豪尔购买了两支手枪。当晚，他再次到了萨拉的娘家，和她及岳母一起喝酒。随后，豪尔要求妻子和他出去散步，途中向她头部开枪，萨拉当场毙命。豪尔随后自首。由于伯明翰的主要产业是小型工场，工人的邻里、亲属关系比较密切，劳资关系也比较融洽，豪尔马上成为市民同情的对象。工人和市民为他募捐了一笔钱，使他能够聘请律师辩护。

庭审中，豪尔声称他的行为都是出自对妻子的爱。律师强调了死者对豪尔的激怒行为，请陪审团注意英国刑事实践传统中的“不成文法”：“如果丈夫发现其妻子的通奸行为，可以在现场杀死她和奸夫，这种罪行会从谋杀降为一般杀人罪。”陪审团向最高法官柏利斯征求意见。柏利斯指出了豪尔行为的故意性。豪尔被陪审团裁定为谋杀罪，应在 3 月执行绞刑。

豪尔向女王（实际是内政大臣）请求开恩。伯明翰全城发起了为豪尔请求减刑的请愿活动，各阶层和诸多有影响力的人物都给予了支持，共收集了 69 000 份签名。

内政大臣乔治·格瑞向司法界领袖钱塞勒·赛波恩咨询。赛波恩的意见称：“这起谋杀不符合任何激情的条件，也未处在其妻子出走造成的即时冲动中……（购买了手枪后，豪尔）带着它们，明显处在平静和非激动的状态，到了妻子的娘家。在那里，没有任何事件激怒或挑逗他的意识。在明显的平静和非激情的状态下，他要求妻子和他一起出去散步，并几乎立即用他携带的一支手枪向她开枪。再故意和冷静预谋的谋杀也不过如此。通奸案经常发生，并经常严重地激怒丈夫，如果在丈夫冷静预谋的谋杀之后，拿这种激怒做赦免其极刑的理由，将会是一种极端危险的局面……我不得不说，出于对社会公益的考虑，此案不能改判。”

内政大臣一度坚持不予缓刑。但在强大的请愿压力下，在绞刑执行的前一天同意了缓刑。豪尔改判终身苦役。在豪尔服刑的第十六年，又发生过要求释放他的请愿活动。在服刑的第二十年，1884 年，在又一次请愿活动的压力下，内政大臣哈康特命令释放了豪尔。

按：此案律师提出的“不成文法——如果丈夫发现其妻子的通奸行为，可以在现场杀死她和奸夫，这种罪行会从谋杀降为一般杀人罪”，应该就是麦迪案形成的判例。但麦迪案针对的情况是丈夫在捉奸现场杀奸，豪尔自然不符合这种情况，所以他被认定为谋杀罪，判处绞刑。只是由于社会舆论的强大压力，内政大臣才减刑为终身苦役，并在服刑二十年后宣布释放。社会舆论的同情很大程度上来源于死刑的严酷。所以后来此类社会紧张情绪的减轻，来源于死刑的逐渐废除，而非杀奸权得到认可。

案例六，原载《泰晤士报》1864 年 8 月 8 日。

年老的约翰·阿伦割断了其妻的喉咙。在短暂的庭审之后，陪审团判处他绞刑。然而，当地社区对审判提出抗议，认为没有充分考虑到激怒问题：被害者柏特西·阿伦虽然已经四十八岁并且是九个孩子的母亲，却准备与房客私奔。谋杀案发前几天，这个房客在被告家中殴打他，妻子则在一旁讥笑。当地人据此认为约翰应判一般杀人罪。结果，内政部找到了一个漏洞（就是此案造成的伤害是否是被害人的真实死因，因为她在半死不活中弥留了好几周），约翰被裁定减为十六年徒刑。

案例七，原载《泰晤士报》1864 年 12 月 19 日。

矿工阿特金森试图杀死不忠的妻子，但造成的伤害不严重。陪审团裁定他蓄意严重伤害罪，以遭遇激怒为理由，担保他请求开恩。最高法官凯廷给予了他所能够判处的最重量刑——六年劳役。凯廷用和布瑞威尔同样的语气告诫被告："轮不到你来裁决不道德的行为。即使女方的错误很严重，根据案发地的法律，她没有责任，不过更高一级的法庭可以裁决。无论她因何事激怒过你，你都无权对她使用暴力。"

案例八，原载《泰晤士报》1887 年 5 月 9 日。

如《泰晤士报》报道："发现妻子在一个男人家通奸以后，（被告）离开了那个男人家，此后没有发生什么。直到次日早上，被告到他的兄弟家陈述了些事情。后者赶到被告家，看见他的妻子已经死了，死因显然是受了踢打。"此案被告被认定为一般杀人罪，仅被判入狱十二个月。

按：案例八似乎最接近捉奸现场杀奸。被告目睹了妻子在别人家通奸，这是别的杀妻案不具备的。但被告没有在捉奸现场杀人，而是当夜在自己家杀死妻子。至于其量刑，和清雍正三年（1725）制定的"若于奸所获奸，非登时而杀，……杖一百、徒三年"例很相似。但英国法律从来没有在法理上承认杀奸权，而清代法律对杀奸的诸种要素又有很多细密的规定。马丁·维奈在此文总结维多利亚时期英国丈夫因怀疑妻子不贞的杀妻案件时说：

案件从没有发生在捉奸现场的。即使丈夫发觉了此类失贞行为，也几乎从未导致“不成文法”严格要求的那种即刻的和“热血的”冲动反应。“迟钝的英国人”的说法似乎是事实：19世纪的法国或美国，有许多丈夫在捉奸现场杀人的案件，在整个维多利亚时代，我只发现了一起此类案件，并且这个案件也存在某种拖延。……维多利亚时代的丈夫一般都倾向于杀死失贞（或怀疑失贞）的妻子，而非冒险向奸夫复仇。

应当说明的是，虽然上述案件中律师或法官都提到了允许杀奸的“不成文法”，似乎如果丈夫在捉奸现场杀奸，英国法官应该网开一面。但这是欠考虑和片面的说法。19世纪的英国已经是一个“日不落帝国”，其殖民地遍布各大洲。在殖民地，英国人早有立法禁止杀奸行为。[1]到维多利亚时期，西欧诸国间的交流已经非常便利，各国法律的不同也受到关注。法国司法一直认可丈夫的杀奸权，拿破仑《刑法典》对此有明文规定（详见后文）。英国舆论对此报以嘲弄的态度，这一时期，崇尚克制、庄重的英国“国民性”开始形成。《乔治·豪尔的不幸故事》对此总结道：

豪尔的性命虽然保住了，但维多利亚时期兴起的其他几

[1] 参见前文“关于东非班图部落的杀奸习俗，及英国学者的‘殖民视角’问题”一节。

种有影响的文化潮流，确保了他难逃谋杀罪判决。伴随着司法界和官方对暴力行为容忍程度的降低，一场再造国民性的运动限制了豪尔式的行为。在这几十年间，在形成“英国特质”和“不列颠特质”的范畴方面，刑事法庭扮演了一个非编年史的但积极的角色。和外国人相比，作为一个“英国人”的行为举止应当如何？在这方面，法庭既是争辩的论坛，又是认定和传播的手段。

虽然这些在英帝国，特别是印度的法庭里发生得比较明显，但即使在不列颠本土的刑事法庭，也较多地涉及了“英国”和“不列颠”行为模式。自我克制逐渐被看作英国人的典型性格——“坚硬上唇”的英国人，这个联想即使不是在这几十年间被发明出来，也肯定在此期间经历了长足的发展。……与豪尔的处境密切相关，维护婚姻荣誉的“激情犯罪”逐渐被视为不可取的外国风习。…… 1884年巴黎的一个杀妻案审判，被典型化地描述为：“法国陪审团总是把庭审制度搞到荒谬的地步，此案也不例外。一个男子在生病两周后到了其妻子家，发现她正与另一个男人交合。他用一把锉刀刺她，用手绢把她勒死，随后离开，试图跳进塞纳河自杀。他没能成功，几天后向警察自首。陪审团宣告这个英雄的男人彻底无罪。”史蒂芬律师自己曾为豪尔案奔忙，但他后来认为：“如果我们步法国人和墨西哥人的后尘，把激情和冲动当作犯罪的某种借口，那将是可悲的。”

……豪尔案的四年前，一个住在伦敦的法国人，安东尼奥·德让，生动表现了其国人对丈夫尊严的“疯狂”。出于对其英国妻子不能自拔的嫉妒，他最终割下了她的头，随后在海德公园开枪自杀。尸检报告记载他“胸部用墨水刺字‘不贞之女子当死’，臂上也刺有拿破仑皇帝的头像”，显示出“非英国”的性与政治的行为方式的纠葛。（原注：1867年，另一名法国人，路易斯·鲍迪埃，在伦敦杀死了他的英国妻子。高等法官蒙塔古·史密斯担任此案法官，他告诉内政部，虽然在法国，法官会为鲍迪埃找到宽免情节，此案英国陪审团却很恰当地认定他蓄意杀人。）

可见，面对世界诸原始民族的杀奸风俗和法国容许杀奸法律带来的种种“乱象”，英国人对自己的法律传统更加自信和自豪。但当英国丈夫杀死不贞妻子时，社会常又对其加以同情。这导致陪审团采用根本不可信的证据赦免被告，或者是内政部在请愿压力下，对被定罪为谋杀的杀妻者减刑。“根据内政部1895年的刑事档案，过去三十五年间，参考‘公众情绪’而予宽免减刑的五起案件中，有四起是杀妻案（豪尔案也在其中）；另外一起是一名偷猎者。”[1] 马丁·维奈总结19世纪末的杀妻案说：

（豪尔案后，19世纪后期的此类案件）如果没有精神失常

[1] Martin J. Wiener, “The Sad Story of George Hall: Adultery, Murder and the Politics of Mercy in Mid-Victorian English”, *Social History* 24, 2 (May, 1999), 184.

的鉴定，杀妻者更容易被判谋杀了。精神健全的杀妻者，如果没有无瑕的品质（或者昂贵的律师），极少能逃脱谋杀罪与随之而来的绞刑。例如，在1890年有十一名谋杀妻子的男人，六人被绞死，五人被送进了收治囚犯的布罗德莫精神病院。

真正使杀妻案不再成为社会关注热点的，是19世纪末开始的刑罚体系的全面减轻。随着对暴力犯罪的恐怖的减轻，和对酷刑的人道主义批评的增长，杀妻者和其他犯人都得到了好处。对杀人犯量刑的减轻大概始于1890年，在1900年后更加明显。[1]

由此，英国法律一直没有对杀奸权的宽容。今天英国刑法中的杀人罪，依旧是谋杀罪（murder）和一般杀人罪（manslaughter）两种，杀奸也属于一般杀人罪。“在早期的案例中，法庭曾把什么可能以及什么不能造成激怒的情况作为法律问题加以规定。可能造成激怒的情况通常包括暴力攻击被告人，另外两种被认可的情况是丈夫发现妻子与别人通奸，而杀死一方或双方，以及父母发现并立刻杀死与其儿子搞同性恋者。”[2]英联邦国家的刑法，以及因殖民地原因受到英国影响的国家和地区，也大都如此。[3]这和世

---

[1] Martin J. Wiener, “The Sad Story of George Hall: Adultery, Murder and the Politics of Mercy in Mid-Victorian English”, *Social History* 24, 2 (May, 1999), 194-195.

[2] [英] J. C. 史密斯、[英]B. 霍根：《英国刑法》，马清升译，北京：法律出版社，2000年，第398页。

[3] 赵秉志等主编：《香港刑法纲要》，北京：北京大学出版社，1996年。

界上其他大多数国家的刑法是显著不同的，因为多少国家的杀人罪，在上述两条之外，还有第三条，“激情杀人”（heat-of-passion voluntary manslautheter），量刑要比前两条轻得多，便是主要针对杀奸行为制定的，详见后文。

四、美国的杀奸法

殖民地时期的美国有着浓厚的清教徒色彩，通奸是一种罪行，要受到严厉的惩罚。在马萨诸塞、弗吉尼亚、罗德岛、宾夕法尼亚、马里兰、新罕布什尔等州，法庭对通奸者的刑罚大都是鞭打三十至四十下，并有站绞架、终生佩戴“A”字等羞辱措施，部分州还有数年监禁、割耳等刑罚，个别州也曾对通奸者判处死刑。[1]

在殖民地时期的美国，还没有私自杀死奸夫的法律记录。和前述英国关于杀奸的法律一样，美国人也称允许或宽免当场杀死奸夫的法律为“不成文法”。现在所知最早的一起此类案件是1843年在肯塔基州，比彻姆被指控杀死了夏普，起因是比彻姆的妻子在结婚前数年被夏普诱奸，并产下一个死胎。法庭没有给予比彻姆宽

[1] Winfielde Ohlson, “Adultery: A Review”, 337; 另可参见 Lawrence Henry Gipson, “The Criminal Codes of Pennsylvania; The Laws of the Duke of York; The Laws of Chester (1682); The Code of 1701; The Law of 1718”, *Journal of the American Institute of Criminal Law and Criminology*, Vol. 6, No. 3 (Sep., 1915), 323–344。

免，他被判处死刑，并在宣判的七周后执行。

同期另外几起杀死奸夫的案件，杀人者却都成功避免了法律的惩罚。1843 年 3 月，在从费城到新泽西的一艘渡轮上，辛勒顿·莫瑟杀死了海伯顿。和前述比彻姆案显著不同，这次庭审争论和证据都集中在被杀者强行诱奸了莫瑟的妹妹，这成为与所谓“不成文法”有密切关联的第一起审判。1846 年 9 月，在弗吉尼亚州里士满市，威廉·梅尔斯谋杀了妻子的情夫。1858 年 1 月，在费城，托马斯·史密斯谋杀了理查德·卡特，因为卡特使其妻子在结婚前四个月怀孕。这两起案件的律师在为被告辩护时，都强调了被害人的放荡行径，暗示其罪有应得。初等法庭拒绝将梅尔斯送交大陪审团定罪；小陪审团则直接无罪释放了莫瑟和史密斯。这三起案件成为最早的杀奸无罪的案例，并以摘要的形式出版。在这一时期，还发生了几起此类案件，但影响较小。[1]

在 19 世纪六七十年代，三起丈夫杀死“奸夫”的案件震动了美国：西科斯—凯（Sickles-Key）案、科尔—黑斯克（Cole-Hiscock）案、麦法兰德—理查德森（Mcffarland-Richardon）案（短横线前后分别是杀人者和被杀者的姓氏）。当时有影响的报纸对这三起案件都做了连篇累牍的报道，法庭证词、辩方律师发言也作为单行本大量出版发行。当代学者亨迪克·哈同（Hendrik Hartog）的

---

[1] 以上案例来自 Robert M. Ireland, “The Libertine Must Die: Sexual Dishonor and the Unwritten Law in the Nineteenth-Century United States”, *Journal of Social History*, 23 (Fall 1989), 30。

论文《美国十九世纪的律师、夫权与“不成文法”》(“Lawyering, Husband’s Rights, and ‘the Unwritten Law’ in Nineteenth-Century America”)，对这三起案件进行了详尽的描述分析。[1]下面，我们就通过哈同的论文来了解这三起案件。

这些案件的关键事实部分都没有太大分歧。所有案件都是受伤害的丈夫在公开场合和证人面前枪杀了奸夫。所有的被告都依据不成文法宣称自己是无罪和光荣的，虽然他们都没有按被认可的（不成文）法律要求的那样，当妻子在奸夫怀里时捉奸并立即付诸行动，但所有的被告最终都避免了所有的指控，被无罪释放。

西科斯案的被告——丹尼尔·西科斯，是纽约市议员、坦慕尼协会（纽约市民主党组织）的追随者。他年轻的妻子——特里萨·白乔里·西科斯，与《星条旗永不落》的作曲者之子、华盛顿特区的地方检察官菲利普·巴顿·凯陷入了热恋。西科斯发觉了幽会的地点后，命其妻子写下了一份供词：“二楼有一张床，我做了一个坏女人通常做的事情。”根据陈述推测，她写下这份供词时“没有受到西科斯先生任何原谅或者好处的诱导，或者来自他的威胁”。第二天早上，当凯走近这幢房子，并向特里萨发出秘密信号时，西科斯冲出来枪杀了他。

乔治·科尔是一名医生与药剂师，内战期间，他成了一名杰

[1] Hendrik Hartog, “Lawyering, Husbands’ Rights, and ‘the Unwritten Law’ in Nineteenth-Century America”, *The Journal of American History*, Vol. 84, No. 1 (Jun., 1997), 67-96.

出的志愿军将军。当他作为负伤的英雄回到纽约北部地区时，发现妻子（庭审中很少提及她）心神不宁，而且不愿与他同床。后来，他发现他的老朋友、律师海瑞斯·黑斯克曾强暴过她（至少这是其妻供词中的说法）。科尔曾向数人征求意见，包括其妻的兄弟。随后他乘火车去了锡拉丘兹，黑斯克作为州宪法会议的成员正在那里开会。科尔走进会议厅，枪杀了黑斯克。

已出版的麦法兰德—理查德森案庭审记录讲述了一个更复杂和有争议的故事。它后来演化为多种版本，在许多方面仍显得含糊不清。丹尼尔·麦法兰德是一个受过良好教育的爱尔兰移民。1850年代末，他娶了年轻的新英格兰女子艾比·萨吉。接下来的十年间，他们在全国各地游历，麦法兰德事业上乏善可陈，艾比·萨吉作为一个演员和朗诵家却小有所成。她开始出版一些少儿故事。他们混迹于文化和政治上激进的文学家和记者中，这些人围绕何瑞斯·格瑞理的《纽约民权斗士》形成了一个圈子。……艾比与著名记者和作家阿尔伯特·理查德森相处甚密（亲密到何种程度我们无从知晓）。

1867年初，她离开了麦法兰德，稍后宣称丈夫无节制的酗酒导致她这样做。她先搬到《纽约民权斗士》出版者的家中，随后搬到理查德森居住的寄宿公寓的一套房子内。一个月后，麦法兰德截获了理查德森写给艾比的一封热烈的书信："我夜不成寐，梦想拥你入怀，良夜长吻。你可以公开属于我之前的几个月，长得不可思议。我心急如焚，如坐针毡。"麦法兰德因此枪击理查德森，造成轻伤。麦法兰德开始申请人身保护权—子女抚养权的诉讼——以便讨回其孩子们。这个诉讼最后达成调解，夫妻每人分得一个孩子。他同时开始了针对理查德森的第三者诉讼，似乎将以金钱赔偿了结（也可能通过理查德森在政治上有权力的朋友获得一个领事职位）。随后，1868年底，艾比搬到了印第安纳州定居，以便在那里办理离婚。1869年10月，她被获准离婚，回到了纽约。

11月，理查德森在《纽约民权斗士》发布了与艾比结婚的意愿。传闻两人在新泽西像夫妻一样同居。失去理智的麦法兰德来到《纽约民权卫士》的编辑部，再次枪击了理查德森，这次是致命的。理查德森弥留了近两个月，在这期间，他与艾比在病床旁举行了婚礼。

对这三起案件，哈同评论道：

不同的事实造就不同的故事。但这三个审判被看作同一个系列。后面案件的律师征引前面的审判作为先例与权威，不停重复着有关争论和想象。不同政见的评论者从不同的角度将它们理解为一个系列。从西科斯到科尔再到麦法兰德，代表了不成文法的传统界限被完全打破。按照保守的纽约律师与日记作者乔治·泰普立顿·斯特朗的说法，西科斯—凯案尚代表着“杀死勾引（即使是错误的怀疑）妻子或近亲者是正当的”古老教条，西科斯可以看作遵循了丈夫（杀奸）无罪释放的传统。他的开枪是对凯信号的立即反应。他没有等待或者计划，不是有预谋的谋杀。与此相反，科尔案中的性侵犯则是早已发生了的，被告为了找到和杀死勾引其妻子者做了长途旅行，科尔的律师仍要为他做无罪辩护。控方试图将科尔有预谋的行为与西科斯区别开来，但科尔的律师坚持两案的相似性，强调诱奸者的罪行和科尔行为的正当性。他们强调了被告的暴怒，他的失控，他的无助，面临羞辱，所有这些证实了罪行、案发、杀人的连续性，构成了即时的行为。被告在内战中的内脏损伤，也被律师们用来论证他的精神异常。在麦法兰德—理查德森案中，被告的妻子早在两年前就离开了他；两人早已离婚；被杀的是她公开的未婚夫，而非她的诱奸者。并且，在此案中没有诱奸的明显证据，也没有供词。艾比自主离开麦法兰德引发了这一切。所以麦法兰德的律师只得忽略关于不成文法的传统理解，来为其辩护。为了这样做，他们不再强调发现奸情本身（虽然作为关键情节，他们强调了麦法兰德截获的理查德森的信件），而是被害人以及围绕《纽约民权斗士》提倡“自由恋爱”的诸人造成的麦法兰德婚姻与家庭生活的瓦解。他们逼疯了麦法兰德，因此理查德森死得其所。

美国这一时期的杀奸案还有男女不平等的双重标准，它允许有外遇的丈夫杀死妻子的情夫，但不肯赦免杀死丈夫情妇的忠贞妻子。当然，在舆论压力下，这种不平等也在逐渐降低。1877年（具体时间不详），佐治亚州的一名农妇凯特刺死了丈夫的情妇。虽然在到底是凯特还是她的姐姐给予了情妇致命的伤害存在疑点，并且证据表明杀人行为是在自卫的过程中发生的，佐治亚州皮肯斯县的陪审团还是于1878年4月裁定凯特犯谋杀罪，判处绞刑。全国发生抗议活动，揭露不成文法的自相矛盾：宽恕朝三暮四的丈夫，却惩罚忠贞的妻子。这终于使佐治亚州州长将凯特减为十年徒刑，只对不平等做了部分修正。[1]

关于“不成文法”后来的应用情况，有学者总结道：

> 虽然不成文法在19世纪后半期的美国获得了很大成功，多数社会地位较低的杀奸者的未公开判决，却遵循了普通法对激怒情节的规定，即只应用于丈夫在捉奸现场杀死奸夫的情况。各州高等法院不仅维护这些判决，还强烈支持英国普通法，并经常抨击不成文法。在各州上诉法院中，北加州高等法院较早强调英国普通法关于通奸激怒情况的规定，并抨击不成文法鼓励了无法无天和嗜血行为。在19世纪的后三十年里，各州高等法院相继遵循北加州的先例，美国司法界开始逐渐摆脱不成文法。到20世纪这一进程更为加速。
>
> （20世纪，随着妇女地位提高等进程）不成文法及其维多利亚时代的基础都逐渐与社会不相适应。成文法的变化也开始削弱不成文法。对于用来赦免杀奸者的精神失常法律学说，

[1] Robert M. Ireland, “The Libertine Must Die: Sexual Dishonor and the Unwritten Law in the Nineteenth-Century United States”, *Journal of Social History*, 23 (Fall 1989), 34.

多数州的高等法院开始抛弃，至少是限制其运用。多数州通过制定惩治通奸及诱奸罪的法律，降低了私人复仇的必要，二战后随着社会对性的宽容，这些法律又往往被废止。新法律使得离婚成为避免性“羞辱”更为便捷和更少伤害的方式。二战后不久，爱荷华州一个陪审团裁定一名医生谋杀其妻子的情人时，忽略了不成文法，反映出20世纪新的性道德。在今天的美国，不成文法（允许受侵害的丈夫、兄弟或未婚女儿杀死据说羞辱了他们的诱奸者）即使在民事审判中也没有太多意义。[1]

不过，美国部分州允许杀奸的法律直到20世纪70年代的民权运动时期才最后废除。从1857年开始，得克萨斯州规定丈夫杀死奸夫无罪。19世纪后期，这个法条被运用得很宽泛，多次适用于并非当场杀死奸夫的案件。后来逐渐增加了对杀奸的场合限制。从1925年开始，到1973年废止之前的表述为：“如果丈夫发现有人正在与妻子通奸，则当场杀死此人的行为是正当的。如果丈夫曾对通奸关系表示过默许或者赞同，杀人行为不能被认为正当。”对于女子杀死丈夫情妇的案件（1932），得州法庭则从未运用过这条法律予以宽免。

得州法律认可丈夫是有意识地杀死奸夫，而不允许有意识地

[1] Robert M. Ireland, “The Libertine Must Die: Sexual Dishonor and the Unwritten Law in the Nineteenth-Century United States”, *Journal of Social History*, 23 (Fall 1989), 38.

折磨奸夫。1922年，一名丈夫捉奸后将奸夫捆起来，随后阉割了他。法庭判处这名丈夫重伤害罪。按照法官的解释，如果这名丈夫当初是想杀死奸夫，但只造成了重伤害的结果，也是可以无罪的。[1]

佐治亚州通过19世纪后半期的一系列判例，也允许丈夫或者父亲在特定情境下杀死其配偶或子女的奸夫。按照该州的法律解释，杀奸是一种自然的自我防卫行为，其目的是阻止通奸。这样，有权杀奸的除了丈夫，又增加了父亲和未婚夫。和得州不同，佐治亚州也允许妻子杀死其丈夫的情妇。两个州相同的是，都不允许杀死出轨的配偶本人。1977年佐治亚州一个杀奸案的司法解释废除了以往的判例：

> 在当今的无过错、无要求离婚中，通奸只是一种错误；并且国内关于对极恶的犯罪行为是否适用死刑都掀起了大讨论。这种情况下，任何配偶可以合法杀死另一方（通奸的配偶或其情人）以阻止通奸的观念都是不文明的。这是谋杀行为，因而显然不能被认为是正当的杀人。

犹他州和新墨西哥州也曾有过允许杀奸的法律，但都于1973

[1] "Assault and Battery: Husband Maiming Paramour", *The Virginia Law Register*, New Series, Vol. 8, No. 9 (Jan., 1923), 704.

年废除了。[1]在今日美国，杀死奸夫或者出轨配偶者获得无罪判决的机会比较少了，他们大多会被判处一般杀人罪。一般杀人罪的量刑比谋杀要轻。这样的立法原理是基于杀人者“发自内心的激情”（heat of passion），所以量刑要比谋杀罪轻。虽然当场杀奸者也要判一般杀人罪，但量刑在这类犯罪中还算很轻的。如特拉华州在1953年专门做出规定，对因当场杀死奸夫而判一般杀人罪者，判处一年以下徒刑和一百到一千美元罚款，而该州当时其他一般杀人罪要判处一万美元以上的罚款和最高刑期三十年的监禁。[2]此后美国各州杀人罪的量刑越来越轻，按照20世纪70年代制定的《美国模范刑法典》，谋杀罪要判处终身监禁，一般杀人罪则是十年以下徒刑。在司法实践中，绝大多数一般杀人罪的最高刑期都在五到八年之间。夫妻间非过失的一般杀人罪，刑期大多在六到八年之间。[3]杀奸者的刑罚随之水落船低。

和杀奸无罪的原则曾被滥用一样，在当代美国的杀人案中，“激情”借口也经常被滥用，杀人者借此避免被定为谋杀罪。因为“激情”被判一般杀人罪的，有当场发现奸情、杀死奸夫者，更多的则是因为妻子提出分居、离婚，或者仅仅怀疑妻子有出轨行为，

---

[1] 关于以上四州法律，参见 Jeremy D. Weinstein, “Adultery, Law and the State: A History”, *Hastings Law Journal* 38 (Nov. 1986), 195–238。

[2] M. D. G. , “Manslaughter and the Adequacy of Provocation: The Reasonableness of the Reasonable Man”, *University of Pennsylvania Law Review*, Vol. 106, No. 7 (May, 1958), 1031.

[3] Victoria Nourse, “Passion’s Progress: Modern Law Reform and the Provocation Defense”, *The Yale Law Journal*, Vol. 106, No. 5 (Mar., 1997), 1341–1342.

或者仅仅因为未婚妻与他人跳舞，就在冲动之下杀人。[1]这种案件的杀人者一般都是男性，被害人则大都是女性。“激情”辩护也可以应用于女性杀人者，但实际生活中女性因配偶出轨而杀人的情况极少。[2]有时，这种以“激情”为由将杀人者定为一般杀人罪的案件，作案手段极为凶残，让人不得不说，它也和所谓“不成文法”一样，时常沦为替罪犯开脱的手段。例如肯塔基州1987年的一桩杀人案：

> 史密斯因其女友将离开他的消息而沮丧。其女友柏熙十七岁，是一个女婴的母亲，搬到俄亥俄州与其母亲一起居住。十天后，史密斯来到柏熙家。在与柏熙进行了简短的谈话后，史密斯拿出了他放在树篱内的三十英寸的猎枪。他先在门外开枪，打死了柏熙的姐姐，随后进入屋内，打死了柏熙的母亲。不久，当救护车赶来时，史密斯杀死了柏熙和她怀中的女婴。陪审团被告知，基于“极端的情感焦虑”，可以判处一般杀人罪。[3]

---

[1] Victoria Nourse, “Passion’s Progress: Modern Law Reform and the Provocation Defense”, *The Yale Law Journal*, Vol. 106, No. 5 (Mar., 1997), 1351–1366.

[2] Katherine O’Donovan, “Defences for Battered Women Who Kill”, *Journal of Law and Society*, Vol. 18, No. 2 (Summer, 1991), 227.

[3] Victoria Nourse, “Passion’s Progress: Modern Law Reform and the Provocation Defense”, *The Yale Law Journal*, Vol. 106, No. 5 (Mar., 1997), 1343.

五、欧陆部分国家（及其美洲殖民地）的杀奸法

近代以来西欧地区的杀奸法

如第二部分所述，西欧地区一直受罗马法传统和日耳曼习惯法的影响，丈夫当场杀奸长期得到法律认可。虽然有些教会学者反对杀死通奸的妻子，但基本对民间习惯没有太大影响。因笔者目前不懂法、德、意等欧陆语言，只能借助一些英语论著，来管中窥豹了解一下近代以来西欧地区的杀奸法。

意大利

中世纪的意大利在政治上并不统一，处理通奸问题的主要是教会法和民间习惯法。在罗马教廷的刑事档案中，有一件发生在16世纪的典型杀奸案。从这起案件，我们可以了解当时社会对杀奸行为的普遍心态。[1]

罗马东部萨宾山脚下的小克里通镇上，有位贵族庄园主巴蒂斯塔，他拥有一座属于自己的小城堡。1559年3月，他娶了自己的远房堂妹、同样出身男爵家族的维多利亚为妻。一两年后，维多利亚生下一个女儿。

巴蒂斯塔有一个同父异母的私生弟弟特亚诺。特亚诺是一个

[1] 关于此案，参见 Thomas V. Cohen, “Reflections on Retelling a Renaissance Murder”, *History and Theory*, Vol. 41, No. 4, Theme Issue 41: Unconventional History (Dec., 2002), 7-16。

农妇所生，但也住在巴蒂斯塔的城堡里。大概从 1562 年开始，他和维多利亚开始发生奸情。维多利亚的卧室在城堡的一个角落，外厅睡着其女儿和六名侍女。卧室窗外是个塔楼，特亚诺夜间潜入塔楼，缒绳而下，在维多利亚的协助下从窗户进入卧室。两人的奸情逐渐暴露，城堡仆人和镇上的农夫都在传他们的流言。

1563 年 7 月的一个夜晚，两人再次幽会时，被一个侍从发觉，报告了巴蒂斯塔。巴蒂斯塔先命人带着火绳枪守住妻子窗下的过道，防止奸夫跳窗逃跑。随后他穿好衣服，准备好武器、火把，带着两个仆人冲向妻子的卧室。当他破门而入时，特亚诺和维多利亚正在行奸。在侍女们的注视下，他和仆人一起杀死了特亚诺，又亲手用匕首杀死了维多利亚。随后，他命令封存两人赤裸的尸体，并禁止任何人传扬此事。

几天后，维多利亚的哥哥路德维克赶来了（大概是巴蒂斯塔派人叫来的）。在巴蒂斯塔的陪同下，他查看了尸体和现场，然后宣称，如果他当时在现场的话，也会像巴蒂斯塔一样做的。他还问：除了丈夫以外，是否还有别人折磨过维多利亚？如果有的话，他一定会杀掉他。回答当然是否定的。两周后，罗马的法官赶来了，他们没有逮捕丈夫，只是捉了一些农妇和侍女，做了笔录。这便是此案的文献来源。

由此案可见，即使在当时意大利的贵族社会里，丈夫的杀奸行为也是得到公认的，妻子的家人也不得不接受。刚刚得知妻子行奸的消息时，丈夫还进行了周密的部署，以便当场捉奸，对他来说，这是在行使丈夫的权利。

西班牙及墨西哥

西班牙 14 世纪中期的法典《七艺》（*Siete Partidas*）规定，如果丈夫发现妻子与人通奸，可以在捉奸现场杀死奸夫，但不得杀死妻子。不准杀死妻子的规定大概来自教会法人士的倡导。但此后的一些地方法律又有些区别规定。比如 1505 年托罗（Toro）地方的法律规定，如果丈夫在捉奸现场杀死奸夫奸妇两人，则不能保有妻子的嫁妆，但不受其他惩罚。妻子则没有相应的杀奸权利。一直到 1805 年的《新法典大全》（*Novisima Recopilacion*），这样的规定还保留着。[1]杀奸甚至成了西班牙、葡萄牙诸多戏剧和文学的素材，成为伊比利亚文学的特色。[2]

在西属拉美殖民地，印第安人也有允许杀奸的习惯，而且当"杀奸杀双"时，也会得到殖民当局官员的宽免而不予追究。但如果奸夫逃逸、只杀死妻子，则难以免罪。16—17 世纪，墨西哥的西班牙殖民当局有很多当地米斯特克人的案件记录保留至今，其中有很多杀奸案。[3]

1596 年，一名米斯特克妻子正与奸夫一起睡觉，她惊醒时，

---

[1] Victor M. Uribe-Uran, "Colonial 'Baracunatanas' and Their Nasty Men: Spousal Homicides and the Law in Late Colonial New Granada", *Journal of Social History*, Vol. 35, No. 1 (Autumn, 2001), 60.

[2] Gerald E. Wade, "Spain's Golden Age Culture and the 'Comedia' ", *Hispania*, Vol. 61, No. 4 (Dec., 1978), 832-850.

[3] 下述米斯特克人案件，参见 Kevin Terraciano, "Crime and Culture in Colonial Mexico: The Case of the Mixtec Murder Note", *Ethnohistory*, Vol. 45, No. 4 (Autumn, 1998), 725-726。

发现丈夫正试图将她掐死，奸夫浑身是血死在一旁。妻子的叫声召来了邻居和地方官，当他们试图分开二人时，丈夫还一直发誓要杀死妻子。丈夫得到了官员的豁免。

1632年，一名米斯特克丈夫发现了妻子的奸情，奸夫当场被杀，妻子也受了重伤。在更早的1624年，一名几个月来一直怀疑妻子不忠的丈夫，在屋后发现她与人通奸后，用一把屠刀杀死了奸夫，妻子重伤。这两起案件经法官记录以后大概都被撤销了。

此外，还有一个仅杀死妻子的案件。墨西哥一名为Oaxaca的地方，彼多长期怀疑妻子玛丽亚与教堂看门人桑图有奸。1684年冬的一天，玛丽亚的尸体被发现，她因头部受重击而死，尸体被一件绣花斗篷包裹，还有一封彼多留下的米斯特克语信件（用的是拉丁字母）。信件是写给当地官员的，称妻子与桑图通奸被他当场捉住，所以杀死了她。没有杀死桑图是因为不屑于这么做，绣花斗篷便是桑图的。他请求地方官捉住桑图并使用刑讯，使他招供奸情。

地方官随后发现，桑图和彼多都已经逃走了。几名证人的证词称，桑图以前确实因为和玛丽亚通奸被彼多捉住，并受到当地官员的惩罚。官员对两人发出了通缉令。

一年后，桑图潜回家时被捕。审讯中，他承认以前曾因和彼多的妻子有染而被捕，但早已停止了这种关系。至于那件斗篷，他说是事发前不久彼多从他身上抢去的。几名证人的证词也显示玛丽亚不止和一个男人有染，但不能确定她被杀当天确实和桑图在一起。桑图一个月后被释放。

通过此案可见，对于丈夫只杀死妻子而所谓奸夫没有归案的情况，法官难以认定事实。当然，如果只杀死了所谓奸夫而没有杀死妻子，则有可能是夫妻串通害人，所以从两河流域的法典到罗马法，都规定杀奸时必须将两人一起杀死。到中国明清时期的法律，对此又有更严格详细的规定，详见后文。

葡萄牙及巴西

和西班牙一样，葡萄牙从中世纪以来，法律也允许丈夫在捉奸现场杀死奸夫奸妇二人。[1] 巴西法律也继承了这一规定。从19世纪末到20世纪前期，由于杀妻案件较多，社会对这一法律的批评也越来越强烈。最终在1940年通过的《巴西刑法典》中，规定“不能因感情或激情免除刑事责任”，但可以作为从轻的要素。[2]

法国

法国也继承了允许丈夫杀奸的欧陆传统。拿破仑时期（1810）颁布的《刑法典》第325条规定：“夫在家内将行淫之妻和奸夫捉获，即使予以故杀时，其故杀罪应予宥恕。”第327、328条是对通奸罪的量刑，为三个月到两年的拘役。这里对丈夫杀奸是有场合限制的，但在实际庭审中，杀奸的丈夫往往会得到陪审团同情，

---

[1] Susan K. Besse, “Crimes of Passion: The Campaign against Wife Killing in Brazil, 1910–1940”, *Journal of Social History*, Vol. 22, No. 4 (Summer, 1989), 653.

[2] Susan K. Besse, “Crimes of Passion: The Campaign against Wife Killing in Brazil, 1910–1940”, *Journal of Social History*, Vol. 22, No. 4 (Summer, 1989), 660.

即使杀奸条件不符合法条规定，也可以得到赦免。如本文第三部分引用过1884年英国《泰晤士报》转载的一个巴黎案件，一名男子去情妇家时发现她正在与人交合，遂杀死了她，陪审团宣告这名男子无罪。据学者对1825—1914年间法国刑事案件的统计，在涉及通奸的杀人案（杀死出轨的妻子或丈夫，以及杀死情敌）中，杀人者被定罪的只占案件总数的61.8%。[1]未定罪的近40%当中，未必全是当场杀奸者，不符合法律赦免规定的杀人者逃脱定罪的当不在少数。另外，即使被定罪，杀奸者的量刑也往往比其他杀人者轻得多。

按照法律规定，妻子本来是没有杀奸权的。但大约从1870年代开始，随着妇女地位的提高，这个问题也日益凸显。有学者对这一时期妻子杀奸的案件做过分析，在十八起因丈夫出轨引起妻子杀人的案件中，杀死或试图杀死其丈夫的七人，针对其情敌的十一人。这类案件主要发生在都市，案发率在迅速下降，1914年以后更是少见。这些妻子使用最多的是枪，但她们也投毒，泼硫酸更是心怀嫉妒的妇女们的中意武器。但从论文列举的三个妻子杀死丈夫情妇的案例看，都不是当场捉奸杀人的情况，而是事后到情妇家报仇，更没有试图“杀双”的。[2]这些妻子也大多得到了

---

[1] James M. Donovan, “Justice Unblind: The Juries and the Criminal Classes in France, 1825-1914”, *Journal of Social History*, Vol. 15, No. 1 (Autumn, 1981), 94.

[2] Anne-Marie Sohn, “The Golden Age of Male Adultery: The Third Republic”, *Journal of Social History*, Vol. 28, No. 3 (Spring, 1995), 481-482.

法庭的赦免。[1]可见女性获得平等杀奸权的进程，是和男性杀奸权泛滥的过程基本同步的。

当代大陆法系国家的“激情杀人罪”

本文主要讨论杀奸权的历史，不涉及最近一个世纪以来的杀奸法变迁，但这里对欧陆及大陆法系国家当前涉及“杀奸”的法律做一点简单介绍。

20世纪以来，多数国家都废止了赤裸裸允许杀奸的法条，但仍对杀奸者有较大的宽容。范忠信在《通奸罪与杀奸权》一文中，就指出了意大利法律对杀奸者的处罚过轻：

> 意大利的立法者（指1968年的《意大利刑法》）至此意犹未足。他们又立下了一条规定：于其配偶、女儿、姊妹为非婚奸淫之际，为维护自己或家庭名誉，当场激于义愤杀死行淫男女者，减轻刑罚为三至七年徒刑（其杀人罪为二十年徒刑）。
>
> 这又是“杀奸权”！虽然仍要处罚，但何等优遇——故

[1] Mary S. Hartman, *Victorian Murderesses* (New York, 1977), 144, 267; James M. Donovan, “Justice and Sexuality in Victorian Marseille 1825-1885”, *Journal of Social History*, Vol. 21, No. 2 (Winter, 1987), 240; “Justice Unblind: The Juries and the Criminal Classes in France, 1825-1914”, *Journal of Social History*, Vol. 15, No. 1 (Autumn, 1981), 95.

意杀人仅处如此轻刑！这种规定的确可以使懦夫壮胆、弱妇敢为。这是立法者的本来意图吗？这样的立法会带来什么样的后果？我没有考察。[1]

现在像意大利这样明文规定宽待杀奸者的国家不多了，但大多数大陆法系国家关于杀人行为的定罪，除了像英美刑法那样有谋杀罪、一般杀人罪外，大多还有“第三条”——激情杀人，只是对“激情”杀人者量刑很轻，这正是为杀奸者预留的一个“暗门”。以现在的《德国刑法典》为例，已经没有了允许杀奸的法条。其杀人罪部分为：

第 211 条：谋杀。（1）谋杀者，处剥夺终身自由刑。……

第 212 条：故意杀人。（1）行为人不是谋杀者而是杀人者的，作为故意杀人者处不低于五年的自由刑。……

第 213 条：故意杀人的较轻的严重情形。如果故意杀人者本人无责任而由被杀者所实施的施加于他或者他的亲属的乱待或者严重侮辱所激怒，以致引起了当场的行为或者存在其他较严重的情形，那么，处一年以上十年以下自由刑。

这里的第 213 条没有说出“杀奸”字眼，但杀奸者（特别是“当场”杀人的，见法条中对“当场”的强调）仍属于这一条，且最低刑

[1] 范忠信：《信法为真》，第 212—213 页。

期仅为一年，比意大利还低得多。再如《瑞士刑法》(1971年修正)：

第111条 (故杀)……处五年以上重惩役。

第112条 (谋杀)……处终身重惩役。

第113条 (激愤杀人)因可悯恕之激愤情绪而杀人者，处十年以下重惩役或一年以上五年以下轻惩役。[1]

以苏联为代表的社会主义国家法律中都没有通奸罪，但对“激情”杀人者的优待也不亚于欧陆诸国。《苏俄刑法》：

第102条　情节严重的故意杀人：……处八年以上十五年以下的剥夺自由，并科或不科流放，或处死刑。

第103条　故意杀人：……处三年以上十年以下的剥夺自由。

第104条　在强烈的精神激动状态中故意杀人：因遭受到受害人的暴力或严重的侮辱，以及来自受害人方面对犯罪人本人或他的亲近人等足以引起或可能引起严重后果的其他违法行为，在突发的强烈精神激动状态中故意杀人的，处五年以下的剥夺自由，或一年以下的劳动改造。[2]

[1] 萧榕主编：《世界著名法典选编·刑法卷·瑞士刑法》，北京：中国民主法制出版社，1998年。

[2] 萧榕主编：《世界著名法典选编·刑法卷·苏俄刑法》。

按照《苏俄刑法》，在激情状态中故意杀人的，甚至可以仅处一年以下的劳动改造，其承担的刑事责任可谓微乎其微了。该刑法还专门规定了在激情状态下伤害或严重伤害他人的情况，也比“非激情”状态下大大减轻（第 110 条）。像前述 1922 年那位阉割了奸夫的美国丈夫，正适用这条法律。苏联解体后的俄罗斯新刑法，也秉承了这一传统，且还有进化：

> 第 107 条　在激情状态中杀人：因遭受受害人的暴力、挖苦或严重侮辱，或因遭到受害人其他违法的或不道德的行为（不作为），以及由于受害人不断的违法行为或不道德行为使其长时间地处于精神受刺激的情势下，从而在突发的强烈精神激动（激情）状态中实施杀人的，处三年以下的限制自由或三年以下的剥夺自由。
>
> 在激情状态中杀死二人以上的，处五年以下的剥夺自由。[1]

俄罗斯执法者对这条法律的解释是：“受害人的不道德行为（不作为），是指可能成为发生激情的违反道德规范的行为，如明显的夫妻间背叛行为、亲近的人的出卖、工作中的‘暗算’等等。”[2] 这就直接指出了通奸行为属于引发激情杀人的范围，且新刑法中专门规定了“在激情状态中杀死二人以上”的情况，“杀奸

[1] 俄罗斯联邦总检察院编：《俄罗斯联邦刑法典释义》上册，黄道秀译，北京：中国政法大学出版社，2000 年，第 289 页。

[2] 俄罗斯联邦总检察院编：《俄罗斯联邦刑法典释义》上册，第 292 页。

杀双”自然也在其中，这大概是立法者没好意思明说的。此外，朝鲜、蒙古及东欧等国家的刑法也都有“激情”杀人的专条，量刑也和《苏俄刑法》相仿，这里不再一一列举。

六、中国古代的杀奸法

唐代以前的杀奸问题

和西方古代法律相比，中国古代一直缺少关于杀奸权的法律记载。

《左传》描写的春秋史中，齐庄公和大臣崔杼的妻子通奸，被崔杼杀死；陈灵公与大臣遗孀夏姬通奸，被夏姬之子杀死。但这些与当时的政治斗争密切相关，不是单纯的法律或习惯法问题。对杀奸问题的政策规定，目前所见最早的便是秦始皇的会稽刻石：

> ……防隔内外，禁止淫泆，男女絜诚。夫为寄豭，杀之无罪，男秉义程……[1]

对于秦始皇的这个政策，后人讨论最严谨的当推顾炎武。《日

[1] 《史记》卷六《秦始皇本纪》。《索隐》：豭，牡猪也。言夫淫他室，若寄豭之猪也。豭音加。

知录》卷十三《秦纪会稽山刻石》云：

秦始皇刻石凡六，皆铺张其灭六王并天下之事。其言黔首风俗，在泰山则云“男女礼顺，慎遵职事。昭隔内外，靡不清净”，在碣石门则云“男乐其畴，女修其业”，如此而已。惟会稽一刻，其辞曰，“饰省宣义，有子而嫁，倍死不贞。防隔内外，禁止淫泆，男女絜诚。夫为寄豭（原注：《正义》曰，豭，牡猪也。左氏定公十四年传：“既定尔娄猪，盍归我艾豭？”寄豭者，谓淫于他室），杀之无罪，男秉义程。”

……考之《国语》，自越王句践栖于会稽之后，惟恐国人之不蕃，故令壮者无取老妇，老者无取壮妻。女子十七不嫁，其父母有罪。丈夫二十不取，其父母有罪。生丈夫，二壶酒一犬。生女子，二壶酒一豚。生三人，公与之母。生二人，公与之饩。《内传》子胥之言亦曰：越十年生聚。《吴越春秋》至谓句践以寡妇淫泆过犯，皆输山上。士有忧思者，令游山上，以喜其意。当其时盖欲民之多，而不复禁其淫泆。传至六国之末，而其风犹在。故始皇为之厉禁，而特著于刻石之文。以此与灭六王并天下之事并提而论，且不著之于燕齐，而独著之于越，然则秦之任刑虽过，而其坊民正俗之意固未始异于三王也。汉兴以来，承用秦法以至今日者多矣，世之儒者言及于秦，即以为亡国之法，亦未之深考乎？

顾炎武言“寄豭”典出《左传·定公十四年》，甚确。春秋卫灵公夫人南子素有淫声（孔子在卫国见的南子就是此人），她曾召宋国贵族宋朝来卫国一起鬼混，以致卫国太子出使路过宋国时，当地人都唱“既定尔娄猪，盍归我艾豭”（既然已经满足了你们的母猪，为何不归还我们那漂亮的公猪？）来羞辱他。[1]

如依顾炎武此说，则会稽刻石针对的是当时越地传统的“淫风”，其他地区未必实行此种政策。另外，对于奸夫，谁有杀奸权？是只有受害的丈夫，还是人人得而杀之？这些在刻石中都没有提到。此外，从先秦直到南北朝，都没有对法定杀奸权的记载。

唐代到明代杀奸权的变迁

中国古代法典中关于捉、杀奸权的最早记载是唐律。根据《唐律疏议》卷二十八《捕亡》：

> 453　诸被人殴击折伤以上，若盗及强奸，虽傍人皆得捕系，以送官司。（注曰：捕格法，准上条。即奸同籍内，虽和，

[1]　但会稽刻石仍有人误作他解，如蔡枢衡《中国刑法史》（南宁：广西人民出版社，1983 年，第 176 页）认为：“夫指丈夫，即成年男性。为是实行。寄和觭同音，寄借为觭。《集韵·寘韵》，‘觭，只也’。又《支韵》：‘奇，不偶也，通作觭’，觭借为奇。只和不偶，都指单数。豭和家同音，属于麻韵。豭借为家。家是居处。夫为寄豭实是夫为奇家，亦即成年男性只身为家。也就是不娶妻。不娶妻者，杀之无罪。实是授予群众以生杀之权。”这大概是不熟悉《左传》，又未见顾炎武论述所致。

听从捕格法。）

疏议曰：……“捕格法，准上条”，持仗拒捍，其捕者得格杀之；持仗及空手而走者，亦得杀之。其拒捕、不拒捕，并同上条“捕格”之法。“即奸同籍内”，言同籍之内，明是不限良贱亲疏，虽和奸，亦听从上条“捕格”之法。

问曰：亲戚共外人和奸，若捕送官司，即于亲有罪。律许捕格，未知捕者得告亲罪以否？

答曰：若男女俱是本亲，合相容隐，既两俱有罪，不合捕格、告言。若所亲共他人奸，他人即合有罪，于亲虽合容隐，非是故相告言，因捕罪人，事相连及，其于捕者，不合有罪。和奸之人，两依律断。

可见，唐律对和奸的规定，是只有一方罪犯的亲属同籍人才能捕捉。如果没有亲属关系，或者与和奸双方都有亲属关系，就不能捉奸送官。即使可以捉奸者，也不能随意杀死奸夫奸妇，只有在罪犯“持仗拒捍”或试图逃走时，才可以将其杀死而不承担责任。如果捕人者杀死了不拒捕的罪犯，需要承担和杀死无罪人相同的责任。这和其他古代文明赋予丈夫以当场杀奸权的惯例相比，可谓大异其趣。不过，唐律中还有“夜无故入人家”条，一定范围内可以应用于丈夫杀奸。《唐律疏议》卷十八《贼盗》：

269　诸夜无故入人家者，笞四十。主人登时杀者，勿论；……其已就拘执而杀伤者，各以斗杀伤论，至死者加役流。

问曰：外人来奸，主人旧已知委，夜入而杀，亦得勿论以否？

答曰：律开听杀之文，本防侵犯之辈。设令旧知奸秽，终是法所不容，但夜入人家，理或难辨，纵令知犯，亦为罪人。若其杀即加罪，便恐长其侵暴，登时许杀，理用无疑。况文称"知非侵犯而杀伤者，减斗杀伤二等"，即明知是侵犯而杀，自然依律勿论。

这样，主人对夜间进入自己家的奸夫，可以杀死而不承担责任。可见在唐律里，丈夫的杀奸权受到了诸多限制，且只能杀死奸夫，不能杀死奸妇。宋代仍基本沿袭唐律。

西夏《天盛律令》中，丈夫打死诱走妻子的奸夫或夜间潜入家中行奸的奸夫，都要受到"有官罚马一，庶人十三杖"的处罚，也没有充分的杀奸权。[1]和唐律相比，西夏丈夫在自家夜间杀死奸夫，需要承担一定的刑罚，但杀死诱拐妻子的奸夫，承担的刑罚就比较轻了。

在金朝和南宋末年，似乎实行过任何人都可以捉拿通奸之犯的律法。《元典章》引所谓"旧例"云："旧例：诸奸者，虽旁人，皆得捕击以送官司格法"；"旧例：和奸有夫妇人，虽旁人，皆得捕击以送官司"。[2]学界一般认为，《元典章》中的所谓"旧例"，

---

[1] 《天盛改旧新定律令》，北京：法律出版社，2000年，第301—304页。

[2] 《大元圣政国朝典章·刑部》，第102、104页。另外，此"捕击"似当作"捕系"。

即指金代的《泰和律》，可见金朝在这个问题上曾一度有较大改革，可惜现存材料太少，难得其详。

到元代，丈夫才可以在捉奸现场杀死妻妾和奸夫。《元史》卷一〇四《刑法志三》：

> 诸夫获妻奸，妻拒捕，杀之无罪……
>
> 诸妻妾与人奸，夫于奸所杀其奸夫及其妻妾，及为人妻杀其强奸之夫，并不坐。若于奸所杀其奸夫，而妻妾获免，杀其妻妾，而奸夫获免者，杖一百七。

薛允升对此评论道："（元代）始有同时杀死奸夫奸妇不坐之律。"[1] 瞿同祖也持此意见："夫于奸所获奸，登时将奸夫奸妇一并杀死是不论的。当时不杀奸夫但杀奸妇，或于事后杀妻始有罪。"[2] 按薛、瞿对这个法条的理解，如果元代丈夫捉奸时只杀死了妻妾或只杀死了奸夫，就要受到杖一百七的刑罚。这会让我们联想到古代两河流域要求奸夫奸妇必须受到相同处罚的法律，以及罗马帝国法律对奸妇的家父必须"杀双"的要求。我们还可以联想，蒙古人在统一汉地以前，曾有过多次西征，远及两河流域及东罗马帝国附近，是他们从那里带回了这一法律思想？

这个假设虽然有趣，但很可能是个误会，即薛、瞿对《元

[1] （清）沈家本：《历代刑法考·附寄簃文存》第四册，第 2084 页。

[2] 瞿同祖：《中国法律与中国社会》，北京：中华书局，2003 年，第 123 页。

史·刑法志》的断句有误：应受杖一百七的，不是杀奸的本夫，而是侥幸没有被杀的奸夫或奸妇。元代有夫之妇和奸，男女犯按律只受杖八十七。这里的考虑大概是因为犯奸的一方被杀，另一方也应当相应加重惩罚。杖一百七比杖八十七只增加了两等，但元代司法实践中几乎没有徒刑和流刑，死刑减一等就是杖一百七，所以我们不好说这个惩罚是轻是重。只有到清代，对于侥幸逃生的奸夫，才有更为详细的量刑规定。

元代的捉奸权基本只属于丈夫。但据《元典章》，大德七年（1303），有大臣陈奏，各地多有丈夫纵容、逼迫妻妾为娼之事："盖因奸从夫捕之条，所以为之不惮。若许四邻觉举，但同奸断，或因事发露，则罪均四邻，自然知畏，不敢轻犯。"刑部因此发文，对违法纵妻为娼者："如有违犯，许诸人首捉到官。"[1] 可见元代本来只承认丈夫有捕奸之权，此政策发布后，则几乎任何人都可以捕奸。但这项政策是针对丈夫纵容妻子卖奸的商业行为而发，对其他和奸行为大概无效。

《大明律》卷十九仍规定"凡妻妾与人奸通，而于奸所亲获奸夫奸妇，登时杀死者勿论。若止杀死奸夫者，奸妇依律断罪，从夫嫁卖"。"依律"是依照和奸律，对奸妇处杖九十或一百，这和元代没有太大变化。

《大清律》仍沿袭明律，但奸妇如果没有当场被杀，已不再是"从夫嫁卖"，而变成了"依律断罪，入官为奴"。乾隆五年

[1] 《大元圣政国朝典章·刑部》，第154页。

（1740），又改为“依律断罪，当官嫁卖”。[1] 这是强制要求丈夫和妻子离婚。这样立法的考虑，大概是为了防范丈夫和妻子合谋，设计谋害人命。

明后期与清前期杀奸法例

大概从明嘉靖时期开始，关于杀奸权的新问题逐渐产生。嘉靖中期成书的《法家裒集》，是一部关于法律实用问题的汇编。其中载：

> 妻妾与人通奸，除亲夫之外，其余亲属奸所杀死奸夫奸妇，何断？
>
> 答曰：但同居及有服亲，并应捕人等，俱许捉奸。其杀之类，律不载焉。设有犯者，仍依斗杀伤论之，参酌上请减等，以正风化。[2]

这是关于丈夫的亲属杀死奸夫如何处理的问题。《法家裒集》提出的解决办法是仍旧按照“斗杀伤”律拟罪，并报请皇帝予以斟酌减轻。常人之间斗杀者，明清时要处绞（监候）之刑，亲属

---

[1] 《大清会典事例》卷八一〇，《续修四库全书》史部·政书类，第809册，上海：上海古籍出版社，2003年，第762页。

[2] 《法家裒集》，《四库全书存目丛书》子部，第37册，第496页。此书序署为嘉靖戊申年（嘉靖二十七年，1548），刊于嘉靖辛亥年（嘉靖三十年，1551）。

杀奸是在这个基础上稍做减等，便逃脱了死罪。但这只是给地方司法官员的参考意见，并非正式例文，不知具体实行情况如何。

律文规定丈夫合法杀奸的情况，是“于奸所亲获奸夫奸妇，登时杀死者勿论”。这里的关键是“奸所”和“登时”，奸所指在捉获的通奸现场，登时指没有任何迟疑和耽搁。那么遇到拖延的杀奸情况如何判决？嘉靖五年刊刻的《大明律直引》，已有关于这种情况的正式问刑条例：

> 夜无故入人家，已就拘执而擅杀者，与本夫拘执奸夫奸妇而殴杀者，情罪相当。因本夫拘执奸夫奸妇而殴杀者，律无正条，若比拟罪人已就拘执而擅杀者处绞，诚为太重。合无通行内外问刑衙门，遇有此等内犯，比依夜无故入人家已就拘执而擅杀至死者律，杖一百、徒三年，庶得轻重适均矣。[1]

这里把丈夫非登时杀死奸夫奸妇的情况称为“拘执而殴杀”，并比照“夜无故入人家已就拘执而擅杀”律的量刑，处以杖一百、徒三年。这样拘执奸夫奸妇而杀，所受的刑罚恰好在斗杀常人（绞监候）和登时杀奸（无罪）之间折中，“庶得轻重适均”。这个条例得到了实行，见诸后来的明代律书《嘉靖问刑条例》《万历问刑条例》《读律琐言》等。

关于晚明（万历以后）杀奸法的发展，目前资料缺乏，难以

[1]　黄彰健编著：《明代律例汇编》卷十九，第803—804页。

讨论。但值得注意的是，清顺治三年（1646）的《大清律例》中，有多条关于杀奸的小注。顺治时的清律今难得见，但薛允升《读例存疑》之“杀死奸夫”律条下云：“此仍明律……其小注系顺治三年添入。律末并添小注十一条，雍正三年均改为例，分载律后。”[1]顺治初年清朝对中原的统治尚未稳固，没有精力全面改革法律，其《大清律例》基本都是照搬明律，所以我们可以推测，**这些关于杀奸的小注，应该就是明代晚期积累形成的杀奸条例，顺治朝修律时只是把它们改为小注的形式而已。**

在尚未见到顺治律原文的情况下，我们有两个途径推定这些关于杀奸的小注。一是康熙时刊刻的清律，一是清末编修的《大清会典事例》。因为如薛允升所言，这些小注在雍正三年（1725）都改定为了例，所以《大清会典事例》中注明“雍正三年改定”的杀奸例，就应是顺治律中的小注。

康熙四十五年（1706）刊刻的《大清律笺释合钞》[2]卷十九“杀死奸夫”条后正好有十一条小注，再后是一个“条例”，即前述嘉靖五年已有的“本夫拘执奸夫奸妇而殴杀者，比照夜无故入人家已就拘执而擅杀至死律条科断”，《大清会典事例》中这个条例被注明为“前明旧例”。《大清律笺释合钞》中的十一条小注也和《大清会典事例》中注明“雍正三年改定”的诸条吻合。这十一条小注中，有三条是关于奸夫奸妇杀死本夫的，本文不讨论。其余八

[1] 胡星桥、邓又天主编：《读例存疑点注》，第550页。

[2] 东京大学东洋文化研究所藏，据影印照片。

条都是关于杀奸的，依次是：

1. 登时奸所获奸，止杀奸妇，或非奸所，奸夫已去，将奸妇逼供而杀，俱依殴妻致死律。

2. 凡奸夫已离奸所，本夫登时逐至门外杀之，止依不应杖。非登时，依不拒捕而杀。

3. 奸夫奔走良久，或赶至中途，或闻奸次日，追而杀之，并依故杀。

4. 奸夫已就拘执而殴杀，或虽在奸所捉获，非登时而杀，并须引夜无故入人家已就拘执而擅杀至死律。

5. 本夫之兄弟及有服亲属，或同居人，或应捕人，皆许捉奸。其妇人之父母伯叔兄弟姊妹[1]外祖父母捕奸，杀伤奸夫者，与本夫同。但卑幼不得杀尊长，犯则依故杀伯叔母姑兄姊律科罪。尊长杀卑幼，照服制轻重科罪。

6. 弟见兄妻与人行奸，赶上杀死奸夫，依罪人不拒捕而杀。

7. 外人或非应捕人有杀伤者，并依斗杀伤论。

8. 叔嫂通奸，有指实，本夫得知，不于奸所而杀二命，依本犯应死而擅杀。[2]

[1] “兄弟姊妹”当为“姑兄姊”，见后文。

[2] 排列次序依《大清律笺释合钞》。《大清会典事例》所载雍正三年改定之例对小注措辞略有改进，对理解文义稍有帮助，所以这里所列为《大清会典事例》之文字。但《大清会典事例》又有一处抄写错误，下文有说明。

第 2 条其实与“拘执奸夫奸妇而殴杀”的“条例”内容相同，但表述方式不同，也单列出来了。第 5 条关于亲属杀奸的问题，实际上在明嘉靖时期的《法家裒集》中已经提出来了，到这个例才开始有了正式法条。康熙年间，这些杀奸小注（例）在司法实践中得到了普遍应用，比如康熙六十一年（1722）序刊的《例案全集》[1] 卷二十二“杀死奸夫”条内，多起案件的题本和刑部意见中都摘引了这些小注，且多径称为“律”，因为在雍正三年改为例之前，它们都是律文的小注形式，亦可看作正式律文。

康熙三十三年“同姓尊长杀死奸夫奸妇成案”：……查律内“本夫之兄弟及有服亲属，皆许捉奸。但卑幼不得杀尊长，犯则依故杀律。尊长杀卑幼，照服制轻重科罪”等语……

按：此案所引为小注第 5 条。

康熙四十六年“家主捉奸擅杀奸夫”：……查律内“本夫拘执奸夫奸妇而殴杀者，比照夜无故入人家已就拘执而擅杀至死律条科断：凡夜无故入人家已就拘执而擅杀者，杖一百、徒三年”等语；再，律内“妇人之父母伯叔姑兄姊外祖父母捕奸，杀伤奸夫者，与本夫同”等语……

---

[1] 东京大学东洋文化研究所藏，据影印照片。

按：此案所引为前明旧例及小注第5条。

康熙八年"因妻有奸致杀成案"：……查律"登时奸所获奸，止杀奸妇，或非奸所，奸夫已去，将奸妇逼供而杀，俱依殴妻至死"……

按：此案所引为小注第1条。

康熙十五年"因妹有奸追杀奸夫比案"：……查律文"奸夫已就拘执而殴杀，或虽在奸所捉获，非登时而杀，并须引夜无故入人家已就拘执而擅杀至死律，应杖一百、徒三年"。又，律云"奸夫奔走良久，赶至中途，追而杀之，并依故杀"……查律内"妇人之兄捕奸，杀伤奸夫者，与本夫同"等语，又律云"奸夫已就拘执而殴杀，或虽在奸所捉获，非登时而杀，并须引夜无故入人家已就拘执而擅杀至死律，杖一百、徒三年"等语。

按：此案所引为小注第3、4、5条。

康熙二十一年"杀死通奸继母改案"：……查杀奸律内"卑幼不得杀尊长，犯则依故杀伯叔母姑兄姊律科"等语。

按：此案所引为小注第5条。

康熙五十六年“捉奸杀死大功兄”：……查律内“妻妾与人奸通，而本夫于奸所亲获奸夫奸妇，登时杀死者勿论”；“奸夫已就拘执而殴杀，或虽在奸所捉获，非登时而杀，并须引夜无故入人家已就拘执而擅杀律”；“但卑幼不得杀尊长，犯则依故杀伯叔母姑兄姊律科罪”等语。……查律内“妻妾与人奸通，而本夫于奸所亲获奸夫奸妇，登时杀死者勿论”。又，《条例》内“本夫拘执奸夫奸妇而殴杀者，比照夜无故入人家已就拘执而擅杀至死律条科断，已就拘执而擅杀伤者，减斗杀伤罪三等，至死者杖一百、徒三年”等语。又，律内“本夫之兄弟及有服亲属，或同居人，或应捕人，皆许捉奸。其妇人之父母伯叔姑兄姊外祖父母捕奸，杀伤奸夫者，与本夫同。但卑幼不得杀尊长，犯则依故杀科罪”等语。

按：此案所引为小注第4、5条。唯“已就拘执而擅杀伤者，减斗杀伤罪三等，致死者杖一百、徒三年”，不见于小注及雍正三年改定例之列，此处又以“条例”称之，大概和其他可以成为“律”的例来源都不同，雍正三年修律时也未保留。

另外，康熙时的《例案全集》《大清律笺释合钞》引“其妇人之父母伯叔姑兄姊外祖父母捕奸，杀伤奸夫者，与本夫同”。《大清会典事例》则为“其妇人之父母伯叔兄弟姊妹外祖父母捕奸，杀伤奸夫者，与本夫同”。《例案全集》《大清律笺释合钞》比《大清会典事例》多一“姑”字，而少“弟妹”二字。此处规定的是允许尊长捉奸杀死卑幼的情况，弟妹自然不能杀兄姊，《大清会典事例》后句也说“故杀伯叔母姑兄姊律”，所以“兄弟姊妹”为《大清会典事例》抄写有误，应为“兄姊”。

清初杀奸法的这些小注，主要针对的情况是：丈夫非登时、非奸所杀奸；丈夫只杀妻子未杀奸夫；丈夫应许外人杀奸；丈夫或妻子的亲属杀奸（又分杀死亲属和外人两种情况）。在清代中后期的司法实践中，这几个方面的问题越来越多，相应例的规定也越来越细密。下面按类别一一说明。

清中期杀奸法的全面细化

本夫杀奸的奸所、登时条件

如前所述，对于丈夫杀奸的时机，明嘉靖时已经有了规定：“本夫拘执奸夫奸妇而殴杀者，比照夜无故入人家已就拘执而擅杀至死律条。”“夜无故入人家已就拘执而擅杀至死”，应处杖一百、徒三年。前引清代前期小注的第2、3、4、8条，也是关于丈夫的杀奸时机与场合的：

> 2. 凡奸夫已离奸所，本夫登时逐至门外杀之，止依不应杖。非登时，依不拒捕而杀。
>
> 3. 奸夫奔走良久，或赶至中途，或闻奸次日，追而杀之，并依故杀。
>
> 4. 奸夫已就拘执而殴杀，或虽在奸所捉获，非登时而

杀，并须引夜无故入人家已就拘执而擅杀至死律。

8. 叔嫂通奸，有指实，本夫得知，不于奸所而杀二命，依本犯应死而擅杀。

第 4 条其实还是明代例。第 2 条区分了两种情况：丈夫登时捉奸，将奸夫追至门外杀死，应按照“不应得为而为”律，处杖八十；如果既已不在奸所，又不是追赶而杀，则应照犯人不拒捕而杀，处以绞监候，这个“非登时”的前提是“非奸所”，和第 4 条互相补充。第 3 条规定的情况其实还是“非奸所”“非登时”，与第 2 条冲突，所以“乾隆五年，查杀非登时照不拒捕而杀科断，例有明文，此条删”。第 8 条针对的只是叔嫂通奸，丈夫未能捉奸，只凭旁证的情况，“本犯应死而擅杀”，按清律只处杖一百。乾隆五年时，因为“以杀既不于奸所，但云有指实，恐起捏证诬陷之端，此条删”。[1] 这样，清代对丈夫杀奸场合就划分了四个层级，越是拖延，丈夫受到的刑罚越重：

（一）当场（奸所、登时）杀奸，无罪。

（二）登时追至门外而杀，杖八十。

（三）捉奸后拘执而殴杀，或者虽在奸所但非登时而杀，杖一百、徒三年。

（四）既非奸所又非登时而杀，绞监候。

---

[1] 此两条小注（例）的删除说明见《大清会典事例》卷八〇一。除有说明外，下文清代法例均来自《大清会典事例》卷八〇一、八〇二。

到乾隆二十七年（1762），对丈夫杀奸场合的要求又有补充，增加的内容是：

> ……虽系捕获奸夫，又因他故致毙者，仍依谋故论。至于已经犯奸有据，又复逞凶拒捕，虽非登时，俱依罪人拒捕科断。

这样，丈夫捉奸后没有立即杀死奸夫，但随后又因其他原因（如求财未遂）杀死，就不再受到任何宽免。另外值得注意的是，这里增加了“已经犯奸有据，又复逞凶拒捕”的情况。这其实推翻了自元代以来形成的、明清律文中明确规定的“指奸无罪”原则（《明律》卷二十五：其非奸所捕获及指奸者勿论）。按照清律，罪人不管犯罪是否严重，如果持械拒捕而被杀，杀人者无罪。这里的“逞凶拒捕”，大概就是比照持械拒捕。

丈夫在奸所杀奸时，“登时”和“非登时”如何具体区分？嘉庆六年（1801）对此做出了规定：

> 凡本夫及有服亲属杀奸之案，如奸所获奸，忿激实时殴毙者，以登时论。若非奸所而捕殴致毙，及虽在奸所而非实时殴毙，或捆殴致毙者，俱以非登时论。[1]

[1] 关于嘉庆、道光时杀奸场合有争议的诸案及成例详情，参见《刑案汇览》第二册，卷二十五“奸所捉获奸夫推倒之后殴毙”到“亲属杀奸倒地叠殴究在登时”四案。《刑案汇览》，第907—914页。

这样，“非登时”的情况有两种：在奸所和不在奸所。丈夫如果在捉奸后没有立刻杀死奸夫，而是捆绑起来杀死，或者在奸所之外将奸夫持续殴打致死，都不是“登时”，要受到徒三年的刑罚。至于非奸所又非登时杀奸，照例仍要绞监候。

本夫捉奸只杀奸妇（妻子）、未杀奸夫

清代法律没有强制规定丈夫在捉奸时必须杀死两人。他可以只杀死其中一人，将另一人送官处罚，也可以将两人都送官。如果只杀死了奸夫，妻子要入官为奴（后改为官府强制嫁卖），这比较容易执行。但如果丈夫在捉奸时只杀死了奸妇（妻子），奸夫逃脱了，怎么办？清初小注的第 1 条便是针对这种情况的：“登时奸所获奸，止杀奸妇，或非奸所，奸夫已去，将奸妇逼供而杀，俱依殴妻致死律。”殴妻致死要处绞监候，和故杀、斗杀常人所处的刑罚一样，比较严厉。这是因为没有奸夫，丈夫无法证明自己是在捉奸的时候杀人，所以要按故意杀妻推断。如果此后不久，奸夫又被捉拿归案，怎么办？雍正五年，这个问题被皇帝提了出来：

> 十月初七日……刑部等衙门奏：重阳因奸，打死伊妻龚氏，拟绞监候。奉上谕：“律内所载止杀奸妇者照殴妻至死律拟绞，盖恐奸情不实，将此杜借名杀妻之弊。若奸情是实，而奸夫比时走脱，拿获到官承认者，亦照此拟罪，殊未允协。

似应将奸夫议抵。著九卿会议具奏。”[1]

九卿讨论的结果，便是形成了一个新例：

凡指称奸所获奸，奸夫逃脱，止将奸妇杀死者，若审无确据，仍依律拟绞外；如本夫于奸所获奸，一时气愤，将奸妇殴死，奸夫当时脱逃，后被拿获到官，审明奸情是实，奸夫供认不讳者，将奸夫拟绞监候，本夫杖八十。

这样，丈夫要受杖八十的处罚，这是他不能及时杀死奸夫、澄清自己的代价。奸夫的量刑是绞监候，很严重，当时普通的通奸只是杖一百、枷号一个月，这大概是为奸妇被杀付出的代价，即奸夫为奸妇抵命。

如果丈夫没能捉奸，只是根据传闻杀死了妻子，根据雍正三年例，要处绞监候。如果被怀疑为奸夫者被捕到官，并承认了奸情，又当如何？再来看乾隆五年例：

其非奸所获奸，或闻奸数日，杀死奸妇，奸夫到官供认不讳，确有实据者，将本夫照已就拘执而擅杀律拟徒，奸夫仍科奸罪。

[1] 《世宗宪皇帝上谕内阁》卷六十二，雍正五年。

这时的丈夫逃脱了绞监候的刑罚，但要为自己不能捉奸和擅自杀妻负责，即杖一百、徒三年。奸夫只按和奸罪杖一百、枷号一个月。但在乾隆三十二年（1767），大概是觉得奸妇被杀而本夫杖一百、徒三年，刑罚比较重，只有奸夫的刑罚最轻，太不平衡，又将奸夫的刑罚增加为“杖一百、徒三年”，和丈夫一样了。

乾隆五十九年（1794）修例时，对于本夫本妇的有服亲属捉奸、只杀死奸妇的情况做了规定：逃脱奸夫所受的刑罚，和本夫杀死奸妇的情况相同。道光四年（1824）又增订过一例：

> 奸所获奸，非登时将奸妇杀死，奸夫到官供认不讳，确有实据，将奸夫拟杖一百、流三千里，本夫杖一百。

这种情况是在补充前述雍正五年例。原来是丈夫在捉奸当场杀死妻子、奸夫逃脱后又被捕，丈夫要处杖八十，奸夫绞监候。但如果丈夫捉奸当场并未杀人，而事后杀死妻子，丈夫的处罚就增加到了杖一百——为他的迟钝多挨二十杖，而奸夫的刑罚降低一等，为杖一百、流三千里，因为奸妇的被杀毕竟不是他直接造成的。当然，这种情况应该又有区分，即在捉奸当时，是奸夫自己逃脱的，还是丈夫主动释放的。如果是丈夫主动释放，那么奸夫似乎不应受到这样严厉的惩罚。本例针对的情况，似乎应该是奸夫逃脱。

本夫捉奸杀死亲属（即乱伦者）

按照中国传统法律，五服亲属之间互相杀伤，和常人之间互相杀伤的量刑不同，原则是尊长杀卑幼量刑要较常人为轻，卑幼杀尊长则较常人为重。如果是亲属通奸，丈夫在捉奸时杀死了亲属，又当如何判决？杀死卑幼好办，按照杀死外人奸夫，丈夫无罪。杀死尊长就不太好办，因为按照传统伦理，这毕竟是以下犯上，不能宽容。乾隆六年（1741）时，这个问题暴露出来。当时的原则和《法家裒集》中处理亲属杀奸一样，是地方官“临时酌量，奏请钦定”，由皇帝最终裁决。到乾隆二十一年（1756），这种情况有了正式例文：

> 有服尊长奸卑幼之妇，本夫捉奸杀死奸夫，除犯时不知，照律勿论外，其于奸所亲获奸夫奸妇登时杀死者，及非登时又非奸所，或已就拘执而杀者皆照卑幼殴故杀尊长本律治罪，该督抚于疏内声明，法司核拟时夹签请旨，伤者均勿论。

按照此例，丈夫捉奸时不知道奸夫是尊长而杀死，仍然无罪。如果明知是尊长仍杀，则地方官仍按照故杀尊长的法律拟罪，并将捉奸情节写明，由皇帝酌情减免。但应减免到何种程度，乾隆三十四年（1769）有了详细规定，并于乾隆五十三年（1788）正式成例：

> 凡有服尊长奸卑幼之妇，本夫捉奸杀死奸夫者……如系

期亲，改为拟斩监候，功服减为杖一百、流三千里。若系缌麻尊长，仍照殴故本律拟罪，法司于核拟时夹签声明，量减为杖一百、流二千里，恭候钦定。

由此，丈夫捉奸时只有杀死期亲以下的尊长才能获得减刑，杀父、祖父就不行了。至于丈夫捉奸杀死卑幼照常人无罪的原则，在乾隆六十年（1795）也以例的形式明确下来：

本夫本妇有服亲属捉奸，杀死卑幼之案，如杀奸之尊长即系本夫，并依本夫杀死奸夫例，分别减等，勿论。

嘉庆十六年（1811），对捉奸杀死尊长例的措辞又做了一些修改，并把“缌麻尊长”明确为“本宗缌麻及外姻功缌尊长”。

如果奸夫是卑幼亲属，但丈夫不是在奸所、登时杀之，也要受到一定制裁。但和非奸所、登时杀死常人奸夫相比，这个量刑要轻二等，也体现出尊卑之别。嘉庆六年例：

本夫捉奸杀死犯奸有服卑幼之案，除犯奸卑幼罪犯应死，或卑幼犯奸罪不应死而杀系奸所登时者均予勿论外，如卑幼犯奸罪不应死，本夫于奸所获奸非登时而杀者，于常人满徒上减二等：杖八十、徒二年。如捉奸已离奸所非登时而杀者，于常人绞候上减二等：杖一百、徒三年。

亲属捉奸杀死外人

清初小注的第5条和第6条都是关于丈夫及妻子的亲属捉奸时杀奸的情况：

> 5. 本夫之兄弟及有服亲属，或同居人，或应捕人，皆许捉奸。其妇人之父母伯叔兄弟姊妹外祖父母捕奸，杀伤奸夫者，与本夫同。但卑幼不得杀尊长，犯则依故杀伯叔母姑兄姊律科罪。尊长杀卑幼，照服制轻重科罪。

此条对本夫一方的亲属，只规定了捉奸权，没规定杀奸权。奸妇亲属一方，则规定了杀奸权，且有这种权力的亲属颇多，杀奸权也和丈夫完全一样。这种妻子一方亲属杀奸权大于丈夫一方的情况，可以让我们联想到罗马帝国时期，妻子家父的杀奸权也是大于丈夫的。可惜不知道古代中国立法者的考虑是什么。

> 6. 弟见兄妻与人行奸，赶上杀死奸夫，依罪人不拒捕而杀。

这个例规定的是弟弟捉嫂奸的特例，“赶上”杀死奸夫，即“非登时”的情况。杀死不拒捕罪人，要处绞监候。到乾隆五年，对丈夫各级亲属登时、非登时杀奸的情况做出了系统的规定，这个例便删除了。乾隆五年亲属杀奸例为：

> 本夫之兄弟及有服亲属皆许捉奸。如有登时杀伤者，并

依已就拘执而擅杀伤律。若非登时杀伤，依斗杀伤论。其妇人之父母伯叔姑兄弟姊妹[1]外祖父母，捕奸杀伤奸夫者，与本夫同。但卑幼不得杀尊长，犯则依故杀伯叔母姑兄姊律科罪。尊长杀卑幼，照服制轻重科罪。

此例对丈夫的有服亲属杀奸情况，按是否登时杀死做出了区别规定。登时杀死要杖一百、徒三年，即所谓“（夜入人家）已就拘执而擅杀伤律”的量刑。非登时杀死，按斗杀量刑，就不享有捉奸的减刑待遇了。至于妻子一方的亲属杀奸，还依旧享有与丈夫一样的待遇，因此这个例对夫妻双方亲属杀奸的处罚是不对称的。到乾隆五年，这种不对称得到了修改，妻子亲属的杀奸权也和丈夫亲属划一：

本夫本妇之伯叔兄弟及有服亲属皆许捉奸。如登时杀死奸夫奸妇者，并依夜无故入人家已就拘执而擅杀律科罪，伤者勿论。若非登时，以斗杀论。但卑幼不得杀尊长，杀则依殴故杀尊长本律定拟。法司核拟时，按其情节，夹签请旨。尊长杀卑幼，照服制轻重科罪。

到乾隆二十七年，又增补了两种情况：

---

[1] 此“兄弟姊妹”亦当为“兄姊”。

> 本夫及应许捉奸之亲属……虽系捕获奸夫，又因他故致毙者仍依谋故论。至于已经犯奸有据，又复逞凶拒捕，虽非登时，俱依罪人拒捕科断。

到乾隆五十三年，亲属杀奸例的措辞又有修改，主要是由明确的刑期取代了原来“依夜无故入人家已就拘执而擅杀律科罪”“以斗杀论”等表述，更为严格明确。

另外，也是乾隆五十三年，对于丈夫和妻子的父母捉奸杀奸的情况，又做出了专门规定，使双方父母也有了和丈夫一样的杀奸权：

> 凡本夫本妇之父母，如有捉奸杀死奸夫奸妇，其应拟罪名，悉与本夫同科。倘死系有服尊长，仍按本律拟罪，亦照本夫之例，一体夹签声明，分别递减。

到嘉庆二年（1797），此例又有增补。一是给予夫妻双方的祖父母与丈夫相同的杀奸权，二是夫妻双方的父母、祖父母在杀奸时如果只杀死了“奸妇”，则不加处罚，而无需像丈夫一样仍要承担一定责任。这个增补在嘉庆二年正式成例。[1]

丈夫如果捉奸时只杀死奸妇而奸夫逃脱，奸夫归罪后要受到严惩，已见前述。到乾隆五十九年，对亲属捉奸只杀奸妇而奸夫逃脱的情况又做了专门规定：

---

[1] 《刑案汇览》第二册，卷二十五“父母捉奸仅杀奸妇毋庸科罪案”，第916页。

本夫本妇之有服亲属捉奸、登时杀死奸妇者，奸夫拟杖一百、流三千里。如非登时而杀，将奸夫杖一百、徒三年。其杀奸之亲属止杀奸夫不杀奸妇者，仍依登时、非登时各本律分别定拟，奸妇仍止科奸罪。

这里亲属捉奸只杀奸妇的，对逃脱奸夫的量刑原则，是比丈夫杀妻时奸夫的量刑减了一等。这也是责任和权力递减原则的表现。

亲属捉奸杀死亲属

如前节所见，乾隆五十三年以前对于亲属在捉奸时杀死亲属的情况，一直规定为："卑幼不得杀尊长，犯则依故杀伯叔母姑兄姊律科罪。尊长杀卑幼，照服制轻重科罪。"这等于不考虑捉奸情节，完全按照亲属间相杀的律文判刑。

到乾隆六十年，对亲属捉奸时杀死卑幼的情况，规定了减一等治罪原则。即如果在奸所登时杀死卑幼，就在杀死外人徒三年的基础上减一等，为徒二年半；如果非登时而杀卑幼，则在殴杀卑幼罪的基础上减一等：

本夫本妇有服亲属捉奸杀死奸夫奸妇者，除所杀系平人及有服尊长俱仍照例办理外，如所杀系卑幼，非登时而杀，无论谋故，各按服制于殴杀卑幼本律例上减一等。系奸所登时，按其殴杀本罪，在满徒以上者，即于捉奸杀死凡人满徒上减一等；如殴杀本罪亦止满徒，应递减二等定拟。

对亲属捉奸杀死尊长的情况，道光十四年（1834）又做出了酌情减轻刑罚的规定。对杀死近亲尊长的，不论登时非登时，都减为斩监候；杀死远亲尊长的，非登时杀死者不减刑，登时杀死者减为杖一百、流三千里：

> 本夫本妇之有服亲属捉奸杀死犯奸尊长之案，除犯时不知依凡人一例问拟，及止殴伤者均照律勿论外，如杀死本宗期功尊长，无论是否登时，皆照卑幼殴故杀期功尊长本律拟罪，法司夹签声明，奉旨敕下九卿核拟量从末减者：期亲及本宗大功小功均减为拟斩监候。若杀系本宗缌麻及外姻功缌尊长，亦仍照殴故杀本律拟罪。法司于核拟时，如系登时杀死者，亦夹签声明，奉旨敕下九卿核拟，减为杖一百、流三千里。若杀非登时，各依本律核拟毋庸夹签声明。

如前所述，本夫杀奸，随着时间的拖延其刑罚递增，实际有四个等级。本夫本妇亲属（父母、祖父母除外）杀奸，承担的刑事责任比本夫要增一等。本夫捉奸杀死尊长亲属，其刑罚比无故杀死尊长轻，但比杀死常人奸夫重，并也随着亲属关系的紧密程度而递增。在本夫及亲属捉奸杀死尊长的案件中，这些因素都重合到了一起，量刑计算已经不胜其烦，所以只好把场合因素简化为登时和非登时两种。薛允升对此评论道："本夫杀奸之案，例分三层：奸所登时一层；奸所非登时一层；非奸所又非登时，及闻奸数日一层。[1]有服亲属只有登时非登时二层，并将奸所二字删去，设遇非奸所又非登时，及闻奸杀死奸夫奸妇之案，转无例文可引。”他的意见是：

> 从前律后小注云：卑幼不得杀尊长，犯则依殴、故律科罪；尊长杀卑幼，照服制轻重科罪，最为简当。以为不能赅括而另立科条，究亦未尽妥善，此刑章所以日烦，而罪名之所以愈不划一也。[2]

照薛氏意见，其实是不允许（本夫及亲属）在捉奸时杀死尊长，但这与夫权发生了冲突。刑律对尊长与卑幼互相杀伤的区别量刑，体现的是族权。允许杀奸，体现的则是夫权。两者冲突时，颇难抉择，因为夫权也是族权的基础，所以清朝立法者采取的策略是折中，两者结合，都纳入量刑的考虑因素。这导致杀奸法的急剧烦琐化，显然难以尽善尽美。好在从清末法律改革开始，族权和夫权的因素都开始淡化，才逐渐走出了传统法律的这一怪圈。

一点总结

从上文可见，到清代雍、乾、嘉时期，杀奸法发展得非常细

[1] 薛氏认为分三层，本文则认为分四层，即“登时非奸所”追至门外而杀、本夫杖八十亦为一层。

[2] 胡星桥、邓又天主编：《读例存疑点注》，第565页。

密复杂，这在人类杀奸法中是首屈一指的。其原因大致有三：一是中华法系本身的发展。从“明后期与清前期杀奸法例”一节可见，明代晚期关于杀奸权的例就已经发展到九条，其中八条被顺治律纳入小注，一条仍为例的形式。顺治和康熙两朝，清廷忙于巩固对汉地的军事统治，未遑关注法律细微环节的发展。从雍正以来，政治承平，杀奸法在小注的基础上继续细化。二是清代皇帝的勤政作风，一定程度上加速了这一进程。三是中国传统刑律的原则为罪名与量刑精确对应，一种罪名只有一种相对应的量刑，法司没有自由裁量的空间，这就导致立法者必须试图把所有问题都考虑到，面对层出不穷的种种杀奸案，只能制定新例来界定。

从今天的角度看，清代积累的大量法例和案例，是关于杀奸法现实性的重要借鉴。如果按本文开端范忠信先生一定程度承认杀奸权的意见，碰到的第一个问题就是男女要不要平等，丈夫可以杀奸，妻子是否可以？如果可以，事实上女子杀人的能力远低于男子，这又是一种平等掩盖下的不平等。再者，都有哪些人有杀奸权？丈夫和妻子本人可以，他们的父母、兄弟、子女是否可以？杀奸权是否要有场合限制？即“奸所登时”“奸所非登时”“登时非奸所”等情况如何区别？一旦承认所谓“杀奸权”，就像打开了潘多拉的盒子，不得不面对这些问题。

当然，在有所谓“激情杀人”法条的国家，法官可以在法定的量刑范围内判决，给出自己认为满意的刑罚。比如德国的法官，可以对杀奸者在一到十年的徒刑之间定刑。但对于不同的法官，能否保证他们的量刑标准一致？清代中期杀奸法的急剧膨胀，一个重要因素就是当时全国所有可能判处徒刑以上的人命案件，都要经刑部审核，年终奏报皇帝，死刑案件更要当时奏报皇帝，由皇帝最终定罪量刑。这形成一个必然结果，就是所有刑事案件犯都纳入统一的量刑体系，罪行的种种细微不同，都要在量刑上区别开来。而在当代的司法制定下，已经不存在这样高度统一的司法体制，而法条又不能把各种因素都一一列举，不同法官的裁决，难免不一致。当然，这个问题已经超出杀奸法的范围了，但面对清代立法者“按下葫芦起了瓢”般应接不暇地制定出来的大量律例，“现代”司法制度也未必能自夸已经成功超越了那个时代。值得思考的问题还很多。

史书校勘两篇

这是读史书文献过程中，顺便发现错字和错误标点的两篇校勘笔记，用的本子都是中华书局20世纪后期编辑的绿色封面版“二十四史”。

在准备博士学位论文期间，需要读魏晋南北朝阶段的史书，从《三国志》到《晋书》《魏书》《北齐书》《周书》《隋书》《宋书》《齐书》《梁书》《陈书》《南史》《北史》等，偶尔发现书中可能的错误时，会随手做个小标记，便积累了这十几条。

这两篇笔记都未发表过。后来，当我在新疆大学工作时，老同事李晓霞女士在中华书局做校对工作，我曾把这两篇笔记发给她看。当时中华书局好像正在进行新版《魏书》（也许是别的某部书，记不准了）的编校工作，晓霞女士把我这两篇笔记给新版编校组成员看，反馈说吸收了我的两条意见，后来我还收到了书局寄送的一大箱新版史书做纪念。可惜那时我已经不太做中古史了。

《晋书》《宋书》《南齐书》《南史》《魏书》理校十一条

《晋书》卷五七《罗宪传》(第1551页，中华书局排印本，下同)：

……吴闻蜀败，遣将军盛宪西上，外托救援，内欲袭宪。宪曰："本朝倾覆，吴为唇齿，不恤我难，而邀其利，吾宁当为降虏乎！"乃归顺。

"当"应为"再"，以字形近而讹。盛宪三国蜀人，其判断吴亦将亡于魏，不忍二度为降虏，故当为"再"。

《宋书》卷四五《向靖（向弥）传》(第1374页)：

从征鲜卑，大战于临朐，累月不决。弥与檀韶等分军自间道攻临朐城。

"累月"为"累日"之误，因为刘裕伐南燕的临朐战役只持续了一天。

《宋书》卷四五《檀韶传》（第1372页）：

从征广固，率向弥、胡藩等五十人攻临朐城，克之。

此亦刘裕伐南燕临朐之战事，“五十”应为“五千”之误。此数字无旁证，但以檀韶、向弥、胡藩三名重要将领均参战与临朐战役双方投入之兵力规模判断（燕帝慕容超即驻城中），攻城晋军应为数千人规模。

《南齐书》卷四十《武十七王传·晋安王子懋》（第709页）：

又曰：“吾敕荆、郢二镇各作五千人阵，本拟应接彼耳。贼若送死者，更即呼取之。”

“阵”当作“仗”，兵器之意，东晋南北朝习语。下文亦有“汝所乞仗”云云。

《南史》卷三一《张永传》（第806页）：

永狼狈引军还，为魏军追大败，复遇寒雪，士卒离散。永脚指断落，仅以身免，失其第四子。

冻落脚趾者似非张永，而是其从侄张冲。见《南齐书》卷四九《张冲传》(第853页)，盖《南史》抄书致误：

张冲，字思约，吴郡吴人。……随从叔永为将帅，除绥远将军、盱眙太守。永征彭城，遇寒雪，军人足胫冻断者十七八，冲足指皆堕。

《魏书》卷二六《长孙翰传》(第653页)：

后为都督北部诸军事、平北将军、真定侯，给殿中细拾队，加旌旗鼓吹……

“细拾队”应为“细仗队”。《宋书·符瑞志下》《隋书·礼仪志七》皆有禁卫之细仗队。

《魏书》卷四八《高允传》(第1083页)：

诜尹西都，灵惟作传，垂训皇宫，载理云雾。

“作传”应为“作傅”。这是高允《徵士颂》称扬李灵，灵曾“以学优温谨，选授高宗经”，故高允称扬李灵曾为储君之师傅。武英殿本《魏书》亦作“傅”。

《魏书》卷五四《高闾传》(第1208页)：

闾对曰："……圣驾亲戎，诚应大捷，所以无大获者，良由兵少故也。……臣愿陛下从容伊瀍，优游京洛，使德被四海，中国缉宁，然后向化之徒，自然乐附。"高祖曰："愿从容伊瀍，实亦不少，但未获耳。"

孝文帝所云"愿从容伊瀍"为衍文，盖串行误抄前文所致，应删去。"实亦不少"为孝文答高闾"所以无大获者，良由兵少故也"之说，删去"愿从容伊瀍"后，文气方连贯。

《魏书》卷五八《杨播传》（第1289页）：

我家入魏之始，即为上客，给田宅，赐奴婢、马牛羊，遂成富室。自尔至今二十年，二千石方伯不绝，禄恤甚多。

"至今二十年"应为"至今百二十年"，脱"百"字。杨家归魏在拓跋珪时，至孝庄帝，恰好一百二十年左右。

《魏书》卷七十《刘藻传》（第1549页）

刘藻……父宗之，刘裕庐江太守。藻涉猎群籍，美谈笑，善与人交，饮酒至一石不乱。永安中，与姊夫李嶷俱来归国……

"永安"（528—530）当为"天安"（第466页），时间方吻合。

《魏书》卷七二《曹世表传》(第1622页):

> 大将军、京兆王继西征，以为从事中郎，摄中水兵事，自当烦剧，论者皆称其能。

“中水”当为“中外”，即大将军府之中兵、外兵参军。“中水兵”不可解。

《宋书》《南齐书》《梁书》标点商榷四则

《宋书》卷三九《百官志上》(第1223页):

江左初,晋元帝镇东,丞相府有录事、记室、东曹、西曹、度支、户曹、法曹、金曹、仓曹、理曹、中兵、外兵、骑兵、典兵、兵曹、贼曹、运曹、禁防、典宾、铠曹、田曹、士曹、骑士、车曹参军。其东曹、西曹、度支、金曹、理曹、典兵、兵曹、贼曹、运曹、禁防、典宾、骑士、车曹凡十三曹,今阙所余十二曹也。

标点当作:"……车曹凡十三曹今阙,所余十二曹也"。因前所列举之十三曹,在晋末宋初已撤销,其余十二曹尚保留。

《南齐书》卷二五《张敬儿传》(第473页):

初,敬儿既斩沈攸之,使报随郡太守刘道宗……

标点当作:"敬儿既斩沈攸之使,报随郡太守刘道宗"。因张敬儿所斩为沈攸之所遣信使，并非沈本人。《南齐书·刘怀珍传》载事与此类似："攸之遣使许天保说结怀珍，怀珍斩之，送首于太祖。"

《南齐书》卷五七《魏虏传》（第994页）：

> 宏自率众至寿阳……铁骑为群，前后相接。步军皆乌楯槊，缀接以黑虾蟆幡。

标点当作："步军皆乌楯，槊缀接以黑虾蟆幡"。因黑虾蟆幡为槊端缀接之物，与楯无关。

《梁书》卷四九《文学传上·钟嵘》（第694页）：

> 天监初，制度虽革，而日不暇给，嵘乃言曰："……臣愚谓军官是素族士人，自有清贯……

标点当作："臣愚谓军官是素族，士人自有清贯"。此素族为非高门之意，与士人之清贯相对，二者不宜混淆。

仙人们都很关心你

王太守最近很烦躁。

首先是身体越来越差。自去年以来，后腰时而隐隐作痛，严重时坐卧不宁，腿疼得无法迈步，连喷嚏都不敢打。晚上难以入睡，虫鸣鼠斗声声入耳，惊人心魄。冥冥昏睡间，却有无头的人形，从床底摸索着爬出，满室翻箱倒柜，似乎在寻找什么。每当月圆之夜，还有更奇怪的东西，趴在窗棂之外窸窸窣窣窥视，发出招朋引伴的声音，宛如水下怪兽的鸣叫……

仕途也不顺利。回京这两年来，一直挂着有名无实的“大夫”职衔，无衙署，无差役，每月领几十斛禄米，陈年生虫；俸钱都被剪凿瘦身，拿到市面上，五六枚才能折算一文五铢整钱。看在家世旧情上，丞相大人还算照顾自己，去年曾署个边州刺史，无奈，如今朝廷政令不出江表，桓贼坐拥中流，都督十三州军事，一句“山蛮易动，非戎武才略，无以镇抚”便驳了回来……

王太守索性称病，举家登舟南行，到天目山下的封邑居住。离了铜驼巷陌、冠盖轩冕的名利场，终日卧对白云山林，命子侄督率农家伐木垦荒，开渠种田，兴建庄舍。他倒常回想起在南海当太守的日子，郡兵终日前后呼应，出入鼓角喧哗，又是何等气派！远海商舶，卸下各种奇珍异宝，自己那时尚不知生计事大，无意积聚，只攒了两匣夜明珠、几只琉璃盏，便买下了这天目山下的半座山谷。但自己如今腰疾日重，在床榻上翻身尚且为难，夜间又被鬼物纠缠，纵有百里山河，又有何益处？

王太守的幼子王小郎君，被会稽太守召为主簿，时而要到郡城住上两天。王小郎君告诉父亲，他在会稽城中认识了一位处士栾嘉，此人自幼学习道术，擅长行气导引、炼制丹药。听说王太守的腰疾和失眠“恶梦”之症，栾嘉特地请教其师韩梅翁，求得一副药方，还有一瓶做药引的还丹。

至于这位韩梅翁，也是会稽城中的奇人，在“八王乱洛京”之时，他已经须发花白，在会稽城西门内开一间药铺。后来，他常年入山采药，只偶尔在会稽郡城内外露面，却更加鹤发童颜，仙风道骨。如今，时光已经过去一个甲子，韩梅翁更难得见，只有极少数几位弟子，时而透露一点他的消息。

听了小郎君这些介绍，王太守并不太在意。昔日在京师时，也有各种人通过亲朋推荐方药，或针灸艾灸、仙家符水之术，但效果总不如意。不过，这次毕竟是出自亲儿子的知交，汤药都是小郎君教导家人炮制，又亲自试吃过的，王太守便也服了两剂。没想到，入睡似乎确实比之前更快，深夜里鸮鸟的嚎叫声，也没那么凄厉可怖了。

从此，王太守睡前都要服下一剂儿子带来的汤药。小郎君也开始向栾嘉学习仙家丹药延年、羽化飞升之术。王太守碍于自己门第和在朝廷中的身份，尚不便与这种江湖散人见面交流，但时而听儿子讲讲学道的体会，看看儿子抄录的道家仙书章节，王太守的兴趣也越来越大。儒家不语怪力乱神，六合之内，存而不论，未知生焉知死，从不关注病痛、生死之事，而这，是王太守现在最需要探究的。

栾嘉从未想到，自结识王主簿——王小郎君以来，自己的生活会有如此剧变：仙界的大门对他轰然打开，得道仙人们成群结队而来！

栾嘉住在会稽郡城北门外，附郭小村，名为柳荷塘。他家曾是村中数一数二的大户，父亲是本乡三老，代官府征收钱粮赋税。父亲死后，栾家四兄弟分家，栾嘉没要求任何水田、桑林、池塘，只分得了村外一座三间屋的小小田庄，这本来是给看守桑林荷塘的庄户住的。栾嘉喜欢这里清幽僻静，而且乌篷船跨湖溪驶来，拐进荷塘，可靠泊在屋侧，俨然是村人视野之外的小小世外桃源。

闲居无事，栾嘉常踱步到郡城内访友，借些医药和学道炼丹书籍，自己抄录研习。通过道友介绍，他得以拜韩梅翁为师，虽说，他总共也没见过这位半人半仙的师父几次，但丹药之术却大有长进，前来求医、驱邪的主顾也多起来。栾嘉行三，时常被尊称为“栾叔子”，俨然也有了点仙家气象。

他年过三旬，不婚不宦，家中只有个又聋又哑的远房堂侄，栾嘉曾试图治好这位侄子，但似乎功力尚浅，于是权当收养下来，替自己照顾家宅。堂侄养了几只鸡鸭鹅，又懒得逐日捡蛋，这些家禽便在荷塘树林间繁衍生长，形似野物，房前屋后，来客动辄踩一脚鸟屎。

自听说王太守服药见效以来，栾嘉还没见过师父韩梅翁。这位师父平日行踪无定，但常在乙丑日前后驾临栾宅。目下这个乙丑，是六月十一日，栾嘉和堂侄早早洒扫厅堂，备好熏香、茶果，只等师父来了好好讨教。只见四下阴云密布，天气异常闷热，蝉鸣蛙声聒噪。到下午时分，闪电惊雷，暴雨如注，一直下到次日黎明时分。

次日丙寅，天色大晴，暑热熏蒸。入夜之后，蚊虫成群。栾嘉在屋前仰观一阵星象，听见有船声欸乃驶入荷塘，在水阶旁拴了缆，看来是师父到了。

众人在室内坐定，栾嘉和堂侄又匆忙点起了几支蜡烛，他这才看清楚，来客有老有小，除了师父韩梅翁、两名掌灯笼的童子，还有男女八人。韩梅翁一一介绍：

首先是大名鼎鼎的仙人王子晋，春秋时周灵王的太子，英年早逝，乘白鹤登仙。眼下这位来客王子晋，却是个矮胖的白衣老者，频频咳嗽吐痰，言谈有明显的荆州一带伧楚口音。

然后是“茅山真君”三兄弟中的兄长——大茅君茅盈，西汉武帝时人，身材瘦，宝蓝缎子长衣，山羊胡，声音洪亮，江北徐淮口音。韩梅翁介绍，大茅君的两位弟弟本欲同来，但因为近日地府登录新鬼出错，急需借调天官协助复核，只能等下次再见。

天姥姐妹，四十多岁年纪，身材较矮，大天姥稍有发福。两人各穿藕荷色和杏黄色单衫，深色裙子，面上敷了白皙的粉。

天姥姐妹是何人成仙？栾嘉之前听到过不同的传说，但韩梅翁今晚的说法完全不同：大天姥，是越王勾践呈送给吴王夫差的妃子，郑旦；小天姥，则是西施！所以姐妹二人又称浣纱真人。吴国覆亡之后，她们入山学道，终于名登仙界，洞府设在天姥山中，在钱塘江北的天目山亦有分司。

如今，韩梅翁说，王太守举家定居天目山，便正在天姥姐妹天官所辖之内，二姐妹已经禀告紫微帝君，如王太守能虔心奉道，将接引他渐入仙班，王太守的儿子也将各增两级禄位。栾嘉今夜接待诸仙人之后，需要将经过写成书信，呈送王小郎君。

此外，还有几位汉魏时期的得道仙人，之前都未曾听说，这几位仙人都没和栾嘉交谈，栾嘉的记忆也不深刻。

仙人们和栾嘉寒暄几句，夸赞他学道有心，之后又开始自顾自地聊了起来。“西极昆仑山崩了八百丈”，“东海近来浪涛甚大，蓬莱岛的枣树有被吹倒”……无非天界地府近来各种动态，仙人们云游各地的见闻，朝廷显贵、北方胡虏要受天界赏罚的猜测……

诸位仙人一齐登场，让栾嘉的心思大受震动，一时难以记录诸多信息。不过，他最感到不解的是天姥姐妹——传说西施、郑旦都是绝世美女，和眼下这对中年姐妹几乎无一处吻合！这两人都是浓重的本地山民口音，明显不识字，且完全听不懂稍微文雅、引经据典的谈话，哪里像学道成仙之人？

而且，如果诸位仙人想帮助王太守父子，为何不直接造访王家宅邸？抑或，他们完全可以自己书写信函，派人送到王家，又何必让自己这么个不知情的区区小人物居间笔录呢？

待到诸仙人谈兴稍有低落时，栾嘉为诸位添上茶饮，拱手致意，道出了自己的困惑……

以上这段类小说的文字，是我给论文《〈真诰〉中的仙人、灵媒与学道者——兼从“灵媒更替事件”论〈真诰〉文本的真实性》写的半则“导读”，里面的人物姓名、环境做了更改，但故事基本框架不变。

这篇论文过于艰深难懂，自2016年发表以来，估计能把它从头到尾读完的人不超过两位数。而另一方面，它还原出来的真实事件又很有趣，就是一群自称“得道成仙”的骗子策划“杀猪盘”，成功诈骗一户官员士大夫。这些骗子大都是文盲，不敢跟士大夫直接见面，要找一名能接近士大夫家庭的低级文人，靠这位小文人动笔记录的故事内容来行骗——就像网络电信骗局中，你永远见不到真人一样。

更有趣的是，这位士大夫家庭把收到的零零散散的“神仙文书”都保存下来，几代人之后，辗转流传到著名道士兼学者陶弘景手里，被他编成了《真诰》一书。一群“仙人”做局设套的第一手文字记录，就这么无心插柳柳成荫，变成了一部文字典雅、内容庞杂的中古道教经典。

当然，这群“仙人”心思隐藏得很深，导致历来的研究者都搞不清《真诰》到底讲了些什么，比如胡适就说“全书多是半通半不通的鬼话”，其实这些神仙“鬼话”后面，能够复原出一些赤裸裸的真相。

我最初知道《真诰》这本书，是在清华大学硕士研究生阶段的“中国古代思想史”课程上（和西方思想史课的《利维坦》一样，这两本书都会占据一次课［两课时］的分量），课前从图书馆借了一本，草草翻过一遍，大致猜到了零乱文字背后的故事梗概——做局行骗。这是我当记者几年里翻看司法案卷练出来的能力。但当时懒得写，因为复原完整的案情需要认真翻阅全书，要花去不少时间。

到我在新疆大学工作之后，2015年底，忽然有了写写《真诰》的冲动。起因是研究生时的同门张金城兄，彼时正在做水利工程史相关研究，社交应酬颇多，某次席间，有两位专修工程设计的女研究生在座，一位伶牙俐齿、聪慧开朗，一位则故作娇憨无知，联手引甲方领导入其彀中，达成一项设计大单的意向，让张金城叹为观止……

听张金城兄电话中描述此番情景，我忽然想起《真诰》中做局仙人中的几位女仙，于是翻检书籍文献，用大约两周时间完成了此文。陈寅恪书中常有"发千载未发之覆"的说法，大概意思是，上千年来人们都没发现的问题，一朝被研究者点破。这篇《真诰》论文庶几近之。

此文刊发于《学术月刊》2016年第3期，与本科旧交董铁柱兄联合署名。因文章初稿写成后，董铁柱兄为之增补了数条西方学界的研究现状引注，使此文更有学术规范。铁柱兄时为北京师范大学—香港浸会大学联合国际学院中国语言文化中心助理教授。

另外，匿名审稿人也提出了一则有益意见：文中的"朱家静中"一词，意思应是朱家用于修道的静室。我读过的中古道教文献甚少，所以不懂如此专业的术语，感谢方家的指教。

文章初稿曾发给研究生同窗牛曲阳教授，当初我们曾一起上

“中国古代思想史”课，知道《真诰》这本怪异文献。牛曲阳阅毕，打电话给我，用颇为直白粗俗的语气说：“李硕，你知道吗，你要是进个什么领域写点东西，就像……就像以前搞这领域的人都跟傻 × 一样……”

这意思，我理解。但我确实不是故意得罪人、给人添堵的。

《真诰》中的仙人、灵媒与学道者

——兼从“灵媒更替事件”论《真诰》文本的真实性

《真诰》是一部重要的道教文献。它产生于东晋中期，当时一些所谓成仙得道之人向士人杨羲口授道术，杨羲笔录并转交地位较高的许谧、许翙父子，许氏父子加以重抄，形成了许多重要文本。到梁代，陶弘景收集了这些手稿抄本，加以排比注释，并补充杨、许诸人生平介绍，汇总成《真诰》一书。

较早用现代学术方法研究《真诰》的是胡适，他发现《真诰》与《四十二章经》有二十条相同，便断定《真诰》全书都是陶弘景伪造："《真诰》全书多是半通半不通的鬼话，很少可读部分"，"(陶弘景)有心要把一大堆鬼话编成一部道教传经始末的要典"。[1] 这种全盘否定的态度使后来中国学术界对《真诰》关注较少。[2]

[1] 胡适:《陶弘景的〈真诰〉考》,《胡适文存(四集)》，合肥：黄山书社，1996年，第115—116页。

[2] 对胡适观点的反驳，可参见殷诚安:《贞白先生本清白：试论胡适〈陶弘景的《真诰》考〉及〈真诰〉与〈四十二章经〉的关系》。海外学者对《真诰》和陶弘景的研究可参见 Michel Strickmann, *Le Taoisme du Mao Chan*, Paris: Presses Universitaires, 1981, 11；[日]麦谷邦夫:《陶弘景年谱考略》,《东方宗教》第47号，1976年，第30—61页；Masuo Shin'ichirō Joseph P. Elacqua, "Chinese Religion and the Formation of Onmyodo", *Japanese Journal of Religious Studies*, Vol. 40, No. 1, *Onmyodo in Japanese History* , 2013, 19-43.

但胡适无视了一点，就是《真诰》与《四十二章经》重合的只是极小一部分。《真诰》主体由杨羲与许氏父子的一系列书信构成，杨羲的信主要是笔录所谓诸仙人的口授内容，从文本角度讲，这些往来信函都是第一手文献。陶弘景编辑《真诰》时，首先对抄本笔迹进行勘对，确定手稿的书写人，然后对这些单篇独行、次序混乱的手稿进行时间排比，无法确定时间的按内容分类，这种工作和现代学者对出土文献的整理颇有相似之处。另外，《真诰》诸篇章的抄写时间非常集中，涉及的人物关系很紧密，而且以许氏父子为首的几位主人公社会地位相对较高，东晋中期的一些重大政治事件，如桓温和简文帝司马昱的颉颃，在《真诰》的一些信函中也有所反映。所以在宗教史研究价值之外，《真诰》也是一个反映东晋时期士族文人生活，尤其是文化心态的珍贵文本，有重要的社会史、思想史意义。

下面，本文将考察《真诰》中仙人、灵媒、学道者三者之间如何建立起合作关系，他们在这种合作关系中各自扮演了何种角色，并还原《真诰》中一桩学界较少关注的灵媒更替事件，由此展示《真诰》的文献价值和不可作伪性。

一、仙人与学道者：间接沟通原则

《真诰》中有一个特殊现象，就是仙人与某些学道者（许氏父子）不能直接见面，而必须由仙人指定的“中间人”（灵媒）来传递文书。由于《真诰》长期被疑为荒诞的伪书，学术界关注较少，所以本文先对其中人物和传教规则做一些介绍。

先来看诸男女“仙人”。在《真诰》中，因修仙得道而长生不老、可以进入天界之人，一般称真人、仙人、真仙，女性专称为“夫人”（个别也称某妃）。根据《真诰》中他们的自述可知，他们原来也多是普通人，经过问道求仙而升入仙界。他们中较早的有春秋时人，如著名的仙人王子乔就曾在《真诰》中多次登场；其他仙人多是汉代和三国时人，如所谓“茅山真君”茅盈、茅固、茅衷三人，据说是西汉前期人，在《真诰》中出场的主要是茅固（茅定录）和茅衷（茅司命）二人，他们也是《真诰》仙人群体的实际核心；[1] 较晚的是两晋之交时人，如杨羲早年曾师从的刘璞，他的母亲魏夫人（魏华存）历经曹魏、西晋和东晋，死于咸和九年（334），“成仙得道”，[2] 到《真诰》的兴宁三年（365）还频繁出场，两者相距三十一年。

《真诰》的学道者主要是许谧父子。许谧当时是护军将军府长史，对于这种社会地位较高的人，诸仙从不与其直接见面，而是有专人充当往来沟通的人物，即《真诰》中的华侨、杨羲二人。日本学者小林正美将这种角色称为“灵媒”，国内已有研究者接

---

[1] [日]吉川忠夫、[日]麦谷邦夫编：《真诰校注》卷一，朱越利译，北京：中国社会科学出版社，2006年，第11—12页。

[2] 罗宁、武丽霞：《〈南岳夫人内传〉〈南岳魏夫人传〉考》，《新国学》第五卷，成都：巴蜀书社，2005年，第213—239页。

受。[1]本文亦沿用此术语，但请读者注意其六朝道教史的特殊背景。严格地说，所谓灵媒也是学道的俗人，但都是偏下层的文士或小官吏，社会地位不及许谧父子。所以本文的“学道者”，特指许氏父子这种地位较高、必须通过灵媒才能联络仙人的学道者。

关于《真诰》中仙人和学道者不能直接见面的原则，目前有些研究者尚未注意到，如《真诰校注》的译者序言称：“安妃和杨羲、右英夫人和许谧等成双结对的人神恋的故事，影响深远。”[2]安妃、右英夫人都是《真诰》中得道的女仙，安妃与灵媒杨羲的“恋情”见于《真诰》，本文亦将讨论，但关于右英夫人与学道者许谧见面、相恋之事，笔者遍检全书未见任何记载。《真诰》中的诸仙人是绝对拒绝与许谧父子这种学道者直接见面的，更遑论发展“恋情”。本文即重点对此问题及背后的原因进行讨论。

仙人们向凡人现身，与其谈论、交往，《真诰》称这种行为叫“降”。为何仙人不愿“降”给许谧这种地位高的凡人，而必须通过灵媒转达？《真诰》中的仙人未正面给出解释，但我们可以从侧面获得一些信息，比如一位仙人对杨羲的训导：“真人隐其道妙而露其丑形，或衣败身悴状如痴人，人欲学道，作此试人，卒不可识也，不识则为试不过，汝恒当慎此也。”[3]即仙人们不会对凡

---

[1] 比如，程乐松：《华侨与杨羲：“真人之诰”的灵媒考辨》，《中国道教》2010年第1期。

[2] [日]吉川忠夫、[日]麦谷邦夫编：《真诰校注》，译者序言第3页。

[3] [日]吉川忠夫、[日]麦谷邦夫编：《真诰校注》卷五，第174页。文中没有记载这位训话真人的身份，陶弘景注认为是郁绝真人裴玄人，又称裴清灵。

人露出神异的一面，都是以凡人之形象现身降临，甚至貌似丑陋、穷苦、无知，以此来考验凡人求仙的真诚。这可能是仙人们不肯面见许谧这种达官显贵的原因，即怕他们为仙人的外表所惑，失去学道的信心。

学道者的动机较简单，就是要学习成仙得道、长生不老之术，其中也包含一些个人因素，比如许谧一心求道是因为年迈体衰，疾病缠身，精神不济："长史极多恶梦，……又患饮癖及两手不理。"[1]仙人们通过杨羲向他传达了诸多药剂、针灸及解梦之术。至于仙人对学道者的要求，应当主要是经济方面，可惜《真诰》中未见这方面的直接材料，只有一处记载太虚真人所言："饭凡人百，不如饭一善人。饭善人千，不如饭一学道者。寒栖山林者，益当以为意。"[2]这是号召富裕的学道者资助贫困的学道者，落实到许谧本人，就是他应当资助杨羲这种不太富裕的学道人士。另外值得注意的是，《真诰》中有许谧写给茅山仙人的一封信和茅定录的回信，许谧的信讲述了自己在茅山中刚刚开垦赤石田庄之事，这处田庄紧邻传说中的仙人洞府，便于供养诸仙，但当年收成不好，"利近山下，为往来之阶，此乃丹诚，寻遇天旱，佃不收，塘坏"。许谧认为这是仙人不加庇佑，不理解自己的诚心，质问仙人"岂可遐弃坐观存没哉"？茅定录则辩解为"心不在我，不可责人使

[1]　[日]吉川忠夫、[日]麦谷邦夫编：《真诰校注》卷十，第325页，陶弘景注。

[2]　[日]吉川忠夫、[日]麦谷邦夫编：《真诰校注》卷六，第207页。

必成之也”。[1] 可见许谧有心将此田庄的出产都贡献给诸仙人，不然不至于一再向仙人强调此事。

二、灵媒与仙人如何走到一起?

和仙人与学道者的关系相比，仙人与灵媒的关系则更为复杂，这其中既有单纯的信奉因素，也有世俗利益合作的纠结，灵媒对仙人的感官认识也会发生阶段性变化，从稍理性的质疑到信奉，最后转向合作与利用。

作为灵媒，杨羲要亲身见到诸“仙”，仙人还要依赖他笔录谈话、转交许谧父子。杨羲对这些凡人模样的仙人有何观感?《真诰》中最早有明确年月日的记事，是兴宁三年（365）六月二十一日夜间，茅定录“降临”到杨羲家中，虽然不能确定这是杨羲首次和仙人见面，但应当是较早的一次。从这天开始，每次接待完仙人之后，杨羲都会把见面会谈的过程、感受写下来交给许谧父子，最终汇入《真诰》。在二十二日夜间，又有周紫阳、裴清灵、南岳夫人（魏夫人）先后到杨羲家，魏夫人又将一位女仙——紫微夫人王青娥介绍给杨。[2] 但这晚，杨羲与南岳、紫微二夫人的交

[1] [日]吉川忠夫、[日]麦谷邦夫编:《真诰校注》卷十一，第366—367、375—376页，茅定录“曾得往年”信所引许谧兴宁二年（364）三月一日信。对两信的辨析见本文最后一节。

[2] [日]吉川忠夫、[日]麦谷邦夫编:《真诰校注》卷一，第20页。

流颇不顺畅，心中似尚未完全信奉，以至于在当晚写给许谧的书信里都没有提及此事。直到二十三日晚，裴清灵、南岳夫人、紫微夫人又到杨家之后，杨羲才将初见紫微夫人的观感补写出来送给许谧："先是二十二日夕，有在别室共论讲道，紫微、南岳二夫人声气语音殊下，不解其趣。"这个"声气语音殊下"，应当是举止、言谈低俗，颇不登大雅之堂的意思。[1] 看来杨羲曾心中疑惑，不知这二位女仙高明在何处。

在二十三日晚，杨羲对两位女仙的身份也并未完全信赖，以致二十四日晚两位夫人到杨家，"初来见授时，色气犹不平"，杨羲也不再隐忍，坦率提出了自己的疑问：为何仙人从不自己动笔写东西，都是让俗人笔录谈话？

> 六月二十四日夜，紫微王夫人来降。因下地请问："真灵既身降于尘浊之人，而手足犹未尝自有所书，故当是卑高迹邈，未可见乎？敢谘于此，愿诲蒙昧。"

紫微夫人当然也是有备而来，她先让杨羲落座，然后做出回答：仙人用的都是上古篆体字，当今人用的隶书，在仙人看来都是庸俗下流文字，自然不会以此自污，所以只能口授，由杨羲用

[1] ［日］吉川忠夫、［日］麦谷邦夫编：《真诰校注》卷一，第28页。魏晋时江东吴语"下"有此用法，如《世说新语》载："王公渊娶诸葛诞女。入室，言语始交，王谓妇曰：'新妇神色卑下，殊不似公休。'"（南朝宋）刘义庆著，徐震堮校笺：《世说新语校笺·贤媛第十九》，北京：中华书局，1984年，第367页。

隶书笔录。杨羲显然被这种说法折服，于是用雅致的文言文将紫微夫人的话转写下来，并呈送许谧：

> ……今三元八会之书，皇上太极高真清仙之所用也。云篆明光之章，今所见神灵符书之字是也。尔乃见华季之世，生造乱真，共作巧末，趣径下书，皆流尸浊文，淫僻之字，舍本效假，是嚣秽死迹耳。夫真仙之人，曷为弃本领之文迹，手画淫乱之下字耶？……我既下手，子固不解，亦将何趣两为烦滥耶？此亦当暗其可否，殆不足嫌。想少畅豁于胸怀，尽不自书之流分矣。[1]

为了坚定杨羲的求道之心，让他担任好许谧的灵媒，仙人们还有新举措。二十五日晚上，紫微夫人带来了一位年轻漂亮的“神女”——“紫清上宫九华真妃”安郁嫔侍寝，杨羲至此便彻底对仙人们死心塌地，不再怀疑。在此前杨羲的笔录记载中，诸仙人没有任何与凡人不同的特征，而这天开始却突然有了“忽然不见”等异象，[2] 显然是杨羲开始意识到，自己和诸仙已有了共同利益，所以开始主动造作诸仙的神异，从而坚定许谧父子的“学道”之心。葛兆光已经指出，六朝早期道教中常有名为“合气”的男女

---

[1] [日]吉川忠夫、[日]麦谷邦夫编：《真诰校注》卷一，第22—23页。

[2] [日]吉川忠夫、[日]麦谷邦夫编：《真诰校注》卷一，第30—31、40页。

双修行为。[1] 而在这里，类似行为也是“仙人”诱使学道俗人的手段，使其坚定信念并愿意充当灵媒角色。

三、灵媒与学道者的二重关系

杨羲与许家又是何种关系？美国学者雷德侯（Lothar Ledderose）已发现，在生活中，许谧是杨羲的保护人（patron）。[2] 而从宗教层面讲，杨又是更接近诸仙、负责向许家传达诸仙旨意的上一级“学道俗人”，身份更接近老师。陶弘景早已注意到了杨羲对于许家的这种双重身份：在传达仙人旨意的文书中，杨羲只称许谧为“长史”或“许侯”，自称“羲”“某”，显得地位比较平等；而在世俗文书中，杨羲自称“羲白”“羲顿首”“侍者白”，对许谧称“尊”“长史许府君”，这是纯粹的门生口吻。陶弘景注曰：

> 寻杨与长史书，上纸重“顿首”，下纸及单疏并名“白”，又自称名云“尊体”，于仪式不正可解。既非接隶意，又乖师资法。正当是作贵贱推敬、长少谦挹意尔。侍者之号，即其事也，都不见长史与杨书，既是经师，亦不应致轻。此并应

---

[1] 葛兆光：《屈服史及其他：六朝隋唐道教的思想史研究》，北京：生活·读书·新知三联书店，2003 年，第 57—67 页。

[2] Lothar Ledderose, “Some Taoist Elements in the Six Dynasties’ Calligraphy”, *T’oung Pao* LXX, 1984, 246–278.

时制宜，不可必以为准。[1]

可见陶弘景认为，杨羲本应是许谧学道的“经师”，却以门生自居，不符合道家的“仪式”。在另一处，陶弘景有点解嘲地注曰：“此书，师与弟子，灼然作君仆，用古体也。”[2]看来陶弘景更愿意强调杨羲是许氏之师的一面。但我们已经看到，杨羲给许氏父子传达仙人旨意的书信只是用比较平等的称呼，没有摆出为师的架子。杨羲给许谧的书信应当多有两书并行，即传达仙人旨意和世俗的请安问候分为两书，同时送达。但这些次序在陶弘景编撰《真诰》时已经散乱，现在更难以恢复了。

在杨羲之前，还曾有一个叫华侨的充当仙人与许家之间的灵媒。日本学者小林正美说：“华侨性格轻躁，常把真人之冥旨泄露，被许家罢免。”[3]似乎学道者是有权罢免灵媒的。虽然华侨的事迹已不可考，但从杨羲和许家的交往经历可见，灵媒是诸仙的全权代表，求道者不能面见仙人，所以如果求道者还有求仙之心，是断不敢与灵媒决裂的。有权罢黜灵媒的只能是诸仙人。诸仙人罢黜华侨，以杨羲代之，在《真诰》里正面记载较少，本文后半部分将进行专门考辨。

对杨羲来说，他借神仙之事干谒许谧，世俗目的是获得入仕

[1] [日]吉川忠夫、[日]麦谷邦夫编：《真诰校注》卷十七，第533页。

[2] [日]吉川忠夫、[日]麦谷邦夫编：《真诰校注》卷十八，第543页。

[3] [日]小林正美：《六朝道教史研究》，李庆译，成都：四川人民出版社，2001年，第24—25页。

从政的机会，而且真的如愿以偿。他对于许家的世俗身份是门人清客，[1]许谧将他推荐给当时的司徒、实际掌握朝政的宗室司马昱，担任司徒府舍人之职。在杨羲入仕之后，他和许家同属司马昱阵营，政治上的联络很紧密。这一派的对手是控制上游荆、江诸州的桓温。在太和四年（369）三四月，杨羲给许家的两封信中报告桓温与司马昱关系的最新动向，当时桓温正在借口北伐前燕而插手朝廷事务。[2]不久，司马昱被桓温拥立为没有实权的皇帝，杨羲的职位或许还有提升，但文献已不可考。

这种以宗教相联络的政治关系，还有一个例子就是郗愔，他是当时的高层士族，也信奉道教，政治上也倾向司马昱而反对桓温。《真诰》中，有些仙人曾谈到郗愔，可见他和许谧、杨羲侍奉的仙人有交集。另外，郗愔的儿子郗超信仰佛教，政治上党附桓温，可见当时宗教信仰与政治有一定联系。

四、《真诰》中的“灵媒更替”事件考

在《真诰》所收诸信件中，隐藏了一颇为特殊的事件，就是许谧在学道初期，曾两次试图绕过诸仙人指定的灵媒华侨，直接寻访仙人，都未能成功。由此带来了灵媒的更换，即由杨羲代替

[1]　[日]吉川忠夫、[日]麦谷邦夫编：《真诰校注》卷二十，第592页。

[2]　[日]吉川忠夫、[日]麦谷邦夫编：《真诰校注》卷十八，第542—543页。

华侨，担任仙人与许谧之间的沟通者。以往研究者都未曾关注此事，其发生时间、具体过程都需要梳理考证。本节将还原此次事件，并揭示《真诰》文本的原始性、复杂性及不可作伪性。

《真诰》中少数书信曾提及，在杨羲之前，有一位华侨也担任过许家和诸仙人之间的灵媒，但《真诰》中没有收入由华侨写下的文本。[1]那么第一个问题就是，华侨被罢黜、改由杨羲担任灵媒是从什么时候开始的？日本学者小林正美认为是从兴宁二年（364，甲子）开始：

> 据此，许家在作为灵媒使用杨羲前所用的是华侨，但华侨性格轻躁，常把真人之冥旨泄露，被许家罢免，改用杨羲。如果说许家在杨羲前以华侨为灵媒的话，华侨在魏华存下降授予杨羲的兴宁二年以前，当已作为许家的灵媒。[2]

小林正美这个说法被中国学者沿用，未受到质疑。[3]他的论据来自《真诰》中陶弘景引用《南岳夫人传》的一句话：

> 《南岳夫人传》载“青箓文”云：“岁在甲子，朔日辛亥。先农飨旦，甲寅羽水。起安启年，经乃始传。得道之子，当修玉文。”

[1] 程乐松：《华侨与杨羲：“真人之诰”的灵媒考辨》，《中国道教》2010年第1期。

[2] [日]小林正美：《六朝道教史研究》，第24—25页。

[3] 程乐松：《华侨与杨羲：“真人之诰”的灵媒考辨》，《中国道教》2010年第1期。

（陶弘景注：谨推按晋历，哀帝兴宁二年太岁甲子，正月一日辛亥朔……起者，兴也，安者，宁也。故迁隐其称耳。如此则兴宁二年正月，南真已降授杨君诸经也。今检真授中有年月最先者，唯三年乙丑岁六月二十一日定录所问。从此月日相次，稍有降事。）[1]

《南岳夫人传》这段话相当隐讳，笔者认为，即使如陶弘景解释，为南岳夫人从兴宁二年正月开始向杨羲传经，也不代表此时杨羲已充当了许家的灵媒。《南岳夫人传》的正文并非出自《真诰》，陶弘景只是从别处转引这几句，而且陶弘景自己的前后观点也不一致，他随后又说了两点：

第一，《真诰》中能见到的有确切日期的仙人传道记录，是在兴宁三年（365，乙丑）六月（前文已有提及）。

第二，在《真诰》中还有南岳夫人与另一位女仙预言"福和者，当有二子"。陶弘景认为，这个福和是司马昱的侧室李夫人，后来的晋孝武帝和司马道子之母，这条预言应当是在孝武帝出生那年（362，壬午）之前作出。这条预言有杨羲和许翙的写本，这就把南岳夫人诸仙人和杨羲、许家的交往记录又前推了好几年。但本文认为，陶弘景对"福和者，当有二子"这句话的解释和系年都是错误的，没有任何证据证明"福和"是晋孝武帝之母，而且这

[1]　[日]吉川忠夫、[日]麦谷邦夫编：《真诰校注》卷十九，第565页。

段话的语境，是两位女仙谈如何得子的纯粹技术问题，[1] 所以“福和”很可能是许谧或者许翙的小妾，和晋孝武帝出生时间无关。

本文认为，诸真人通过杨羲向许家传经的最初时间，应在兴宁三年而非二年。除了《真诰》中有明确系年的文本始自兴宁三年之外，还有一系列证据表明，在兴宁二年，许谧和众真人的交流不畅，发生了很多次误会，导致第一位灵媒华侨被罢黜，此后才由杨羲继任。下面对此进行论证。

今本《真诰》第十一、十二卷，有两位茅真人与许谧的三封往还书信，这三封书信又引用了许谧之前写的一些书信（包括可能还是华侨而非杨羲担任灵媒时期的），它们都涉及发生在兴宁二年许谧求仙的一些重要事件，对解释“灵媒”的替换时间和原因提供了重要信息。由于都是当事人的第一手信件，且编年顺序已打乱，使得考辨过程较为烦琐，甚至接近出土文献的重新整理工作，故请读者谅解。

先来介绍一下这两位茅姓真人，他们是茅山神三兄弟中的后两位：茅固（勾曲真人、定录右禁郎，字季伟，书中常简称茅定录，又称茅中君），茅衷（三官保命司，字思和，书中常简称茅司命，又称小茅君）。第十一卷末尾是茅定录和许谧往还的书信各一封，两信没有署年月日，但在许谧的信后有“岁乙丑”三字，陶弘景注云：“此一行，本题纸背。”可见这次通信发生在兴宁三年。

---

[1] ［日］吉川忠夫、［日］麦谷邦夫编：《真诰校注》卷九，第 260 页；同书，卷十九，第 565 页。

现将此信暂名为“岁乙丑”信，并将有关部分摘录如下：

昔初拜八月八日书，已操身至述虚徐汛家。寻家信见报云“得应言未可登山”，便承此而归，直致此书于朱家静中耳。愚心鄙近，亦以肉人秽浊，精诚不恳，无能上达，不悟已畅高听，得蒙省察，辞与事违，悚息而已。

昔占赤石田，利近山下，为往来之阶，此乃丹诚。寻遇天旱，佃不收，塘坏。穆寻见用出，此事力未展，非为息怀。今方居山下，故当修恳，以此去洞口远，故不欲安耳。

告：“书疏班班，欲停之如何？”凡书疏之兴，所以运达意旨。既蒙眷逮，亲奉觐对司命君二仙灵颜，则天启其愿，沐浴圣恩，岂复烦书疏耶？所谓得鱼而忘筌也……

（陶弘景注：右长史答书讫此，并是自起本。多黵治，用白栈，次第如此。“岁乙丑，此一行本题纸背。”）[1]

这是许谧的一封回信，从内容上看，它回复的是茅定录的下面这封信（暂名“曾得往年”信）：

曾得往年三月一日、八月八日二书。（陶弘景注：此乙丑所受，则长史往年书是甲子年中。按答云“直置书于述墟朱家静中”，则非因华侨、杨君送之也。）

[1]　[日]吉川忠夫、[日]麦谷邦夫编：《真诰校注》卷十一，第375—376页。

三月一日书云:“今当垦赤石田,日为往来之阶。”亦竟不就事也。复云:“岂可遐弃坐观存没哉?”此道自央求真之精诚也。心不在我,不可责人使必成之也。

都不斋而有书云斋戒也。

八月八日书云:“谨操身诣大茅之端,乞特见采录,使目接温颜,耳聆玉音。”此语为求道之甚急也。得近书,具至心,可勤道奖志也,司命君自在东宫,又书不应总合,德有轻重之故也。

吾等已自相知之,厚薄书疏,亦甚为班班,欲停之如何?……[1]

何以确定这两封信的先后关系呢?因为茅定录“曾得往年”信中有“厚薄书疏,亦甚为班班,欲停之如何”之语,而许谧“岁乙丑”信中则有“告书疏班班,欲停之如何”,是在答复茅定录的质问,可由此确定两书先后顺序。

值得注意的是,茅定录“曾得往年”信中,不仅提到许谧之前的一封“近书”(此信《真诰》未收),还提到了“往年三月一日、八月八日二书”。这个“往年”,陶弘景注推定为乙丑的前一年,即兴宁二年,应当是正确的。这往年两书也不见于《真诰》,但由于有茅定录的引用,我们还能了解一部分内容。

茅定录的一封“曾得往年”信,为何要同时回复许谧的三封

[1] [日]吉川忠夫、[日]麦谷邦夫编:《真诰校注》卷十一,第366—367页。

信？原来所谓往年两书当初都遗失了，这次收到是作为附件的重抄本。

前引许谧“岁乙丑”信说明了“八月八日书”的遗失经过：“昔初拜八月八日书，已操身至述虚徐汎家，寻家信见报云‘得应言未可登山’，便承此而归，直致此书于朱家静中耳。”看来是许谧不甘由灵媒传达书信，执意要自己带着信去往大茅山，试图找到仙人的府邸（亦即“曾得往年”信引用的“谨操身诣大茅之端，乞特见采录，使目接温颜，耳聆玉音”）。

许谧所云“初拜八月八日书”，可能是他在那天刚刚收到了一封灵媒转达的真人信函，也可以理解为刚刚写好自己的信，就带上出发了。[1]他当然不可能找到仙人府邸，茅定录也不会让他这样寻找，所以许谧刚到“前村徐泛家”，就得到了家人捎来的口信，“家信见报云，得应言未可登山”（这应是当时灵媒居间传来的口信），只得打道而回。而有戏剧效果的，是他临回时如何处置自己当天写的那封信：“直致此书于朱家静中”（“静”可能是信徒用于修炼的“静室”）。因为许谧真的相信诸仙人住在茅山之中，而且真有所谓神异能力，他觉得只要把信留在山下静室中，仙人们就能收到了。至于“往年三月一日”那封信，应该也是他出于这

[1] 两晋时有“拜”自己所写书信的说法，都是写给上级的。比如桓温伐蜀“拜表辄行”，即写好给朝廷的上表，不待回复便擅自出发。参见《晋书》卷八《穆帝纪》，北京：中华书局，1974年，第193页。相同用法亦见《晋书》卷三十八《扶风王骏传附子歆传》，第1126页；《晋书》卷八十四《刘牢之传》，第2190页。

种考虑留在山下静室的。“仙人”们见不到信，也无法答复，所以只有等次年（兴宁三年）许谧再次抄录了这两封信，[1] 并随“近书”一起由灵媒送达，茅定录才一并用“曾得往年”信做了回复。

既然仙人具有神力，为何没有发现山下“朱家静中”的信函？茅定录的解释颇为有趣。他说自己和弟弟茅司命并不在一处，那天的信是同时写给茅定录、茅司命二仙的，不合规范。陶弘景注更明确地替茅山仙人辩护：茅司命虽然在大茅山办公，但常住在赤城山，大茅山里只有办公的府曹（仙宫办事人员），仙府小官不敢拿这种不合礼仪的信函上渎仙听：“司命君自在东宫。又书不应总合，德有轻重之故也。司命常住大霍之赤城，此间唯有府曹耳，具位有高卑，故不宜共作辞启，二君虽同居华阳而宫府各异，不得同纸。”[2]

在今本《真诰》卷十二的开端，还有一封某仙人回复许谧的信（本文暂称之为“昔累得书”信），陶弘景注称“此一书似是裴君言，且杨书”，即笔录人是杨羲，并推测口授人是仙人裴清灵，本文则认为应当是茅山三兄弟中最小的茅司命所授。这封信也依次答复了许谧的三封书信“先书”“次书”和“末书”，“先书”应当是前引兴宁二年三月一日信，因为里面许谧提到自己“年行西吴”事，即刚刚开垦赤石田庄不久就调任他处；“次书”应当是兴宁二年八月八日信，“末书”则是前引许谧“岁乙丑”信。这封“昔

[1] 许谧写的信应当都有自留的草稿，如“岁乙丑”信，陶弘景注：“自起本，多黵治”，即涂改甚多的草稿本之意。

[2] ［日］吉川忠夫、［日］麦谷邦夫编：《真诰校注》卷十一，第 366 页。

累得书”信，和前引茅定录的“曾得往年”信一样，都是在回复许谧“岁乙丑”信，兼回复“岁乙丑”信中重抄的兴宁二年扔到茅山静室里的两封信。但和茅定录的信不同，茅司命这封“昔累得书”信只是一种礼节上的回复，并未做出具体解释和指示。看来茅定录、茅司命二人有明确分工，主要由茅定录负责联络、诱导许谧，茅司命则充当辅助角色。另外，“昔累得书”信中有一句“昔曾轸华侨”，虽然意思不甚明确，但说明现在传达此信的灵媒已不是华侨了。[1]

兴宁二年三月、八月，许谧两度进山寻仙未果，当时充当他和众仙之间灵媒的人是谁？上述书信都未提及。本文认为，当时的灵媒应当是华侨而非杨羲，许谧这两次擅自行动，证明华侨未能准确、全面地传达仙人们的旨意；而且兴宁二年三月、八月两封信函失传之事直到次年才被澄清，也说明在整个兴宁二年，众仙人和许谧之间的沟通极不顺畅。这应当是众仙人终于废黜了华侨、以杨羲代之的原因。

关于华侨，《真诰》及陶弘景注曾有几处提及，此人是许谧的姻亲，后来仕至县令，官品比许谧略低，但仍属士族中人。[2]茅姓真人们对华侨的憎恨一直不减，甚至诅咒其父子被神界拷讯：

茅小君去五月中失日有言云：“华侨漏泄天文，妄说虚无，

[1] “昔累得书”信见［日］吉川忠夫、［日］麦谷邦夫编：《真诰校注》卷十二，第379页。

[2] ［日］吉川忠夫、［日］麦谷邦夫编：《真诰校注》卷二十，第595页。

> 乃今华家父子被考于水官”……侨于是得有死罪，故名简早削夺，寻输头皮于水官也。[1]

华侨与诸仙人的具体交往过程，今天已难以详究。但诸仙人重新物色杨羲的原因比较清楚。首先，是杨羲学道已经十多年，师从的是“魏夫人长子刘璞”（只是仙人的亲戚，级别不算太高）；[2]其次，此时杨羲也在努力干谒许谧家。当时杨羲的身份是普通文士，尚未和真正的仙人建立联系，所以他开始时很难接触许谧，只能从许谧的幼子许翙（小名玉斧，尊称“掾”）身上下手。《真诰》卷十七有很多条关于梦境的记载，其中一条有确切年月日：

> 兴宁三年四月二十七日，杨君梦见一人，着朱衣，笼冠，手持二版，怀中又有二版，召许玉斧出。版皆青，为字云“召作侍中”……[3]

当时道人习于占梦和以梦通神，杨羲这是借做官的吉梦来讨好许翙，以便发展关系。陶弘景对此条注云：“此掾书半纸，是口受，写杨君所梦”，[4]即杨羲当面陈说，许翙自己用笔记录，可见两人能够面谈。紧接此条，又有四月二十九日、四月九日两个梦

[1] ［日］吉川忠夫、［日］麦谷邦夫编：《真诰校注》卷七，第230页。

[2] ［日］吉川忠夫、［日］麦谷邦夫编：《真诰校注》卷二十，第592页。

[3] ［日］吉川忠夫、［日］麦谷邦夫编：《真诰校注》卷十七，第523页。

[4] ［日］吉川忠夫、［日］麦谷邦夫编：《真诰校注》卷十七，第526页。

的记录，都是杨羲梦到自己和许翙上天见到神仙，在四月九日梦后，陶弘景注曰："杨君又当书此以呈长史"，即杨羲将记录自己梦境的文字送交（或托许翙转交）许谧，这说明此时杨羲还不太有分量，难以同许谧面谈。但是到了这年的六月下旬，杨羲已经接洽上了茅定录这种重量级真人，就充当起诸仙和许谧之间的灵媒了：

> 六月二十一日夜，定录问云："许长史欲云何寻道？"登答勤修真诚之意。定录又言："昔有赵叔台、王世卿，亦言笃学，而竟不如人意，遂为北明公府所引。"[1]

茅定录借杨羲的笔问许谧为何想"寻道"，又用赵叔台、王世卿两人被神明惩罚来警示许谧，让他存心虔诚，说明这是茅定录和许谧之间一个新的开端，这应当是杨羲充当灵媒不久之事，也说明之前由于诸仙与华侨的龃龉，和许谧之间已经好久没有正常沟通了。前引不著月日的"曾得往年"信、"岁乙丑"信，应当发生在兴宁三年的五六月间（在六月二十一日之前）。值得注意的是，"岁乙丑"信中，许谧刚刚通过杨羲和诸仙真恢复联络，还在希望直接面见诸仙人："亲奉觐对司命君二仙灵颜，则天启其愿，沐浴圣恩，岂复烦书疏耶。"这应当是发生在六月二十一日之前不久。

---

[1]　[日]吉川忠夫、[日]麦谷邦夫编：《真诰校注》卷一，第14页。

还有一个问题需要辨析，就是陶弘景在“六月二十一日夜”条后注曰：“此是乙丑年六月也，自此前唯有六月十五日，定录授是答长史书，论茅山中事。”乙丑年（兴宁三年，365）正确，但说此前六月十五日还有“论茅山中事”的书信，则不见于今本《真诰》。《真诰》卷十一《茅三君传》是专门讲茅山的，由杨羲抄录，开头部分陶弘景注曰：“按授此应在乙丑年六月以前，甲子岁中事。”文中又注：“按长史甲子年书云‘未见传记’，则授此书时或在癸亥年中也。”[1]加上前述乙丑年六月十五日之说，陶弘景本人就有了三种不同的时间说法，且“未见传记”出自前引许谧“岁乙丑”信，彼处陶弘景又注云“乙丑年”，可见陶弘景自己对此颇为矛盾。本文认为，杨羲抄录《茅三君传》，以及前引茅真人与许谧的往还信件，都是兴宁三年六月之事，即茅真人与许谧刚刚通过杨羲重建了联系，双方需要澄清以往因华侨失职造成的误会，之后才能进入“正规”学道阶段。

经过以上有些烦琐的文献梳理，我们可以得出结论：在兴宁三年之前，许谧与茅定录、茅司命之间，是通过灵媒华侨进行联络的，但在兴宁二年间，华侨很不负责任（或者他与仙人的关系未能理顺），造成许谧和茅姓仙人之间的诸多误会，如许谧两次擅闯茅山、两次遗失信函。在兴宁三年的前几个月，茅姓仙人们和许谧已经基本断了联系，以至于《真诰》中不见有这时期诸仙与许家的信函往还。而同在兴宁三年上半年，杨羲正在努力干谒许

---

[1]　[日]吉川忠夫、[日]麦谷邦夫编：《真诰校注》卷十一，第348页。

翙，所以从兴宁三年六月开始，他被茅姓仙人们选中，作为替代华侨、沟通许谧的灵媒。

上述灵媒更替事件，反映了仙真、灵媒、学道者三者之间的动态复杂关系，只有这三者能够稳定、顺利合作，才能有《真诰》这部道教文献的写定。它同时也说明，《真诰》所收诸人书信具有重要的文献价值，不可能由陶弘景一人伪造。胡适仅凭《真诰》与《四十二章经》的少量重合，就断定《真诰》全由陶弘景伪造，是片面和不负责任的。

五、三者合作模式与《真诰》的产生

如前引紫微夫人所言，仙人须借助凡人书写文献，这便是当时“灵媒”角色的最大作用。从杨羲刚刚接触诸仙人、尚存有一定客观分析能力时的记载来看，这些仙人（特别是女仙）都是些文化程度不甚高的人物，也和他们“隐其道妙而露其丑形”的自我解释相符。这些人显然没有当时士族文人重视的书法技能，也写不了典雅的文言文，只能靠灵媒的“转译”和笔录，然后转送给许谧父子。从兴宁三年开始的几年里，杨羲奉诸仙之命，写下了大量神仙故事、养生修炼技巧，以及当时士族文人中流行的“玄言诗”，这便是《真诰》大部分内容的创作过程。当然，杨羲所写的内容并非全部得自仙人口授，还有一些是从别的文献抄录而来，且注明了出处，如《酆都記》《剑经》等，对于有些仙人口授的内容，杨羲也会查阅史书，进行增补并注明出处。这些写本都随时送达许谧、许翙父子。许氏父子也会重新抄录一份，所以《真诰》中许多篇章，陶弘景都注明有杨羲、许谧、许翙的不同写本。《真诰》对抄写有不同表述，杨羲笔录仙人的口授内容一般叫作“书”，而许氏父子的重新抄录只能叫作“写”，两者含义有所区别。此外，还有一些许氏父子的世俗文书也被收入了《真诰》。

美国学者齐皎瀚（Jonathan Chaves）曾论及，中国宗教文本的书写有种神奇的力量，可以视为连接人与仙的纽带。[1] 但灵媒杨羲展现的过程更为复杂：他开始时对诸女仙的“声气语音殊下”有所怀疑，但在笔录仙人口授文本的过程中，又逐渐感到自己成了接近诸仙的角色，并以这种形象被记录入文本，对许谧这类达官贵人将产生巨大的心理优势。这使杨羲意识到自己与诸仙形成了利益共同体，于是更积极地投身到将诸仙言语翻译成雅致的文言诗文的工作。

杨羲为诸仙写下了大量道经文书并转送许家，但似乎自己没有保留一份底稿，所以后来这些书稿都出自许家后人，首位写下书稿的杨氏反倒默默无闻，他的后人也没有任何与道术有关的记录。许氏父子死后，许家这些稿本由许翙之子许黄民继承，彼时许氏已家道中落，许黄民依靠这些手稿具有了道家技能和名声，受到崇拜者的供养，许黄民的两个孙女许道育、许神儿甚至成了

[1] Jonathan Chaves, “The Legacy of Ts’ang Chieh: The Written Word as Magic”, *Oriental Art*, *New Series*, Vol. 23, No. 2 (Summer 1977), 200–215.

职业性的女道（从其名字也看得出道教色彩），被民间称为许大娘、许小娘，“东关道士多有识者”[1]，其身份大概和许谧时的南岳夫人、九华真妃等女仙类似。许家而非杨家成为众仙传经的继承人，以及许家在官场地位的低落、在道家圈子地位的上升，都是颇有趣的现象。

从以上分析可见，《真诰》中仙人、灵媒、学道者有社会地位、宗教地位、文化水平的差异，也有各自的利益关注。所以，以仙人为口授者，灵媒为文书记录者、传递者，学道者为文书再次抄录和保存者，三者形成了一套特殊合作模式，这些文书经数代人的传承和陶弘景的整理、补充，成为《真诰》一书。魏晋时期的其他文献中也有大量神仙传记、道家养生术，乃至玄言诗，也可能有类似的产生背景，杨羲与九华真妃安郁嫔的所谓恋情描写，甚至成为人神相恋的重要文学母题，在《游仙窟》等唐传奇中尚可见其影响。所以这种传道模式和宗教文本、文学文本创作的关系值得关注。

---

[1] [日]吉川忠夫、[日]麦谷邦夫编：《真诰校注》卷二十，第589页。

私家考古记

这是我唯一一次搞考古的经历和论文。成果是发现了西汉的一座夯土城址，而且是汉长城最西端的城址，也是汉长城面对西域的锁钥。

在敦煌汉简中，它有个怪异的名字："大煎都侯障"。"障"，特指长城线上的边长百米见方的屯兵要塞。

虽然知道这篇论文的人不多，但我一直很珍视它。拙著的作者学术简介里，一般都有一句："在《敦煌研究》等杂志发表论文……"因为中国做考古文保这行的人成千上万，但能独立发现一座城址（包括和不相识的研究者共同发现）的人，又是何其幸运和稀少。

再者，我根本不是考古行当的人，当时没工作没工资，没花政府一分钱，凭着自己旅游的两三千块钱预算，能发现一座城址，考证其汉简中的原名和相关学术史，写出论文，这已经……这话我不方便自己说了。

跟这里结缘也很偶然。那是2012年初冬，我博士论文答辩已毕，但有些杂事需推迟毕业，在学校中随便看书度日。有个本科同学要到新疆克拉玛依结婚，拉我去做伴郎。我正好想借机去新疆看看，顺便找高校投个简历，而且，既然去新疆，沿途的敦煌也值得专门看看，便在电脑上做功课，查卫星地区，捋着屏幕上那条细细的直线，穿过戈壁沙海，一直到了西尽头。然后就看到了那座方方正正的小城，大大咧咧平躺在沙地芦苇之间。

吃惊之余，我借来吴礽骧的《河西汉塞调查与研究》一书，发现其中完全没有提及这座小城，长城烽燧地图中也没画上它。这就严重了，看来之前的学术界尚未意识到它的存在。于是，它成了我敦煌之行必须去的目的地。

那时还没用过智能手机。一切都靠随机的运气。寻找这个城址，花去了我三天时间，受够了越野车的颠簸、抛锚，看够了枯黄的芦苇荡。敦煌这几日的寻觅经历，我曾写过图文游记《玉门关外大煎都：一座西汉城障的发现和考证手记》（收入本书时标题略有调整）。

这里只是多解释一下：汉长城的考察研究，虽不算显学，但自从斯坦因的探险考察和他的著作风行以来，这方面也积累了很多研究成果。至于这座城址为何长期没有进入研究者的视野，其实有客观原因。首先，当地是戈壁中的无人区，向东走，要经过几十公里没有人烟的荒原，才能到达著名的玉门关旅游景点；其次，这里是自然保护区，没有通行证的车辆和人都不能进入（至少我去的时候是如此）。

此文的写作时间是2013年夏，我刚到新疆大学历史系报到，当时是暑假，我被暂时安顿在人文学院的一间办公室中，晚上在办公桌上铺开睡袋睡觉。觉得有空，开始进行相关文献考证和论文写作，当时不太好找的，是斯坦因的《西域考古图记》一书，于是到新疆社会科学院、考古所的资料室挨个打听，终于找到了。后来在新疆的工作中，我倒再没为查文献花这么多力气。

论文写成后，投了两家杂志，没有回音。也很正常，谁相信一个门外汉能自己发现一座城址？

到 2013 年底，《敦煌研究》发表了甘肃省文物考古研究所李岩云的《敦煌河仓城址考》一文，此文中的“河仓城”，和我推测的“大煎都侯障”是同一城址。我于是将关于《敦煌河仓城址考》一文的讨论也补入了《汉长城西端新发现城址与敦煌汉简中的“大煎都侯障”》，不过文章总体变化不大。

《敦煌河仓城址考》发表在我前面，我的发现权自然要往后排，不过我还是很庆幸，因为有了《敦煌河仓城址考》，杂志编辑、审稿人才会心里有点儿底，不至于觉得我的文章全是胡说八道，至少是有了行内人的文章可做旁证。到 2016 年底，我的论文也在《敦煌研究》发表。

再补充一点。关于这座小城最清晰的照片，目前可见侯杨方的《这才是丝绸之路：重抵历史现场的行走》（中信出版集团，2023 年）一书，“何处玉门关：我们认为的‘玉门关’并非玉门关”一节中，有这座小城的无人机航拍彩图。

汉长城西端新发现城址
与敦煌汉简中的“大煎都侯障”

1907、1914 年，斯坦因两度考察敦煌汉长城，在长城的最西端发现了三座小城基址：

> 从 T4a 所在的黏土台地脚下起，长城线走向相当清楚，就像是一道 4 英尺高的狭窄的土丘，穿过一片长满芦苇的平地。……几乎就在 T4a 和 T4b 连线的中点上，长城边上有一处堡垒式的遗迹，长约 250 码，高出地面近 15 英尺。它面向正西，隆起线虽然并不直，而且还高低不平，但是一看就知道是人工建筑。紧挨着这处遗址的南面，还有一处面向正东、长约 400 码的遗址。北面还有另一处面向正东、长约 280 码的遗址。也就是说，后两处遗址是互相平行的。[1]

---

[1] [英]奥雷尔·斯坦因：《西域考古图记》第二卷，巫新华等译，桂林：广西师范大学出版社，1998 年（英文版初版于 1921 年），第 366 页。这是斯坦因综合 1907、1914 年两次考察的总结。在 1907 年的考察记录中，斯坦因将其描述为两座城址，参见[英]奥雷尔·斯坦因：《斯坦因中国探险手记》第三册，巫新华、伏霄汉译，沈阳：春风文艺出版社，2004年，第663页。《斯坦因中国探险手记》从斯坦因 1912 年英文版《沙埋契丹废墟记》译来，为其第一次考察所见。

斯坦因说的这三座遗址，在汉长城最西端终点处，T4a（D10）和 T4b（D11）烽燧之间。[1] 但他并未绘入考察地图，后来的长城考古和研究也未见提及。[2] 2013 年底发表的李岩云《敦煌河仓城址考》一文宣布，在汉长城最西端新发现一座城址，并命名为“河仓城”。[3] 此“河仓城”遗址与斯坦因所记城址比较接近，但仍非一地。

近年来，笔者也曾对敦煌汉长城进行过一些私人考察，汉长城最西端是无人区，属于西湖湿地自然保护区范围，环境荒凉交通不便，且禁止游客进入。2012 年 11 月，在敦煌湿地管理局及其下属玉门关管护站的帮助下，笔者借助卫星照片进行了三天实地踏勘，发现汉长城尽头确实有两座小型城址（其中一座即李岩云文所谓“河仓城”），但未如斯坦因所言在 D10 和 D11 烽燧之间，而是在 D10 正南方 2000 米处，与 D10 西南方 4000 米处（图 1）。

先来看第一座城址。卫星照片显示，汉长城延伸到榆树泉盆地东侧后，从 D10 烽燧折向正南方，经 2000 米后终止于一座雅丹高台。在斯坦因 1907 年的考察中，就将宿营地设在这座雅丹高台

---

[1] T 为斯坦因编号，D 为甘肃省文物考古研究所编号。

[2] 对汉长城最西端的考察成果，参见李岩云：《论敦煌西湖汉长城沿线烽燧的设置原则》，《敦煌学辑刊》2013 年第 2 期；吴礽骧：《河西汉塞调查与研究》，北京：文物出版社，2005 年，第 49 页；甘肃省文物考古研究所：《敦煌马圈湾汉代烽燧遗址发掘报告》，此报告收入《敦煌汉简释文》与《敦煌汉简》二书，参见吴礽骧、李永良、马建华：《敦煌汉简释文》，兰州：甘肃人民出版社，1991 年，及甘肃省文物考古研究所：《敦煌汉简》，北京：中华书局，1991 年。

[3] 李岩云：《敦煌河仓城址考》，《敦煌研究》2013 年第 6 期。

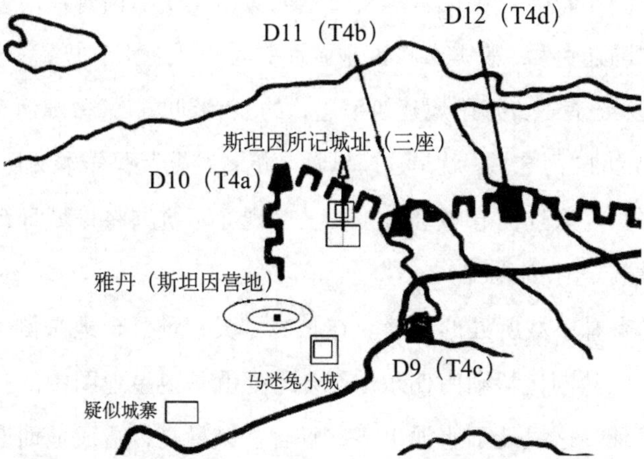

图 1　长城最西端诸城址方位图，局部截取自吴礽骧《河西汉塞调查与研究》地图（原图见图 2），除烽燧外，遗址标识为笔者加

之上。[1] 李岩云《敦煌河仓城址考》称，在雅丹上新发现了一座烽燧的残迹。笔者在 2012 年未能见到，但在这座雅丹上曾见到烧过的灰土、切过的羊骨等，可能是斯坦因营地遗迹。雅丹东南侧约 400 米处，有一座近似正方形的小城，边长约 100 米，方位角北偏西约 10 度。城内亦有两道南北向墙迹，构成了东西两厢布局

[1]　[英] 奥雷尔 · 斯坦因 :《西域考古图记》第五卷，地图 74 "托格拉克布拉克"。斯坦因发现长城延伸到了 T4a（D10）烽燧，未确定 T4a 和雅丹之间也有长城，但他做出了正确的推测 :"在茂密的灌木和芦苇丛中，这段垂直的隆起已经很难找到了……但是我总在想，长城可能事实上已延伸到了我的 171.a 号营地所在的黏土台地上，或者说当初计划把长城修到那里。" [英] 奥雷尔 · 斯坦因 :《西域考古图记》第二卷，第 365 页。

（彩图 1.1、1.2）。湿地管理局工作人员沿用了以前民众对此地的称呼“马迷兔”，故本文将这座城址称为“马迷兔小城”。小城东 100 米处还有一方形附属建筑痕迹，约 30 米见方。《敦煌河仓城址考》发现的“河仓城”就是这座城址。笔者踏勘及写作本文初稿时，尚未得见《敦煌河仓城址考》一文，现亦不赞同将该城址命名为“河仓城”，原因详后。

先来看小城所处的环境。在长城尽头，雅丹台地东侧 100 余米是一座盐湖，盐湖南偏东 100 余米处就是卫星地图中的马迷兔小城遗址。这里地下水涌出多，且含盐碱量高，造成地面严重板结龟裂和盐碱化，周围是茂盛的芦苇、灌木，车辆难以通行，步行亦多不便。笔者没有 GPS，只能请管理局工作人员用 GPS 记录下一个经纬度数值：北纬 40° 16′ 54.40″，东经 93° 25′ 24.1″。《敦煌河仓城址考》记载的数据则是北纬 40° 17′ 23.20″，东经 93° 23′ 34.56″，两者相差约 2700 米，已远远超出了步行范围的误差，所以怀疑是 GPS 规格不同所致。

在马迷兔小城西偏南约 2000 米处，还有一个更大些的疑似城址，卫星照片显示其东西长 200 余米，南北宽 100 余米，方位角也呈北偏西 10 度。但和前面的近正方形小城比，这个长方形城址的轮廓线较细，形状也不标准，显得不够正式，使用时间应不太长，本文称之为“疑似城寨”（彩图 1.3）。它的东方，特别是东偏北方，还有很多似非自然形成的痕迹。

巧合的是，“疑似城寨”和斯坦因 1907 年考察时记载的“一个长方形状，大概有 500 英尺长，宽则为长的一半左右”形状非常相似，虽然斯坦因记录的位置与它很不同。[1]《敦煌河仓城址考》则未提及此遗址。从马迷兔小城去往“疑似城寨”颇为艰难，除了茂密的芦苇灌木，还有很多盐水洼和盐壳，夏季更是非常泥泞。“疑似城寨”遗址完全淹没在芦苇荡和盐沼中，无法进入，笔者最接近观察点，在其西偏南约300米处的一个小雅丹上，GPS显示北纬40° 16′ 07″，东经93° 23′ 16″。

马迷兔小城和“疑似城寨”，与斯坦因发现的遗址有2000—4000米的差距。而在斯坦因描述的遗址处，今天无论是实地踏勘还是卫星照片，都已看不到任何人工建筑痕迹。这是何故？笔者曾怀疑斯坦因的原始记录有误，弄错了几座烽燧的编号。但后来否定了这个怀疑：其一，斯坦因的勘测和记录极为准确，关键地点一般不会混淆；其二，斯坦因第一次考察时（1907年5月初）就宿营于盐湖边雅丹高台之上，似不可能把距离雅丹仅400米之遥的马迷兔城址误记到更远处。

如果不是斯坦因的记录错误，今天面临的解释难题更多。首先是斯坦因当初发现的三座城址，今日为何完全无影无踪？这个问题尚难解答。其次，马迷兔城址距离斯坦因宿营地仅400米远，他为何未能发现？可能的解释是，在1907年宿营时，斯坦因曾失火点燃了营地周围的草木：

[1] [英]奥雷尔·斯坦因：《斯坦因中国探险手记》第三册，第663页。这是1907年考察的记录，和1914年考察后写的《西域考古图记》描述有所不同。

> 4月30日这天……选择一个好的宿营地……劳工一边坐在地上抽着烟，一边等着拿他们的包裹。不一会儿，他们在丛林中燃起了篝火。他们不注意时，篝火蔓延了开来，把其他的东西给点着了。黑暗之中，忽然刮起了一阵强劲的北风，火势因而越来越猛，而且火借风势蔓延得出奇的快，终于把矮小的灌木丛和芦苇地也卷入了火海。在冬天叶子尽落的宽阔的树林中，火苗到处乱窜，看起来非常壮观……5月1日早上，我出发去寻访附近的遗迹，并勘探这片新地。在这个过程中，有水中着火的奇怪现象，但我并不感到困惑。[1]

第二天（5月1日）斯坦因开始考察时，营地周边的火势还未完全熄灭，即所谓“水中着火的奇怪现象”，这可能妨碍了他对营地附近及西南方的考察。至于营地的东北方——他发现三座城址的地方，则未被大火烧及，所以他描述的城址附近还是“一片长满芦苇的平地”。[2]到1914年斯坦因第二次考察这里，主要是深化整理第一次考察所见遗址，再未注意新的遗址。

本文所谓马迷兔小城，李岩云《敦煌河仓城址考》根据唐代敦煌文书，认为是《沙州都督府图经》《敦煌录》《通典》《太平寰宇记》等文献中的“河仓城”。笔者认为，这些文献并未记载河仓城的具体方位，马迷兔小城并不临河，与“河”字无涉，“仓”字

---

[1] [英]奥雷尔·斯坦因：《斯坦因中国探险手记》第三册，第661—662页。

[2] [英]奥雷尔·斯坦因：《西域考古图记》第五卷，地图74“托格拉克布拉克”中的171.a营地方位。

则指向粮仓建筑——斯坦因发现的大方盘城遗址。马迷兔小城属西汉长城系统，仅依据唐宋人的地理书不足以揭示真相，应通过唐人未曾见到的汉简来研究，此城应当是汉简中多次出现的“大煎都侯障”。下面就根据长城西端诸烽燧已出土的汉简进行分析。

20世纪初，斯坦因对敦煌周边的长城烽燧进行发掘，获得了大量汉代驻军简牍，他和沙畹（Emmanuel-èdouard Chavannes）通过释读简牍初步认定了一些烽燧名称，发现这些长城最西端的烽燧都属于“大煎都”管辖。[1] 在此基础上，王国维的《流沙坠简》又做了深入研究，他认为敦煌西北的长城驻防长官为玉门都尉，下辖大煎都和玉门两个侯官，侯官驻地为侯障；侯官之下各有丞，又有一系列燧长、侯长；大煎都侯官辖区为长城最西端及塞外诸烽燧，向东则是玉门侯障辖区。他还尝试确定了大煎都侯障及大煎都丞的驻地。新中国成立后，敦煌又陆续发现了一些烽燧和汉简，王国维的结论得到一些增补，但基本未被动摇。

关于大煎都侯障及丞的驻地，王国维曾有不同说法。起初他表示不易断定：

> ……次西，则有大煎都之广武、步昌、凌胡、厌胡、广昌五燧，而侯障所治之大煎都燧，与侯丞所治之富昌燧，则

[1] [英]奥雷尔·斯坦因：《西域考古图记》第三卷，第366、371页，以及斯坦因引用的 Emmanuel-èdouard Chavannes, *Les documents Chinois decouverts par Aurel Stein dans les sables du Turkestan Oriental*, London: Oxford University Press, 1913。

不知其在五燧之东西？[1]

可见王国维此时认为大煎都侯障应在大煎都燧，但其地未详；富昌燧的地址也未确定。但在稍后的《燧名及所出木简表》中，王国维改变了对大煎都侯（官）及侯丞驻地的判断："敦四乙：富昌燧，大煎都侯丞治所。"[2] 至于大煎都侯障，王国维确定在 T6b（D3）凌胡燧（图 2），并推测凌胡燧和大煎都燧是同燧异名。[3] 不过，斯坦因不认可 D3（T6b）是大煎都侯障驻地，而认为这个

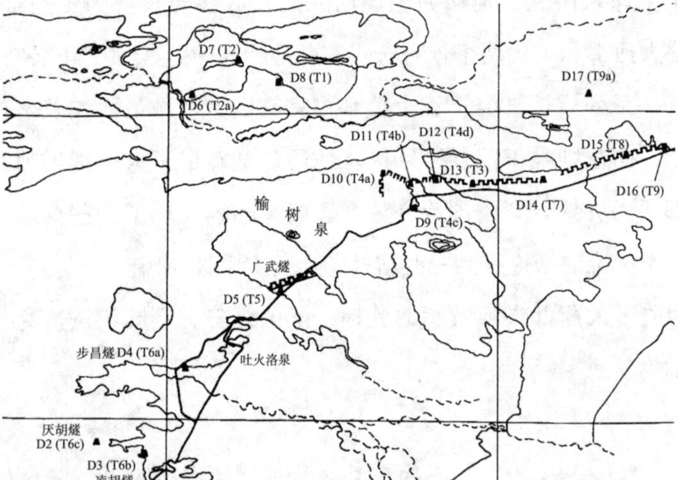

图 2　敦煌长城西端诸烽燧地图，来自吴礽骧《河西汉塞调查与研究》

[1] 王国维：《流沙坠简》，北京：中华书局，1993 年影印本，第 138 页。

[2] 王国维：《流沙坠简》，第 290 页。

[3] 王国维：《流沙坠简》，第 294 页。

燧只是“受制于”大煎都。[1]当代研究者则基本沿用王国维说。[2]

凌胡燧（D3，T6b）所出简牍有六支涉及侯障，[3]显示此燧很可能曾是大煎都侯障治所。但凌胡燧简牍所署时间都是西汉昭、宣帝时期，[4]最晚一件是“五凤二年正月”（《释文》1688，五凤二年为前56年）。斯坦因亦说：“T6b发现的大量木简中，没有一枚存有年代晚于公元前56年的证据。”[5]所以，即使大煎都侯障曾经以凌胡燧为治所，很可能也在五凤二年之后迁走了。

需要注意的是，斯坦因在其他烽燧出土的两支有“大煎都”字样的竹简，曾被沙畹误系于D3凌胡燧，它们分别是：《释文》1561“大煎都燧长尉良持器诣府，七月戊子日下哺时入关”，此简实出土于D5燧（T5）；《释文》1556“元始三年十二月己未大煎都丞封”（元始三年为公元3年），此简实出土于D11燧（T4b）。

---

[1] [英]奥雷尔·斯坦因：《西域考古图记》第二卷，第371页。

[2] 如甘肃省文物考古研究所《敦煌马圈湾汉代烽燧遗址发掘报告》认为D3凌胡燧即大煎都侯官驻地，载《敦煌汉简》（下册），第78页。杨俊亦沿用此说，见杨俊：《敦煌一棵树汉代烽燧遗址出土的简牍》，《敦煌研究》2010年第4期，第90页。

[3] 《释文》1580、1590、1729、1741、1785、1814。《敦煌汉简》与《敦煌汉简释文》二书对简牍的编目次序完全相同，本文引用简文皆用此编号，写为《释文》某某号，而不用斯坦因和沙畹的编号。另，《释文》1590简，王国维曾误系于“敦二十二乙”燧（《流沙坠简》，第127页），实应作“敦六乙”，即T6b（D3凌胡燧）。

[4] 本始年间简牍只有《释文》1808一支：“本始六年三月癸亥朔丁丑尽辛卯十五日乙酉到官”，本始年号只有四年（前73—前70），故此简时间为前68年。

[5] [英]奥雷尔·斯坦因：《西域考古图记》第二卷，第371页。

所以不能由这两简推断大煎都燧、大煎都侯障与D3凌胡燧的关系，吴礽骧《敦煌汉简释文》在做编号著录时已做了辨正。[1]另,《释文》1560出土于T5（D5），亦被沙畹误系于凌胡燧（D3，T6b），此简日历有“永光五年”（前39年）文字，亦与凌胡燧无关。

既然这些五凤二年之后有“大煎都”字样的简已与D3凌胡燧无关，那么汉宣帝之后，大煎都侯障治所迁移到了何处？学界尚未关注此问题，但马圈湾出土的简牍多次出现“大煎都侯障”字样，提供了重要线索（加粗为笔者所改）：

1. 五校吏士议遣乌孙归义侯疌清子女到**大煎都侯障**（《释文》90）

2. **侯障**愿降归德陈□窃见大都护崇檄与**敦德尹**……（《释文》91）

3. ……**大煎都侯障**近于西域（《释文》108）

4. **共奴**虏可千骑来过敦诸尉吏所在者，至**障所部深城**（《释文》115）

5. 得行积九日乃到三节，二十三日至**泉都**立檄**府大尹**（《释文》143）

6. 皇帝陛下始建国天凤四年正月甲戌上**敦德大煎都侯障**（《释文》181）

[1] 吴礽骧、李永良、马建华:《敦煌汉简释文》，第405—406页。另，杨俊在《敦煌一棵树汉代烽燧遗址出土的简牍》中，仍认为此二简出土于D3凌胡燧，盖沿袭沙畹之误（《敦煌研究》2010年第4期，第90页）。

7. 始建国天凤三年十二月壬辰，**敦德**玉门行大尉事试守千人辅、试守丞况谓大前都尹西曹聊掾行塞蓬（《释文》193）

8. 欲诣张射小吏扞迫仓达因去恨不回决追何以谨拘在**大煎都侯障**使君（《释文》493）

9. 护意左率诣**大煎都侯障**欲**障为一城**（《释文》586）[1]

这些有“大煎都侯障”字样的简牍，都属于西汉末和王莽时期。王莽时敦煌改名为“敦德”，匈奴改为“恭奴”（或“共奴”），太守为“大尹”，都反映在这些简牍中，大煎都亦有写作“大泉都”或“大前都”，大煎都侯障或称“大前都尹”。这批简很多还涉及王莽时期一次讨伐西域的战争。[2] 从这些引文可见，西汉末、王莽时的大煎都侯障是一重要军事基地，过往的军队和使节多在此停留，“障所部”甚至有一座“深城”，且此障在汉军防线最前沿，动辄受到匈奴骑兵的威胁。

陈梦家在对居延汉简的研究中已指出，汉长城防线上，侯长的治所都称为“障”，故侯长亦习称“障侯”。[3] 关于“障”的形制及其与城、坞的区别，陈梦家说：

[1] 马圈湾属玉门侯官辖区，并非大煎都侯官辖区，参见甘肃省文物考古研究所：《敦煌马圈湾汉代烽燧遗址发掘报告》，《敦煌汉简》（下册），第 81—82 页。

[2] 关于马圈湾简中所见王莽时对西域的战事，参见甘肃省文物考古研究所：《敦煌马圈湾汉代烽燧遗址发掘报告》，第 83 页。另可参见孙占宇：《敦煌汉简王莽征伐西域战争史料研究综述》，《西域研究》2006 年第 3 期。

[3] 陈梦家：《汉简缀述》，北京：中华书局，1980 年，第 25 页。

> 所谓城者……都作长方形围墙，版筑，其面积皆在130（米）×130米以上……我们称为障者，是指100（米）×100米以内的正方形的围墙，其例如下……大致上是方形厚墙，方向为正南北或大致上南北，门向南。《文选·北征赋》注引《仓颉》曰："障，小城也。"其他凡包围于亭障的方形或长方形墙垣，我们统名之为坞；它们的范围小于城而可以大于小障，壁较薄，但也有很厚的。[1]

本文的马迷兔小城，面积、形制均与陈梦家对"障"的描述吻合，所以它很可能就是汉简中的"大煎都侯障"，亦即西汉后期和王莽时的大煎都侯障治所。因为这里正处在汉长城的西尽头，需要驻防较多兵力；小城的规模也和简牍中提到的接近，可以容纳上百名戍卒，并供过往使团和行旅住宿。

内蒙古额济纳河流域的汉居延都尉辖区内有较多城障遗址，可以和马迷兔小城做一对比。比如居延都尉所辖的甲渠侯障驻地，坞墙为47.5米×45.5米，略小于马迷兔小城。[2]居延的A39障"作正方形（78米×78米），版筑，间以芦苇和柴木层，墙高4—5米、基厚4米"[3]，形制和马迷兔小城非常接近。汉玉门都尉辖区内（包

---

[1] 陈梦家：《汉简缀述》，第5—6页。

[2] 甘肃居延考古队：《居延汉代遗址的发掘和新出土的简册文物》，《文物》1978年第1期。

[3] 中国社会科学院考古所：《居延汉简甲乙编》（下册），北京：中华书局，1980年，第318页。

括大煎都和玉门侯障防区）发现的城址很少，玉门侯障辖区内的所谓“小方盘城”，形制更接近陈梦家所说的“坞”，而“大方盘城”本是一座粮仓，此次发现的马迷兔小城（大煎都侯障）在这方面是一重大突破。

至于马迷兔小城西南2000米处的长方形“疑似城寨”，和斯坦因曾发现但现已不存在的三座城址，则可能是几次大规模驻军的营垒遗迹。如《释文》586提到“护意左率诣大煎都侯障欲障为一城”，即“护意左率”准备依托大煎都侯障建造一座城寨，似应在长城防线以内，可能和斯坦因所见城址有关。而笔者发现的“疑似城寨”在长城线外（西南侧）2000米左右，它可能和贰师将军李广利有关。《史记》载李广利第一次出征大宛败归，被迫留居玉门关外：

> 天子闻之，大怒，而使使遮玉门，曰军有敢入者辄斩之！贰师恐，因留敦煌。[1]

从汉长城形势看，汉使所遮玉门未必是狭义的玉门关，而是整个玉门都尉辖区，包括大煎都侯障防区，所以李广利应是被挡在了最西段的长城线之外，“疑似城寨”便可能是李广利残军的宿营地。《史记》言李广利第一次败归后“留敦煌”，亦未必指留敦煌城内，而是广义的敦煌太守辖区，而“疑似城寨”也属于敦煌

---

[1]《史记》卷一二三《大宛列传》，北京：中华书局，1959年，第3175页。

范围。这又牵涉到学界关于玉门关址的一段公案：斯坦因、沙畹和王国维等早期学者过于拘泥司马迁文中的“玉门”“敦煌”字样，以至于认为当时玉门关尚在敦煌城以东，遂酿成了聚讼多年的“玉门关曾迁址”之论，实无必要。[1]

“疑似城寨”附近水草丰茂，士卒生活尚不至于困难，且紧邻长城线，免于匈奴的直接威胁。罗新也认为李广利所部应驻扎此处，虽然当时尚未发现遗址：

> （魏晋之玉门关长吏）当在玉门关外汉代的大煎都侯辖境内，其地即今之榆树泉盆地。西汉贰师将军李广利初征大宛失利，回军即屯于此处。这里是西汉以来玉门关外最重要的屯兵之地，魏晋自然也要善加利用。[2]

本文讨论的两座城址，和斯坦因记录的三座城址都在汉长城最西端，虽然方位稍有不同，但地貌特征比较近似，都是沼泽湿地构造（本文发现的两座城址甚至更加低洼、潮湿），地下涌出的盐碱水已将城墙等建筑物腐蚀掉，难以有简牍等文物保留下来。

---

[1] 本文不讨论所谓玉门关址的迁移问题，早期相关讨论参见 *Les documents Chinois decouverts par Aurel Stein dans les sables du Turkestan Oriental*, 6-7；王国维：《流沙坠简》，第 5 页；[英]奥雷尔·斯坦因：《西域考古图记》第二卷，第 410 页。近年关于此问题的论著虽有多种，思路亦基本不出上述范围。

[2] 罗新：《墨山国之路》，《国学研究》第五卷，北京：北京大学出版社，1998 年，第 500 页。

斯坦因也曾遗憾地写道："由于地下水位高、土壤呈碱性等因素的作用，我们不能指望在这样的地面上能保存什么建筑遗迹。"[1]所以他没有把那三座城址绘入考察地图。但在1907年的考察中，斯坦因认为长城最西端才是汉代最早的玉门关：

> 这些壕沟防护营地的遗迹可能就位于从塔里木盆地延伸过来的古道、经过长城内侧城墙的那一点上吗？这难道不可能就是原先的玉门关的位置吗？在这个高地的底部，原先是存在一些庇护处的，而且在那里开掘泉水也并不困难。由于地理位置的原因，这里有一个大的兵站是非常有必要的。[2]

在1914年考察之后，斯坦因放弃了这里是玉门关说，但仍强调汉朝在长城最西端设置一座大型兵站的合理性：

> 把这里以及T4a与T4b之间的长城以南地区的各种情况都考虑进去之后，我得出这样一个印象，即我现在面对的是一座早期边防堡垒，而且这里又正好是楼兰道向西走向关外头的地点。这里地理条件优越，它位于一片高地脚下，地表上沙漠植被丰富，因此不缺牧草和柴火，还可以避开猖狂的北风，只要愿挖井，水也不成问题。在这里设立一个大型兵

[1] [英]奥雷尔·斯坦因：《西域考古图记》第二卷，第366页。

[2] [英]奥雷尔·斯坦因：《斯坦因中国探险手记》第三册，第664页。

站的必要性在于，长城最西端明显暴露在外的一角必须得到切实的防卫。但是最重要的一点恐怕在于，这里是中央集权控制的范围内的最后一个能够长期住人的地方。对于出关前往楼兰和西域的中国军队和使节来说，这是最后的歇脚地。对于那些还能回得来的幸运儿来说，这里是进入关里头的第一站。因此，对于穿越罗布沙漠的艰苦卓绝的长途旅行而言，这个兵站起到了补给站、桥头堡的作用。[1]

斯坦因提及的城址已经毫无踪迹，但李岩云和笔者发现的两座城址又支持了斯坦因的推论。陈梦家曾指出，居延汉塞上诸侯障的障城，相距多在 50 公里左右，和出土汉简、汉代文献中的“百里一塞”吻合。[2] 玉门侯障驻地今尚未确定，目前看以小方盘城可能性较大，马迷兔小城址距离小方盘城 40 多公里，和居延汉塞两个侯障驻地间的距离较一致。小方盘城和马迷兔小城的另一个共同点，就是都紧邻湿地：小方盘城北临疏勒河下游河谷湿地，马迷兔则西临榆树泉湖盆，湿地附近便于打井取水，且芦苇等草木可供马匹食用，并提供建造屋舍、城塞的材料，便于侯障所辖的吏卒生活。

最后说一说敦煌汉简中的“大煎都燧”。这座烽燧与大煎都侯障驻地相伴，以前一直未能确定方位。D5 燧（T5）曾出土一

---

[1]　[英] 奥雷尔 · 斯坦因 :《西域考古图记》第二卷，第 366—367 页。

[2]　陈梦家 :《汉简缀述》，第 5 页。

枚简牍，是大煎都燧长向东去往玉门都尉府的过关记录（《释文》1561）。但D5燧在长城尽头以西，属关外之地，且斯坦因在此燧发掘出了五枚简牍，过关文书仅此一件，所以大煎都燧长不大可能是由此入关（《释文》1558—1562）。此简出现在D5燧，当是某种偶然原因，王国维认为D5是广武燧，亦未有直接的简牍证据。

笔者推测，如果马迷兔小城是大煎都侯障，它东面近2000米的D9烽燧（T4c）应就是大煎都燧。此燧不在长城线上，但居高视远，是方圆数十里内最明显的地标建筑。笔者在长城尽头踏勘的数日里，不论在沙海戈壁还是芦苇荡中，D9烽燧都遥遥在视野之内。斯坦因对它的描述是：

> 从刚刚提到的烽燧T4c来看，我清楚地认识到，当初人们对于这里的防御极为重视……烽燧位于高出周围洼地120英尺、侵蚀严重的黏土台地顶部西端……在我看来，建T4c除了拱卫T4a和T4b屏障南面地区以外，不可能再有其他目的……从T5发出的烽火等信号，T4c和T4b（甚至T3）都可以同样看得很清楚。因此，T4c建在长城线后面肯定是针对其他什么目标，而且是一个非常明显的目标。[1]

吴礽骧亦说："此燧不在塞防线上，是附近地势最高的烽燧，当是邮驿道上亭，可起路标的作用。"[2] 大煎都侯障处在长城最西

[1] [英]奥雷尔·斯坦因：《西域考古图记》第二卷，第365页。

[2] 吴礽骧：《河西汉塞调查与研究》，第54页。

端，辖有长城线以西数十里的诸燧驻军，D9烽燧显然是观察周边和发布指令的最便捷之地，它应当就是汉简中的“大煎都燧”，汉简中的“煎都亭”也应在这个烽燧之下。[1] 马圈湾出土文书曾提及“煎都塞”旁的一座亭（《释文》1035）：

隧傅天田道里簿一
明隧天田五里其二里
煎都塞三里亭以东皆沙石井深十丈五尺

笔者怀疑，D9烽燧的“煎都亭”也被汉卒称为“三里亭”，因涉及简文的分行断句问题，尚难成定论，[2] 但D9烽燧确实在大煎都侯障城址以东三里，亦即最西段长城内侧三里处，这三里间是湿地沼泽地貌，而自D9燧以东，沿长城线20多公里都是砂石戈壁，和“煎都塞三里亭以东皆沙石井深十丈五尺”所言若合符契。[3]

综上所述，此次在长城最西端发现的两座城址，与斯坦因描述过但现已无存的三座城址，构成了汉代大煎都侯障治所、驻军营地，以及与它们相配合的（大煎都）亭、燧等指挥和通讯体系。如果加强对这一地区的勘查，也许还能取得一些考古收获。

---

[1] 《释文》1948：“大始元年十二月辛丑朔戊午煎都亭”，此简出土于T14烽燧（D25）。

[2] 关于此简文的讨论，亦参见甘肃省文物考古研究所：《敦煌马圈湾汉代烽燧遗址发掘报告》，第77页。

[3] 当地环境参见斯坦因《西域考古图记》第五卷，地图74“托格拉克布拉克”。

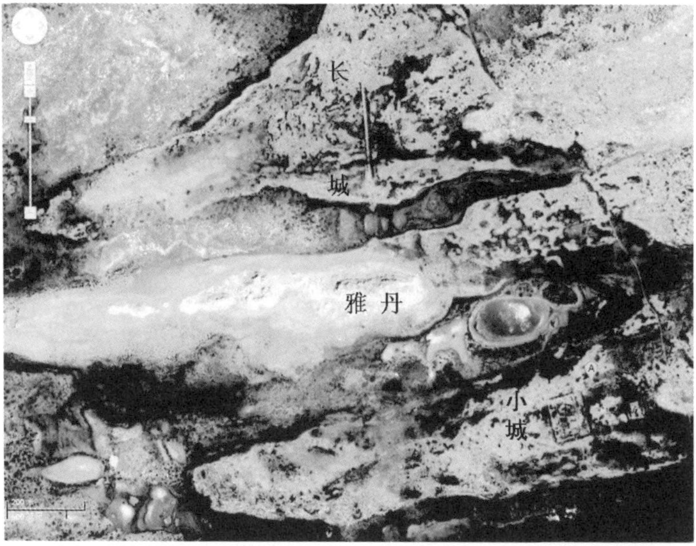

彩图 1.1　谷歌卫星（GE）显示的长城最西端及马迷兔小城周边环境

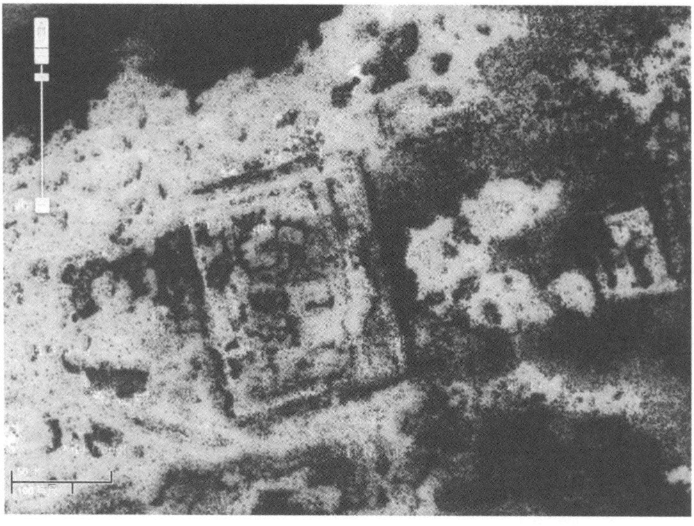

彩图 1.2　谷歌卫星（GE）显示的马迷兔小城及东侧附属建筑

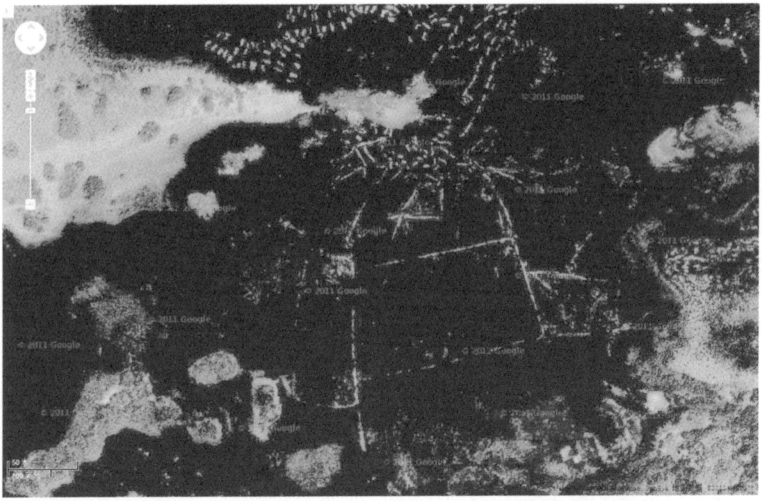

彩图 1.3　谷歌卫星（GE）显示的“疑似城寨”轮廓，深色为芦苇荡

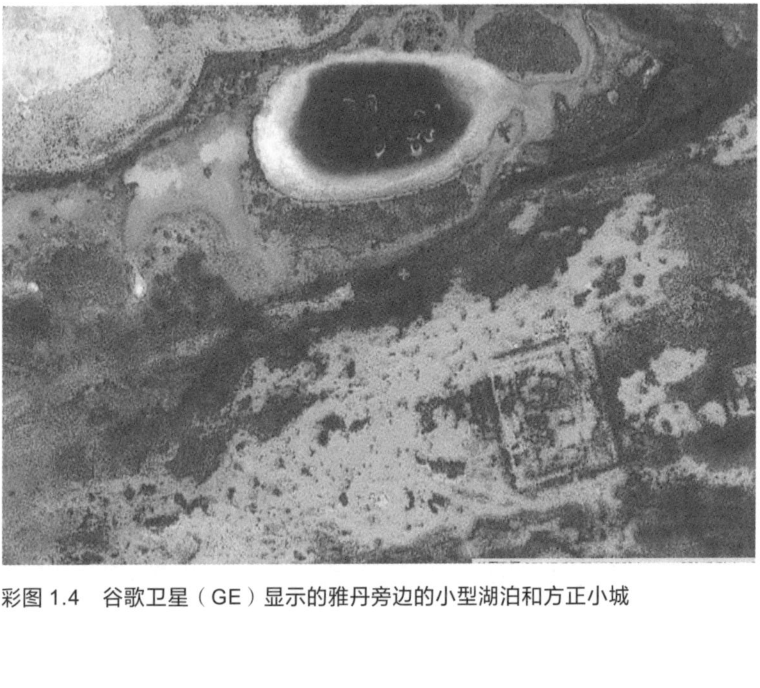

彩图 1.4　谷歌卫星（GE）显示的雅丹旁边的小型湖泊和方正小城

彩图 1.5　戈壁荒原高耸的烽燧

彩图 1.6　风化的长城和伸向远方的戈壁

彩图 1.7　管护站例行巡逻碾压的车痕

彩图 1.8　马迷兔最醒目的雅丹和烽燧

彩图 1.9　在 D9 烽燧上眺望西端雅丹与小湖

彩图 1.10　远处的雅丹烽燧

彩图 1.11　城址痕迹

彩图 1.12　唐司机站在白色吉普车顶上，可见芦苇荡之深

彩图 1.13 “人工痕迹”附近的盐水洼

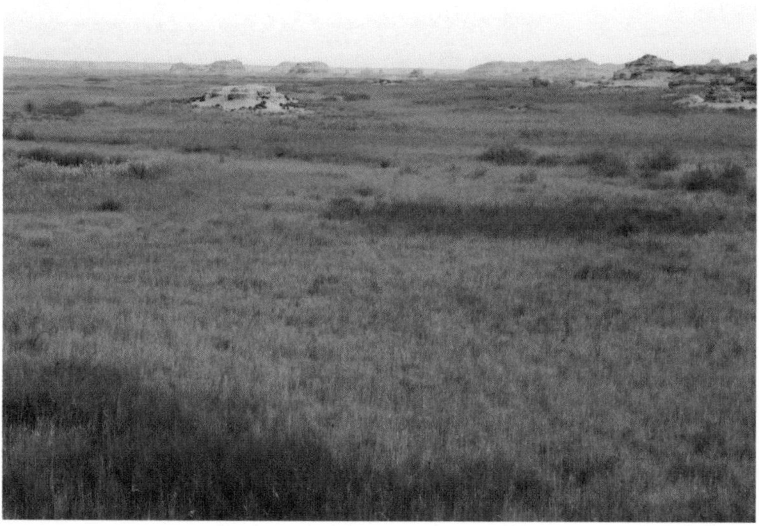

彩图 1.14 近看“不明痕迹”（自南向北）

彩图 1.15　D9 烽燧近照 2

附录 玉门关外：寻找大煎都烽燧

“什么？马迷兔？去不了！”

问了好几个出租车司机，都是这个回答。

敦煌是个小城，冬日里更显冷清。看来不是车的问题，猎豹越野也去不了，因为那里不光是无人区，还是自然保护区，而且临着一座战略导弹靶场，很少有人能去。

但我要去那里，因为那里是汉长城的西尽头，有一座城，一座考古学家从未发现的小城。

在卫星地图上，敦煌城西一百多公里，茫茫戈壁滩中，细细、笔直的汉长城延伸到西尽头，突然转向南方，经过两公里后终止在一座雅丹台地。雅丹旁边有一个小型湖泊，再南侧，就是一座方方正正的小城，边长近百米，它右侧还有一个更小的方形建筑痕迹。

这座小城，肯定是汉代长城戍军的兵营。他们防守着万里长城的最西端。

去那里需要保护区管理局批准，于是我到管理局去碰运气。打听了几个办公室，找到了主管领导，我介绍自己是学历史的博士生（那时还没毕业），在卫星地图上发现马迷兔那里有座城，想去看看——纯粹自己凭兴趣跑来的，没任何官方的由头。

领导居然爽快地答应了，让办公室给我开了通行证，那里是管理局下属的玉门关管护站。领导说你一个人没法在大戈壁里跑，需要用管护站的越野车和司机，价钱他们会跟你谈的。

办公室小姑娘给我开通行证、盖章，我站在一边看着，心里忐忑地有点不敢相信。把白纸黑字的通行证拿到手里，我才敢相信梦想成真。

这个证真没那么好开，公对公的程序更麻烦，因为还涉及靶场那边，往往一句“你先去找部队”就把人打发了。老友张金城这几年一直做河西水利研究，他关注的疏勒河流到了马迷兔荒原里，但他从没能到那里去考察，就因为这证办不下来，有省直的合作单位都不行。可能我是纯粹的私人旅行“考察”，不涉及太多东西，管理局方面反倒容易放行。

通行证，这时 11 月了，编号才到 60，可见进去的人真不多。

办公室给了我管护站负责人的电话，说他们一般早上从市区去上班，你跟他们车过去就行了。管护站那边的负责人最近两天有事，约好第三天带我过去，找那座无人知晓的城。

于是接下来的两天里，我先到敦煌的景点逛了逛——莫高窟、玉门关、雅丹魔鬼城。这时的敦煌游客很少，我住了一家青旅，里面有些客人，合伙包车方便。

终于到出发日了。清晨，一辆墨绿色老皮卡到青旅拉上我，在大戈壁里奔驰了半个多小时，到达管护站。这是个大院子，有十几个工作人员，紧邻一片芦苇湿地，离玉门关景点也不太远。

管护站主任收了通行证，说用车价钱每天一千元，由唐司机拉我去找那座城。

司机是个瘦高小伙子，很年轻，穿一件鲜红的森林消防制服，还带了个更年轻的小伙子当助手。皮卡驶下公路，经过一道铁丝网门，进入了戈壁荒原，居然先经过了一座马场，马场养着进行野化适应的普氏野马。

先是蓝灰色石子的平坦戈壁，汉长城的痕迹笔直地伸向远方。这段长城都已经风化了，只留下高出地面的一道痕迹。时而有烽燧遥遥在望，无边荒野里，这种人工建筑显得格外醒目。

沿途一座土坯烽燧，右侧（北侧）是疏勒河的宽阔河床。这烽燧位于长城线上，但长城已经风化完了，地表看不出来，远看或俯瞰才能发现。最早科学考察汉长城、烽燧的是斯坦因，他都进行了绘图和编号，现在考古部门也在做这些工作，有些烽燧附近还出土了汉简，都是驻军的文书。

这样远远的，能看到伸向天边的长城痕迹。在卫星地图上，这痕迹很明显，因为它非常直，是荒野里唯一的人工特征。

穿过一片黄土雅丹台地，碎石戈壁慢慢变成了沙漠，生长着野草和零星的胡杨树，景象颇为凄凉。这“道路”（或者说车痕），是管护站例行巡逻碾出来的路线。好像唐司机对能开车跑出来很开心。

我说，马迷兔那地方有个城，我要去找到它。唐司机点头说没问题，里面就是有城，巡逻的时候经常看到！

后来我才发现，我们的交流有重大误会。我说的“城”，是四面围起来的城池，而唐司机的“城”是长城，可能还包括残存的烽燧。另外，这时我刚接触甘肃口音，有些内容也听不太明白。

再后来发现，这司机没有南北方向概念，开车都是凭经验，也不会看地图……管护站的人有自己一套描述地理方位的名称，不怎么用地图。

我只能听凭司机拉着我跑，期待忽然看到某处和卫星照片上的地形完全一样，一座夯土的小城就矗立在那里……

经过了几座烽燧，但都不是我要去的地方。唐司机可能觉得我要看马迷兔一带的现存烽燧，那里确实还有几座。更远处，再向沙海里深入几十公里，也有零星的汉代烽燧遗址，斯坦因以来的考古者都考察过。但我要去的不是那里。

再后面就没有“路”了，汽车在灌木丛和沙丘里穿行。这不全是司机的决定，我肯定一直在发表意见：哪里好像比较像一点儿……有些芦苇丛很深，树林一样，汽车吼叫着拱出一条路，尘土飞扬；还有板结的盐碱地，现在是冬季，比较干旱，如果是夏天，这些地方都是盐水窝子。

这皮卡有四驱，越野性能不错。小唐也有在沙地里开车的经验。有时下车寻找一番，能看到野骆驼的蹄迹和粪便，但看不到卫星照片里的“城”。在一片疙疙瘩瘩的盐碱地上，汽车发出了奇怪的声音。下车查看，原来是排气管颠掉了，油箱也在漏油，淅淅沥沥。这里没有手机信号。于是用铁丝先把排气管绑起来，赶紧回程。

半路上，还在加固排气管。汽车前面的冷却扇里戳进去不少芦苇。后面雅丹上，一个小点远远可见，那是一座烽燧。后来才知道，那就是长城西尽头的设防范围。

城没找到，又把人家车弄坏了，我很不好意思。小唐安慰我说没事儿，小毛病，修理厂很快能搞定。我们决定明天继续找“城”，而且我下了决心，要搬到管护站来住，找不到就不回去。

下午回到敦煌城里。先到市场上买了两条被子，准备住管护站用。青旅客厅里面有电脑，我一晚上都趴在上面查卫星地图，把城址的经纬度记下来，又细细捋了一遍目标区周围。有了白天的经历，我知道了，卫星照片上的黑绿色是芦苇荡，小城旁边应该有一个湖泊、一个雅丹。而且，小城西南方两公里，芦苇丛中还有个怪异的痕迹，线条比城址的墙要细，但笔直得显然是人工痕迹，这个面积更大，边长约二百米。

第二天早上，司机又从青旅把我拉到保护区。皮卡修好了，经纬度也有了，小唐找出来一个GPS定位仪，他不太会用这东西，我更是第一次见到。

再加一名助手，三人再次上路。我把经纬度数字报给小唐，他输入定位仪，显示的方位很奇怪，不是在管护站的西边，而是西北边。这和卫星地图提供的直观图像很不一样。

先开到了无人区的中心地带，高大雅丹顶上，矗立着一座很完整的圆形烽燧。昨天我们在沙海里到处奔波，这个烽燧一直在天尽头静静看着我们，到哪里几乎都逃不开它的监视。它就是管护区人说的马迷兔地标，几条巡逻道路在这个雅丹下面汇合，还立着管护区的几块水泥告示牌。

爬到马迷兔雅丹顶端，靠着烽燧眺望。远处能看到另一座雅丹，它在西侧，下面还有个小湖泊（后面叫它“西端雅丹”）。我有点怀疑那就是卫星显示的城址位置，但看不到城址的一点轮廓，GPS 显示的经纬度，也和网页上查到的完全对不上。

这荒野里，判断方向也不太容易，我们连个指南针都没有。太阳一直斜斜地挂着，也很难靠它判断方向。

朝 GPS 定位仪提示的方向走，路边时而有孤零零的雅丹。最后，一条河床拦住了去路。河床里没水，只有一行孤独的骆驼蹄印，但汽车也过不去，只好就此回程。

途中经过马迷兔中心雅丹和烽燧，我不甘心，又停下来乱走了一番。因为别管我们到哪里，这个雅丹烽燧都在天尽头看着我们，似乎有什么蹊跷。它东边远处的雅丹上似乎还有个烽燧，我花了近一个小时徒步走过去，近看却像个风蚀土丘的残余。

夕阳西下，又一天的找寻无功而返。

管护站有手机信号，有台电脑，但联网很慢。那时我还没智能手机，打电话给张金城报告我的收获（没收获），却得到了一个信息：经纬度有两种格式，百位的和六十进位的，张金城怀疑我记录的数字和定位仪用的格式不一样。

我如梦初醒，我从网页记录的数字是百位的，张金城替我手动换算成了六十进位，打算明天输入到定位仪里面，再尝试一次。晚上就在管护站宿舍里睡，我带的被子也没用上，宿舍都有高低床和被褥。

后面这两天我已经没什么钱了，给司机的车钱一天比一天少

（具体给了多少已经忘了）。小唐也不在乎，他喜欢到荒原里面跑车，我这儿正好提供了理由和机会。

第二天一早，我先在管护站外面逛了逛，小唐叫我立刻出发，早饭都没吃，因为还没人做饭。

这次司机搞到了一辆新车的钥匙，他要过过瘾。这是一辆崭新的白色北京吉普，好像叫“战旗”，座位上的塑料布还没拆。但这车有个奇怪之处，就是底盘上不知哪里有个洞，尘土滚滚而入，比车外面的土还大。

停车，踹两脚后备厢门，用处也不大，车内照样黄尘弥漫。

这次把换算成六十进位的经纬度数字输入了GPS定位仪。果然不一样了！指示的方向就是马迷兔雅丹和烽燧那一带，前面两天我们到处奔跑，一直被它看在眼里，看来它藏着不少秘密。

到了马迷兔雅丹，根据GPS度数做了一番定位，我确定西边雅丹之下的小湖就是城址所在的位置。但说来容易，卫星照片上光秃秃的地貌，其实都是灌木丛和芦苇荡，汽车左冲右突了一阵子，终于趴窝了，这里的芦苇比人都高。我们徒步朝那里进发。

终于到达了小城所在的位置，地上都是灌木、芦苇和板结的盐壳。我没受过任何考古训练，啥痕迹都看不出来，但有卫星照片上的小湖泊和西端雅丹做方位参考，这地点还是能确定。看来这座小城已经完全被盐碱水侵蚀了，地表上基本没有太多遗存。这结果我能接受，因为这两天在外面跑，有时看到一点长城的遗迹，确实很不起眼，跟在卫星照片上看的感觉完全不一样。

我还要到西端雅丹上面俯瞰一下，还想去看更远的那个芦苇海中的奇怪造型。唐司机和助手懒得跟我去了，约好在车里等我，司机把他的红色消防上衣给我穿上，这样在荒野里面好找，我不会用的 GPS 定位仪也带上了，它快没电了。

费尽力气，终于从芦苇和灌木里面钻出来，爬到了西端雅丹上面。小湖泊和东边的马迷兔雅丹、烽燧都呈现得很清晰，却看不到白吉普车和唐司机他们了，好像被芦苇海吞没了一样。

最后，走下雅丹，朝西南方两三公里外那处“人工痕迹”走去，还是很难走。

板结的泥沼中，有一条汽车驶过的痕迹。后来我得知，这应该是当地文物部门来调查时的车痕，那时应是夏天，泥水多，冬天通行更方便一些。

最后到达“人工痕迹”附近。这是一片非常茂盛的芦苇荡，人很难钻进去，里面还有盐水洼，偶尔瞥见有点吓人。于是爬到最近的一座小雅丹上拍了一张，什么都看不到。

回程，司机二人在车边等得已是百无聊赖，他们以为我走丢了，想给外面打电话求援都打不通。这时天色已经黄昏，从清早出来到现在，几乎没吃没喝。吉普车把我拉回敦煌市区，我在宾馆开始洗衣服，黄泥浆一直洗不完。

离开敦煌后，我开始找相关的考古和文献材料。下面是一幅敦煌长城、烽燧分布示意图，我添加了新发现的小城、湖泊和西端雅丹（此图可以和第一幅卫星照片彩图 1.1 参看）。

图中的 D9 烽燧没在长城线上，而是在长城内侧。它就是最醒目的马迷兔雅丹烽燧。

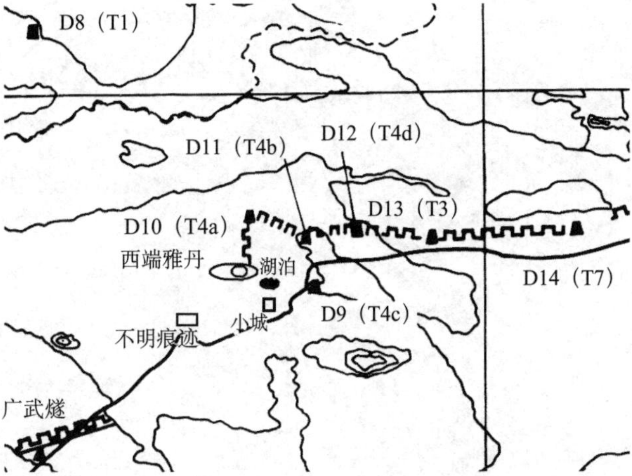

当年斯坦因已经在各烽燧处发掘了很多汉代驻军简牍，新中国成立后陆续又有发掘出土。从这些简牍可知，敦煌外围的长城最高守备长官叫玉门都尉，有点像军区司令，驻地可能在今天的玉门关景点一带；下面有两个侯官，玉门侯官管东段长城，大煎都侯官管西段长城，还有长城线以外若干零星的烽燧。

安多，百年时空穿梭

在大西部十余年的游历生涯中，我到过次数最多、停留时间最久的地方，是地跨甘川两省的小镇——达仓郎木（藏语意为“虎穴仙女”），有好几个春节都是在这里度过的（“藏历”其实有很多种，地域差别很大。而安多地区的藏历，和汉地的“农历”重合）。

在2012年一次背包漫游中，这里是我旅行的终点，也是感受到最大惊奇甚至可以说是“启示”的地方。抵达小镇之前的旅程，都是循白龙江或者其支流而上，所见主要是以农业为主的山林河谷，但在临近白龙江源头处，短短十来公里路程，班车驶出丛林谷地，进入了相对平缓的草原牧区，蓝天白云下，绿草坡上，散落着黑色牦牛群。达仓郎木，便是白龙江源。

以往读书形成的印象，似乎农耕和游牧是两种截然不同的生活方式，由此划分出泾渭分明的不同人群，互相征战上千年。但这次旅行颠覆了这种二元叙事。在这片土地上，农业和牧业会以各种模式共生。

在小范围内，比如山地河谷，农田村舍聚集在低处，平坦的河滩，高处十几公里外，则是山间草场。一家农户中，可能有一个兄弟在谷地务农，另一个兄弟在草场放牧，一个家庭里便汇聚了农牧两种元素。藏语中有“半农半牧”一词，安多方音为“戎玛卓”，卫藏方音为“萨玛卓”，就是描绘这种经济形态。

中等范围内，比如一个数千人口的部落（以往的生活单元，现仍存在于老人记忆中），可能一半家庭在高处放牧，一半家庭在低地务农。设立乡镇之后的地名，也会保留些痕迹。比如若尔盖县有阿西乡，又有相邻的阿西戎乡；戎，是农业之意，这也意味着前面没有“戎”的是牧业乡。这是昔日部落分为农牧两部留下的词汇。

大范围内，这里有动辄绵延数百公里的大草原，生息着完全不知稼穑的黑帐篷游牧民，也有如拉萨、日喀则周边人烟较为密集的河谷农区。

在其他族群中，似乎没有如此圆融地包容农牧两种生活方式的情况。有些族群有家庭内部的农牧兼营，比如西昆仑山地的塔吉克族。但以数千、数万、数十万人为基数，分为纯粹牧民与农民的，我似乎还想不到有其他例子。比如乌兹别克人与哈萨克人，宗教相同，语音相近，族源传说同根，只因为农牧生活方式不同，就生长出不同的族群意识。

藏传佛教有显、密双修，我怀疑背后有农牧二元文化共生的基础。显宗适合农区，密宗适合牧区，双修无间，便是农牧社会共存的催化剂、黏合剂。这是人类传统文明中极为罕见的个例，其他的宗教文化也未见到如此功能。

不只是农牧交界，达仓郎木小镇似乎处在各种“交界点”上。

比如，这里临近甘青两省的边界，传统时代是若干部落之间的交界地；这里相距数百米，有两座藏传佛教寺院南北相望，同为格鲁派，现在则分属甘川两省。这里有藏族牧民村落，还有紧邻寺院的回民村，以及其他散居、世居的回民和汉民。

改革开放以来，这里一度有较多西方游客，据说以法国游客为主，原因则是某个昔日美国传教士留下的游记小说，碰巧法文版卖得不错。那一轮法文游记小说热销结束后，外国游客数量有所低落，但迅速兴起的国内旅游业又带来了更持续且浩大的客流。

游客和当地人似乎分属两个世界，他们会好奇、谨慎地互相观望，但极少踏入对方的生活世界。但变化也在加速，智能手机、短视频普及的几年来，地域、历史造成的文化鸿沟有迅速被敉平的趋势；人们收入迅速增长，家用汽车普及，当地很多牧民曾驾车到内地旅游，在兰州、成都等城市度假、求医、务工，本地人和外来者能够分享的话题迅速增多了。

如果住得稍久些，还能看到某些更深层的鸿沟。实际上，有些文化的差异更为隐秘和有趣。比如，有过旅行经历、生活跨度的人能观察到，甘青（西北）和四川（西南）的汉人，文化风貌区别很大：甘青的汉人慵懒而附庸风雅，崇尚书面文化；四川的汉人勤快、欢快而世俗，对形而上的书面文化缺乏兴趣。

上述人文面貌的区别，其实是超越民族的：省界两侧的安多藏族也是如此，在达仓郎木这个交界上，大西南和大西北的区别被浓缩和展现成省界两侧两个县的人文区别。分别在甘肃一侧的碌曲、玛曲县城和四川一侧的若尔盖、阿坝县城住一住，有心人能感受到很多。在碌曲县，草原上举行某种赛马会、锅庄表演等文娱盛事，会聚集较多小吃摊点，售卖煮牛羊肉、炸肉饼、奶茶，我问了一下发现，老板多来自若尔盖县的红星乡、阿西乡等等。几十公里范围内，生意分工有明显区别。

达仓郎木小镇上，在分属甘川两省的两座寺院，我都认识几位老年僧人（安多藏语称为阿克）。甘肃的老阿克爱讲历史，年轻时候的部落，后来的生产队……一起吃饭，是到镇街上的回汉馆子，或者电话叫一份饺子、面片，老板骑摩托送进寺院。四川寺院的老阿克从来懒得讲故事，招待我主要是做吃的，自己加工的各种香肠、腊肉，拌有川菜的重口味麻辣调料，确实比（小镇上的）甘青面食好吃。省界两侧几百米内，能感受到的东西便如此不同。

我本来的专业是中原古代史，和边疆民族、人类学都关系不大，对这座小镇的认知，也完全是背包游客视角，从草根生活世界开始的。2014 年初的春节，第二次居住在小镇时，我已经习惯了这里的牧区风光、旅游喧嚣，开始接触到护法神纷争的潜流，这让我关心和打听它的“历史”。

那时结识的老乡们的汉语水平，还很难跟我讲解往事，最早打开这扇窗口的，是四川一侧“回民村”的老人：“我们这里的藏族，解放前都是部落嘛！”他掰着手指头列举省界两侧的乡镇：东边红星乡，以前是热东巴部落，往北到尕海那边，是萨木查部落，那边又是西仓部落、辖曼部落、阿柔部落……

“部落”这个词，之前从未出现在我的生活里，按照中学的社会发展史，它似乎只属于过于久远的“前国家”时代，但在回族老人的讲述中，它触手可及。

那天，从老人养着奶牛的小院出来，满地残雪斑驳，镇街上是拍摄寺院年节活动的游客人流，我忽有种醍醐灌顶之感，说不清是和百十年前安多的贯通，还是和数千年前中原史前史的呼应。

其实我对达仓郎木的了解刚刚开始。

在陪同甘肃寺院的老阿克游历新疆之后，背包客、达仓郎木沉迷者李帅兄，向我提供了一则信息：二战之前，曾有一个美国传教士在这里定居，留下了一本小说，中译本叫《西藏的地平线》，正是它，曾引得法国旅游者们纷至沓来。

我购得了一册二手书，作者是罗伯特·埃克瓦尔（Robert B. Ekvall, 1898—1983）。书中音译的地名很不规范，但有过在达仓郎木生活的经历，很容易把它们还原到今日的地图上。当年安多部落牧民们的音容笑貌，犹如在冰箱中保鲜存储了近百年，在书页翻开的瞬间纷纷复活，和老人们讲述过的旧日衣食住行往事无缝衔接。借助在达仓郎木的生活经历，我能确定，这不是小说，而是作者的回忆录。

下一个暑假，我开始专门探听关于昔日传教士的故事，行迹遍及昔日萨木查部落的山林农区和草原牧区，甚至有尕海湖边和狐狸的邂逅。经过许多弯路和无用功之后，我才发现，去年和我同游新疆的老阿克，才是掌握关于传教士信息最多的人，老人讲述了当地藏语对这个洋人的称呼，指给我看昔日洋人住所的位置。

到那时，我开始疑惑，当地人到底藏着多少故事？他们从来不会和外来者主动提起，需要有某种饵料或者“引子”，才能把那些陈年旧事钩沉出来。

安多往事的“洋葱”都很大，里面有很多很多层，而且埋得比土豆还深。这出自一种“安多思维”，过于复杂细腻和多层面，能够兼容自相矛盾的现象与道理，一神教那种非黑即白的世界观难以理解。埃克瓦尔是最早记录并分析这种思维的人。

埃克瓦尔的书，是我追索旧日安多的药引子，它最终导向了我对复杂思维的兴趣。我曾写过一篇分析“藏式思维”的网文，其实准确点说，应当是藏文化中的安多思维方式。

埃克瓦尔不仅是传教士，还受过一些人类学训练，他写过专著《甘肃—青海交界地方的文化关系研究》（中译本），深入总结分析该地草原牧区和山林农区的生态、人文，其观察视角和拉铁摩尔神似：从自然地貌的区别、对人群不同经济生态的影响，到不同文化与生业的族群如何交往互动。

对于甘青川交界处这片不大不小的混合地带，埃克瓦尔分了四种人群进行描述：山林农区的藏族人，草原牧区的藏族人，从事农业的汉族人，从事贸易、服务业且能讲汉语的穆斯林（回族之外，撒拉族、东乡族等穆斯林也多能讲汉语）。这四种人群之间，又有四种主要的互动关系：

汉族人与讲汉语的穆斯林，他们共同生活的地域，互相间的看法与生业的区别，以及传统时代周期性的冲突。

汉族人与农业山谷中的藏族人，汉族人因逃荒、入赘等原因，逐渐渗入农耕藏族人的地区，在语言、服饰、生活习俗等方面逐渐藏族化，同时也在农业技术等方面影响农耕藏族人。

讲汉语的穆斯林与游牧藏族人，当年的草原牧区部落林立，匪盗纵横，汉族人缺乏组织性，较少能深入草原，而穆斯林凝聚力较强（当然有各教门门宦），可以组织商队深入草原，并以贸易、屠宰等业态形式在牧区定居，这和藏族牧民在经济上形成互补。而宗教文化的差异，又在这两个人群之间形成了鲜明的区别，不同于农耕藏族人与汉族人的无缝融合。

农耕与游牧的藏族人，在经济上有互补，存在贸易联系，牧区需要农区生产的粮食，农区则需要牲畜及畜产品。农区劳动力富余，有农民季节性到牧区打零工，还有人以入赘等形式留在草原，成为牧民。从农区到牧区的小规模人口流动，是长期存在的趋势，也可能和牧区人口增长率低有关。

埃克瓦尔以上的观察总结非常独到。我在游历中逐渐发现，这些现象不仅存在于甘青川交界处，在整个青藏高原的边缘，包括喜马拉雅南侧的南亚，都不同程度地存在。或者说，穆斯林与佛教、印度教、儒家文化交汇杂居之处，农牧经济业态相邻之处，都有类似值得思考的现象。内亚世界许多大事件背后，都暗藏着这些文化人群之间的互动与认知。

发现埃克瓦尔这个宝藏之后，我请人查找他的各种原著。尚未译为中文的著作中，有两部“小说”比较有价值：《天边的黑帐》和《喇嘛知晓》。后一本尤其难以寻觅，国家图书馆和北大图书馆都没有收藏，最后是张金城在清华大学图书馆中发现的。

埃克瓦尔在当地的经历，《西藏的地平线》一书中信息最多，我曾多次寻访知道这些旧事的老人，特别是昔日的萨木查部落，那是埃克瓦尔进入牧区的“主人家”。口述回忆与书籍互相印证的内容越来越多，甚至还有些书中没有提及的秘辛。比如，据有些老人回忆，当年的“普雷”（当地藏语“洋人”之意）传教士颇有风流传闻，比如与一个叫安久的部落女子维持了两三年关系，此女被乡亲们戏称为“普雷安久”。还有受访者提及，在埃克瓦尔入住达仓郎木之前，曾在萨木查部落农区的某村住过一段时间，和当地某单身女子有私情，甚至留下了一个私生女儿，这个女儿前些年才去世。

埃克瓦尔属于美国基督宣道会，查阅宣道会关于埃克瓦尔生平记事，能印证他在1930年之前存在这段居住在萨木查农区的“窗口期”，和当地民间记忆恰好吻合。婚姻出轨是《圣经》禁止的行为，作为基督宣道会的神职人员，埃克瓦尔会面临很大压力，所以在他的任何著作、访谈中都没提及。

到2016年末，伴随着翻译英文原著和采访探寻，我逐渐接触到一些更惊人的事实：《喇嘛知晓》并非一部虚构小说，主人公的诸多事迹都散落在达仓郎木及周边老人的记忆之中。例如，我曾经对“河南公主”（书中河南蒙古［在青海］亲王女儿）过游牧生活、亲自出现在牧场上感到不解，认为是“皇帝用金锄头种地”的翻版，但在访谈当地老人时，才得知这恰恰是当年的真实。这部书甚至和昔日寺院体系之间的竞争、部落之间的冲突，乃至和十几年来该地的护法神教派纷争有千丝万缕、藕断丝连的关系，尚不便用文字公开讲述。

拉铁摩尔经历过麦卡锡时代的猎巫式审查，生平经历被曝光过无数次，而埃克瓦尔不同，麦卡锡时代他都在美国军队中服役，他的生平有过太多小秘密，可能不限于男女偷情。比如，在他公开的履历中记载，1958 年从美国陆军退役，转而从事“学术研究”。稍了解西藏历史的人会想到，这个时间节点背后有多少故事，美国又在其后扮演着何种角色。

在寻访萨木查部落旧事时，一位老人曾驾车带我去探访昔日的冬季营地。

汽车进入了一个小山谷，地势相对开阔，草山崖壁上裸露着灰色岩石。前方，群峰轮廓变得陡峭峥嵘，像太湖石盆景。

我忽然觉得，这个景象似曾相识。那应该是九十年前的冬夜，萨木查人的黑帐篷点缀在小河北岸的缓坡上，炊烟飘入蓝灰色夜空。牦牛群被绑上了绳索，挤在一起安然入睡。大狗们蜷缩成毛茸茸的大球，只有鼻尖和耳朵，警觉地嗅探着狼的信息。

月亮从那座最高的山峰之后升起来，给残雪草原洒上微光。这是拉木措一直等待的时刻。

她已经穿上最好的皮袍，悄悄戴上自己所有的首饰。家里人没有注意到她的反常，只有眼神狡黠的哥哥，似乎已经看穿了她的密谋。她悄悄走出帐篷，绕过牦牛群，朝着坡下无声小跑。大狗发出警觉的咆哮，然后认出了女主人，安静下来。

似乎整个营地都没有发觉她的行踪。小河泛着银光，对岸，白色冰面连接着山体投下的阴影。

按照约定，她的爱人——辖曼部落的多吉仁青，应当正藏身在阴影之中。他们因为一次偶然的机会而相识、相恋，萨木查和辖曼两个部落的关系并不友好，不可能进行名正言顺的跨部落联姻，于是两人合谋了“抢亲”计划。

如果，当她趟过小河之后，多吉仁青果真在那片阴影之中，他们将骑上骏马，向南奔驰。狗群咆哮会唤醒萨木查人营地，男人们将群起追击“盗马贼”。如果，他们能躲开暗夜中的枪弹和追兵，狂奔到黎明，就会抵达辖曼部落，多吉仁青的黑帐房。

上面这个故事，来自《天边的黑帐》。当我坐在颠簸的比亚迪小车里，那些英文字母里的往事，正在变成眼前的群山、草地、河流。

在新疆大学的公租房里，我第一次读到这本小说，已经遥想过萨木查人的冬营地、牛粪炊烟的味道、寒夜中的狗吠、拉木措家安放黑帐篷的山坡、多吉仁青藏身的河畔。当年的月亮，就升起在眼前那座山上。

我断断续续把这些讲给老人。随着小汽车的行驶，我走入往日的梦境中，我曾经来过，这里的山水太熟悉了。

“这么说的，是有着呢。以前也有过一个人，外地的，到过我们乡上那个小贡巴（寺院），他就哭了，说：这地方我来过！奇怪着呢，他第一次来这个地方旅游的。”

“我们这里，一个说法有着呢：你上辈子是这个地方的人，这辈子也记得一点点，你回到这个地方，就想起来了，你这是回家了。”

我一边端着摄像机拍摄群山，一边控制身体的摇晃，眼睛觉得发热，然后顺着脸颊淌下泪来。

对草原上的老乡来说，忽然跑来一个陌生的汉人，打听些两代人以前的陈年旧事，似乎有些奇怪。不过他们能解释，这是佛家的转世轮回，这人回来寻找他的前世了。我猜测，可能还有老乡怀疑我是当年那洋人的转世，所以专门来打听他的信息。

其实我知道不是，埃克瓦尔是我出生后好几年才去世的。

埃克瓦尔牵连着安多昔日的诸多小秘密，当我探寻它们时，也误打误撞走进了这里村落、家庭中的一些小秘密，于是，我也逐渐成了秘密的一部分，我被那些东西吸引、召唤，探寻的脚步远至喜马拉雅山南北两侧，但仍未找到真相的尽头。

独行的旅程永远没有尽头，但旅行生活也许终究会让人腻烦。事实上，我后来的很多旅程，乃至异国边地访古，都没有带来太大的新奇之感。人类社会应有的那些元素，人的那些最基本的喜怒哀乐，饮食男女，都是共通的，更何况当今这个由智能手机连接的地球村。

但人终究会遇到适合自己的方寸之地。我找到的归宿就是安多，这里的故事有无穷多层次，永远没有止境。这是宽厚的人性与大跨度跳跃的思维才能缔造的精神空间，它生产自己的秘密，也能容纳你的秘密。这是生命的归属感。

下面是两篇关于埃克瓦尔的论文，都写于2016年，未曾刊发，但曾在一些藏学和边疆学会议上做过介绍。

在探寻达仓郎木和埃克瓦尔的过程里，我结识了一些有同样兴趣的朋友，他（她）们或是藏学者、人类学者，或是背包旅行者，或兼而有之，在这个小圈子的交流中，我们对埃克瓦尔生平及著作的认知一直在加深。当我止步时，其他探寻者仍在挖掘，那些湮没在时光中的小秘密会被慢慢复活，完成它们的轮回之旅。

埃克瓦尔与安多部落往事考证

美国传教士、人类学家罗伯特·埃克瓦尔，1929—1940 年间在以郎木寺为中心的甘川两省交界处定居，传播基督教，陆续撰写了多部当地题材作品，其中《西藏的地平线》《甘肃—青海交界地方的文化关系研究》《天边的黑帐》《喇嘛知晓》[1] 四本书，涉及当地情况较多。尤其是《西藏的地平线》用第一人称讲述作者的传教经历，记载的人物、事件最多，1990 年代有刘耀华的汉译本

---

[1] [美]罗伯特·埃克瓦尔：《西藏的地平线》，刘耀华译，拉萨：西藏人民出版社，1992 年（Robert B. Ekvall, *Tibetan Sky Lines*, New York: Farrar Straus & Young, 1952）。关于埃克瓦尔的生平与著作，详细信息参见刘铁程：《甘肃汉藏边界的基督教：历史与现状》，兰州大学 2008 年硕士学位论文，第 37—53 页。[美]罗伯特·埃克瓦尔：《甘肃—青海交界地方的文化关系研究》，载《藏族与周边民族文化交流研究》，苏发祥、洛赛编译，北京：中央民族大学出版社，2013 年，第 1—110 页（Robert B. Ekvall, *Cultural Relations on the Kansu-Tibetan Border*, Chicago: The University of Chicago Press, 1939）。《天边的黑帐》（Robert B. Ekvall, *Tents against the Sky: A Novel of Tibet*, New York: Farrar Straus & Young, 1955）尚无汉译本，和《西藏的地平线》相比，它的体例更像“小说”，用第三人称讲述一位藏族还俗僧人的生活故事，有更多的场景对话和心理描写。《喇嘛知晓》（Robert B. Ekvall, *The Lama Knows : A Tibetan Legend is Born*, Novato, Calif. : Chandler & Sharp Publishers, 1981）尚无汉译本，记载了当地一场持续多年的活佛之争。

出版，但此汉译本对原书中的藏族部落名和地名，都是从英语音译为汉语，无法对应到现在的汉、藏语地名；苏发祥译《甘肃—青海交界地方的文化关系研究》同样存在此问题。近年来，笔者多次在郎木寺周边的安多地区调研，采访各族故老，查阅相关档案和文献，发现上述四本书中出现过的几乎所有部落名、地名都是真实的，能在今天的地图上找到，故本文将重点核实、确定这几部著作中的英语地名与部落名。

另外，这几部书中记载的很多部落人物和事件，也和当地藏族民间相传的记忆吻合、互补。尤其是《西藏的地平线》一书，笔者通过采访发现，它并非一部虚构的小说，而是埃克瓦尔活动的游记回忆录，有非常高的人类学和史学价值，书中出现的部落和地名信息也最多。这几部作品，对于部落时期安多牧民的日常生活、部落之间的冲突与和解、昔日寺院生活都有生动翔实的记载，远远超过档案文献和当代口述史所能提供的信息量，是研究传统时代安多藏族游牧与宗教生活的珍贵素材。复原埃克瓦尔书中的部落名与地名，考订书中的历史事件，是笔者探究其价值的初步尝试。

需要补充的是，《甘肃—青海交界地方的文化关系研究》中的一章，曾先由宗喀·漾正岗布和刘铁程翻译成中文，发表于《中国民族学》第一辑[1]，其中出现的地名、部落名的翻译多数是正确

[1]　[美]罗伯特·埃克瓦尔：《戎哇与卓巴：甘肃汉藏边界的藏人定居者与游牧民》，载杨建新主编：《中国民族学》第一辑，宗喀·漾正岗布、刘铁程译，兰州：甘肃民族出版社，2009年，第93—111页。

的，但少数如 Jangtsa、ngo-sker 的识别也有误。苏发祥译本没能借鉴此文的考订成果，颇为可惜。本文将对这些地名进行辨析，但为简洁起见，不再逐一注出苏发祥、宗喀和刘铁程译本中地名出现的页码，只注明刘耀华译本《西藏的地平线》中的页码，请读者理解。

埃克瓦尔晚年曾在美国惠顿学院葛培理中心（Wheaton College Billy Graham Center）接受一次学术访谈，讲述了他前半生在藏族地区的经历。访谈的文字整理者不熟悉这一地区，对埃克瓦尔口述的个别藏语地名无法正确拼写，所幸葛培理中心保存了访谈的录音，可以对文字进行纠正。本文也参考了这个访谈的文字和音频内容。[1] 埃克瓦尔在访谈中说，《西藏的地平线》和《天边的黑帐》是他 1940 年代初在法属越南写的，日军占领越南时书稿未能带出，战后他才从越南友人处获得，1950 年代相继在美国出版。有些研究者认为这两部小说写于二战之后，埃克瓦尔的访谈澄清了这个问题。

笔者在当地的采访对象都是老人，藏族为主，亦有回族和汉族；藏族中以牧区人为主，也有农区居民，兼有僧人和俗人。本文无法一一列举他们的名字，谨向他们致以诚挚的谢意。

---

[1] 美国惠顿学院葛培理中心对埃克瓦尔的访谈（Collection 92-Robert Brainerd Ekvall, T1 Transcript），访谈人 Robert Shuster，访谈时间 1979 年 10 月 11 日。

郎木寺与"萨姆查"部落

先来确定几个比较核心的地理概念。本文将《西藏的地平线》汉译本的地名、部落名、人名加专名号，将英文原著中的名字加括号，并在括号中注明在汉译本中出现的页码，特此说明。

埃克瓦尔设立传教站的地方"达仓拉莫"（taktsang lhamo，2），是现在甘肃省碌曲县和四川省若尔盖县交界处的郎木寺，碌曲县设有郎木寺镇，新中国成立前这里是三个藏族部落的交界处。汉语书写的该地藏文全名是"德合仓郎木"或"达仓郎木"，为"虎穴仙女"之意，现在是比较著名的旅游景点。这里有两座藏传佛教寺院：甘肃一侧是"色曲"寺（serchu，4），现在一般写作赛赤寺或色赤寺；四川一侧是"古尔都"寺（gurdu，3），现在一般写作格尔底寺。

在《中国魅力乡村——郎木寺》书中，有一篇当地回族群众回忆在此定居的西洋传教士夫妇的文章《记忆中的"上帝福音"》，[1]可以肯定是埃克瓦尔夫妇。但此文也有些来自口头传闻的疏漏，比如将传教士的名字误记成了"詹姆斯"。关于洋人如何在此买地定居，此文记载了一个"鞋底量地"的故事，是古老佛教故事的翻版。有受访者也向笔者讲过类似的故事。其实在《西藏的地平线》中，埃克瓦尔写下了他向赛赤寺方面买地交涉的过程，

[1] 蒋桂花：《中国魅力乡村——郎木寺》，北京：大众文艺出版社，2013年，第45—47页。

比较翔实可信。另外,《记忆中的“上帝福音”》中说，当地老乡（包括藏族）给埃克瓦尔的绰号是“黄毛”，这也和《天边的黑帐》里埃克瓦尔自己记载的“Yellow Head”吻合。[1]

目前学界尚未收集过藏族群众关于埃克瓦尔的记忆，所以笔者重点对此进行了采访。碌曲县郎木寺镇、尕海乡的多位受访老人谈道，昔日部落老人大多记得这个来传教的洋人，但说不清来自哪个国家，有人说来自英国，也有人说来自苏联。传教士建房的地址当地人称为“普雷通古”，安多藏语“普雷”是男性洋人、外国人，“通古”是坡，全称即“洋人坡”。它在赛赤寺的下方，与今天的郎木寺镇中学相邻，距离白龙江河谷低地约三四丈高，新中国成立后数次平整坡地，旧居早已消失，山坡地势也和当年不太一样，已经盖满了各种建筑。笔者在原地踏访时，郎木寺镇中学的看门人长命也证实了这一说法。他指出，“普雷”的旧房子就是现在郎木寺酒店的西北角楼，约三四楼的高度是当年旧房址，和现在的中学紧邻。

埃克瓦尔和藏族“萨姆查”（Samtsa，7）部落的关系很密切，他在郎木寺定居之前，就已经在这个部落生活了一段时间，主人是富裕的老牧主“杜古尔”，后来埃克瓦尔到郎木寺买地建房，杜古尔也帮忙游说斡旋。这个“萨姆查”部落在今天碌曲县境内，

[1] Robert B. Ekvall, *Tents against the Sky: A Novel of Tibet*, 246.

汉语研究著作也写作“散木察”“三木察”[1]，20世纪前中期的官方档案则一般写作“双岔部落”，被各种现代地方志沿用，当过基层干部的当地藏族人也习惯说“双岔部落”。其实按照当地的藏语发音，埃克瓦尔记录的这个“萨姆查”（Samtsa）最为准确，本文则写作“双岔部落”。

《西藏的地平线》汉译本中，埃克瓦尔老房东杜古尔的全名是“卓巴·杜古尔亚布”（Dzopa Duggursjap，1，90），一般称“杜古尔”。经过多方努力，笔者找到了他的家族后人，这个家族现居住在碌曲县尕海乡加仓村，还保留着当年先辈招待“普雷”洋人的一些口传记忆。据介绍，“杜古尔”这名字当地人用汉语表达为“东固”，“卓巴”可能是藏语“牧人”的音译。东固此人是个大胖子，非常富有，在本部落和周边部落都很有名气，活到了九十多岁，于1956年去世。这些和《西藏的地平线》中的描写吻合，比如埃克瓦尔在1929年结识胖胖的“杜古尔”，那时老人六十多岁。《西藏的地平线》中的杜古尔有两房藏族夫人，有好几个女儿和儿子；而真正的东固只有一个回族夫人，生有一女，还有较多的私生子女。这个家族后人说，东固兄弟四人，其中一个哥哥有两房藏族夫人，子女情况也和《西藏的地平线》中的杜古尔接近。所以埃克瓦尔可能把真实的东固和他哥哥的情况捏合在一起，变成

---

[1] 马登昆、万玛多吉：《甘南文史资料11·甘南藏族部落概述》，合作：甘南州政协文史资料委员会，1994年，第97页。洲塔：《甘肃藏族部落的社会与历史研究》，兰州：甘肃民族出版社，1996年，第170页。

了书中的“杜古尔”。[1]

在传统时代，双岔部落分为六个“措哇”，每个措哇又包含若干村落。六个措哇分成两组：农业措哇三个，分别是旺仓、宁巴、示巴，主要在今碌曲县双岔乡境内，地理环境是河谷农业区；还有三个同名的牧业措哇，主要在今碌曲县尕海乡境内，也包括今郎木寺镇的一部分，地理环境是高原牧区。埃克瓦尔当年投奔的“杜古尔”老人属于牧业宁巴措哇，新中国成立后多定居在尕海乡加仓村，居住地也有所迁移。

这六个措哇并非同时出现。最初的双岔部落只有三个农业措哇，二百多年前，赛赤寺初建，需要附近牧区供应生活物资，才从三个农业措哇分出了一部分人员，迁徙到离赛赤寺较近的高原牧区，过起了纯粹的游牧生活，农区措哇的名字也这样被带了过来，所以同名的措哇要加上农业、牧业表示区别。现在的双岔部落后人，不管农区还是牧区的，都保留着这段记忆。[2]埃克瓦尔在郎木寺买地安家之后，还经常到双岔等部落的夏季牧场周游传教，搭帐篷和牧民居住较长时间，妻子、儿子则留在郎木寺家中。[3]

《西藏的地平线》汉译本有“木仁头人”（Muck-ring chief，99）、“萨姆查头人木仁”（145）。这是双岔部落的世袭头人，“木

[1] 另外，Duggur（杜古尔、东固）这个藏文名字，也被埃克瓦尔用到了小说《天边的黑帐》中，是主人公多吉仁青的父亲，若尔盖辖曼部落的一位富裕牧主。

[2] 马登昆、万玛多吉：《甘南文史资料 11 · 甘南藏族部落概述》，第 97—104 页；陈庆英主编：《中国藏族部落》，北京：中国藏学出版社，2004 年，第 425 页。

[3] Robert B. Ekvall, *Gateway to Tibet : The Kansu-Tibetan Border*, 186.

仁”是头人在农区住的村庄名，现在地图一般写作“目仁村”，在今双岔乡政府西南约八公里，临洮河。访谈中，当地人称部落头人为“目仁郭哇”，汉语文献也写成“毛日头人”，[1]或“茂日郭哇”“茂日土官”。[2]“郭哇”藏语意思是头人（藏文转写 mgoba），这个头人家族统治着双岔部落全部六个措哇，但当地没有称“双岔郭哇”的习惯。埃克瓦尔见到的这位双岔头人叫阿才，1923 年继承头人之位，后来曾担任碌曲县县长（1953—1958），《碌曲县志》中有小传，[3]其子也是本文访谈对象之一。

《甘肃—青海交界地方的文化关系研究》（汉译本）中提及，“木仁酋长”在牧区还有一个住处，叫“俄戈尔”（ngo-skor）。[4]这个“木仁酋长”也是目仁郭哇阿才。根据访谈，头人在牧区的这个驻地叫“古郭尔”，所以双岔部落头人也被称为“古郭尔郭哇”。笔者曾到古郭尔旧地踏勘，此地紧邻洮河支流括合曲，在河谷中，比较适合牧群过冬，距离 213 国道约二十公里，现在属于碌曲县郎木寺镇波海村的夏季牧场，已经没有村落，但老乡们仍能指出昔日阿才家的房址。在埃克瓦尔之外，目前尚未有研究著作涉及双岔头人在古郭尔的驻地和称号，埃克瓦尔的这些记录却和当地人的记忆吻合，可见其可靠性和史料价值。

---

[1]　碌曲县地方志编辑委员会：《碌曲县志》，兰州：甘肃文化出版社，2006 年，第 466 页。

[2]　马登昆、万玛多吉：《甘南文史资料 11 · 甘南藏族部落概述》，第 98、103 页。

[3]　碌曲县地方志编辑委员会：《碌曲县志》，第 517 页。

[4]　[美] 罗伯特 · 埃克瓦尔：《甘肃—青海交界地方的文化关系研究》，第 101 页。

相邻的部落与其他地名校正

《西藏的地平线》中曾写到一次部落间的冲突，“热杜巴人袭击了卓格林巴部落的营地，那是灾难性的”，热杜巴人在卓格林巴人的伏击下损失惨重（89）。这个“热杜巴”（rzakdumba，2，89）部落，在今若尔盖县红星乡，距离郎木寺很近，红星乡在1958—1968年间曾名热当坝乡、热当坝公社。埃克瓦尔笔下的热杜巴人和双岔部落冲突颇多，有“强横的热杜巴部落”“萨姆查人和热杜巴人长期存在的世仇”等描写（129）。据当地人介绍，旧时两个部落确实常有冲突，但到解放前后关系已经缓和了，因为后来的赛赤寺活佛来自热当坝部落，双岔部落历来敬奉赛赤寺，所以两部落关系转而缓和。

至于书中这次受到热当坝人袭击并反转战局的“卓格林巴部落”（dzorge nyiuba），在全书中，包括在埃克瓦尔的所有著作中只出现过这一次。笔者推测，它有两种可能：一是尼玛部落的佐盖尼玛部，活动范围在今玛曲县东北部，和热当坝部落距离不远；[1] 二是双岔部落的牧业宁巴措哇，即埃克瓦尔的老房东“杜古尔”所属的措哇。因为“牧业”藏语发音为“卓合巴”，牧业宁巴就是“卓合巴宁巴”，简称“卓合宁巴”，和英文记录的dzorge nyiuba音近。访谈中，有两位老人都写下了“卓合巴宁巴”和“卓

[1] 马登昆、万玛多吉：《甘南文史资料11 · 甘南藏族部落概述》，第79—80页；甘南藏族自治州地方史志编纂委员会：《甘南藏族自治州志》，北京：民族出版社，1999年，第1011页。

合宁巴”的藏文拼写，用规范的藏文文法正字，应为：འབྲོག་པ་ཉིན་པ། 和 འབྲོག་ཉིན་པ།，拉丁文转写：vbrog pa nyin pa 和 vbrog nyin pa。前已谈到埃克瓦尔时期双岔人和热当坝人关系紧张，这里记载的可能就是两者间的一场小战斗。埃克瓦尔没有分清措哇和部落的两级关系，这也不奇怪，现代研究著作里也常把部落以下的各级单位叫作“部落”，已见前注。

《西藏的地平线》中，还提及双岔有个邻居部落“舍仓”（shetsang，34，141），它也是寺院名，在汉语文献中叫西仓，拉丁文转写：shevu tshang，在今碌曲县北部。《西藏的地平线》记载了双岔部落和西仓部落的一场冲突，起因是寺院纠纷，双岔头人自感兵力不敌西仓，就向一位汉族将军（军阀）求援，于是汉族军队打进西仓地区，焚毁了西仓寺院，一些僧人也死于兵乱。战后的双岔头人感到“请神容易送神难”，于是赛赤寺方面派出了一个请愿代表团，希望劝说这支军队返回汉区，埃克瓦尔在代表团中担任翻译，他们赶到时，“汉族军队驻扎在萨姆查河谷，离头人住的村庄很近”（142）。埃克瓦尔发现带兵军官是个旧相识，“汉族将军程鲁长（Cheng Lu Chang，151）”。在埃克瓦尔协助斡旋之下，这支军队离开了。

这次战事发生在1932年，在《碌曲县志》中有较详细的记载，名为《鲁大昌火烧格萨日》，[1] 但汉语文献中没记载过美国传教士参与此事。《西藏的地平线》中提到汉族军队驻地离双岔部落头人

[1]　碌曲县地方志编辑委员会：《碌曲县志》，第324—325页。

住的村庄很近，这应该是农区的目仁村。这支军队应该是从临潭县溯洮河而西，经过双岔部落地区开往西仓地区，然后又处在返回途中。

《西藏的地平线》里还提到一个“色曲部落”（7），在埃克瓦尔抵达郎木寺的前一天，热当坝人试图抢劫这个部落的牧群，但只抢走了赛赤寺僧人的两匹马。一名赛赤寺僧人带领色曲部落武装追击，击毙了两名袭击者，抢回了马。所以埃克瓦尔到达郎木寺时，发现赛赤寺和“色曲部落”正进行紧张的戒备和军事训练，防范热当坝人的报复，“人们聚集在小河旁的平地上查验着枪支。在半山腰，僧人们架起枪在那儿防守”（11）。与埃克瓦尔同行的双岔人则对僧人和“色曲部落”表示祝贺。这个“色曲部落”显然是赛赤部落，即赛赤寺院属民。但在目前的研究著作中，对“赛赤部落”至少有三种不同的界定方式。

第一种是广义的，认为所有和赛赤寺有供养关系的部落都是赛赤部落，双岔部落也在其中。如《碌曲县志》之“郎木寺院”条（这个“郎木寺院”特指赛赤寺）：寺属部落双岔农牧区 6 部，阿拉 5 部，姜地（江岔）3 部，仓儒 5 部，章卫诺姜、塔儒贡哇 3 部，哲隆巴（四川境内）、苏木塔、贡切 2 部。[1] 这种说法显然来自寺院人士。

第二种是狭义的，专指生活在寺院周边、受寺院直接管理的百姓，不包括双岔这种有自己头人的独立部落。如《中国藏族部

[1] 碌曲县地方志编辑委员会：《碌曲县志》，第 476 页。

落》:“赛赤部落下辖 11 个小部落，约 200 户，800 余人”，“实行由赛赤寺院直接管理的世袭土官制”。[1]《西藏的地平线》里的“色曲部落”就是这个含义，因为它不包含双岔部落（双岔部落人口远不止 800）。甘肃省档案馆目录中有一件 1946 年《拉卜楞寺某昂欠关于藏历火狗年上赛赤部落寺院牧户扎巴等饲养牲畜数账单》（原件藏文），[2] 这是官方档案目录中唯一一次出现“赛赤部落”。这个“赛赤部落”应该也是狭义的，但这件档案的电脑系统编目有误，暂时无法查阅到原件。

对赛赤寺所属部落，还有第三种解释，参见《甘南文史资料 11》:“牧区三部落直接由郎木寺管辖……牧区三部落又直属郎木寺，所以称作以郎木寺主尊崇名‘赛赤’三部也并不矛盾。”[3] 它并没有列举出所有的郎木寺直辖部落，只是认为双岔部落的牧区三部落（即三措哇）是这种性质。这应当也是来自寺院人士的观点。《碌曲县志》《甘南藏族自治州志》也继承了这种说法。[4]

笔者访谈的几位出身双岔部落的僧俗人士，都否认了双岔部落属于赛赤寺的观点。他们认为部落对寺院的供养关系不等于成为“寺属部落”，当年毛日郭哇家族对双岔部落有完整的、不依赖于寺院的管辖权。生活在牧区的几位老人也反对“牧区三措哇”

[1] 陈庆英主编:《中国藏族部落》，第 426—427 页。

[2] 甘肃省档案馆档号：004-004-0308-0007。

[3] 马登昆、万玛多吉:《甘南文史资料 11 · 甘南藏族部落概述》，第 103、108 页。

[4] 碌曲县地方志编辑委员会:《碌曲县志》，第 465 页；甘南藏族自治州地方史志编纂委员会:《甘南藏族自治州志》，第 1009 页。

直属赛赤寺的说法，他们认为在对郭哇家族的服从关系上，牧区和农区的措哇没什么区别。一位当过干部的老人用直白语言说："我们双岔部落和赛赤寺院的关系，是'政教分离'的，寺院不能干涉部落的事。"这也反映出一个问题，就是以前藏族地区的文化主要被寺院垄断，现代学术界在整理相关文史材料时，多从寺院人士那里获取信息，其实很多问题俗界民众的说法与宗教人士很不一样，但被学术界忽略了。

埃克瓦尔的行迹不限于郎木寺和双岔部落周边，还到过甘南、川西北的其他地方，下面就辨析《西藏的地平线》中其余汉译不准确的英语地名和部落名。

"拉让"（labrang，179），这是夏河县的拉卜楞寺，知名度较高。

"阿瓦"（ngawa，179，216），今四川省的阿坝县。埃克瓦尔晚年接受访谈时说，他初来时去了 ngawa，途中经过郎木寺，一位僧人给他写了封"介绍信"，[1] 路线正好吻合。《西藏的地平线》里记载了一些阿坝"王"和"王后"的逸事。在埃克瓦尔的晚年访谈里，他讲述了较多在阿坝地区的经历，还谈及阿坝的"王后"属于一个非常显赫的世袭头领家族。他见到的这位阿坝"王"应该是土官华尔功臣烈，其夫人即《阿坝县志》所载"绒贡老土官杨石之女扎西卓玛"。[2] 书中的阿坝"王"被自己的主管——一个不守戒律的僧人侵夺权力，这个僧人应当是安曲查理寺院的温布

[1] 美国惠顿学院葛培理中心 1979 年对埃克瓦尔的访谈。

[2] 阿坝县地方志编纂委员会：《阿坝县志》，北京：民族出版社，1993 年，第 666—667 页。

琼佩，因为当时的查理寺正在扩张之中。[1]

“阿尼玛卿山”（amni machen）和“尼比伊孜山”（nyindir yirtze，4），这是埃克瓦尔抵达郎木寺之前看到的景色，汉译本的“阿尼玛卿山”正确，“尼比伊孜山”则应该是年保玉则雪山。埃克瓦尔说，从双岔人的夏季牧场可以遥望这两座雪山。[2]《天边的黑帐》还描写过生活在年保玉则雪山下的果洛人的生活。

埃克瓦尔多次从郎木寺、若尔盖去汉区的临潭县（洮州旧城）采购物资，这涉及沿途的地名。“江查”（jangtsa，2，189，195），应是现在若尔盖县的降扎乡；“章瓦”（drang wa，109），应是若尔盖县的占哇乡。途中还经过“阿尼瓦甘山”（amni hwargan，106），当地老人说，这座山藏语叫“阿尼巴尔干”，在降扎乡和占哇乡之间，当年从郎木寺去临潭县，都要经过这座山，居住在山谷里的土著经常抢劫行旅，所以旅行者要爬到高高的山脊上悄悄穿过，以免被当地人发现。《西藏的地平线》里，埃克瓦尔也讲述了他和旅伴穿过这个地区的种种历险，包括被某些当地人伏击打劫。

阿尼巴尔干山上有“拉布孜山神庙”（laptsi，112）。有老人指出，这是礼敬山神的玛尼堆，和蒙古族的敖包相同，并没有庙宇建筑。

甘南、若尔盖地区的藏族人每年都结队去拉萨朝拜，亲友们

[1] 关于琼佩其人和查理寺院在 1930 年代的扩张，参见阿坝县地方志编纂委员会：《阿坝县志》，第 662—663 页。

[2] Robert B. Ekvall, *Tents against the Sky: A Novel of Tibet*, 130, 256.

会伴随几天送行，直到“索宗”地方（soghtsong，216）渡河处分别。埃克瓦尔没去过拉萨，但参加过这种欢送团队。多位当地老人指出，这个“索宗”是若尔盖县的索克藏，在黄河大拐弯的最东角，有支流白河汇入。这样可以避免过黄河的艰难，只要涉过水量不大的白河就可以了。这是甘南藏族去拉萨朝圣的固定道路，当地的索克藏寺有招待朝圣者的传统义务。在《甘肃—青海交界地方的文化关系研究》中，有埃克瓦尔绘制的一幅安多地图，其中标出了 soghtsong，就是索克藏。[1]但有点难以理解的是，在《西藏的地平线》的描写中，朝圣旅行者是在索克藏乘船渡过黄河，而非支流白河。在《天边的黑帐》中，主人公多吉仁青去拉萨也是在此渡黄河。[2]这样不仅有渡河之苦，还要绕行更远的路才能到拉萨。这并不符合当地人记忆中的传统。

去索克藏的路上，要经过一处“药泉”（221）。有老人指出，这处药泉在玛曲和碌曲两县交界的大水牧场，据说喝它的水可以治病。

《西藏的地平线》记载过一次冬季的羚羊狩猎，地名叫“布”（Bu，157），那里的羚羊又多又肥。“布”的意思是奉献给寺院的土地，就是今天若尔盖县的麦溪乡。布地临近一条“木曲河”（mechu river，166），埃克瓦尔说它注入黄河，可以确定是若尔盖县北部的墨曲河。不过根据当地老人的回忆，布地较多的是黄羊，

---

[1] [美]罗伯特·埃克瓦尔：《甘肃—青海交界地方的文化关系研究》，第 11 页。

[2] Robert B. Ekvall, *Tents against the Sky*: *A Novel of Tibet*, 216–217.

而非藏羚羊。在《西藏的地平线》和《天边的黑帐》中，都只记载过羚羊（gazelle），没出现过黄羊，也许是埃克瓦尔不太介意它们的区别。

“夏尔瓦”（sharwa，161）有运茶叶的商队，这个夏尔瓦在今四川松潘县，本地人使用的块状“大茶”都是从那里贩运来的，他们称之为“夏尔加茶”。

《西藏的地平线》还出现过果洛人（golok，160），汉译本这个翻译正确，埃克瓦尔的拼写也完全符合藏语发音。

还有一个部落“查嘎玛人”（chakgama，123—127），《西藏的地平线》说“萨姆查人和查嘎玛人有世仇”“有名的强盗部落查嘎玛人”，双岔部落曾经组织了一百名骑兵，都备双马，准备对查嘎玛人发动一场突袭远征，但外部落的两个人刺探到了这个情报，出卖给了查嘎玛人，又把查嘎玛人已经做了戒备的情报卖给了双岔人，使双方没有打起来。这个“查嘎玛”部落应是今玛曲县的齐哈玛乡。因为《西藏的地平线》提到，从双岔去查嘎玛要经过布地，还要涉过白河，这都符合齐哈玛的地理位置。昔日的齐哈玛部落以剽悍、喜抢掠著称。笔者在甘肃省档案馆查到关于齐哈玛部落的文件目录十五份，内容都是关于齐哈玛与周边部落冲突的报告，属于不能查阅的限制档案。从其题目可见，冲突对象包括阿坝麦仓若肉部落、尕秋哈部落、康赛部落、河南蒙旗，外斯草原、茂县、阿坝土官华尔功臣烈，时间从 1940 年代持续到 1960 年代。

《西藏的地平线》中还经常出现“特布人”（Tebus，60），特布地跨今天的甘南州迭部县及四川若尔盖县的一小部分，昔日是勇武的山地部落。书中，来自迭部“石头箱子”的一群枪手袭击了“杜古尔”家，但惨遭失败，全部被俘，还有一人伤重死亡（75），这个“石头箱子”就是今天迭部县著名的旅游景点扎尕那。据东固家族后人记忆，当年东固家曾被若尔盖阿西部落夜袭，东固用火药枪打死了一名袭击者，挫败了这次偷袭。这不是同一件事，但可见当年东固家的盛况。

《西藏的地平线》和埃克瓦尔其他著作中，经常提到昔日藏族牧民使用的博拉（Bora）式步枪。这是在民国时期藏族地区非常受推崇的一种西洋步枪，价格高昂，甚至有民谚“枪中博拉，人中欧拉”。[1] 以往研究者未能确定这是哪一款外国步枪。笔者请多位昔日家中有此枪的老人逐一识别许多旧式步枪照片，最后确定是俄国1870年代列装的别旦（Berdan）式步骑枪。这是第一代后膛装弹、撞针击发的现代步枪，结构简单可靠，第一次世界大战后大量淘汰，被转卖到边远落后地区。别旦枪流入藏族地区的有两个型号，分别是较长的步枪型和较短的骑枪型。

以上是《西藏的地平线》中能基本解决的部落名、地名和名物问题。还有少数尚未解决，也写出来以俟方家：

“果芒仓人”（gomang tsang，165），属于果洛人，住在黄河边，骑马到布地要走十五天时间。他们袭击过布地，其中一人被

[1] 玛曲县地方志编辑委员会：《玛曲县志》，兰州：甘肃人民出版社，2001年，第671页。欧拉是昔日拉卜楞寺下属的一个善战部落。

打伤、俘获后死去。

“萨东的强盗”（gsardong，46）。

“邓里女神庙”（tengri，57），“位于色曲寺的最边缘”。

“达旺洛旺头人的牧民”（221），他们在药泉和双岔人汇合，一起去拉萨朝圣。

通过本文对部落名、地名的辨析复原，可以发现，埃克瓦尔的《西藏的地平线》等著作具有非常高的可信度和史料价值，是记录传统时代安多游牧生活的第一手文献素材。藏族地区历史文献多是佛教方面的，生活史、社会史的素材较少，现在整理的口述史，又因为时隔多年和受访人的表达能力限制，难以提供太多细节内容。埃克瓦尔的著作在这方面具有不可替代的价值。

埃克瓦尔的两部小说《天边的黑帐》《喇嘛知晓》还有一个特色，就是对传统时代各部落间的冲突、战斗有细致生动的描写，包括冲突的起因（多是因偷抢牛马引发，也有恋爱私奔和宗教纷争），由此形成的复仇、争端，以及各种调解的尝试。有些关于该地部落的当代研究著作会涉及这些方面，但难以提供细节内容。埃克瓦尔的著作则能给我们提供更翔实的信息和身临其境的感受。

部落之外：传教士记忆与官方档案

“我们这里是1958年解放的”，在笔者对埃克瓦尔曾生活的地区的调研中，经常有藏族老人这样说起。这可以说是当地老人的一种民间知识。至于“解放”以前，老人们只知道是“部落”自治的状态，对更高层次的问题不甚了了。通过梳理相关文献可知，民国政府对该地区管理的废弛，是自19世纪六七十年代中国西北大规模战乱的延续后果。下文将结合官方档案、埃克瓦尔的记录与口述史料，梳理三百多年来该地区行政管理的波动历程。

从北、东、南三个方向，安多高原牧区都处在山林农区的半包围中，这些农区也多是汉藏交界混合地带。甘南州夏河县、碌曲县，以及阿坝州若尔盖县是牧区的最东端，它向西敞开、延伸，一直通向黄河、长江源头的广袤无人区。这导致安多和当时噶厦政府管辖的狭义西藏有地理上的天然阻隔。这片安多牧区周边的藏族农区，中央政府的管理一直比较强，特征就是有中央或省政府册封的各种土司、土官。历史悠久的土司，可以甘肃卓尼县的杨土司家族为例；新兴的土官，可以四川阿坝县的中阿坝土官为例（埃克瓦尔著作中的“阿坝王”，官方文献中一般写作“阿坝麦桑土官”）。另外，这些土官、土司的驻地虽然在农区，但也会向牧区扩展势力，其影响力随着向牧区的深入而递减。

本文重点研究的，是埃克瓦尔行踪所至的以郎木寺为中心的牧区。郎木寺以北是双岔部落，在今甘肃省碌曲县南部；郎木寺以南是今四川省若尔盖县的牧区，这里的游牧部落数量多而规模小，常习称“若尔盖十二部落”（“十二部落”是藏族人的一种习称，很多地方都有，实际数字可能稍有差异）；郎木寺西北，是和硕特蒙古后裔游牧的“河南蒙旗”，由清政府册封的世袭亲王家族统治，一直同清政府和民国政府保持着非常紧密的关系；向西，则是马步芳家族的青海省果洛牧区，本文不涉及河南蒙旗和青海地区。

相对于辽阔的青藏高原，埃克瓦尔所处的这片安多牧区不算太大，但它位于甘肃省和四川省的边界，对两省都是边缘之地，其历史文献和档案也分别归入甘川两省，这给研究工作带来了一些困难。

清代前中期的管辖与废弛

埃克瓦尔曾生活的这片以郎木寺为中心的安多藏族牧区，从明代到清初都是边缘之地，中原政权较少能影响到，但汉藏民间的经济往来一直较多，这是农区和牧区的经济互补性质决定的，埃克瓦尔的《甘肃—青海交界地方的文化关系研究》对此有专章讨论。离这里最近的汉人聚居地和军政中心，是四川的松潘县和甘肃的临潭县，都可以追溯到明初设立的军事卫所，后来都经历过厅、县的名称沿革。这两城也是农区与牧区贸易的中心。

明清鼎革之际，游牧在北天山的卫拉特蒙古和硕特部首领顾实汗，和五世达赖喇嘛结成政治联盟，推翻了藏巴汗政权和噶举派的统治，武力统一之后，开启了顾实汗家族及和硕特蒙古对这一区域的统治，安多地区也直接处于顾实汗家族统治之下，和硕特部几乎举族迁入青海。和硕特部对清廷一直有朝贡关系，法理上属于清朝，但清政府初期对其少有直接管理和控制。康熙后期，卫拉特蒙古准噶尔部与和硕特部因争夺地盘发生战争，和硕特部战败，清军入藏驱逐准部。到康熙、雍正之交，和硕特部又发生了罗卜藏丹津挑起的内战，引发中央政府的再度军事干预，罗卜藏丹津战败，清朝由此开始直接管理安多地区，用设旗及任命亲王、郡王、扎萨克等方式严密管理和硕特部。

> 雍正元年罗卜藏丹津事件后，青海和硕特蒙古失去了统治周边藏族各部的权力，阿坝地区各藏族部落划归松潘厅管辖，不再隶属察罕丹津。另外东南部的铁吾、三察阿拉等部落划归洮州府。[1]

---

[1] 卓仓·才让：《黄河南蒙古志》，兰州：甘肃民族出版社，2010年，第180页。这里的“三察”，笔者怀疑即双岔部落。

关于这一段具体历程，先来看四川方面的文献和史实。清代前期、中期的情况，主要反映在《四川通志》之中（清代数次编修《四川通志》，关于松潘诸部落的记载，既有沿袭又有更新，本文以嘉庆版《四川通志》为准，因为它包含了以往旧版《四川通志》的内容，又反映了嘉庆时期的新情况），在《武备志·边防》之下，有对若尔盖牧区各部落的记载，可见在康熙四十二年（1703），松潘周边的农业部落大都归附；而若尔盖牧区的归附，要集中到雍正元年（1723）对罗卜藏丹津用兵：

> 雍正元年，四川提督岳钟琪因西宁之役带领游击张元佐、王刚并汉土官兵由黄胜关出口，剿抚十二部落，招安阿坝、郎惰、毛革、麦杂等处，番目弯布桑独赖林柯等纳土归诚。[1]

这里说的“十二部落”，就是若尔盖牧区的各游牧部落。在《四川通志》的《武备·土司》中，详细记载了所谓若尔盖“十二部落”的名称、首领、驻地、所辖各寨、边界四至、户数，以及向朝廷松潘驻军缴纳银粮的数额。严格来说，“十二部落”并非十二个，而是十四个，也不都是游牧部落，其中包含个别农业部落，但这种农业部落距离牧区很近，而且和牧区部落多有亲缘关系（比如阿西部落分成了农业和牧业两个部落，分别为今天若尔

[1] （嘉庆）《四川通志》卷九十《武备·边防》，兰州：兰州大学出版社，2003年，第738页；又见（民国）《松潘县志》，成都：四川民族出版社，2013年，第142页。

盖县的阿西戎乡和阿西乡）。下面简要列出这些部落的名称、户数和缴纳银粮数额，因为正如埃克瓦尔所说，赋税是国家主权的最直接证据：

1. 班佑寨，18 户，青稞 1.8 石
2. 巴细蛇住寨，274 户，青稞 27.4 石
3. 阿细柘弄寨，168 户，青稞 16.8 石
4. 上作尔格寨，57 户，银 4.56 两
5. 合坝独杂寨，66 户，银 5.28 两
6. 辖曼寨，124 户，银 9.92 两
7. 下作格寨，113 户，银 9.04 两
8. 物藏寨，41 户，银 3.28 两
9. 热当坝寨，72 户，银 5.76 两
10. 磨下寨，21 户，银 1.68 两
11. 甲凹寨，54 户，银 4.32 两
12. 阿革寨，60 户，银 4.8 两
13. 鹊个寨，261 户，银 5.88 两
14. 郎惰寨，143 户，银 11.44 两[1]

值得注意的是，在“十二部落”条目之前，在康熙四十二年收附的各农业部落中，还有一个“双则红凹寨土千户”，这就是今

[1] （嘉庆）《四川通志》卷九十六《武备 · 土司》，第 161—163 页。

甘肃省甘南州碌曲县境内的双岔部落。从《四川通志》可见，它最早是由四川方面的松潘驻军管理的：

> 双则红凹寨土千户阿浪，系西番种类。其先郎那笑于康熙四十二年归诚授职，颁给号纸，无印信。住牧双则红凹寨。
>
> 其地东八十里交川柘寨界，南至一百里交阿细拓弄寨界，西至荒山无里数，北至三百里交洮州所属杨土司大那寨界，四至共四百八十里，所管七寨，番民共三百一十户，向无认纳税银粮马，隶松潘镇漳腊营管辖。
>
> 以上土千户五员，所管番民驻牧口外，性情风俗，与羊峝踏藏等处同。有夷情，该寨自行办理。[1]

这个双则（双岔）部落当时共有三百多户，比若尔盖“十二部落”中任何一个的规模都大。可能因为距离较远，松潘官方对这个部落的管理很松散，甚至不太征收赋税银粮。为什么它比若尔盖“十二部落”更早归入松潘厅的管辖？可能因为这个部落一半经营农业，一半经营牧业，已见前文所述；松潘厅在康熙四十二年的拓展主要针对农业山林地区，向北贯通到长期归附朝廷的杨土司领地（杨土司属甘肃省的洮州厅管辖），双岔（双则）部落的农区部分自然也在此次登记入册范围内。另，嘉庆《四川

[1]（嘉庆）《四川通志》卷九十六《武备·土司》，第159页。又见（民国）《松潘县志》，第191页。

通志》中载双则部落头人住“红凹寨”，目前地名中还找不到对应的，也许这“红凹”是“郭哇”的另译，目前存疑。

1860—1870年代，清政府受到太平天国和捻军等严重打击，再加上英法联军进犯，西北地区又受战乱影响，发生大规模社会衰退，导致政府对该地的控制力下降。而在安多地区的最东端，直接影响该地政局的是所谓“咸丰之变”，即松潘厅周边各农业部落不堪忍受苛捐杂税发生起义，于1863年攻破松潘城。[1] 此后清军虽然收复了松潘城，但对若尔盖等牧区的控制程度急剧下降。这成为甘肃拉卜楞寺向阿坝地区扩张势力的机会。

拉卜楞寺向松潘辖境的扩张始于道光初年，咸丰年间又呈扩大趋势，开始在上阿坝地区设立寺院，吸收周边部落皈依，造成了上阿坝地区部落之间的冲突。四川政府方面因“惟时内地军兴”，一度无法控制，致使冲突逐渐剧烈。到光绪二十六年（1900），甘川两省商同一起出兵处理此事，四川方面派出“松潘同知武文源、参将杨茂林随带官绅兵勇四百余人出关”，甘肃方面“委员同知洪翼、副将李临湘统带马队四旗”，在上阿坝地区汇合，勒令拉卜楞寺方面不得继续建寺扩张，并惩办了发起部落械斗的人员。民国《松潘县志》记载此次联合处置之后又做总结：“唯土千百户征收银粮贡马，给领土饷旧制未能恢复，亦系内地多事，边地辽阔，番性犬羊不易安抚、不易用兵故也。”[2] 这说明此时松潘

---

[1] 阿坝藏族羌族自治州地方志编纂委员会：《阿坝州志》，北京：民族出版社，1994年，第71—72页。

[2] （民国）《松潘县志》之《川甘番案始末记》，第171—172页。

政府对各部落的统治，仍未恢复到“咸丰之变”之前的程度，最主要的体现就是无法给各部落头人（土千百户）征收赋税（埃克瓦尔的著作中也曾涉及这一变化，详见后文）。

在清朝终结前不久（具体年份不详），四川松潘官方曾有过加强对牧区部落控制的筹划，拟定了一份《拟变通口外贡赋、土饷、巡游暂行章程》，首先介绍了政府对所谓口外地区的失控历程：“康熙四十二年，口外各番部投诚授职，认纳贡马银粮，部有定章。至同治二年，恢复松城后（即政府军收复松潘城），未能照原案履行，殊为失政……特以控制失权。蛮夷散漫，势必不知所主，朝东夕西，今此昔彼，往返迁移，毫无限制，驯至侵夺，易客为主，转弱为强，种种弊端，殊难枚举。”之后，它条列了准备对口外各部落征收赋税的税额，以及从中分拨给部落头人土官的薪俸，其中也包括“十二部落”等游牧部落。

这个暂行章程还规划了两条对口外各部落进行武装巡视的路线、日程、规模，其中“西路”指向若尔盖方向，“南路”指向阿坝方向。这两路巡游的直接目的，都是护送茶叶商队进入藏族地区贸易，规模都不大。“每一路马队二十名、官一员、书记一名、驿司一名，护送茶商大帮”，其中西路的路线是：“出黄胜关，由噶赖山经班佑等部落驻扎格达寺十日，移驻七戒寺十日，将上十二部落、铁布七寨、上下包坐户口人丁清册取齐并饬土司等出具安静驻牧甘结，由上包坐浪架岭或羊峒绕道回营销差。”[1]这里的

[1] （民国）《松潘县志》之《拟变通口外贡赋、土饷、巡游暂行章程》，第176—177页。

“格达寺”，应是今郎木寺镇旁、四川省一侧的格尔底寺，它是巡游的最远端和重要驻扎地点，巡游路线包括了若尔盖牧区“十二部落”，以及山林农区的铁布地区（今若尔盖县降扎、占哇、崇尔、热尔等乡）、包座地区（今若尔盖县的包座等乡），基本涵盖了今若尔盖县境。这个巡游路线应该有清代中期的历史经验。由于清朝的终结和随后民国的政权不振，《拟变通口外贡赋、土饷、巡游暂行章程》未能贯彻执行，但民国时期四川军方的一些不定期巡游，仍会采用这条路线，本文将在后面介绍。

在甘肃方面，本文涉及的双岔（双则）部落，到清后期才开始出现在《光绪洮州厅志》之中，只有很简单的一句：“双岔族，在城南七百八十里”。和它并列的，还有今碌曲县的“石藏族”（西仓部落）、“阿辣族”（阿拉部落），都没有记载部落头人名称、地理四至、户口数量，只是在总论中说：“以上八族，共统大小村庄九十余处，现今洮人谓之南番，即其地也，其寨名过繁，未便详列。”又说：“按，洮州厅所属各番族，距城过远，催科为难，加以语言不通，地产无出，故每年丁粮抗欠为多。”[1]可见此时的甘肃省洮州厅官方并未掌握双岔部落的具体户口，征收税粮也属有心无力。实际上，双岔部落距离洮州厅（临潭县）的距离并非“城南七百八十里”，而是在正西，直线距离约一百里，即使山路也不会超过二百里。这也反映出晚清的洮州官方对该地情况比较陌生。《光绪洮州厅志》这部分又载，对于临近的藏族部落的捐税征

[1]《光绪洮州厅志》，南京：凤凰出版社，2008 年，第 344—345 页。

收，是通过一个懂藏语的“通事”群体，这些人以前祖先可能是被册封的部落头人，后来迁居到洮州城内居住，也掌握了汉语。[1]他们是洮州官方和周边藏族部落的联系中间人，对于稍远的藏族部落情况可能缺乏了解，而且会向官方夸大路程的距离和艰险程度。

自清康熙后期到雍正初年，中央政府通过控制青海和硕特蒙古而加强了对安多地区的控制权，到咸丰、同治之后，这种控制有所松弛，但一直未断。从本节可见，清代中后期，四川方面的松潘厅对牧区部落的情况掌握较多，而甘肃方面的洮州厅则比较少。为何存在这种区别？可能因为雍正初年，清军岳钟琪部从松潘出发平定青海罗卜藏丹津之乱，对于紧邻的若尔盖牧区可以很快实现控制；而甘肃方面对罗卜藏丹津的战争，主要是取道兰州—西宁方向，之后对青海蒙藏各部的控制，也是以西宁为中心，洮州厅周边的藏族部落规模小而偏僻，远非清政府关注的重点。

民国时期的羁縻与管控

进入民国之后，川甘两省政府对该地域的管辖进一步松弛。这主要体现在无法掌握各部落的具体民户、人口数量，也无法征税。但是，县政府仍要对上级进行欺瞒，维持最基本的“统治形

[1]《光绪洮州厅志》，第345—346页。

象”，具体表现就是用清代的户口数字来搪塞、交差。

先来看四川方面。1924 年版的《松潘县志》卷四“土司”条下，有辖境内各藏族部落的介绍，若尔盖地区诸部落也在其中，各部落的名称、户数、应纳钱粮，完全从嘉庆《四川通志》照抄而来。此时距离嘉庆《四川通志》的成书已经过去一百余年，不仅人口数量增长了很多，有些部落也因分合兴衰而变化，但民国《松潘县志》对此没有任何反映。但民国《松潘县志》比嘉庆《四川通志》略有不同的是，不仅记载了各部落的户数，还增加了丁口数，这个数字可能来自政府内的旧档，和《四川通志》中记载的各部落应纳钱粮完全对应，比如“鹊个寨”有 261 户，应纳银 5.88 两;“郎惰寨”有 143 户，应纳银 11.44 两，似乎显得很不公平。但丁口数字能解释：鹊个寨有 419 人丁，而郎惰寨有 690 人丁，显然纳银数和人丁数相关，而和户数无关。至于嘉庆《四川通志》当初为何省略了人丁数字，就不知道了。

1927 年（民国十六年），四川省在茂县设置“松理懋茂汶屯殖督办公署”，辖境约今阿坝州范围，各藏族部落理论上也由该公署（及其下属的县）管辖。[1] 1931 年，南京国民政府内政部向四川省下发了一张《各县现有土司调查表》，要求调查辖境内现有土司姓名、头衔、辖境、户口等信息，为实行改土归流、建立县治做准备。出于目前未知的原因，四川省政府没有把这个公文发给“松理懋茂汶屯殖督办公署”，而是发给公署下属的理番县（今

[1]　阿坝藏族羌族自治州地方志编纂委员会:《阿坝州志》，第 174 页。

金川县），理番县只好填报了公署辖区内的传统“四大土司”情况（不仅限于该县范围）并呈报公署，进而上报内政部。理番县对这份调查表的工作相当草率，只是列出了清代地位最高的所谓四大土司（梭磨、卓克基、松岗、党坝）目前的土司姓名，辖境范围都来自清代志书，连户口数字都没有。其实自清中叶以来，这四大土司的权力已大大衰弱（卓克基土司相对稳定，梭磨土司早已绝嗣）。理番县在公文中称：

> 查职县所属梭磨、卓克基、松岗、党坝等各土司，曩自清初投诚以来，夙称恭顺，政令是从，因随征大小金川有功，给予封荫，子承父职，世袭罔替，历办无异。民国反正后，该土司等亦上表投诚，其土司制度，仍援旧案请袭，惟地处极边，文化未克灌输，语言文字，迥与汉人各别，改设县治一时办理为难，此即职县土司制度、夷俗大概情形也。[1]

可见此时的四川官方对藏族部落情况很不了解，没有改土设县的能力，也没有这种想法。到 1936 年（民国二十五年），“松理懋茂汶屯殖督办公署”改设“四川省第十六行政督察区专员公署”，[2]并编写了一份《四川松理懋茂汶屯政纪要》，其中有辖境各藏族部落土司的名称和户口数字，这些数字仍完全抄袭 1924 年版

[1] 四川省档案馆藏《四川省政府秘书处：各县现有土司调查表》，缩微胶卷，全宗号 41，轴号 3—23。

[2] 阿坝藏族羌族自治州地方志编纂委员会：《阿坝州志》，第 174 页。

《松潘县志》，即源自嘉庆《四川通志》的记载。[1]

以上是四川省的情况，甘肃方面也类似。1930 年代编纂的《甘肃通志稿》，对于该地藏族部落的情况，比如双岔部落，全部抄袭《光绪洮州厅志》，没有任何新增信息。[2]

民国时期，甘川两省官方固然对安多地区尤其是牧区放松了管控，但仍保持了一定程度的影响力，主要是不定期军事巡视，以及对牧区部落战争的干预、调停。军事巡视可能有不同的原因，或是完成上级的某种调查任务，或是因为某些案件对特定部落进行武力威胁，而这种武力威胁又可能升级为军事干预。另外需要注意，这片安多牧区的周边多是藏族农区，比较大的土司势力都是从农区生长出来的，他们和政府打交道相对较多，同时也对临近的牧区有一定政治影响，所以政府介入农区土司的问题时，也往往连带影响相邻的牧区，但这种影响比较浅，一般不会涉及牧区深处。

1927 年，甘肃省陆地测量局绘制了一系列“甘肃省各行政区区划绘图”（只有一些零星地区，连不起来），其中有一张郎木寺地形图，画出了郎木寺周边数十公里范围，有海拔标高，无经纬度，比例尺十万分之一。[3] 这应该是甘肃官方进入安多牧区最深

[1] 笔者没有查阅到这份《四川松理懋茂汶屯政纪要》档案，是根据《阿坝州志》转引的表格数字进行比对的。阿坝藏族羌族自治州地方志编纂委员会：《阿坝州志》，第 175—176 页。

[2] （民国）《甘肃通志稿》卷二十二《民族二》，北京：中华全国图书馆文献缩微复制中心，第 84 页。

[3] 甘肃省档案馆档号：004-004-0308-0007。

处，而且留下了确凿测绘资料的较早一次。此时的郎木寺地区行政上属于甘肃省临潭县（洮州厅）辖区，而且处在与四川的边界上，所以地图重点画的是郎木寺以北甘肃一侧，图中标注了甘肃一侧的色赤寺（赛赤寺），但没有标注四川一侧的格尔底寺，而这两座寺院只相隔数百米。图中标出了“色赤游牧地”和“我拉游牧地”的分界线，“色赤游牧地”应该是甘肃一侧的赛赤寺所属牧地，“我拉”则是拉卜楞寺下属的欧拉部落，主要活动在今甘肃省玛曲县。这个地图系列中，还有拉卜楞寺、阔才牧地（今夏河县科才乡）等七个甘南藏族地区的地图，郎木寺地图是其中最远的一张。目前档案和史籍中，还未见关于此次测绘的具体介绍。

1935年西仓、双岔部落改隶县治个案

前文已提及，1932年双岔与相邻的西仓部落发生寺院纠纷，引起甘肃省军鲁大昌部干预，攻入西仓部落地区，焚毁西仓寺。战事结束后，西仓部落方面向甘肃省政府申诉，省政府的最终裁决仍对西仓部落不利，要求其缴纳高额罚金。[1]需要注意的是，双岔和西仓都是既有农业地区，也有牧业地区，争端和战事主要发生在两部落的农业地区，但战事对相邻的牧区造成了很大震动，所以位于牧区的赛赤寺院也被卷入进来，埃克瓦尔作为寺院代表

[1]　碌曲县地方志编辑委员会：《碌曲县志》，第324—325页。

的翻译参与了此事。当地民众至今仍保留着对这场部落纠纷的记忆。双岔部落牧区的一位老人，向笔者讲述了双方部落头人到省政府兰州打官司的事件（传说）：

> 我们这个（双岔部落）头人呢，出发的时候，他去寺院里边问佛爷（赛赤活佛）。佛爷说：你到了兰州，大官会问你：你是个站着的狮子，还是个坐着的狮子？你就说：我是个坐着的狮子。
>
> 到了兰州，这个大官要问了。两个头人，站在官的两边，官先问那边（西仓部落）的头人：你是个站着的狮子，还是个坐着的狮子？那个头人说：我是个站着的狮子。这官心里就想了：这个人不老实，要闹事！
>
> 接着，官就问我们的头人：你是个站着的狮子，还是个坐着的狮子？我们头人说：我是个坐着的狮子。这官就知道了：这个人老实，放心。
>
> 最后官就判了案子，我们部落是赢了的……

这个“民间故事”说明，当地民众中确实保存着民国时期部落牧民对省政府权威的记忆。双岔头人此次赴兰州之事，在甘肃省政府的档案中有记载，见后文。

双岔、西仓两部落的这次纠纷最终引起了改隶属县。之前的数年中，这两个部落名义上划归甘肃省夏河县管辖：夏河于1928年建县，依托的是拉卜楞寺，当时拉卜楞寺可能试图对这两个部落扩大影响力，所以将其列入了夏河县范围（西仓寺是拉卜楞寺的属寺）。但1932年的纠纷表明，此地不宜处在拉卜楞寺的直接影响之下，且鲁大昌势力下的临潭县对这两部落的影响更为有效（鲁大昌军是经过临潭县开往西仓部落的），也符合以往临潭县（洮州厅）管理这里的历史传统。于是在1935年初，甘肃省方面决定将二部落重新划归临潭县。

对于这个方案，临潭县长龚瑾赞同，夏河县长邓隆不愿意，又不便公然作异。值得注意的是，在提案的初期，1935年2月20日，临潭县长向省政府发了一份呈文“代电”（此“代电”为民国公文习语，是人工送递而非电报），谈到了他与双岔部落土官（头人阿才）沟通的情况。当时双岔土官刚刚去兰州晋见省主席，回程路过临潭县：

> ……兹谨案，比双岔土官自谒钧座后，于本月巧日回抵临潭，来府求见，职当即予以接见，该土官面称钧座恩德不置，次日即设宴洗尘，并谈及此次划归临潭县管辖，渠心甚悦……再，该土官言，其附近又有麦秀、阿拉、俄吾三族，渠愿意以言词说归于临潭等情……[1]

[1] 甘肃省档案馆:《甘肃省政府关于临潭县民事诉愿案的训令、指令、呈文等（一）》，档号4-2-24,《临潭县长龚瑾代电》，此卷档案有些未编页码。亦见甘肃省档案馆:《甘肃省政府、民政厅关于夏河县双岔、唐隆划归临潭县的训令、指示、呈等》，档号15-4-438，3月8日呈文引用。

可见临潭县长对双岔土官颇为礼敬，不是对待乡镇下属的姿态，这是因为政府对双岔部落的了解和管控都很少。双岔土官谈到该部落附近还有三个小部落（都是农业部落），这个情况似乎官方一直不太了解，也可见当时政府疏于管理的程度。

3月，转隶方案正式确定后，省政府派出了赵雅虔、赖丰煊两名委员，要求他们会同夏河、临潭两县县长，一起考察转隶地区，绘制地图，将两县边界划分清楚，并由夏河县向临潭县移交转隶地区的户口赋税册籍。收到省府的这个通知后，夏河县长邓隆急忙向省府报告：高原地区积雪，必须等5月之后才能通行；如果没有拉卜楞保安司令部黄正清司令（藏族，拉卜楞五世嘉木样活佛之兄）的帮助，夏河县政府根本没有能力深入："县长去岁同佘专员、黄司令查办番案，深知草地行路情形，其时一切帐房、食物，概由黄司令置备，保卫兵士近百人，方能通行无阻。现在既无黄司令同行，枪支、帐房，理应早为预备……"（3月15日呈文）

但省府方面的计划是不能推迟的，赵、赖两位委员也很快抵达了夏河县。3月24日，夏河县长陪同两委员启程，在途中的黑错（今合作市）与临潭县长龚瑾汇合。31日，到达西仓部落头人所住村落，次日又到双岔部落界内，一起勘察转隶地区（4月9日夏河县长邓隆报告）。[1]这次联合视察，基本搞清了西仓、双岔两部落农业地区的各村落方位，也基本了解了两部落包括牧区在内

[1] 甘肃省档案馆：《甘肃省政府、民政厅关于夏河县双岔、唐隆划归临潭县的训令、指示、呈等》，档号15-4-438。

的边界四至，但未能掌握人口数字。这应当主要来自部落头人的口头报告。事后，两县政府各绘制了转隶地区的地图，并报省政府。这两份地图对双岔、西仓两部落的农区表现比较准确，但是缺乏牧区的信息。临潭县的《奉命察勘双岔唐隆（西仓）地界图》标注中还特意说明："本图所列者，均为唐隆十二头及双岔三族所管之村落，俱为洮河沿岸所居者，其余散在草地之帐房，未能详载。"[1]

两部落每年的粮额是："西仓（即唐隆）……每年纳粮二十四石八斗……双岔……每年纳粮三十一石四斗"，并细分到两部落的各农业村落。这也是1928年两部落由临潭县划归夏河县之前的旧数字，目前尚不知究竟始于何时。[2] 在1935年的再次改隶之后不到一年，1936年3月17日，临潭县长又向省财政厅报告，由于西仓、双岔二部落头人的阻挠，无法进行详细的户口调查登记，部落甚至有武装抵抗的趋势。旧档中每年的粮额也一直难以完成：

> 惟查该两处，纯系生番性质，玩梗不化，上年编组保甲，曾经拒绝调查户口，厥后奉令查造户口粮赋清册，不惟不遵，且反有蠢动之势，而该两族所纳者，名义虽系粮石，而实际以毛腰子或小羊羔顶替，其有名无实，可以想见，且历

[1] 地图及详细报告，参见甘肃省档案馆：《甘肃省政府关于临潭县民事诉愿案的训令、指令、呈文等（一）》，档号4-2-24。

[2] 甘肃省档案馆：《甘肃省政府、民政厅关于夏河县双岔、唐隆划归临潭县的训令、指示、呈等》，档号15-4-438。

来只有庄、族等名，绝无花户可稽，此际衡以情势，似难强制……[1]

可见在完成改隶临潭县之后，双岔、西仓部落头人仍在抵制政府的管理、调查和征税，政府无法对两部落进行人口登记，所谓粮赋缴纳也是有名无实。

埃克瓦尔作品中的部落与官方关系

埃克瓦尔各部作品中，对当时牧区藏族民众关于官府的心态、关系多有描写：这些牧民往往会在冬天赶着牦牛驮队到临潭县城进行贸易，也有临潭、临夏的零星回民商人到牧区展开贸易，但安多牧民对于来自官府方面的干预非常反感。

藏族人不承认本部落法规以外的其他法规或准则。大约七十年前，上述藏族部落中的一些部落还以年贡的形式给汉族人政府交纳代币赋税。这一做法已不再有。虽然藏族人也对“皇帝的百姓”（emperor’s household）有点印象，但许多藏族人不知道汉族人政府是在北京、武汉（Mukden），还是

[1] 甘肃省档案馆：《甘肃省政府、民政厅关于夏河县双岔、唐隆划归临潭县的训令、指示、呈等》，档号 15-4-439。

在南京……[1]

这里提到有些当地部落在七十年前还要给汉族人政府缴纳赋税，就是本文已经分析的，清代咸丰、同治之前，松潘厅一直在许多牧区部落中征税。但埃克瓦尔没有说明，他这个关于七十年前纳税的旧事从哪里听来？是藏族部落中的老人，还是临潭等地的汉族官吏，或者两者兼有？另，上述汉译有两处错误。“emperor’s household”应译为“皇帝家”，而非“皇帝的百姓”;“武汉”英文原文是“Mukden”，指奉天（沈阳）。

埃克瓦尔描绘的牧区人对外来控制的排斥与痛恨，以及他们又难以摆脱这种控制，在他的作品《喇嘛知晓》中有一生动个案。当时四川省军事长官“李文华”带着一支十余人的小队伍巡视，经过若尔盖草地抵达郎木寺驻扎，并到四川一侧的格尔底寺院拜访格尔登活佛（十世）。活佛方面骄横自大，拒绝招待将军，当地围观的藏族人都等着看李将军这支小队伍出丑，然后准备哄笑、扔石头甚至动枪。结果“李文华”将军和部下直接冲进寺院，迫使其服软。这番遭遇又成了周边各部落的笑料。[2]

《喇嘛知晓》中的这位“李文华”将军，应当是川军第二十三军军长潘文华。1935年初他刚刚担任川康绥靖区司令长官，[3]这次

[1]　[美]罗伯特·埃克瓦尔:《甘肃—青海交界地方的文化关系研究》，第66页。

[2]　Robert B. Ekvall, *The Lama Knows*: *A Tibetan Legend is Born*, 81.

[3]　四川省地方志编纂委员会:《四川省志·军事志》，成都：四川人民出版社，1999年，第47页。

对草地及郎木寺的巡视，可能是他上任之初的举措，也许还有防范即将到来的长征途中的红军的考虑。《喇嘛知晓》书中记载的巡视路线，是穿过若尔盖草原到达郎木寺，然后向东进入迭部山林地区，这和本文前引的《拟变通口外贡赋、土饷、巡游暂行章程》路线完全一样。

《喇嘛知晓》中还记载了一个细节，“李文华”等一行人在格尔底寺中等候拜访十世活佛时，曾欣赏寺院里悬挂的两幅汉文题匾，一块是乾隆御书“Living Buddha of Ten Thousand Perfections”（汉译近似“万善活佛”），一块是同治御书“House of Western Peace and The Perfect Law”（汉译近似“西天妙法之室”）。这两块题匾在任何汉、藏语文献中都没有记载，但在笔者调研时，当地一位早年曾经为僧的八十多岁老人回忆起，当年的格尔底寺（以及相邻的赛赤寺）内确实有这种汉字的题匾，当地藏族都不认识，后来“破四旧”都毁掉了。由此可见埃克瓦尔著作惊人的史学价值，也可见从清代到民国，中央对郎木寺地区的管控虽然不够深入（按照现代标准），但基本持续未断。

在笔者的采访调研中，现在的郎木寺周边的藏族老人，都完全不记得“李文华”或潘文华将军的这次巡视了，可能这次巡视并未伴随太大的军事冲突，所以没能形成民间记忆。但当地曾经有过两位活佛的争端，在当地人的记忆中，青海方面的马步芳曾为此派员到夏河县断案，两位活佛也专程赶往夏河，马步芳方面对两位活佛的争执进行了裁决。在老人的口述中，此事和格尔登十世活佛的去世在同一年，即 1939 年。此口述史料也表明了官方对该地的影响力。

在埃克瓦尔的小说《天边的黑帐》中，双岔部落与辖曼部落因为抢牛羊和跨部落婚姻发生了争执，最后由寺院和周边部落召开调解大会，其中唐克部落（今若尔盖县唐克镇）头人发言为：

> 我们这里的战争、分裂和削弱，会再次传到汉族人耳朵里。"番民哑畜生"——他们会说，我们就像是长毛的哑巴牦牛，趁我们打仗的机会，他们会再次给我们带上鼻环，并把它系得紧紧的。你们辖曼人，离他们很远，你们最老的人也已经不记得汉族人的权力了，但你们双岔人，都知道这一切……
>
> ……辖曼人还是不服气，表示不担心任何外来的敌人。而双岔人想起了去年夏天的遭遇，在惭愧中沉默了下来。[1]

这里说的双岔人"去年夏天的遭遇"，应当就是本文前述的1932年鲁大昌军队进攻西仓部落、火烧西仓寺事件，虽然双岔部落是鲁大昌军队的同盟一方，也见识了汉人军队的威力。所以，对于外来干预的担心，使这两个部落最终选择了和平解决争端。这个例子也说明，在政府管理比较松弛的民国时期，当地老人仍记得清朝的统治权威，虽然用的是"最老的人也已经不记得"这

[1] Robert B. Ekvall, *Tents against the Sky: A Novel of Tibet*, 104. 引文中的"汉族人"，在埃克瓦尔著作中为Chinese。

种否定句式，但仍表示了过去的真实存在。

《天边的黑帐》还记载了一起甘肃方面汉人军队进入此地的事件，起因是有些双岔牧民在临潭县城内犯下了“几桩公然的劫案和一起持刀流血武斗”，临潭官方的压力落在了双岔农区的部落头人身上，但双岔牧区人自恃离县城较远，而且有游牧的流动性，拒绝为此做出赔偿。临潭县官方因此发起了一次军事征讨，双岔牧民都武装备战，而郎木寺的僧人们则急忙将金银细软打包驮载，躲避到更远的深山里。

在小说中，战争的一幕并未发生，真实的历史上，郎木寺也确实没有发生过这种事。但在当时的现实里，这种摩擦和威胁应当是经常存在的。埃克瓦尔作为西方传教士，比较喜欢记录汉藏冲突的一面，也不愿正视中央政府对牧区的管理举措，这有其立场的天然局限性；但他仍记录了诸多有价值的历史信息，如“李文华”将军视察格尔底寺之事、寺院悬挂的皇帝题匾、牧民对昔日纳税的记忆，等等。所以我们对其作品必须有较为全面的了解，并对这一时期的牧区历史有全面的认识，才能不被个别信息误导。

进入民国之后，内地因军阀混战、抗日战争等原因疏于对边区的管理，但相对于清末，政府对安多地区的影响力仍呈逐渐加强的态势，如 1935 年双岔、西仓两部落的改隶县治，政府的了解和干预程度就超越了清代。这背后的原因，应当是现代军事、通信技术的应用，比如甘青川省军中的机关枪、迫击炮，对藏族部落武装有极大的震慑力。《西藏的地平线》中，埃克瓦尔随郎木寺僧人使团去往鲁大昌军队，就记录下了当时藏族人见到机关枪、迫击炮时受到的震撼；同书还写到青海马步芳军队对果洛牧区的征讨，也具有压倒性的技术优势。

此外，无线电报甚至飞机也对藏族部落有很大冲击。《喇嘛知晓》中，“李文华”将军的小队伍在郎木寺扎营，首先架起了电台天线，当地藏族得知它可以和“中央的司令部”直接说话并能唤来轰炸机群，便不再敢作对；“李文华”将军冲进格尔底寺时就威胁道，“我会派飞机——会飞的铁鸟来，把你的寺院炸掉！”[1]而1935年下半年到1936年，红军长征经过阿坝若尔盖地区，国民党的飞机频繁袭扰，这是空军力量首次在安多地区显示威力。和清代中后期的冷兵器战争模式相比，20世纪前半期，现代军事技术使政府军队获得了更具压倒性的优势，这也是后来“和平解放”的大背景之一。

从1952年开始，中华人民共和国的解放军开始在安多地区剿灭马步芳武装残余“股匪”，共产党的工作组同时逐渐深入安多牧区，对部落头人、活佛展开统战工作，才开始有比较精确的各部落人口统计数字，并开始设立县、乡政府等“建政”工作，具体数据可见当地各州、县志，本文从略。到1958年，藏族部落体系被全面拆散，部落武装全部解除，基层建立起计划经济模式的生产队体系，和内地的社会管理模式完全划一，这就是那时候当地群众观念中的“解放”。

---

[1] Robert B. Ekvall, *The Lama Knows: A Tibetan Legend is Born*, 81–86.

两种时差

此文写于 2017 年末，未发表，曾在某些边疆学研讨会上宣读。

此文的写作纯粹是偶然的，因为当时偶然借到了一册新编的关于林则徐新疆生活的文集，翻看之中，注意到一些有趣的内容，便写了这篇文章。

研究林则徐在新疆工作、生活的论文已有不少，但可能是受“禁烟英雄”这个经典形象的制约，多数研究作品仍难以走出正面歌颂的层次，未能深入林则徐记录的新疆生活中现实、复杂的一面，颇为可惜。

写作这篇文章时，我很明显的一个感受是，当时的条件下，新疆和北京朝廷之间的通讯所需时间极长，加急公文单程也要耗费一个月以上，等到回音还需要如此长的时间。而清代帝王的习惯统治方式又是大权独揽，事必躬亲过问决策，这事实上不利于新疆地方对于紧急事务的管理。我用了一个通俗的词汇来类比这种信息延宕：时差。

写作此文时，我顺便浏览了《清实录》所辑清代史料中关于新疆的部分，特别是所谓张格尔叛乱的全过程，发现清廷的处置失误，几乎全部来自军情上报与朝廷指示耗费在路上的时间，如果新疆地方军政官员有自行调兵处置的权力，那场战乱就会被扑灭在萌芽状态，根本不会蔓延到半个南疆。

在关于古代性犯罪的几篇文章里，我也注意到类似现象，就是清代皇帝出于对官僚机器、司法部分的不信任，屡屡通过亲自批示的形式发布新的判例，造成清代法律中的“例”过快膨胀，不便于司法操作。其实，如果能保证司法者群体的相对清廉，再有一套便于操作的诉讼程序，尊重法的自由裁量的司法成本会更低。这些都反映了清代皇权独大已经走到了无以复加、难以为继的地步。物极必反，在太平天国运动后，地方督抚实力派兴起，清代前中期的许多行政模式都被迫改变了。

关于电报出现之前的信息“时差”与战争的关系，我在给《特拉法尔加战役》写的一篇书评里，也详细分析过时差对统帅决策、对战事的直接影响。如果史料较充足的话，古代战争的“时差”也值得继续研究。

另外，关于西域与中原的真正时差问题，除了本文提及林则徐的发现，在我的印象中，似乎13世纪的《长春真人西游记》也曾提到过。我不了解天文学史，所以不知道是否有学者专门研究过中国人对于地球时差的认知历程。

本文的前半部分，即关于林则徐南疆勘验垦田的部分，涉及一些奏报和清帝圣旨，我只查阅了《清实录》相关内容，没机会去查阅相关馆藏档案，所以一直觉得不够完善，也从未投过稿。延宕到最后，也就以这种不完美的形态收入文集中了。本文所引林则徐日记、书信、奏稿，均见周轩、刘长明编著:《林则徐选集》，“新疆文库”，乌鲁木齐：新疆大学出版社，2017年。

林则徐记录的新疆另一面

伊犁生活

林则徐禁烟，因为引发鸦片战争被道光皇帝革职，发遣伊犁。作为一名传统汉人士大夫，他生长于福建，此前宦迹基本不出东南，却因此次谪贬进入了一个完全不同的西部生活世界。林则徐在新疆度过了三年谪宦岁月，足迹遍及天山南北、环塔里木绿洲诸城，留下了相当数量的书信、诗文、日记，记录下一段特殊时空里的生活场景和个人心态，其影响已经超出政治史范畴，成为文化史的经典现象，某种意义上，堪与苏东坡的流放生涯和诗文比肩。

随着林则徐历史形象的经典化，他在新疆的一些事迹也被夸大，甚至张冠李戴，这些在清末多已出现。林则徐是个卓越甚至"超前"的政治人物，这一点毋庸置疑，所以也不必用本不属于他的言行来"锦上添花"。比如，有些文章说林则徐在南疆主持开荒，其实是他在新疆的最后一年，受诏勘察丈量南疆的新开垦田亩，而非主持开垦。林则徐在伊犁曾少量参与开灌渠工作，但他是以罪员身份贬逐新疆，相当注意韬晦、避嫌，当地官员不太敢让他介入太多。林则徐给旧交信中说，"比来亦与垦荒之事，只是明其不敢坐视，非有所冀于其间也”（第155页）。总的来说，由于罪员避嫌之故，林则徐在伊犁的两年过得相当悠闲，有一方小花园“日就其中种花种蔬……观弈，如此混过日子”（第145页）。

还有文章说，林在新疆警惕沙俄的侵略野心，“英夷何足深虑……予视俄国势力强大，所规划布置，志实不小……俄夷则包我边境，南可由滇入，陆路相通，防不胜防。将来必为大患，是则重可忧也”。其实无此事，这段引文出自后来的王国维，被屡屡错归于林则徐。林在新疆的1840年代，俄罗斯还未能染指中亚绿洲，所以尚未引起新疆方面的警觉。林则徐在广东时，曾组织翻译、编辑《四洲志》，其中的《论各国夷情》有英国人关于俄军远征希瓦（译作“机瓦”）的报道，希瓦在今乌兹别克斯坦的咸海附近，当时是汗国。这次远征发生在1839年冬，俄罗斯远征军在穿越哈萨克草原时遭遇暴风雪，半途撤回，因饥寒损失兵力过半。但现存林则徐在新疆期间的文字，不仅从未提及俄罗斯，也没有提过“机瓦”，看来林则徐可能没有注意到“机瓦”到底在何方。

林则徐科举进士出身，被革职前已经仕至总督，属于当时清王朝统治核心圈子内的人物；而他并非因什么真正的过错被革职，所以官场中的同情者颇多，旧交、同僚多馈送诗文乃至银钱，帮助他安顿家眷和充行旅之资，赴新疆一路，沿途官员都热情迎送接待。在当时的官员阶层（包括林则徐本人）看来，这次谪戍伊犁将是个短期的薄罚，此后皇帝还会有重要任命，这观念在他们的往来书信、诗作唱答中屡屡出现，后来的事实也验证了这一点。

被革职时，林则徐的家眷都在南京，当时罪员发遣惯例，一般不带女眷随行，林则徐考虑把家眷安置在洛阳或西安，因为他预感自己不久还会被召回内地，这两个地方便于和家人团聚。另外，家人在这里也便于和新疆通信联系。事实上，林则徐在新疆需要的各种内地（主要是南方）物产，主要靠家人采买、邮寄。由于和陕西巡抚李星沅的旧交关系，林则徐把夫人、长子、儿媳等家人安置在了西安，自己带另外两个儿子去往新疆。从后来的家书看，随行的至少还有四名旧仆人，路上雇了七辆大车，携带的物资不少。林则徐在新疆时，每天吃白煮海参两条，煮莲子数十枚，其他海鱼或南方水产品（当然都是晾干的）也颇多，这都靠从内地自带或托运到新疆。

当时新疆尚未建省，由伊犁将军全权管辖。林则徐到伊犁后，受到伊犁将军布彦泰的妥善安置，日常交往走动的，多是伊犁将军府的主要武官，此外还有像他一样的谪臣，比如前闽浙总督邓廷桢，也是他禁烟和抗英的同道好友。在书信和日记中，林记录了他和这些人的频繁家宴、诗文唱和。在林则徐初到伊犁的道光二十二年十二月十九日，诸人还在邓廷桢家中宴会，“作坡公（苏东坡）生日”，互作诗词唱答，苏东坡平生仕宦以谪贬著称，这也是布彦泰等伊犁官员为宽慰林、邓二人的有心之举。林则徐日记中说，“主客共十一人：将军、参赞、五领队、一总戎、三谪宦。此会殆伊江未有之创举也”（伊江即伊犁河）。

这些武官平时和林则徐的往来也很多，频繁见诸日记。清代惯例，高级武官多是满洲旗人，甚至皇族成员。从林则徐的记载来看，这些旗人高官的文化程度都较高，除了写诗，还喜欢下围棋消遣。布彦泰将军棋艺较高，可让诸同僚二子；一位下级笔帖式棋艺最高，能让布将军二子。布彦泰还对林则徐有过很重大的帮助，当时伊犁进行开渠工作，布彦泰私下拿出了自己三个月的养廉银，用林则徐的名义捐给修渠工程，并在奏章中将林则徐列入捐款出力名单，此举是为了让林早日得到起复。林则徐知晓后非常感激，给李星沅的书信中谈及此事，表示一定要攒钱归还布彦泰，但以他当时的财力还很困难。

谪居岁月里，林则徐非常重视和外界的通信联系，除了家人，还有昔日旧交、同僚等。离开西安上路之后，林则徐就和这些人保持着频繁的通信联系，总体来说，这个时期他的通信对象多在陕甘，兼及河南，京城和江南较少，这也是为了使其在西安的家眷得到官场中人照顾。

当时寄信，较快的方式是通过官方的驿递。原则上，驿递只能传送公文，但官员们总能借机捎带私信，当然也只能寄送较薄的信函，不能寄包裹，包裹只能委托进出新疆的行旅捎带。当时西安和伊犁之间通信，驿递一般用五六十天（非加急），行旅商队则在三个月以上。林则徐从途经西安开始，就尝试通过不同的官员、机构寄信，比较不同部门发送信函所用的时间，择快而用。驿递体系只有一套，对不同机构、官员的重视程度不同，所以快慢有别。

但是到伊犁之后，林则徐发现了新疆的独特之处：全新疆，只有伊犁将军一人可以通过驿递发送私人文书。林则徐猜测，这可能是之前某位伊犁将军的专擅之举，防止不利于自己的信息过快流出新疆。所以林在新疆寄出的书信，都是通过布彦泰。布彦泰有时要向京城发送奏章，会提前告知林则徐准备书信，陕西巡抚李星沅代收后转交林家寓所；林则徐写给内地其他亲友的信件，则由西安的家人继续转发，也经常通过李星沅的渠道转寄。有些伊犁官员和布彦泰的关系不够深，也请林则徐通过布彦泰代寄，这也构成了林则徐的一种社交资源。由于信函在途中的时间漫长，且有遗失风险，林则徐给家人、旧友写信，开头总要简述近来收到对方信件的内容，以及自己之前给对方寄出了几封信，双方以此核对信件是否有遗失。林则徐和西安家中的通信都有数字编号，大约每半个月会写、收一封家信。这些家信的信息量颇大，因为是写给妻儿的，没必要有什么客套和隐晦。除了报知自己的近况，林则徐还经常指示家中如何拜会西安官场中人，如何与内地故交保持通信联络，以及接待从新疆返回内地、途经西安的同僚。

从林则徐书信的总体情况看，发生遗失的很少，但信封被扯破的情况极多，林则徐对此颇为恼怒，但无可奈何。他曾在一封家信里抱怨，上次来信的封皮又被扯破，我家里的事估计在驿递一路上都流传开了。他曾怀疑有陕西官员故意拆封偷看，或怀疑是驿递人员拆封，但都没有实据。当代有人说，林则徐在新疆的书信往来都被有关部门监控，也缺乏证据。这些拆封很可能是百无聊赖的驿递人员所为，且颇为普遍，西路官员有这方面经验，私信都会加“钉封”，林则徐也学会了这种防范对策，可能是连信封及信纸都用某种东西打孔加封、盖印，代价是信件正文也会被打孔。林则徐总结说，收到的来信只要钉封严密，就不会被扯破拆看了。

由于经度差异，新疆和内地有约两小时的时差。林则徐在伊犁时已经发现了这一点，因为传统测算两个节气之交具体时刻的方式，是根据太阳运行到恒星背景里的度数，传统星历书会记载每年每次节气之交发生的具体时刻。林则徐对照内地的历书，发现节气之交的时刻，新疆都要比内地早一个时辰（两小时）左右，他的日记中经常记载这种时差。比如道光二十三年（1843）二月二十一日，林则徐日记记载："交春分节，内地在未初三刻，此地在午初二刻六分"，相差一个时辰零九分钟；三月初六，"交清明节，内地在酉正一刻，伊犁在申正初刻"，相差一个时辰零一刻。林则徐没写是不是他亲自观测到的这种差别，但每逢节气之交而他的日记里没有记载的，都是应酬比较多的日子，所以可能是他根据内地历书自己观察的。

林则徐、邓廷桢等人谪贬新疆，也是皇帝对大臣的一种历练，因为这些人多在内地尤其是江南长大，长期在东南地方为官，完全不了解西北；经过一路到新疆的经验积累之后，他们都被任命了西北地方的督抚重任。鸦片战争中另一名被治罪的高官牛鉴，在免罪起用前没有流放新疆，可能因为他是甘肃张掖人，不需要再补西北的一课了。

一哄而上的南疆垦田

林则徐在新疆的最后一年，受命调查南疆垦田，因此记录了南疆社会、政治中一些外界极少了解的层面。

新疆降雨量少，农业全靠灌溉，开垦荒地必须进行灌渠系统建设，单个农户难以胜任，多要靠政府组织。清代新疆各地时常有这种官方组织的开荒工程。但林则徐在新疆时，南疆垦荒事业出现了一哄而上、互相攀比的现象，引起了皇帝的不满，这是导致林则徐赴南疆调查、丈量垦田的原因。

先追溯一下这场垦田热的起因。当林则徐正走在去伊犁的途中时，布彦泰向朝廷递交了一份开垦计划，准备在伊犁周边开荒二十万亩，工程不需要官方财政投入，由伊犁官员“捐工出力”自行完成，捐工就是代付工程所需的劳动力开支。道光帝对此很满意，不仅批准，还要布彦泰事后上奏参与工程建设的官员名单，“候朕施恩”。这可以说是当时伊犁垦荒的“一期工程”，于一年之后的道光二十三年（1843）底完成，安置汉人五百七十一户，每户分到耕地五十亩；安置回户五百户，每户二百亩。布彦泰把出力官员名单报送朝廷，吏部认为开荒嘉奖不符合以往惯例，皇帝仍表示可以破格，提拔了几名官员，并要求甘肃、新疆官员考察有没有可以开垦的荒地，以后开荒有成效的，继续给予奖励，“如有旷地可以招垦者，仍著该将军等详细饬查。一律奏办”[1]。

在皇帝的鼓励之下，布彦泰开始了在伊犁的“第二期”垦荒开渠工作，林则徐挂名参与的就是这一次。需要注意的是，对于新疆各地的开荒事务，皇帝和布彦泰都比较谨慎，反对一哄而上

[1] 《清实录》道光二十四年二月丙午，卷四〇二。

的盲目攀比。比如道光二十四年（1844），吐鲁番厅报告，伊拉里克地方有可垦荒地十余万亩，奏请开垦；道光帝要求布彦泰派人考察开荒的可行性，尤其是开渠引水对山里的蒙古牧民是否有影响，当反馈的信息为可行时，朝廷才批准开垦工作。[1] 布彦泰本人在伊犁进行了两轮开荒，也都是先请示皇帝，获得批准后才动工。

但受到道光二十三年年底诏书的刺激，道光二十四年，南疆多数地方的官员一哄而上，未经上报就擅自进行了垦荒工作。从这年九月开始，各城的“请赏”报告开始陆续送到朝廷，第一个上奏请功的是阿克苏办事大臣辑瑞，这引起了道光帝很大不满：原因一是辑瑞“未经具奏，率即兴工”；二是具体操办过程中，由阿奇木伯克郡王爱玛特“捐备口粮羊只”，召集本地回户开工，辑瑞的上奏除了为自己，也是为阿奇木伯克请功，道光帝怀疑农民是被迫参加劳动的，没得到好处，“恐有抑勒措捐情事，所办实属冒昧”；三是辑瑞要求将新垦土地交给本地回户耕种，“酌给回户”[2]，道光帝怀疑这些农民会成为阿奇木伯克的依附农奴。这种开荒方式和后果都不是道光帝的初衷。

随后叶尔羌参赞大臣奕经的奏章，反映的也是同样问题。奕经的这份奏章称：自己从道光二十四年五月开始筹备开荒事宜，由三品阿奇木伯克伊斯玛依尔负责调查，确定和尔罕地方可开垦

---

[1]《清实录》道光二十四年五月辛卯。

[2]《清实录》道光二十四年九月丁亥。

近十万亩土地，需要开长八十里的大渠一条、支渠六七条；成本核算需十六万人工、三十二万斤面粉，由各房笔帖式和阿克苏世袭郡王贝勒捐出，所有开支交伊斯玛依尔伯克雇当地人开工；开垦土地可安置八百户本地回户；伊斯玛依尔愿意捐出耕牛八百头、农具八百套、粮种两千四百石来安置垦民。[1]

可见，叶尔羌城这次开荒都是伊斯玛依尔伯克操办，他对新安置农民有极大控制权，这些农民事实上几乎是这位伯克大人的农奴，除了向政府按章纳粮，收获物恐怕多会落到他自己手中。南疆诸城这种垦荒，显然是经办伯克得最大实惠，大臣和伯克向朝廷申请嘉奖、提拔，百姓得到的实惠最少，而且各级伯克和满族官员一手遮天，农民大多不通汉语，有冤无处诉，导致官场里欺上瞒下无所顾忌。

看到首先报功的奏章时，道光帝颇为恼怒，扬言要查办阿克苏办事大臣，但随后送来的乌什、和阗、库车、叶尔羌（今莎车）等各城奏章大同小异，法不责众，查办之事也就不了了之。当然，阿克苏、叶尔羌办事大臣的奏章列举细节太多，容易被看出破绽，其他地方的大臣则比较老练，奏章对垦荒具体过程含糊其词，不易露破绽。

所以道光帝考虑，应当把各城新开垦土地交给汉人农户耕种，很多刻剥之事就不容易瞒住，伯克也不能为所欲为。他要求伊犁方面派专使到南疆核实、丈量新开垦田亩，督促各地招募汉人农

[1]　中国第一历史档案馆馆藏，档号 04-01-23-011-1870。

户，这也是警惕各地在垦田数字上做手脚，或高报冒功，或低报瞒产。几经周折之后，这个任务落到了林则徐头上，他因此得以遍历南疆诸城，对新疆的认知和记录也更加全面。

道光年间南疆各地的开垦工程颇多，这又涉及当年人口的稀少及后来人口迅速增长的现象，所以需要做一点介绍。传统时代，官方的人口统计较少，学界一般认为，在刚平定准噶尔的1770年代，新疆农耕的维吾尔族（清代习称“回民”）人口二十余万；到林则徐谪戍的1840年代，可能增长到近七十万，其中极少数在北疆伊犁，较少数在东疆的哈密、吐鲁番，多数在南疆各绿洲。今天的维吾尔族人口一千万稍多，比林则徐时代增长了十多倍。

林则徐在南疆的见闻，印证了当时地广人稀的情况。根据他的日记，南疆人口较多集中在库车、阿克苏、叶尔羌、英吉沙、和阗、喀什等七八座“城”周边的绿洲中，其他地方人烟较少。以现在人口密集的叶尔羌河下游为例，从被称为“十台”的图木舒克到叶尔羌城，都属叶尔羌大臣管辖，有十天路程，每程的歇宿处为一个“台”。到巴尔楚克（七台，今巴楚县），有驻军近千人，为之耕田纳粮的汉人约二百户，多是军人家属（眷户），这是途中一个较大的军营。此后连续数日，都在无人的芦苇湿地和树林中穿行，去六台途中，“浅处车尚可涉，其深处每以苇、木为小桥……如是者四十余里……又四十里，皆傍树穿苇而行”；到五台途中，“路实有百里之远也，此数程皆树木蓊郁，枯苇尤高于人，沿途皆野兽出没之地，道中每有虎迹”；去四台途中，“土路尚平，苇木亦多”；到三台途中，“土路尚平，树林甚密”；去二台途中，“土路多树木……行六十里……有回子一家……五十里曰十里阑干，亦有回子数家，树阴尤密”；只有到最后一天、距离叶尔羌城四五十里处，才开始进入人烟稠密之地，“沿途田园弥望，渠梗甚多”。今天，此路沿途是巴楚县（三十万人口）、麦盖提县（二十三万人口）、莎车县（七十一万人口），人烟村落稠密，而芦苇湿地和胡杨林已经很少，各种野兽基本绝迹，和当年完全不同。

南疆绿洲降雨量极少，农业全靠人工引水灌溉，必须修筑灌渠，才能耕种土地，但零散民户难以开挖渠道，多需要政府组织完成。了解了以上古今差异，才可以理解林则徐时期南疆各地垦荒的背景。

和皇帝的对峙

林则徐此次在南疆丈量的新开垦土地（不包括哈密、吐鲁番），共约六十万亩，如果按照新疆屯田惯例，汉人农民每户分配三十亩土地，可容纳约两万户农民，近十万人。当时南疆回民总数约六十万人。如果按道光帝的构想，全部引进汉人农户，将大大改变南疆地区的人口结构，回汉人口比例将达到六比一。

但道光帝对南疆人口结构不太了解，以为那里已经有了比较多的汉人流动人口，他希望这些汉人靠农业定居下来，慢慢融入当地生活："境鲜游民，日久可成土著，俾得安所乐生"。[1] 其实除了不超过万人的汉人士兵，汉人在南疆少而零散，主要从事商业贸易，极少有农户，且户籍都还在内地。

去往南疆途中，林则徐已经获悉皇帝的意见，他在写给李星沅的信里表明了自己的想法：新垦土地应给本地人耕种，如果从遥远的内地招募汉人，成本太高。而且即使汉人农民在南疆耕垦成功，多收的粮食又能卖到哪里？从内地向南疆迁移汉人农户的成本极高，此前清朝曾向北疆迁移过一些内地农户，平均每户开支白银近一百两，向南疆移民的成本还要高。当然，林则徐也可以向朝廷请命负责此事，他此行的任务不仅是丈量，还有"招垦"，即招募民户开垦，但林则徐早已归心似箭，并不想久留新疆，也不能为此得罪诸城大臣。

林则徐主张将新垦土地给本地农户耕种，一个很重要的理由，就是南疆农民生活过于贫困，他在书信、奏章中多次写过，比如在家书中说："此次历尽八城，亲见其居处饮食之苦，男女老幼之愚，实在可怜。一人两个冷饼便度一日，桑葚枣杏瓜果一到熟时即便度饥，并两个冷饼亦舍不得吃。如此好百姓，汉民中安得有之？"可谓忧民心切。

但还应当看到另一方面，就是南疆农民的贫困，多非因为土地不足。当时新疆维吾尔族的耕作技术还很落后，林则徐的《回疆竹枝词》曾写道，南疆当地农民种田粗放，基本不施肥，不除

---

[1] 《清实录》道光二十五年五月己巳。

草，靠间歇轮作恢复土壤肥力："不解耘锄不粪田，一经撒种便由天。幸多旷土凭人择，歇两年来种一年。"这样的土地使用量会比汉人农户高三倍左右。比如布彦泰在伊犁的"一期开荒"，回户每户土地二百亩；叶尔羌参赞大臣奕经上奏的新垦土地方案，每户一百亩。

清代嘉道咸同时期，南疆每年的征粮总额约七万石，总人口六十万，人均纳粮一斗稍多（十几斤），税额不算重；相比之下，伊犁回屯共六千户，每户纳粮十六石（带附加为十八石），年总额十余万石，超过了南疆的总粮额。即使如此，南疆农民仍愿意到伊犁做屯户，因为其他的盘剥较少，生活境况远远好于南疆。

通过这种对比可发现，导致南疆农民穷苦的最主要根源不是土地不足，而是伯克和官员的剥削。理论上，各城大臣应该监督各级伯克，防止其侵渔百姓，但大臣都收受伯克的贿赂，猫鼠同窝，最终受损害的都是农民。道光帝知道这些弊端，在上谕中敲打："全在各城大臣力矢清操，方能约束伯克等顾念同类，不至借端鱼肉。"但这种缺乏监督机制的呼吁注定是徒劳。

林则徐在南疆期间，也记录了一点点伯克剥削、侵害农民的事，就是他行至和阗附近的哈拉哈什（今墨玉县），有上千名农民向他呈递诉状，控诉本地千户伯克无理征收钱粮劳役，"藉端科派"。林则徐接收了诉状，承诺将与和阗大臣一起查办。几天后他回程经过此地，当地百姓"环跪迎送"，次日还一直跟随着他，其实是焦急等待这次控诉结果，导致林则徐这天未能前行；和阗相关官吏和阿奇木伯克赶来平息此事，可能只得到了很有限的解决，因为林则徐日记并未记载被控诉的伯克得到惩办。除了此事，林则徐在新疆的日记、书信中从未记载过当地官场的陋规和官员侵害百姓之事，因为他身居官僚体系之中，不能干涉过多。

道光帝和在京朝臣想在南疆安置汉人农户，可能还有一个不便说出的动机，就是防范当地的叛乱，尤其是浩罕汗国插手新疆。道光初年，白山派和卓之子张格尔与浩罕汗国联合叛乱，战火蔓延南疆西部四城，清廷用了数年才将其扑灭。此事对道光帝的影响很大，他一直思考稳定南疆的长远之策。

林则徐在一份家书里也谈到了朝廷的这种考虑，但他认为，如果让汉人分散在各回城屯垦，担心“汉民之糟蹋回子至于十分已甚，反致激变耳”；如果想镇定南疆，防范浩罕等外来威胁，可以在地广人稀的巴楚安置大量汉人移民，把当地的土地都开垦出来，“设为重镇，厚集兵力，不难成一都会”，但这样做需要一百万两白银经费，如果运作成功，二三十年内可收回投资，但估计朝中宰辅无人能承担此事，且等于要把自己留在南疆主持工作，实在不值得。

各地垦田丈量完毕后，林则徐将丈量结果和自己主张的分配方案陆续写成奏章，坚持由本地回户耕种新垦土地；只有喀什垦田中的一小部分，建议酌情招募汉民耕种（可能当地有些汉民眷户和流犯）。这些奏稿前后有六份，经过布彦泰上报朝廷，都在道光二十五年（1845）六月五日之前发出，这时林则徐已经在南疆奔走了半年。到六月中旬他获悉，廷议通过了他第一份奏报的库车垦田分配方案，“廷议虽勉强给回，而挑剔责备之处，不一而足”。廷议的结尾还说，担心其他各地开荒中出现刻剥农民的情况，“虑及各处捐办开垦有勒派苦累情事”，要求随后各地垦田仍招募汉民耕种，“不许迁就”！

廷议传到新疆时，林则徐另外五份奏稿早已发出，不可能收回修改了。布彦泰受惊，准备按皇帝的意旨重改方案。林则徐急忙于六月十七日写了一份上奏，逐条陈述自己的理由，为之前的六份奏稿辩解；同时附信给布彦泰，让他不要轻易改口。次日，林则徐又给南疆各城大臣写了多封书信通风报信，告知最近收到的廷议结果及自己的复奏情况。现存这种书信五份，分别写给叶尔羌参赞大臣奕经、麟魁，叶尔羌帮办大臣赛什雅勒泰，喀什噶尔领队大臣开明阿，阿克苏办事大臣辑瑞，也许还有写给其他城大臣的信未收入文集。除了互通信息，这些信件也是为了在诸官员中统一口径，坚持原案。

由于林则徐和诸城大臣团结一致，皇帝只能勉强同意他们的议案，原来构想的在南疆安置汉人农户未能实现。但林则徐也付出了一点代价：到七月他获悉，布彦泰的伊犁开渠请功奏章已得到皇帝批复，自己并没有因为渠工捐款获得赦免（这捐款其实是布彦泰代付），仍需在新疆以罪员身份效力。

随后，林则徐又受命到哈密、吐鲁番继续丈量新增垦田。在这里他上奏说，吐鲁番伊拉里克垦区附近有汉人农户可供招募耕作（哈密、吐鲁番离内地较近，已经有了一些汉人农户）。另外，他查办了关于哈密王盘剥百姓的控诉，要求哈密王停止一些过分行为——需要注意的是，这次控案主要是汉人商民发起，当地满汉驻军颇多，他们也经常受到哈密王的无理盘剥，所以才引起了官方的查办。

由于最终安置了一些汉人垦户，以及督察哈密王的举措，算是让皇帝勉强认可了林则徐在新疆的工作成果。到十一月初，林则徐终于在哈密收到上谕："著饬令回京，加恩以四五品京堂候补。"[1]（九月二十八日发出）他的新疆谪戍生活至此结束。

索葫芦克动乱见闻

南疆勘地行程中，林则徐从巴楚到叶尔羌，受到叶尔羌参赞大臣奕经、帮办大臣赛什雅勒泰的热忱接待。奕经是道光帝的侄子，曾仕至吏部尚书、大学士，鸦片战争时带兵作战失利，被贬到叶尔羌任职；赛什雅勒泰是伊犁将军布彦泰的胞弟。

然后，林则徐于三月二十三日去往和阗。叶尔羌向东南是和阗，向西北是喀什，如果林先去往喀什方向，将可能遭遇索葫芦克村二十七日发生的一起冲突。叶尔羌到英吉沙两天路程，英吉沙再到事发地索葫芦克只有半天路程，但英吉沙官员可能挽留林则徐住两天（林后来的行程便是如此），那么他很可能在二十七日这天经过索葫芦克。由于先去了和阗，再折返叶尔羌去往喀什，在事件发生近一个月之后，林则徐才路过索葫芦克村。他在日记

[1]《清实录》道光二十五年九月丙戌。

中留下了一些官方文件没有记载的信息。

先来看此事的背景。道光初年，白山派和卓后人张格尔和浩罕军队一度攻入南疆地区，后被清军驱逐，张格尔虽被俘处死，但他的家人都在浩罕汗国，包括其子布孜尔罕，清朝对此一直非常警惕。当时山地游牧的有些布鲁特部落（今称柯尔克孜）也依附浩罕，和布孜尔罕联系密切。

就在林则徐离开叶尔羌、去往和阗这天，一些布鲁特部落武装冲击英吉沙城周边卡伦（哨所），引起官员的极大惊恐。英吉沙城属于叶尔羌参赞大臣管辖，设有一座较大的军营，叶尔羌参赞大臣奕经发给朝廷的报告说，布鲁特部落准备合兵攻打英吉沙、叶尔羌等城，而且南疆各地都有大阿訇充当内应："查系阿克苏、和阗、叶尔羌、喀什噶尔等城大阿浑（阿訇）勾结卡外布鲁特滋事。"似乎局势已经十分危险。其实在整个道光朝，布鲁特部落和清军哨卡的小冲突一直时有发生，可能是迁移游牧地过境所致，而所谓各城阿訇勾结布鲁特人，更是无稽流言。

奕经同日也给林则徐发信告知此事，不过用语不像上奏那么危急，只说是"英吉沙尔卡伦外有布鲁特滋扰"，但还是让林则徐加快赶往和阗以免风险，"嘱即兼程赴和阗城"，此信也没有提"大阿浑"们涉及叛乱阴谋。看来，奕经不想在本地泄露过于严重的警报，以免引发更大恐慌（林在三月二十六日途中收到此信并记入日记）。

在布鲁特人犯境四天之后，三月二十七日，英吉沙城北三十五里的索葫芦克村发生了冲突，当天就被平息。奕经写给朝廷的奏章说，这是各城大阿訇勾结布鲁特人的抢劫，已经被当地伯克带领民兵打退，击毙二人，俘获多人。奕经同时给和阗的林则徐写信告知此事，和上次一样，也没有提及大阿訇们参与（林四月一日在和阗收到此信并记入日记）。

几天之后，奕经又一次上奏，改变了之前的很多说法：这次不再提及布鲁特人，改成了索葫芦克当地的铁匠阿瓦斯等人聚众起事，官府俘获“贼匪”九人，并斩首示众，还有五百多名“贼众”溃逃。大概觉得之前所谓各城大阿訇勾结布鲁特人之事过于失实，奕经这次专门弥补说，乱匪这次溃逃时，本地大阿訇曾配合伯克带人沿途堵截。

事发半个月之后，奕经又发出第四份奏章，报告更加重大的战果：索葫芦克事件的首领是张格尔之子布孜尔罕，现已将其俘获！

这些奏章需要经过漫长的驿路旅程送达朝廷，我们按照时间顺序，先看本地的动态。

林则徐完成和阗勘地工作之后，先回返至叶尔羌，再次受到赛什雅勒泰的款待，然后去往喀什，途中于四月二十二日到达英吉沙城。奕经此时住在英吉沙军营，应是办理此事的善后事宜。

林则徐这天的日记记载，奕经邀请林氏父子一起晚饭，提供了索葫芦克事件的详情，就是后续奏章补充和修改的信息，这次还说道：布孜尔罕是张格尔与后妻所生之子，他此次立志为张格尔报仇而来，被乌舒尔、阿布都色迈提、铁匠阿瓦斯等人尊为和卓，计划一起攻打西四城（喀什、英吉沙、叶尔羌、和阗）；结局是阿布都色迈提、铁匠阿瓦斯被击毙，布孜尔罕、乌舒尔等被俘。

看来，奕经挫败了一起内外勾结的重大“叛乱”，活捉布孜尔罕更是立了大功，很快就要被皇帝加官晋爵。这顿晚饭一直吃到“二鼓时分”，可以想象奕经对林氏父子谈起这些时的志得意满。另外，奕经这次提供的内容称，被击毙的阿布都色迈提是“阿浑”（阿訇），他已经发出的奏章都未显示这一点。

在英吉沙住了两天后（四月二十四日），林则徐启程前往喀什，当天经过索葫芦克村，这时距离事变尚不到一个月，沿途悬挂的首级“累累在望”。索葫芦克是个不大的村子，林则徐日记记载：“此庄有回户百余家，汉民在此开铺面者约二十余家。”这些汉人商户向当地人放高利贷，每个巴扎（七天）增加一次利息：“此次回子滋事，杀死汉民十九人，即因重利盘剥，致被仇害。今此处业已平静，而被杀者仅剩空屋矣。”如果有二十多家汉商，可能被杀的只是一部分，但日记没有更多详细信息。

从林则徐日记内容来看，此事本不是什么叛乱阴谋，而是商业纠纷引起的仇杀。奕经的奏章里，甚至和林则徐的通信、交谈中都没有提到这些，更没有提及此案有十九名汉人被杀，只在林则徐经过该地才见识到真相。

林则徐离开英吉沙数日之后，奕经又把一些新获得的信息上奏：索葫芦克村属于阿奇木伯克迈玛特玛哈素特管辖，具体经管人是玉孜巴什（百户长）萨韦舒库尔等人，他们有失察之责，但在事件初起时“查拿较早”，迅速平息了动乱，而且阿瓦斯等“未及纠集多人”，后果尚不严重，所以奕经申请对伯克和百户长进行奖励——这和他早期报告的有五百多贼众溃逃互相矛盾，显然之前的是夸大之辞。

加急奏章从英吉沙发到京城需要近四十天时间。在林则徐目睹了索葫芦克事件现场八天之后，五月二日，道光帝收到了奕经第一份关于布鲁特犯边的奏章，五日又收到了关于索葫芦克事件的奏章。皇帝不太相信各城大阿訇会参与叛乱，要求奕经如实查证，并对阿訇们做好安抚、联络工作："称系各城大阿浑等勾结滋扰，是否实有其事？尤须查讯明确，分别办理。著该大臣等一面严密访查，一面抚谕该大小阿浑等，务须明白开释。"（五月二日、五日上谕）

随后到来的第三份奏章印证了道光帝的判断，他要求奕经严查、惩办传播谣言的人，还各阿訇以清白，让"回众咸知畏惧，各城大阿浑亦可以昭白乃心"（五月九日上谕）。

关于布孜尔罕的奏章传到北京后，道光帝命令将俘虏押解到伊犁，交将军布彦泰审问定罪，并同意了嘉奖伯克等人的建议（五月十九日上谕）。这份上谕大约在六月底送达奕经处，一干人犯可能用了两个月被押到伊犁。

随后的案情更为颠覆。九月，伊犁将军布彦泰向皇帝奏报：经过初步审问，所谓布孜尔罕、乌舒尔等乱党的口供，和奕经记录的证词完全不同，因此向皇帝提请重新调查。十月，皇帝批准了申请，要求布彦泰认真核实囚犯的身份，甚至有更具体的意见：要将各犯供认的家中亲属、地亩四至等信息送回案发村庄核实，还应将相关证人送到伊犁，由将军亲自审讯。

之后布彦泰调陕甘总督，由继任者萨迎阿继续调查，由于伊犁将军的交接，以及证词往来伊犁和英吉沙（乃至北京）之间旷日持久，案件复核工作拖到了道光二十六年（1846），最后证实，俘获之人根本不是布孜尔罕，而是萨密斯顶，是当地赌徒无赖，完全没有参与叛乱杀人等事，被阿奇木伯克诬陷逮捕，在严刑拷打之下招认自己是“布孜尔罕”:“伯克诬拿教供，委员刑逼妄认”，奕经等颟顸官员一路通过。

道光帝得知后，将奕经革职，发往黑龙江充当苦差，其他多名参与此案的官员都被革职甚至发充苦差（七月二十七日上谕）；赛什雅勒泰虽未直接参与查办此案，也被降三级留任，他于次年自杀。

不过，此案到底因何而起，朝廷也忘了追究。索葫芦克事件中有十九名汉人商户被杀之事，从未出现在奏报之中，只保留在了林则徐的日记里。

案件真相还原

通过各方面文字，基本可以对索葫芦克事件过程做一简单复原。

道光二十五年三月二十三日，英吉沙城近郊发生了布鲁特人冲卡事件，谣言随之而起，这些信息先从英吉沙送达叶尔羌（军情急报可能在一昼夜内送达），奕经在尚未弄清布鲁特人规模、意图的情况下，就向伊犁将军和皇帝奏报了真假杂糅的一堆信息，最重要（也最虚假）的警报是南疆各城大阿訇即将勾结布鲁特人叛乱。

三月二十七日，离英吉沙不远的索葫芦克村发生动乱，铁匠阿瓦斯等人因债务纠纷杀死十九名汉人商户。动乱被本地伯克迅速扑灭，据说两人被当场击毙，多人被俘。此事有高利贷纠纷等长期背景，但最近关于布鲁特人的谣言应当也起到了一定刺激作用，阿瓦斯等负债者觉得即将发生大规模战乱，于是铤而走险杀掉债主。索葫芦克村事件为已经甚嚣尘上的谣言火上浇油，奕经关于此案件的奏章，也是把它看作布鲁特人大规模进犯的一部分，并再次重复了各城大阿訇勾结叛乱的谣言。

数日之后，奕经已经从叶尔羌抵达英吉沙，做了一点“调查”，得知事件是由铁匠阿瓦斯策动，此人已被击毙，五百多名参与者还在溃逃之中；本地阿訇没有参与，而且一直协助官方镇压。有数名案犯被捕，如果对他们进行审问，可以了解到很多案件情况，但奕经居然下令将其全部斩首示众，很可能阿奇木伯克担心有不利于自己的供词，遂怂恿奕经将他们全部处死。奕经根据这些信息发出了第三份奏章。至于奕经是否了解此案的实情——由民间债务引起，有十九名汉人被杀——现在已经无法判断了。

案发半个月之后，阿奇木伯克将本地无赖萨密斯顶屈打成招，声称其是张格尔之子布孜尔罕，指挥了布鲁克人犯边和索葫芦克事件。制造冤案的行为有很大风险，当地伯克为何如此冒险，有点不好解释，也许是为了逃避官府追查索葫芦克事件的责任，“将功补过”，而且，他看到上次案犯被全部斩首，可能以为这个“布孜尔罕”也会有相同的下场，届时就死无对证了。但没想到的是，奕经等满官虽不了解当地实情，但深知“布孜尔罕”对于朝廷的价值，将其收押并上奏表功，这就是奕经的第四份奏章。

四月二十二日，案发二十五天之后，林则徐父子来到英吉沙城，被奕经挽留住了两天。四月底，当地各种谣言基本尘埃落定，奕经可能也有所察觉：索葫芦克事件的规模并不算大，之前的奏章有过于夸大之处。他又发送了第五份奏章，为管理索葫芦克地方的伯克等人开脱责任、请功。到此时，奕经发出的一系列奏章还都在传递途中，第一份关于布鲁特犯边的奏章距离北京还有数日路程。

布彦泰接手审理索葫芦克事件案犯，是揭开此案造假的开端，他是否得到过林则徐的提示呢？应该没有，因为林则徐自从道光二十四年底赴南疆、东疆勘地，就再没回过伊犁，最后于道光二十五年十一月在哈密收到上谕，踏上入关的归途，这段时间里他没见过布彦泰。

两人也不大可能通过书信沟通此事，因为林则徐极为谨慎，不会用书信传递密事。从林则徐的日记看，他发现了此案一些未经公开的事实，但又不想揭露奕经等官员的荒谬行为，只是在私人日记中记录所闻所见，不加评论。而且，林则徐没有在任何信件包括给妻儿的家信中提及索葫芦克之事。他没有改变官场游戏规则的能力，而且有自知之明。

应当承认，清朝政府体系仍有一定的自我纠错能力，这桩冤案最终能够昭雪，皇帝的侄子都能被查办，也算相当难得。而案件的本质——经济纠纷引起的民间仇杀——则从未引起官方注意。官僚体系的运作一如既往，危机仍在积累，到二十年后，新疆又发生了生灵涂炭的大规模战乱。

南疆垦荒和索葫芦克事件还反映出一些问题，就是当时皇帝对南疆社会的了解程度。对于当时南疆官场的各种陋规，道光帝都比较清楚，他在上谕中不止一次指出，盲目垦荒是在滥用民力，普通农民承担了所有成本；南疆各级伯克严重剥削农民，驻城大臣接受伯克贿赂，不履行监督职责，最终还是百姓被鱼肉。而另一方面，当时曾在南疆供职的各级满汉官员，都不敢把官场陋规写成文字，林则徐亦如此，他的家书和日记也未提及这些，因为没有哪个官员能够自绝于整个官僚队伍。

那么，皇帝是通过什么途径了解到南疆官场这些陋规的呢？可能一方面是某些经查办的官员通同勾结舞弊案件，比如乾隆朝后期的大臣、伯克合伙盗卖玉石大案，这些被揭发出来的案件虽然很少很少，但可以作为了解南疆吏治规则的典型。皇帝了解南疆官场的另一个途径，可能是和某些曾供职南疆的官员的召对面谈，由于不会形成文字，官员顾虑较少，能说出某些实情。但这只是一种推测，难以找到文献证据。

而且，对于南疆发生的恶性案件，皇帝就不太容易了解到实情了。像索葫芦克案件，伯克为掩饰自己的责任，把案件归因于“布孜尔罕”这个境外势力，驻城大臣和皇帝都被误导，没有任何质疑。

没有结论的结局

道光二十五年十一月初，林则徐在哈密收到九月二十八日发出的上谕："著饬令回京，加恩以四五品京堂候补。"他的新疆谪戍生活至此结束，而此时假"布孜尔罕"的身份刚被揭开，相关一系列文书正在伊犁—北京往返之中。

此年六七月间，林则徐曾与在京城翰林院的长子汝舟有一次书信往来。当时京中官场普遍认为，林则徐完成勘地工作之后，马上会被朝廷起复重用，所以汝舟信中劝父亲整理在新疆的工作体会，写一篇系统总结文章，"应有一番议论，作为总结"，给京城政界做治疆参考。

林则徐对此颇有顾虑，他在回信中略举了几件感触之事，然后说，我本来想写一篇总论，无奈现在朝中已经没有松筠、那彦成那样高明的人了，又有谁值得对话？而且，万一因为这番议论，朝廷让我留在新疆实践我提出的方案，就更不值得了，所以不如装闷葫芦，什么都不说的好：

> 我本欲将此意作一总论，无如想及在朝之人，即松湘圃、那绎堂今皆绝迹，更复何可与言？且因有议论，而竟留于回疆筹办，则更为不值，故不如括囊之为愈也……

后记　生如雪绒花

这个书稿的交稿日期，在2023年的5月下旬某日，第二天我就去做肿瘤切除手术了。我是怕麻醉了就醒不过来，阶段性安排。

主刀的大夫和我同龄，是这领域全球排得上号的名刀手，切得干净利索，不多不少。大夫又直言相告：你这种癌型复发率挺高的，而且还没什么特效药……

医学上，给我这阶段叫“术后存活期”，能活多久，只是个数字概率问题。

所以，治我的西医、中医和医疗顾问，都不希望我抛头露面接受采访，因为多数人不懂医学，以为做完手术就是癌“治好了”，如果哪天再复发躺倒，医生、医院难免还要受误解。

且不提术后种种小磋磨，只说刀口愈合出院以来，是我这辈子最开心的日子，一饮一啄，了无牵挂，生活质量最高。其实从最初知道癌讯，就获得了这种放松感；等到不用随身拖着引流袋，身心才一起舒畅。这种状态，大概跟《绝命毒师》里得肺癌的怀特·白老师差不多，因濒死而得新生，活一天赚一天。

余生可能很难离开医院了，于是我选了个离华西医院近的地方住下来。

恰好，这也是成都市里藏族人最密集的街区，华西医院—武侯祠—罗马广场地界，成都本地汉人戏称为“藏租界”。我 2017 年游历成都，就在这片街区居住。2023 年住院以来更是发现，以前在高原上结识的很多朋友，都因为种种因缘移居到成都来了。

那些你曾不远万里去追寻的东西，到临死时候发现，它居然就陪伴在你身边……这又是几人能梦见的神奇？

跟喜欢的人在一起，自然要做最开心的事。

我最初的想法，是写一本关于成都藏街区的非虚构作品，但后来想，泛泛的访谈记录还是缺乏深度，我该玩得更野、更嗨一点，把自己玩进去。于是和朋友们构思着拍视频剧集，在镜头前面展示我们的生活。

藏文化，好像曾是个全球大 IP。以往国内外的藏语电影，多是闷葫芦的所谓艺术片，看得人没头没脑，又不好意思说不懂。我们则想走大俗大雅的快手风，用最大众的悬疑剧情片来演绎藏式生活的灵魂，那是一种历尽辛苦繁华、直抵生活尽头的黑色幽默，是狂喜大笑后眼角挤掉的一颗泪，是觥筹交错酒阑人散时飘来的依稀琴声。

恰好，我们的导演兼摄像、剪辑师事业有成。在拍了若干个售价一千五的流行民俗 MV 之后，他在藏街娱乐圈内积攒起了口碑，从一对年轻康巴直播网红那里谈下了一笔投资，一万五（可以拍套便宜婚纱照），为二位金主量身制作一部半小时的都市情感微电影。

于是，康巴投资方、主演方和安多制作方进行了一次堪称完美的快捷合作。我兼任了这个故事片的二号机位摄像、武打动作指导，以及全程的策划。

统筹制作能力、画面表现力合格，这次尝试让我们有了信心。后面，我构思的剧集《雪域罗马》系列将陆续投拍。在我写这篇后记时，小说版的《雪域罗马》也在诞生之中。

作为学者的李硕已经死了。影视人万玛扎西·李硕，刚刚转世重生。

这本书的文字，便是上一世李硕蝉蜕的躯壳。它来自一段廉价的职业生涯，又飘散在无意义的历史虚空。

面对这套无赖托词，我的医生们都无言以对。且让这丫的作死去吧！（反正华西的停尸房就在他们片场隔壁……）

2024 年 1 月 1 日于成都市红牌楼

文
景

Horizon

社 科 新 知　文 艺 新 潮

历史的游荡者

李硕 著

出 品 人：姚映然
策划编辑：何晓涛
责任编辑：项　玮
营销编辑：胡珍珍
美术编辑：安克晨
装帧设计：东合社·安宁

出　　品：北京世纪文景文化传播有限责任公司
(北京朝阳区东土城路8号林达大厦A座4A　100013)
出版发行：上海人民出版社
印　　刷：山东临沂新华印刷物流集团有限责任公司
制　　版：北京楠竹文化发展有限公司

开 本：890mm×1240mm　1/32
印 张：16.25　　字 数：300,000　　插页：6
2024年3月第1版　　2024年6月第4次印刷
定 价：99.00元
ISBN：978-7-208-18707-8 / K·3348

图书在版编目（CIP）数据

历史的游荡者 / 李硕著. -- 上海：上海人民出版社，2024
ISBN 978-7-208-18707-8

Ⅰ.①历… Ⅱ.①李… Ⅲ.①中国历史-文集 Ⅳ.①K207-53

中国国家版本馆CIP数据核字（2024）第010138号